21世纪高等院校教材

# 现代物流管理

（第二版）

毕新华　顾穗珊　编著

科学出版社

北京

## 内 容 简 介

本书系统地阐述了物流管理的基本理论与最新应用实践，内容主要包括：物流与物流管理、物流与顾客服务、物流系统规划、库存管理、采购与供应商管理、仓储管理、装卸搬运活动、包装、运输管理、物流信息管理、企业物流外包、供应链管理、供应链构建方法、物流成本管理及物流绩效管理等。

物流是一门实用性强且发展较快的学科，因此本书在改版时，重要的和新兴的技术部分都有实例说明，注重案例与理论相结合，强调针对性与可操作性。

本书配备多媒体教学课件，适合于物流管理、物流工程及相关专业的高校学生使用，也可供该领域的企业管理人员及科研人员参考。

**图书在版编目(CIP)数据**

现代物流管理/毕新华，顾穗珊编著. —2版. —北京：科学出版社，2008

21世纪高等院校教材

ISBN 978-7-03-021658-8

Ⅰ. 现… Ⅱ. ①毕…②顾… Ⅲ. 物流-物资管理-高等学校-教材 Ⅳ. F252

中国版本图书馆 CIP 数据核字(2008)第 052720 号

责任编辑：陈 亮 林 建/责任校对：李奕萱
责任印制：赵 博/封面设计：耕者设计工作室

*科学出版社* 出版
北京东黄城根北街 16 号
邮政编码：100717
http://www.sciencep.com

北京中石油彩色印刷有限责任公司印刷
科学出版社发行 各地新华书店经销
\*

| | | |
|---|---|---|
| 2004 年 5 月第 一 版 | 开本：B5 (720×1000) |
| 2009 年 8 月第 二 版 | 印张：22 1/4 |
| 2025 年 2 月第十七次印刷 | 字数：436 000 |

**定价：36.00 元**
(如有印装质量问题，我社负责调换)

# 第二版前言

物流管理是一门新兴的边缘学科，而且处于快速发展阶段，因此教材编写也应紧跟这种发展步伐，具有先进性才有指导意义。初版至今，物流领域出现了一些新的发展动态，同时，学术界也形成一些共识性的新的研究成果。因此，非常有必要及时吸收理论与实践领域的最新成果，与时俱进，丰富教材内容。

本书自 2004 年 5 月出版以来，由于其系统性强、兼顾理论与实践，被众多学校的师生所接受，先后印刷 8 次，总印量达 25 000 余册，作为编者我们深感欣慰。根据近几年物流管理学术研究和应用实践的最新成果，我们在加强原有教材内容的基础上，对原版内容进行了及时更新。新版教材根据物流管理的发展动态，增加和修订了部分章节，如供应链的构建、物流绩效管理、物流信息技术中的无线射频技术的应用、ERP 技术、物流网络设施规划、运输管理中的线路规划等内容。新版教材继续努力贯彻如下宗旨与特点：①结合最新的国内外研究成果和优秀的管理实践，内容详尽新颖；②本着物流科学的核心是系统观念的原则，提高教材的系统性，内容完整全面；③关注物流技术在管理中的运用；④针对物流学的特点，强调实用性；⑤案例教学内容与理论知识传授相结合，内容生动；⑥注意与物流学科的发展相结合，做到定期、及时更新。我们希望新版教材能在上述方面给广大读者以帮助，同时我们也将不断努力，根据物流管理学的发展，不断推出新版本。

全书共分 15 章，其中第一章、第二章、第五章、第七章、第九章、第十章、第十二章、第十五章由毕新华编写；第三章、第四章、第六章、第八章、第十一章、第十三章、第十四章由顾穗珊编写。由于编写者水平有限，书中错误和缺点在所难免，请广大读者批评指正。

编　者
2009 年 6 月

# 第一版前言

20世纪90年代以来，企业经营环境激烈变化和信息技术发展广泛应用于企业经营中，带来了企业经营模式的急剧变革。现代物流管理对于准时生产、协同化经营、全球化经营、电子商务等新的企业经营模式有着不可替代的支撑作用。在中国加入WTO以后，中国企业必须兼顾国内、国外两个市场，要与外国企业进行竞争，必须在管理上采用先进的手段和方法，必须重视现代物流管理技术的运用。从经济效益来看，企业在生产过程中降低成本的空间越来越小，而在物流过程中的采购、运输、仓储、配送等环节却有极大潜力可挖，物流是企业降耗增益的主要渠道，被公认为"第三利润源"。从企业的竞争能力来看，现在市场竞争不仅关注商品的质量，同时还有商品组织的时间性，企业必须抓住市场的节奏、需求变化，快速组织市场需求的物资，才能比竞争者更早争取顾客，占领市场。企业综合物流的能力决定了这种商品组织的速度，也决定了企业的市场地位，对企业的存在和发展具有战略性的重要地位。总之，企业要在全球化、网络化的新经济面前赢得胜利和未来，必须重视和加强物流管理。

近几年来，国内和国外关于物流管理的研究成果颇多，但是，物流管理仍是一门新兴的边缘学科，还有一些空白和有待完善的地方。本书作者一直进行物流管理的研究和教学工作，发现对物流管理知识的需求量很大，无论是本科教育，还是研究生、MBA教学，学生们都对物流管理表现出极大的热忱，但是，可供选择的教科书还很少。因此，我们参阅了国内外大量的学术研究成果，编写了本书。

物流科学的核心是系统化、整体化。本书以系统的观念来讲述物流理论、知识和技术，根据物流系统的组成来展开，在讲述物流网络规划、库存管理、装卸搬运、包装、保管、配送、运输、信息管理、经济管理等活动时，都紧扣物流系统的主线进行阐述，避免学生在使用时因物流科学领域涉及面广而感到零散和庞杂。

因教材面向管理科学与工程专业和相关专业的本科生、硕士研究生及MBA学生，我们非常注意物流技术在管理中的运用，理论上也有一定的深度，涵盖了物流管理中新型的经济观念、营销技巧、组织管理、商品配送等相关知识，而物流系统规划、存货管理、搬运系统分析与优化、物流成本管理等技术也是教材的重点之一。

物流科学是一门实用性较强的学科，在本书中，重要的技术都有实例说明，学生可以根据相关的例子掌握实用的技术，可操作性强。本书努力做到案例与理论结合，内容生动。许多章都附有相关的实例或案例讨论，教学人员可根据实际需要，选择相关的案例进行教学，利于学生掌握。

在定义物流和物流管理的基本概念时，以2001年8月1日实施的GB/T 18354—2001《中华人民共和国国家标准物流术语》为基准，在包装、搬运等具体章节注意与国际标准的结合。

本书共分13章，其中第一章、第二章、第五章、第七章、第九章、第十章、第十二章、第十三章第一、二节由毕新华编写，第三章、第四章、第六章、第八章、第十一章、第十三章第三节由顾穗珊编写。尽管我们在编写过程中做了很多努力，但错误和缺点在所难免，请广大读者批评指正。

编　者

2003年8月

# 目　录

第二版前言
第一版前言

**第一章　物流与物流管理** ································································ 1
　第一节　现代物流和供应链管理——21世纪管理热点 ······················· 1
　第二节　物流与物流管理 ······················································· 6

**第二章　物流与顾客服务** ································································ 17
　第一节　顾客服务与顾客满意 ···················································· 17
　第二节　物流客户服务 ··························································· 24

**第三章　物流系统规划** ································································ 37
　第一节　物流系统 ······························································· 37
　第二节　物流系统分析 ··························································· 47
　第三节　物流系统模型 ··························································· 53
　第四节　企业物流系统的规划 ···················································· 58

**第四章　库存管理** ······································································· 67
　第一节　库存概述 ······························································· 67
　第二节　库存管理的任务和评价指标 ············································ 70

第三节　传统库存控制方法 …………………………………………… 72
第四节　现代库存控制方法 …………………………………………… 83

**第五章　采购与供应商管理** ……………………………………………… 96
第一节　采购概述 ……………………………………………………… 96
第二节　采购模式变革 ………………………………………………… 105
第三节　供应商管理 …………………………………………………… 114
第四节　供应商选择与使用 …………………………………………… 119

**第六章　仓储管理** ………………………………………………………… 126
第一节　仓储与配送中心 ……………………………………………… 126
第二节　仓储管理的内容和方法 ……………………………………… 137

**第七章　装卸搬运活动** …………………………………………………… 142
第一节　装卸搬运概述 ………………………………………………… 142
第二节　搬运优化 ……………………………………………………… 149
第三节　装卸搬运机械设备 …………………………………………… 156
第四节　自动分拣系统 ………………………………………………… 163

**第八章　包装** ……………………………………………………………… 169
第一节　包装的基本知识 ……………………………………………… 169
第二节　包装技术 ……………………………………………………… 171
第三节　包装标准化 …………………………………………………… 178
第四节　集装化包装 …………………………………………………… 180

**第九章　运输管理** ………………………………………………………… 184
第一节　运输概述 ……………………………………………………… 184
第二节　运输管理 ……………………………………………………… 189
第三节　线路规划 ……………………………………………………… 192

**第十章　物流信息管理** …………………………………………………… 201
第一节　物流信息 ……………………………………………………… 201
第二节　物流信息系统的总体构成 …………………………………… 204

| | 第三节 | 条形码技术 | 211 |
|---|---|---|---|
| | 第四节 | 无线射频识别技术 | 217 |
| | 第五节 | 电子数据交换技术 | 222 |
| | 第六节 | 空间数据管理技术 | 228 |
| | 第七节 | ERP 技术 | 233 |

## 第十一章 企业物流外包 243

| 第一节 | 企业物流业务外包 | 243 |
|---|---|---|
| 第二节 | 第三方物流与第三方物流选择 | 245 |
| 第三节 | 第四方物流 | 252 |

## 第十二章 供应链管理 259

| 第一节 | 供应链管理概述 | 259 |
|---|---|---|
| 第二节 | 供应链管理环境下的库存管理 | 262 |
| 第三节 | 基于 BPR 的供应链构建 | 270 |

## 第十三章 供应链构建方法 280

| 第一节 | 快速响应 QR | 280 |
|---|---|---|
| 第二节 | 有效客户反应 ECR | 287 |
| 第三节 | CPFR 技术 | 296 |

## 第十四章 物流成本管理 306

| 第一节 | 物流成本及管理 | 306 |
|---|---|---|
| 第二节 | 物流成本的计算 | 314 |

## 第十五章 物流绩效管理 322

| 第一节 | 物流绩效管理及评价 | 322 |
|---|---|---|
| 第二节 | 物流服务质量管理 | 329 |

**参考文献** 343

# 第一章

# 物流与物流管理

## 第一节 现代物流和供应链管理——21世纪管理热点

当今社会,生产力飞速发展,社会产品极其丰富。然而,企业通过提高劳动生产率、丰富产品、提高质量、采用先进技术获得的利润却越来越有限。而物流领域的技术含量低于社会平均水平,劳动生产力低,运营成本高,严重阻碍了生产和流通的发展。因此,近年来物流和供应链管理日益引起了人们的普遍重视,这也是企业经营环境激烈变化和信息技术发展并应用到企业运营带来企业经营变革的具体表现。现代物流管理对于准时生产、协同化经营、全球化经营电子商务等新的企业经营模式有着不可替代的支撑作用。

### 一、现代物流管理与现代经营模式

#### (一) 准时制管理与现代物流[①]

自20世纪80年代开始,源于日本丰田公司的JIT生产制在世界范围内推广,其主要思想是:在准确的时间、准确的地点进行准确种类和数量的产品生产经营,通过"后工序在必要时从前工序领取必要数量的必要零部件"的原则来实现均衡化生产,企业与外包组织间的专业化分工协作,强调改善、再改善等多种优秀的管理

---

[①] 宋华,胡左浩. 现代物流与供应链管理. 北京. 经济管理出版社,2000

理论与实践的技术、方法、手段与思想。JIT的本质就在于创造出能够灵活地适应市场需求变化的生产系统，这种生产系统能够从经济性和适应性两个方面来保证公司整体性利润的不断提高。此外，这种生产系统具有一种内存的动态自我完善机制，即在"准时化"的激发下，通过不断地缩小加工值和减少在制品储备，使生产系统中的问题不断地暴露出来，使生产系统本身得到不断的完善，从而保证准时化生产的顺利进行。整个企业的经营根据订单来计划和调整，力求消除库存、制造过程中的成本，在准时制管理中，物流指的是即时物流，在准确的时间、地点，提供生产经营所需的生产原材料、零配件和产品。即时生产需要即时物流的保证，即时生产与即时物流的有机结合才能集成准时制管理。在准时制现代管理模式中，现代的物流管理的中心就是物流的时间性。通过这种时间性管理，加快商品、生产资料流转，最大限度地压缩库存、减少无效物流，从而最终达到降低成本、提高企业整体效率和效益的目的。

即时物流表现为即时供应和即时销售。即时供应指的是为了消除库存和不必要的浪费，在整个生产过程中，无论是协作商向核心企业供应，还是企业内部各协作车间之间物资的调拨，都是以恰当的时间、恰当的地点、恰当的数量和质量组织，不允许在企业的仓库或生产线上存放多余的物料，如果生产采用混种生产时，不同的零部件以小批量的方式混合装载搬运，并放在规定的位置上。要做到准时供应，应注意物料需求计划制定的准确性和与供应商之间良好的合作关系。首先，双方建立稳固的长期交易合作，才能保证供应商能根据核心企业的需要积极做出反应和调整；其次，在进行供应商选择需要综合评定，不仅有常用的质量、数量、价格、交货期等指标，对供应商的工程设计能力、应变能力、价值工程能力都要设立相应的指标，这种综合评价体系才能较好地反映供应商的综合生产供应能力；最后，供应商的培育也是即时采购供应的重要工作。由于即时物流对质量要求较高，可能需要对协作商进行适当的培训，才能使双方的质量水平趋向一致；而且，经过一定的培训和磨合，双方对物流供应的认识才能达到一定的高度，更好地进行配合。

即时销售是现代物流管理另一个重要机能，把商品迅速地转移到需求顾客手中，完成生产经营的最后环节。为了有效地承担销售物流工作，实行物流集约化，将分散的中小型物流仓库集合到大型的配送中心配送作业，可以提高作业的效率和效益。另外，通过应用IT技术改造销售流程，精简销售渠道，缩短销售周期。

（二）协同化经营与协同物流战略

现代管理理念中，业务外包和协作是企业投入较少、获取必要的服务的途径。协同物流有以下三种主要形式：

1. 横向协同经营与协同物流战略

中小企业共同组建物流配送机制和产业企业的联盟，即横向协同物流战略。所谓横向物流协同是指同产业或不同产业的企业之间就物流管理达成协调、统一运营的机制。

2. 纵向协同物流战略

不同行业的企业纵向协同，流通渠道不同阶段企业的相互协调，形成合作性、共同化的物流管理系统，即供应链思想。这种协同作业所追求的目标不仅是物流活动的效率性（即通过集中作业实现物流费用的递减），而且还包括物流活动的效果性（即商品能迅速、有效地从上游企业向下游企业转移，提高商品物流服务水准）。

3. 第三方物流

所谓第三方物流，是指通过协调企业之间的物流运输和提供物流服务，把企业的物流业务外包给专门的物流管理部门来承担。它提供了一种集成物流作业模式，使供应链的小批量库存补给变得更经济，而且还能创造出比供方和需方采用自我物流服务系统运作更快捷、更安全、更高服务水准且成本相当或更低廉的物流服务。第三方物流在发达国家较成熟，有资料统计，为降低成本已有近75%的美国制造商和供应商将使用或正在使用第三方物流，60%的欧洲企业采用了专业物流公司来进行物流活动的运营，这些物流活动多是运输、仓储、配送。

### （三）全球化经营与物流全球化

20世纪80年代以来，贸易自由化、全球资本市场的成长和统合、信息和通信技术的进步创造出一个正在增长的全球市场，即原来分割型的国家或区域市场正在逐渐演变成一个统一的全球市场。与市场全球化相对应，企业间的竞争也在全球范围内展开，一个企业如果要获得竞争优势，必须在全球范围内利用资源、开展经营活动，由此，现代物流也已打破地域界限，并出现全球化的特征。在世界500强企业中，企业的利润大多来自本土之外，而全球化经营战略中，物流管理的地理区域扩大，物流活动内容增加，如通关手续、全球化运输等，企业面临从世界市场获取原材料，在世界各地的工厂组织生产，然后将产品运送到世界各地的用户手中。这种在不同国家建立生产基地，并将这些全球化产品销往国际市场的经营模式，必然导致物流的全球化。

企业必须确定适当的物流动作，自营物流或外包，以适应全球业务所需。由于物流环境的复杂性，世界贸易还存在各种形式的壁垒。对物流活动而言，表现为技术壁垒，如通关检查和手续的不一致、转动环节的衔接、运输的标准化等问题，同时跨国企业经营的全球化使得管理全球供应链的物流活动变得复杂和频繁，这可能导致巨大的物流成本。因此，企业必须对全球供应链的物流活动进行管理协调和控制。

### （四）电子商务与物流

电子商务（electronic commerce，EC）是将电子信息技术和商务活动相结合，基于互联网的商务运行方式。从涵盖范围方面看，交易各方以电子交易方式而不是通过当面交换或直接面谈方式进行商业交易；从技术方面看，电子商务是多技术的集合体，包括数据交换、数据获取和数据处理等。电子商务必须通过计算机网络和通信网络将交易各方的信息、产品和服务相连。

供货方将商品信息通过网络展示给客户，需求方通过浏览器访问网站，选择所需商品，填写订单；供应方通过订单确认客户，告知收费方法，同时通知自己的应用系统组织货源；需求方通过电子结算方式付款；供应方组织货物并送到客户手中。

电子商务是由网络经济和现代物流共同创造的，是两者一体化的产物。电子商务＝网上信息传递＋网上交易＋网上结算＋配送。电子商务的任何一笔交易，都包含着以下几种基本的"流"，即信息流、商流、资金流和物流，交易过程的实现也需要这"四流"的协调和整合。其中，物流是电子商务的重要组成部分。信息流、资金流在电子工具和网络通信技术支持下，可通过轻轻点击鼠标完成，而物流——物质资料的空间位移，即具体的运输、储存、配送等各种活动，作为电子商务实现过程中一个必不可少的实物流通环节，是不可能通过网络传输来完成的，物流过程的逐步完善需要经历一个较长的成长时期。

通过对以上几种现代经营模式中物流作用的分析，我们应该能够认识到物流是企业赖以生存和发展的外部条件，同时又是企业本身必须从事的重要活动。从外部看，社会物流承担联结社会再生产，联结企业与企业、企业与消费者、企业与供应者的重任，因而是社会再生产的构成因素，使企业有机地存在于国民经济总体中；从企业本身看，企业的物流活动可能成为企业"降低成本的宝库"、企业的"第三个利润源"、企业战略生存和发展的核心活动。

## 二、现代物流与社会经济发展

### （一）现代物流对国民经济的贡献[①]

物流是国民经济的基础和动脉，是连接国民经济各个部分的纽带。任何一个国家的经济，都是由众多的产业、部门和企业组成的整体；物流通过不断输送各种物质产品，使生产者不断获得原材料、燃料以保证生产过程的进行，又不断将产品运送给不同的需要者，以使这些需要者的生产、生活得以正常进行；这些互相依赖的存在，是靠物流来维系的。国民经济也因此才得以成为一个有内在联系的整体。

物流业将改变传统的经济运行方式，将改变传统的商品流通模式，将改变人们传统的生活方式。从国民经济整体来看，物流业越发展，物流成本越低，物流总成本在GDP中的比例就越低，物流业水平的高低成了一个国家综合国力的重要标志。2006年美国物流成本上升到13 100亿美元，占GDP的9.9%。2005年日本的物流业总体经济规模有41兆日元，其中经营性物流21兆日元、自营物流18兆日元；

---

① 丁俊发. 中国物流企业名录：2001～2002版. 北京：中国物资出版社，2002

物流经营者有约7万家,从业人员约139万人。2005年中国社会物流总额达48万亿元,同比增长25.2%,2001~2005年的5年间,中国社会物流货物总额为158.1万亿元人民币,比上一个5年(1996~2000年)增长近1.4倍,年均增长23%,呈持续快速增长。而且第三方物流市场规模超过1000亿元,比上年增长30%左右。

从企业流动资金占用及周转速度来分析,1999年国有及国有控股工业企业流动资金为31042.81亿人民币,而周转速度为年平均1.2次。国有商业企业的周转速度也只有2.3次。而日本制造业的年周转速度为7.5~8次,非制造业(包括批发与零售业)为15~18次。跨国连锁集团沃尔玛、麦德龙、家乐福的年周转次数为20~30次。在这方面,中国企业目前与国外企业的差距是明显的,与最发达国家相比,中国企业在物流和资金流的运作水平上存在10年以上的差距。如果我国国有独立核算工业企业资本周转速度达到沃尔玛等企业的水平,一年内周转30次,将相当于90万亿元。沉淀的资金和快速流动起来的资本价值形成了巨大的反差,这对于资金尚不充裕的我国具有极大的潜在经济意义。降低生产企业流动资金占用、降低物流成本,是提高资金利用率从而提高产品市场竞争力的关键之一,也只有如此,才意味着有了真正可以参与国际大竞争的能力。物流业是国家经济发展的重要产业和新的经济增长点,现代物流对国家经济、社会经济建设的推动作用不容忽视。

**(二) 发展现代物流对国家经济、社会经济建设的推动作用**

发展现代物流对国家经济、社会经济建设有着巨大的影响。

(1) 物流现代化是现代生产力发展的客观要求。随着社会的发展和生产规模的不断扩大,社会化程度越来越高,企业之间的联系更加密切,物流量大幅度增长,对物流活动的质量要求也不断提高。这就需要有足够的储运能力、较高的生产效率和管理水平,只有实现物流设备和物流管理的现代化才能达到以上要求。

(2) 物流产业对经济增长和创造就业机会有直接的贡献。作为新兴的服务部门,能够为社会经济发展提供从简单操作到专业技术服务、从初级管理到企业高层管理等职位的多种就业机会。根据欧洲物流协会调查,20世纪80年代末期物流业每年提供的新就业机会年均增长35%,进入90年代基本保持在年均20%的水平上。

(3) 物流产业发展有助于降低全社会的物流成本,优化配置物流领域中的各种资源,提高国民经济运行效率。就单个企业而言,物流成本是企业中仅次于制造或销售成本的最为重要的成本项目;就全社会而言,包括运输、仓储、包装以及基础设施投资等费用在内的全社会物流总成本也是影响经济运行效率的重要因素。

(4) 低成本、高效率、专业化的物流服务对提高国际竞争能力有着非常重要的作用。较高的物流服务水平能促进企业核心竞争能力的提高和企业组织的合理化。在市场竞争日益激烈的情况下，核心竞争能力已成为企业发展的关键，越来越多的企业将资源和能力集中在掌握关键技术、核心业务和市场控制能力方面，而在物流管理等非核心业务和技术方面，则采取利用外部资源和服务的方式。通过利用外部的专业化物流服务，企业的组织结构得到优化，这也是企业能够集中资源和能力提高自身的核心竞争能力的保证，从而使企业在国际竞争中保持优势。

现代物流产业的发展是市场经济的客观规律。正像许多物流业发达的国家比喻的那样，现代物流产业是促进经济发展的"加速器"。因此，加速发展现代物流产业已成为全球范围内的大趋势。

## 第二节 物流与物流管理

### 一、物流基本知识

#### （一）物流

**定义**：物流（logistics）是指物品从供应地向接收地的实体流动过程。根据实际需要，将运输、储存、装卸、搬运、包装、流通加工、配送、信息处理等基本功能实施的有机结合。

理解物流概念，应当注意以下几点：

（1）物流是物品物质实体的流动。任何一种物品都有二重性：一是自然属性，即它有一个物质实体；二是社会属性，即它具有一定的社会价值，包括它的稀缺性、所有权性质等。物品物质实体的流动是物流，物品的社会实体的流动是商流。商流是通过交易实现物品所有权的转移，而物流是通过运输、储运等实现物品物质实体的转移。

（2）物流是物品由供应地流向接收地的流动，即它是一种满足社会需求的活动，是一种经济活动。不属于经济活动的物质实体流动也就不属于物流的范畴。

（3）物流包括运输、搬运、储存、保管、包装、装卸、流通加工和物流信息处理等基本功能活动。

（4）物流包括空间位置的移动、时间位置的移动以及形状性质的变动，因而通过物流活动，可以创造物品的空间效用、时间效用和形状性质的效用。

#### （二）物流的分类

社会经济领域中的物流活动无处不在，对于各个领域的物流，虽然其基本要素都存在且相同，但由于物流对象不同，物流目的不同，物流范围、范畴不同，形成了不同的物流类型。在对物流的分类标准方面目前还没有统一的看法，主要的分类方法有以下几种：宏观物流和微观物流；社会物流和企业物流；国际物流和区域物流。在此，我们将采用第二种分类方法，对物流进行划分。

1. 社会物流

**定义**：社会物流（external logistics）是指企业外部的物流活动的总称。

社会物流包括企业向社会的分销物流、购进物流、回收物流、废弃物流等，也称之为大物流或宏观物流。企业内部物流属于微观物流，社会物流属于宏观物流，一般都伴随着商流发生。

社会物流是指超越一家一户的、以一个社会为范畴、面向社会为目的的物流。这种社会性很强的物流往往是由专门的物流承担人承担的，社会物流的范畴是社会经济大领域。社会物流研究再生产过程中随之发生的物流活动，研究国民经济中的物流活动，研究如何形成服务于社会、面向社会又在社会环境中运行的物流，研究社会中物流体系结构和运行，因此带有宏观和广泛性。

2. 企业物流

**定义**：企业物流（internal logistics）是指企业内部的物品实体流动。

社会主义市场经济体制的建立，改革开放的不断深化，作为市场主体的企业，必须建立与市场经济体制相适应的现代企业制度，实现企业的整体优化。在现代企业的生产经营中，物流活动贯穿于从原材料采购开始到零部件的加工，最后把产成品销售，并送达用户的整个循环过程。企业内部物流主要是企业内部的生产经营工作和生活中所发生的加工、检验、搬运、储存、包装、装卸、配送等物流活动。根据物流活动发生的先后顺序，企业物流可分为五部分，即供应物流、生产物流、销售物流、回收物流和废弃物物流。

1) 供应物流

**定义**：供应物流（supply logistics）是指为生产企业提供原材料、零部件或其他物品时，物品在提供者与需求者之间的实体流动。

生产企业、流通企业或消费者购入原材料、零部件或商品的流通过程，也就是物品生产者、持有者至使用者的物流。对于生产企业而言，是指生产活动所需要的原材料、备品备件等物资的采购、供应活动所产生的物流；对于流通领域而言，是指交易活动中从买方角度出发的交易行为所产生的物流。

企业为保证本身生产的节奏，不断组织原材料、零部件、燃料、辅助材料的供应，这种物流活动对企业生产的正常、高效进行起着重大作用。企业供应物流不仅是保证供应，而且还是用最低成本、以最少消耗、最大的保证来组织供应，因此，就带来很大的难度。企业竞争的关键在于如何降低这一物流过程的成本，可以说是企业物流的最大难点。为此，企业供应物流就必须解决有效的供应网络问题、供应方式问题、零库存问题等。

2) 生产物流

**定义**：生产物流（production logistics）是指生产过程中原材料、在制品、半成品、产成品等在企业内部的实体流动。

生产物流与生产流程同步，是从原材料购进开始直到产成品发送为止的全过程的物流活动。企业生产过程的物流大体为：原料、零部件、燃料等辅助材料从企业仓库或企业的"门口"开始，进入到生产线的开始端，再进一步随生产加工过程一个一个环节地流，在流的过程中，原料等本身被加工，同时产生一些废料、余料，直到生产加工终结，再流至生产成品仓库，便终结了企业生产物流过程。原材料、半成品等按照工艺流程在各个加工点之间不停顿地移动、转移，形成了生产物流。如生产物流中断，生产过程也将随之停顿。生产物流的发展经历了人工物流、机械化物流、自动化物流、集成化物流和智能化物流五个阶段。

物流与生产制造的关系，如同人体中血液循环与内脏器官的关系一样，物流是生产制造各环节组成的有机整体的纽带，又是生产过程维持延续的基础。现代生产物流，由于采用了快速、高效、自动化的物流设备（如自动化立体仓库、自动导引运输车、自动化上下料机器）和计算机管理，从而实现了系统化与集成化。

3）销售物流

**定义**：销售物流（distribution logistics）是指生产企业、流通企业出售商品时，物品在供方与需方之间的实体流动。

销售物流是物品的生产者或持有者至客户或消费者之间的物流。通过销售物流，企业得以回收资金、进行再生产的活动。销售物流的效果关系到企业的存在价值是否被社会承认，销售物流的成本在商品的最终价值中占有一定比例，因此，为了增强企业的竞争力，必须重视销售物流的合理化。在现代社会中，市场是一个完全的买方市场，因此，销售物流活动便带有极强的服务性，以满足买方的需求，最终实现销售。在这种市场前提下，销售往往以送达用户并经过售后服务才算终止，因此，销售物流的空间范围很大，这便是销售物流的难度所在。

一般来说，销售物流的目标应该是：以最低的成本和最佳的服务将产品在适当的时间送达适当的地点。事实上，销售物流的成本与服务很难获得最佳的效果。因为为了提供最好的服务，需要较多的库存量、最快的运输、多设网点，结果必然大量增加物流成本；另一方面，为了降低成本，势必要采取缓慢而廉价的运输，降低库存量，减少仓库及网点。因此，真正的销售物流效率是在成本与服务间取得合理的平衡，即对销售物流的各要素进行平衡，取得合理成本下的时空效用。在这种前提下，企业销售物流的特点，便是通过包装、送货、配送等一系列物流实现销售，这就需要研究送货方式、包装水平、运输路线等，并采取各种诸如少批量、多批次、定时、定量配送等特殊的物流方式达到目的，因而，其研究领域是很宽的。

4）回收物流

**定义**：回收物流（returned logistics）是指不合格物品的返修、退货以及周转使用的包装容器从需方返回到供方所形成的物品实体流动。

在生产消费过程和生活消费过程中，部分物料可通过收集、分类、加工、供应等环节转化成新的产品，重新投入到生产或消费中，这样就形成了回收物流。例如，货物运输和搬运中所使用的包装容器、废旧装载工具及工业生产中产生的边角余料、废旧钢材等在回收中所发生的物流活动。在一个企业中，如果回收物品处理不当，往往会影响整个生产环境，甚至影响产品的质量，也会占用很大空间，造成浪费。另外，值得注意的是，在企业的经营管理活动中，有时会产生突发性回收物流，这种情况较多地出现在汽车、医药和食品等行业，多半是由于产品质量方面的问题而产生了回收的需求，这种问题如果处理不好，将会影响企业的信誉，甚至危及企业的生存。

5）废弃物物流

**定义**：废弃物物流（waste material logistics）是指将经济活动中失去原有使用价值的物品，根据实际需要进行收集、分类、加工、包装、搬运、储存等，并分送到专门处理场所时所形成的物品实体流动。

废弃物物流的作用是无视对象物的价值或对象物没有再利用价值，仅从环境保护的角度出发，将其焚化、进行化学处理或运到指定地点堆放、掩埋。当今，由于环境问题的日益突出以及物流与环境的密切关系，在研究社会物流和企业物流时必须考虑环境问题。废旧物品如何合理回收以减少对环境的污染、且最大可能地再利用，也是物流管理所需考虑的内容，废弃物物流将越来越受到社会和企业的重视。

### （三）其他重要的物流概念

1. 物流管理

**定义**：物流管理（logistics management）是指为了以最低的物流成本达到用户所满意的服务水平，对物流活动进行的计划、组织、协调与控制。

换句话说，物流管理是对原材料、半成品和成品等物料在企业内外流动的全过程所进行的计划、实施、控制等活动。这个全过程，就是指物料经过的包装、装卸搬运、运输、储存、流通加工、物流信息等物流活动的全部过程。在社会再生产过程中，根据物质资料实体流动的规律，应用管理的基本原理和科学方法，对物流活动进行计划、组织、指挥、协调、控制和监督，使各项物流活动实现最佳的协调与配合，以降低物流成本，提高物流效率和经济效益。

物流管理的内容包括：

- 物流活动诸要素的管理，包括运输、储存等环节的管理；
- 物流系统诸要素的管理，即对其中人、财、物、设备、方法和信息六大要素的管理；
- 物流活动中具体职能的管理，主要包括物流计划、物流质量、物流技术、物流经济等职能的管理等。

2. 第三方物流

**定义**：第三方物流（third-party logistics，TPL）是指由供方与需方以外的物流企业提供物流服务的业务模式。

第三方物流兴起于 20 世纪 80 年代末、90 年代初，经过十几年的迅速发展，具有多种多样的形式。我们认为第三方物流是由一种物流服务提供企业在特定时间段内按照特定的价格向需求者提供个性化、系列物流服务的一种形式。一般来说，第三方物流是以合同为导向，建立在现代电子信息技术基础之上，为企业提供个性化服务。第三方物流有助于企业降低物流作业成本，致力于发展核心业务，利用 TPL 的先进技术减少投资，重新整合供应链。

3. 供应链

**定义**：供应链（supply chain）是指生产及流通过程中，涉及将产品或服务提供给最终用户活动的上游与下游企业所形成的网链结构。

供应链是通过对信息流、物流、资金流的控制，从采购原材料开始，制成中间产品以及最终产品，最后由销售网络把产品送到消费者手中，将供应商、制造商、分销商、零售商直到最终用户连成一个整体的功能网链结构，链中各环节不是彼此分割的，而是环环相扣的一个有机整体。

供应链的产生是时代发展的产物。随着合作与竞争时代的到来，竞争无国界与企业相互渗透的趋势越来越明显，市场竞争实质上已不只是单个企业之间的较量，而是供应链与供应链之间的竞争。面对变化反复无常、竞争日趋激烈的市场环境以及客户需求多样化与个性化、消费水平不断提高的市场需求，企业在不断提高自身竞争能力的同时，必须充分利用信息网络寻找互补的外部优势，与其供应商、分销商、客户等上下游企业构建供应链组织，通过协作来寻求共同的利润。

4. 供应链管理

**定义**：供应链管理（supply chain management）是指利用计算机网络技术，全面规划供应链中的商流、物流、信息流、资金流等，并进行计划、组织、协调与控制。

供应链管理是一种从供应商开始，经由制造商、分销商、零售商直到最终客户的全要素、全过程的集成化管理模式。其目标是从整体的观点出发，寻求建立供、产、销企业以及客户间的战略合作伙伴关系，最大限度地减少内耗与浪费，实现供应链整体效率的最优化。相对于传统的企业管理，供应链管理更加强调供应链整体的集成与协调，要求各链节企业围绕物流、信息流、资金流以及工作流进行信息共享与经营协调，实现柔性的与稳定的供需关系。

一般来说，供应链管理的利润空间主要在"成员企业组织的边界"，即企业与企业之间的接口处。供应链管理作为一种新兴的管理思想和管理模式，已经被越来越多的企业所接受并付诸实践。

## 二、物流活动

### (一) 物流系统

物流系统是由两个以上互相区别又互相联系的单元结合起来,以完成物品的实际流动为目的的有机结合体。

物流不是运输和保管等活动的简单叠加,而是以信息为中介构成的有机整体,是一个物流系统。物流系统内部任何部分功能的发挥都要有利于系统整体目标的达成。在物流系统中,各个功能要素之间存在着"效益背反"关系,因此,部分的最优化不等于系统整体的最优化。树立系统化观念,对于搞好物流管理、实现物流合理化十分重要。

### (二) 物流管理系统

应当从相互影响和相互作用的角度,全面地理解和把握物流过程的一切功能与活动,即要用系统的方法来进行物流管理。物流管理系统的主要内容如图1.1所示。物流管理系统的输入端为四种资源,即自然资源、人力资源、财力资源和信息资源。物流管理部门通过对各种内外部资源的计划、组织、协调和控制来实现资源的有效利用,通过对各项物流活动的管理实现物流系统的有效运作。其输出是顾客服务和产品的时间、地点效用,通过提供优良的物流服务而使物流真正成为企业财富的重要源泉,使企业在激烈的市场竞争中赢得竞争优势。事实上,现代物流概念更强调的是其管理属性,通过对物流各个环节和要素的系统化、集成化管理,提高物流能力和物流服务水平,同时有效地控制物流成本。在对物流系统的管理中,必须注意的是物流系统内存在着"效益背反"关系。所谓"效益背反"是指一个部门的高成本会因另一个部门成本的降低或效益的提高而相互抵消的这种相关活动之间的相互作用关系。换言之,效益背反原理体现的是一方利益的追求要以另一方的利益为代价的相互排斥的状态,这种状态在物流系统中随处可见。对物流管理系统而言,合理的目标和有效的协调是十分必要的。

物流管理系统是企业物流系统的组成,它强调的是管理技术与管理内容的有机结合,来创造最大的物流运行效益。企业的物流系统范围更为广泛,它是企业的物流过程、物流设施、物流技术、管理方法的有机整体,既有设施、机械、设备、人员等物质基础,又有管理方面的软环境,是一个结构复杂、目标多元的动态系统。企业的物流系统是具体的物流运行环境或构架,它的合理化程度决定了物流运行的效率和效益。因此,物流系统规划是企业物流管理的重要工作,需要进行大量细致的工作,是一项庞大的系统工程。

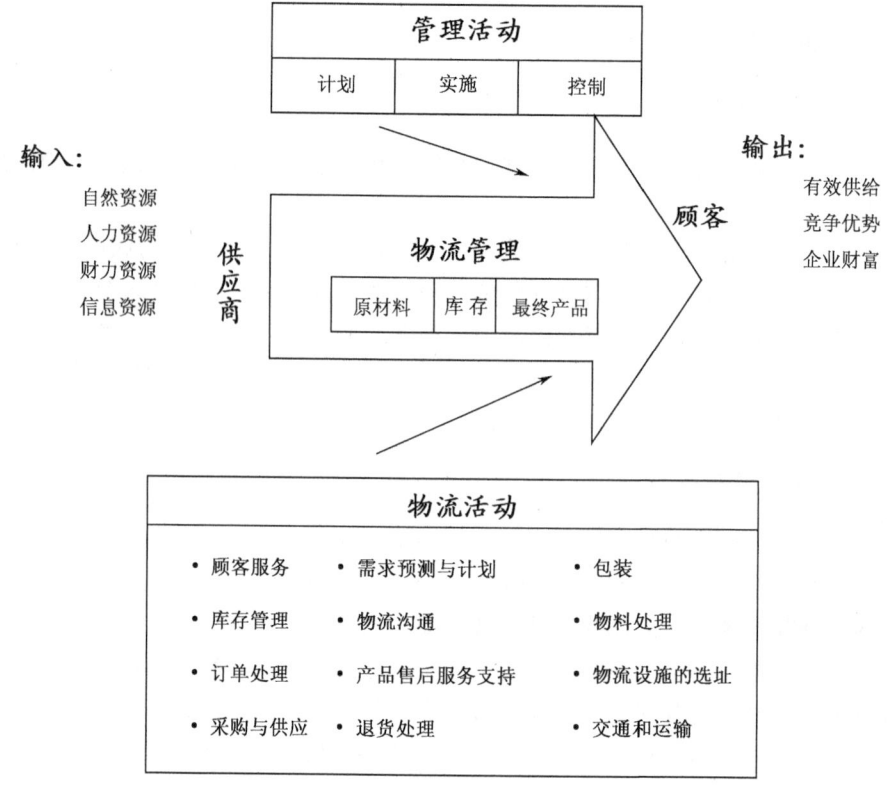

图 1.1　物流管理系统

### （三）关键的物流活动

物流活动是指物流诸功能的实施与管理活动。虽然物流活动的具体内容和分类目前没有统一标准，但一般认为关键的物流活动主要包括以下各个方面：

（1）顾客服务。顾客服务是一种以顾客为导向的企业经营理念。强调在优化的服务成本-服务水平组合下，对企业与顾客的连接层面的所有要素进行集成管理。顾客服务是发生在卖方、买方及第三方之间的过程，这个过程使交易中的产品或服务实现增值，这种增值意味着通过交易，各部分都得到了价值的增加，因而从过程管理的观点来看，顾客服务是通过节省成本费用，为供应链提供重要的附加价值的过程。作为物流系统的产物，顾客服务的具体含义就是"5 rights"：以最少的成本，在正确的时间（right time）、正确的地点（right location）、正确的条件（right condition），将正确的商品（right goods）送到正确的顾客（right customer）手中。良好的顾客服务是顾客满意的根本保证。

（2）需求预测与计划。需求预测是对需求未来发展趋势的预计和推测。在企业经营活动中存在着多种需求预测。市场营销部门基于促销、价格竞争等影响因素做出顾客需求预测。生产部门根据市场销售需求预测和当前库存水平做出生产计划,而物流部门通常从采购的角度预测需向供应商采购多少原材料,或预测需向每个目标市场运输产品的数量。在一些企业中,物流部门甚至要负责生产计划的制定。需求预测可以分为四种基本类型,即定性预测、时间预测分析、因果预测和模拟预测。定性预测属于主观判断,它基于估计和评价;时间预测分析基于与过去需求相关的历史数据,历史数据可能包含诸如趋势、季节、周期等因素,可用于预测未来的需求;因果预测假定需求与某些内在因素或周围环境的外部因素有关;模拟预测允许预测人员对预测条件做一定程度的假设。

(3) 库存管理。库存管理需要对库存持有水平和顾客服务水平两者进行权衡。与库存相关联的成本,如库存占用资本成本、各种存储费用、过期库存物资损失等,对企业来说是一笔很大的开支,因此对库存的控制是物流管理中一项十分重要的内容。良好的库存管理能够加快资金的周转速度、提高资金的使用效率、增加投资的收益。

(4) 物流沟通。物流管理涉及产品价值形成的全过程,物流管理人员需要同企业内部众多的职能部门和其他企业进行交流与沟通。物流沟通发生在:

- 企业与供应商和顾客之间;
- 企业内部的主要职能部门(物流、财务、工程、市场、生产等)之间;
- 各项物流活动之间;
- 每项物流活动的各阶段之间;
- 供应链成员之间。

管理沟通是任何管理系统有效运作的关键,良好的沟通是企业竞争力的重要源泉。

(5) 物料处理。物料处理包含了原材料、在制品和产成品在工厂和仓库中的搬运和装卸等处理,这类操作并不实现物品的增值,因此物料处理的一个基本目标是尽可能减少操作成本。通过对物料流的细致分析,物料处理能为企业节约大笔开支。

(6) 订单处理。企业订单处理系统的职能包括:接收顾客订单、根据订单向顾客供货、跟踪订单处理状况、向顾客反馈订单处理信息。具体的订单处理过程包括库存检查、顾客信用审核、开具单据发票、发货等。订单处理对顾客满意度影响极大。当今企业越来越多地通过互联网、电子数据交换(EDI)和电子转账(EFT)等手段来加快订单处理速度,提高准确性和效率。

(7) 包装。包装是在流通过程中为保护产品、方便储运、促进销售,按一定技术方法而采用的容器、材料和辅助物等的总体名称。作为一种物流活动,它是指为了达到上述目的而采用容器、材料和辅助物的过程中施加一定技术方法等的操作。包装不仅具有保护和存放商品的功能,还具有广告宣传的营销功能。良好的产品包装设计应当符合仓储和运输的特定需要。

(8) 产品售后服务支持。物流部门需提供产品的售后服务支持，包括产品的安装调试、存储充足的备用物品、回收有缺陷的产品、对顾客的维修或退换货请求做出快速响应等。

(9) 物流设施的选址。物流设施的选址是企业的一项重要战略决策，不仅影响到原材料和产成品的运输费用，也会影响顾客服务水平和对顾客需求的响应速度。在进行选址时，需要考虑各种影响因素和要求，在此基础上预先确定地址，列出几个可供选择的方案，利用科学的评价方法，从这几个可行方案中选出最理想的地址。

(10) 采购与供应。采购与供应是指外购物料或服务，以支持本企业的生产、销售以及物流等各项活动。采购是选择和购买物品的过程，包括了解需要、选择供应商、协议价格、签订合同、选择运输方案、催促交货以及保证供应等事项。企业应与主要的供应商结成长期协作的战略伙伴关系。

(11) 退货处理。退货处理十分复杂，要求物流系统将分散的少量退货从顾客手中收集并运回，其物流流向与销售物流相反，而成本通常是后者的9倍之多。除了成本因素外，退货处理对顾客满意程度的影响也比较大，因此越来越受到企业的重视。

(12) 交通和运输。商品在空间位置上的转移必须通过运输来实现。这是一项十分重要的物流活动，也是大多数企业开支最多的物流活动。其主要内容包括：选择运输方式、确定正确的运输路线、选择承运人等。

(13) 仓储。商品（特别是指实物商品）的时间和地点价值只有在运输和仓储的支持下才能得以实现。仓储活动包括仓库的设计与构建、库存物品的管理、仓库租赁决策等。

(14) 物流回收。物流回收特指物流过程中各种废弃物的回收和处理。随着社会对环保问题的日益关注，企业在环保方面受到越来越多的管制，物流回收活动亦越来越重要。

## 三、现代物流观念

(1) 全球化观念。随着全球化的发展，企业的物流方式也向全球化发展。企业的原材料、零配件来源于全球的原材料市场，产品销售区域也是世界范围的。为了资源的优化，全球经营的企业也会在世界各地设定生产基地，这种全球经营的模式必须带来物流全球化。全球化物流是现代企业经营的特性。

(2) 物流一体化观念。物流是生产商服务顾客的重要能力，这个能力的强弱直接影响顾客选择商品的结果，也影响企业的生存和发展。企业为了保持顾客的忠诚度，必须迅速满足顾客需要。从接受顾客订单开始，启动采购、生产、库存、配送等活动，从企业的内部作业流程来看，是企业内部物流一体化的过程。但是，要满足顾客要求，不仅企业内部物流过程一体化，企业与其原材料、零配件的供应商、销售过程涉及的销售商们必须很好地配合，即这三者的物流活动必须统一、协调地运作。因此，在现代经营环境下，不仅要求企业内部物流的一体化运作，还要外部物流的一体化。

(3) 以顾客满意为第一的观念。进入20世纪90年代以后，整个社会经济向信息化、多元化方向发展步伐越来越快，消费者需求多样化特征日益明显，企业为了适应这种情况，多品种、小批量生产方式应运而生，物流需求也以小批量、多品种、高频次为特点。订货周期变短、时间性增强，物流需求的不确定增高、物流的柔性化要求增强。企业物流活动的目的就是为了满足顾客所要求的在适当的时间、适当的地点，通过适当的服务形式得到适当商品的要求。

(4) 物流信息化。现代物流活动的运作离不开信息化。信息在实现物流系统化和物流作业一体化方面发挥着重要作用。现代物流通过信息将各项物流功能活动有机地结合在一起，通过对信息的实时把握，控制物流系统按照预定的目标运行。而信息技术的发展也为现代物流提供了企业减少非增值的物流活动，提高物流效率的必要支撑。

(5) 物流的自动化。在现代物流活动中，广泛使用先进的运输、仓储、装卸搬运、包装以及流通加工等手段。运输手段的大型化、高速化、专用化，装卸搬运机械的自动化，包装的单元化，仓库的立体化、自动化，以及信息处理和传输的计算机化、电子化、网络化等，为开发现代物流提供了物质保证。

(6) 物流的社会化。在现代物流时代，物流行业具有巨大的发展空间。制造性企业如果既从事生产制造，又要从事运输等物流活动，可能会给企业的资金带来负担，同时也不能充分利用社会物流的能力。因此，许多企业都将自己的物流活动部分或全部外包给专业的物流服务企业。制造性企业、物流服务企业的联结，使社会物流活动的效益得到体现。第三方物流形态成为现代物流的主流，带动了物流产业在国民经济中发挥越来越重要的作用。

(7) 绿色物流观念。绿色物流是指在物流过程采取各种措施，控制物流对环境造成的危害。这种观念实际上与社会经济的大要求是分不开的。由于地球资源的有限性，为了长期、持续地发展，人类必须学会维护我们的生态环境，要求我们的各种经济生活都不能损害我们所赖以生存的自然环境。发展物流，也应该既能促进经济发展，又能保障人类健康发展。大多数国家或地区在制定运输、包装等法规时，都或多或少地体现了对物资的循环使用、防止破坏环境的思想，这就要求企业在开展物流活动时，一定要注意配合相应的法律法规。

## 小知识 《物流术语》介绍

我国重要的物流标准——《物流术语》由国家质量技术监督局于 2001 年 4 月 17 日正式发布，于 2001 年 8 月 1 日正式实施。物流概念及各环节常用术语的规范化，便于物流从业组织和人员统一认识，对我国物流产业的发展会取得推动作用。这个标准由中国物资流通协会（已改名为中国物流与采购协会）主持编写，供 11 个单位参编，这些单位有研究协会、高等院校和物流从业组织，充分考虑了物流标准的通用性、适用性。为了反映物流管理的新思想、新认识，编写原则为：在保证物流（行业）术语标准系统性完整性的前提下，侧重先进性、创造性、统一性，不追求多而全。主要选取：①物流活动中涉及基本概念的术语；②物流各环节中均要使用的术语和随业务、技术发展而新出现的各种术语；③与国际接轨应该统一的术语。

《中华人民共和国国家标准·物流术语》（GB/T18354—2001）由六个部分组成，它们是：

第一部分　范围。主要阐明标准的定义范围和适用范围。

第二部分　引用标准。指明本标准引用的其他标准。

第三部分　基本概念术语。共有 33 条术语，包括物流及物流管理基本定义（14 条）、物流分类（13 条）、其他基本概念（6 条）。

第四部分　物流作业术语。共有 43 条术语，包括运输作业（10 条）、储存作业（9 条）、搬运和包装作业（14 条）、配送作业（7 条）和其他作业（3 条）。

第五部分　物流技术装备和设施术语。共有 42 条术语，包括储存设施（16 条）、器械（6 条）、集装箱（8 条）、运输方式（7 条）和其他（5 条）。

第六部分　物流管理术语。共有 27 条术语，包括物流战略（2 条）、库存管理（8 条）、准时制（3 条）、物流成本管理（1 条）、计划（7 条）、其他（6 条）。

# 第二章

# 物流与顾客服务

企业的经营目的只有实现了商品销售并将商品准确地传达给顾客后才算完成。从现代营销角度来看，顾客购买的不仅是产品及其功能，顾客购买的是产品、质量和服务的统一体。这个服务蕴涵了在准确的时间、准确的地点提供准确的产品的要求。当市场处于需求饱和或存在着较大的商品选择余地情况下，顾客的选择决定企业的命运。顾客服务水平直接影响顾客的购买决定，进而决定了企业的市场份额。单纯依靠产品进行竞争难以为继，只有将产品与服务结合起来（物流服务是服务的重要组成部分），才能有争取顾客的把握。因此，企业物流管理的主要目的之一，就是将供应物流、生产物流以及销售物流进行综合计划、协调组织，以最快的速度、最佳服务水平满足顾客的需求。物流活动是广泛地满足顾客的时间需求和地点需求的过程，与顾客服务有着天然的联系，物流系统的产出就是顾客服务。在进行物流系统规划时，首先要确定顾客需求，以此作为物流系统的输出和要求，以求企业的物流系统运行达到其原始目的——满足顾客需求。

## 第一节 顾客服务与顾客满意

对于制造企业来说，通过物流活动可以及时和准确地向顾客提供他们所需要的产品，从而支持企业的竞争战略。为顾客服务，首先要弄清楚谁是顾客。对企业物流系统而言，只要接受了物流服务的对象就是顾客，因此顾客是多样化的，既有接受产品所有权和服务的用户，也有同一组织内不同的作业单位，或供应链上位于下游节点上的业务伙伴，如销售商等。我们可把物流系统服务的顾客分为外部顾客和内部顾客，产成品用户及供应链上的下游业务伙伴看成是外部顾客，企业内需要物流服务的部门称为内部顾客，如生产制造部门、销售中心等。但是，内部顾客的活动是根据外部顾客的需求进行确定和安排的。如销售中心需要的产品数量和时间是由顾客购买拉动的，而生产制造部门则根据销售中心的销售计划和用户的购买信息确定生产数量、类型和时间，由此拉动原材料、零配件的组织和供应。因此，进行顾客服务需求调查和确定的时候，应以外部顾客为主，在此基础上，再进行内部顾客需求确定。由此，对顾客服务方面的定义，我们以外部顾客为主。

## 一、顾客服务定义

### （一）顾客服务概念

现代市场营销主张要识别和细分顾客的具体需求，然后整合资源去满足不同顾客群体的需求。从顾客的角度来看，应该是方便地、容易地获得自己想要的产品，这种方便性、容易性就是顾客服务的基本要求。

顾客服务的内容和方法随企业而变化，不同的企业、不同学者由于考虑的角度不同，对顾客服务有不同的理解。

从市场营销角度来看，顾客服务被看成在有效利用情况下，能够对创造需求、保证客户忠诚产生重大影响的首要条件。

从顾客服务的过程来看，顾客服务是销售满足顾客的一系列活动，通常始于订单录入，止于产品送达顾客。有时，还会以设备服务、保修或其他技术支持的形式继续下去。

从顾客服务的特性角度，顾客服务是使（顾客）提到订购产品的速度和可靠程度。

客户服务如果从过程这个角度来看，可以把顾客服务看成是企业为了满足顾客对产品及相关的服务的需要而整合资源，进行产品提供的过程。

### （二）物流活动与顾客服务

企业为顾客提供相关的服务和产品，以满足顾客的需求，这是企业最基本的目的。依据综合营销理论，构成营销活动的四个方面就是所谓的4P，即：product/service（产品或服务）、promotion（促销）、price（价格）、place（渠道）。形成有效的营销组合的关键是将上述四个部分的活动有机结合，使之产生最大的顾客服务效果。与企业的物流活动有直接联系的是 place（渠道），物流活动的输出之一就是有效地进行渠道管理，使产品准确传递，物流管理可以简单定义为提供顾客服务需求的方法。实际上组织中的每个人、每项活动都与顾客服务有着密切的关系，因此许多成功的公司开始检测它们的内部业务过程和标准，与顾客需求保持一致，即建立起顾客价值链，连接组织内直接或间接与市场关联的所有人员和相关业务，以顾客需求标准来实施和评价组织运营，这样可以将组织的活动与市场紧紧联系起来，加强组织对市场变化的反应能力。

在界定顾客服务要求的基础上，设计与需求相符的企业物流活动过程，并有效地运行和控制，就是主动地运用企业的物流能力去吸引顾客、争取顾客、争夺市场。具体的市场或具体的顾客对 4P 的要求或认可度不一，影响顾客购买欲望的，有时是产品本身的特性，有时是价格，有时是因为促销活动的影响效果。但是，无论市场营销的重点是什么，物流活动是综合营销不可缺少的部分。只有通过它，才能实现产品在时间和地点的需要；离开它，就无法实现产品所有权的转移。我们要研究的不是需不需要物流，而要研究针对不同层次的顾客、不同范围的市场、不同的产品应制定何种适宜的物流策略。

## 二、顾客服务要素

确定顾客服务，首先要了解顾客服务由哪些因素构成及其如何影响购买者的行为，这也是营销管理中的重要研究问题。美国物流管理协会（Council of Logistics Management）曾根据供应商和顾客之间的交易发生的时间进行顾客服务构成因素的调查后确定，根据交易发生时间的前后顺序，将顾客服务因素分为交易前因素、交易中因素和交易后因素三类。

### （一）交易前因素

交易前因素为企业开展良好的顾客服务创造适宜的环境。这部分要素尽管并不都与未来有关，但对产品销售有重要影响，顾客对企业及其产品的印象和整体的满意度都与交易前因素密切相关。企业为稳步持久地开展顾客服务活动，必须先对交易前要素做好正式的规范化的准备。交易前因素主要包括顾客服务条例书面说明、服务文本、组织结构、系统柔性、技术服务等。

（1）顾客服务条例的书面陈述。顾客服务条例是以正式文件的形式，反映顾客的需要，阐明服务的标准，如订货后何时送达、退货和延期交货的处理程序、运输方法等。明确每个员工的责任和具体业务内容，最好具体到每个岗位的相关职责；所规定的每项服务应量化、易实施、推广、考核、评价。企业内部常见的此类文件有服务指南、服务标准、员工服务准则等。

（2）提供给顾客的服务文本。企业不仅要明确自己进行顾客服务的标准、责任，还应以文本等明确方式将顾客服务的内容展示给顾客，最常用的形式有服务承诺、服务条款等。这样顾客可以清楚地了解到自己能够获得什么样的服务，否则顾客可能产生一些不切实际的要求。同时，顾客也可以知道在没有得到应有的服务时该如何与企业进行交涉，反映自己的意见，这样也为企业了解顾客满意状态提供了便利。

(3) 组织结构。尽管不存在适合于所有企业成功实施其顾客服务的通用的最优组织结构模式,但对每个企业而言,应当有一个较好的组织结构以保障和促进各职能部门之间的沟通与协作。总体负责顾客服务工作的人员在企业中应具有相当的职责和权威,因为这项工作实际效果是企业总体运行的综合表现,要涉及企业多个职能部门,往往需要多方的协作和快速响应。

(4) 系统柔性。物流系统在设计时要注意柔性和必要的应急措施,以便顺利地响应突发事件。系统柔性决定了处理异常的顾客服务需求的能力,是企业物流能力水平高低的重要指数。在实际物流动作过程中,常常出现需要组织灵活作业的异常情况包括:①物流服务标准的修改,例如装运交付地点的变更;②支持特殊顾客或市场的销售和营销方案,如对核心顾客需求的完善保证;③新产品导入或产品退出市场;④生产资料的短缺;⑤物料的回收,如因质量问题而发生的产品从市场上回撤情况;⑥定制服务等。总之,在物流系统的规划时,对上述常见异常情况要有所考虑,才能及时地进行相关物流活动的调控处置。

(5) 技术服务。企业应当为顾客提供技术培训,包括根据顾客情况制定用户培训计划,编写适用的培训教材,提供实际操作的机会,提供实习和代培的条件,答复用户的有关咨询直到用户满意为止。

## (二) 交易中因素

交易中因素主要指直接发生在交货过程中的顾客服务活动,也就是最经常与顾客服务相联系的活动。主要有履行订单的能力、系统的准确性、订货周期、订货的方便程度、产品可替代性。

### 1. 履行订单的能力

企业能否依据顾客要求的时间、地点将产品交付,主要由企业订单信息处理能力、库存水平和运输能力决定。订单处理能力应具备快速接受顾客订货需求、查询所购商品的库存信息、推算预计的运送日期等能力。对数量较大的购买需求,企业难以一次完成的,这种订单需通过延期订货、分批运送来完成。延期订货发生的次数及相应的订货周期是评估物流系统运作优劣的重要指标。

库存是满足顾客需求的保证。产品的库存量高,产品的可得性越强;产品的库存量低,可能不能满足顾客购买的数量需求;但是,过多的库存又意味着物流成本,因此如何根据顾客服务水平确定库存水平和物流总成本,是顾客服务研究的重要问题之一。在实际操作中,有的企业开发了各种物流方案,以弥补其因库存不足而造成的不良影响。如设定安全库存来调整预测误差;严格区分核心顾客,对核心顾客的需求设定较高水平的库存,保证以最高水平实现其服务需求,争取他们的忠诚度;对非核心顾客则依据情况保持较低的库存水平,维持一般的顾客服务水平即可。

运输是将产品从库存地运送到顾客需求地点的活动。由于企业面对的是不同层次的顾客和不同特性的市场，往往需要从多个生产地或配送中心向顾客运送货物，这种多库存地向多个目的地的运输调配，必须有高质量的运输组织能力。有时候为了保证不失去顾客（因为失去顾客的代价极高），企业要提供特殊货运，这种货运的成本要高于正常运送方式。

履行订单的能力可用以下指标进行衡量：缺货频率、订货完成率。缺货频率指缺货将要发生的概率，当需求数量超过产品可供数量（或需求次数超过产品可供次数）就会发生缺货。将全部产品所有发生缺货的次数汇总起来，就可以反映出企业实现其基本服务承诺的能力。对每次缺货情况要根据具体产品和顾客作备忘录，并分析其内在原因，进行改进。订货完成率是与缺货概率相反的指标，它指企业完成顾客需求的数量与顾客需求总量的比率，或完成顾客需求的次数与顾客需求总次数的比率。这个指标越高，企业履行订单的能力越强，从某一方面而言，企业物流运作能力越强。

2．系统的准确性

物流系统运行的准确性指的是按顾客的需求细则提供准确的物流服务活动，也可称为服务细节与顾客要求细则的一致性，这是物流作业的最基本问题，是企业物流水平的体现，是物流服务质量的重要指标。在物流系统运行过程中，准确性不仅涉及作业活动，信息处理也需要准确性，顾客不仅希望快速获得广泛的数据信息，同时也要求这些关于订货、库存和送货的信息准确无误。如果发生缺货或延迟递送等意外情况时，也应让顾客得到相关信息，便于他们进行相应的调整。越来越多的顾客认为，信息的准确性是物流服务质量的重要要求。

3．订货周期

订货周期是指从顾客提出订货、购买产品或服务要求到收到所订购产品或服务所经过的时间。订货周期包括在顾客收到订购货物需经过的时期内发生的所有相关活动。一个订货周期所包含的时间因素有订单传输时间、订单处理时间、配货时间、库存现货、生产时间和送货时间。

订单传输时间是由订单处理的技术决定。一般来说，自动化处理的程度决定了订单传输速度和时间。顾客与供应商之间采用电话、传真等通信方式传输订单，订单到达供应商处时，还需要将订单录入到计算机系统中进行进一步处理；采用计算机网络传输方式，顾客传输的信息可直接进入供应商的订单处理系统中进行处理，这样订单传输和订单处理有机衔接，缩短了整个订货周期的时间。

订单处理包括填制运输单证、更新库存记录、审核信用、核对订单、向客户和供应商有关方就订单处理情况互通信息及将订单信息通报销售、生产、财务部门等各项活动。配货时间包括收到订单并通知仓储和运输部门有关订单信息后，配齐货物准备发运所需的时间，包括从仓库中拣货、将货物搬运到发运点、必要的包装或加工过程、与运输地点相同的货物进行拼装的活动。通常，订单处理与配货活动往往发生重叠，如运输单证填制和库存数据更新是根据配货结果信息而定，企业物流信息处理计算机、自动化程度越高，两种不同活动的衔接就越紧凑。

库存现货对订货周期影响很大，如果仓库现货量不够，就必须启动生产过程，这时订货周期等于订单传输和处理时间、生产物料供应组织时间、生产制造时间和销售递送时间之和，订货周期大大延长，物流的组织活动内容复杂化。实际上，对于制造性企业而言，大多不会在仓库储存大量现货，生产计划都依订单情况制定或调整，因此有些学者认为"订货周期是实物配送完成周期、制造支持完成周期和购买获取完成周期之和"。

订货周期最后一个时间要素是从存储地到客户所在地运输产品所需要的时间，其中也包含起点装货和终点卸货的时间。订货周期可用统计指标表示，如均值、标准差、频率分布。

4. 订货的方便性

顾客总喜欢同便利和友好的卖方打交道，订货的便利性是决定顾客下单的因素。如果订货程序复杂、填写单证繁琐、接洽人员业务不精、等待时间过长都会引起顾客不满，从而影响顾客与企业的关系。

5. 替代产品

顾客所订购的某种产品暂时缺货时，具有相同功能的其他类似产品也能满足顾客的需要，这种情况在现实时有发生。为顾客提供可接受的替代产品可以大大提升企业的服务水平。企业在制定产品替代策略时要广泛征求顾客的意见，并及时将有关的政策和信息通知顾客。在向顾客提供替代产品时，应征询顾客的意见并取得其认可。

### （三）交易后因素

顾客服务的交易后因素是企业对顾客在接收到产品或服务之后继续提供的支持。售后服务对提高顾客满意度和留住顾客至关重要。

（1）安装、保修、更换、提供零配件。这些要素是顾客在做购买决策时经常考虑到的，特别是一些设备产品，顾客购进之后发生的维护费用甚至远大于初次购买的成本。

（2）产品跟踪。企业必须对售出的产品进行跟踪并及时从市场上收回存在隐患的产品，主动预防在产品使用过程中因质量问题而对顾客造成的损害。做好产品跟踪必须清楚地知道售出的单个产品所在地，或能迅速校核问题产品的归属（是否是自己生产、生产时间、生产人员等）。

（3）顾客的抱怨、投诉和退货。物流系统的设计目标是将产品顺利传递到顾客手中，而非常规的活动，特别是顾客抱怨、投诉和退货的处理也要有明确的规定和流程，以便能及时有效地处理顾客抱怨和索赔，通过提高顾客对我们反应的满意度，弥补产品质量问题带来的顾客关系的损害。

（4）临时借用。当顾客所购买的产品尚未到货或先前购买的产品正在维修时，暂时将企业的备用品借给顾客使用,这样既给顾客提供了便利,也增强顾客的忠诚度。

顾客服务要素不是固定不变的,在某些特殊的产品或市场环境中,一些要素可能会比其他要素更重要,在以上所列要素之外也可能存在其他要素在某个特殊的市场具有重要意义。因此,关键是根据不同的细分市场中的不同需求来理解顾客服务,企业要根据具体市场采取不同的要素组合,并赋予不同的权重,才能符合顾客需求的本质,以达到较高的顾客满意。

### 三、顾客满意

达到顾客需求的基本标准是企业参与市场竞争中的基本要求,而要保持竞争优势则需要达到较高水准的顾客满意。搞好物流管理,不仅要了解顾客的基本需求和标准,更要研究确定目标顾客和关键顾客的满意标准是什么。

顾客满意与顾客服务两者有着密切联系,但它们的概念是不同的。顾客满意指顾客通过对一个产品及相关服务的可感知的效果,与其期望值相比较后,所形成的愉悦或失望的感觉状态。

由此可见,顾客满意是由顾客期望和实际感受两个因素决定的,如期望越低越容易满足;实际感受越差越不满足。可见顾客是否满意与期望成反比关系,与实际感受成正比关系。可用顾客满意程度作为定义顾客满意的量化指标,其概念模式为

$$顾客满意度 = 顾客实际感受值 / 顾客期望值$$

当顾客满意度等于1时,表明顾客的期望值与实际感受是完全一致的;当顾客满意度等于0时,表明顾客的期望完全没有实现;当顾客满意度大于1时,此时意味着顾客获得了超过期望的满足感受。

当顾客满意度低于1时,即顾客体验和感觉到的质量达不到自己的预期,会导致以下结果:

(1)顾客认为体验和感觉到的质量太差,比不上预期,对企业提供的服务持否定态度;

(2)顾客将自身的体验和感觉向亲友等诉说,损害企业的口碑和形象。以前,如果企业的产品或服务让一个客户不满意,他可能告诉他的几个或十几个朋友,现在通过互联网,他可能会告诉成千上万的潜在客户。这样,企业将失去老顾客并对潜在的顾客失去吸引力。

反之,顾客满意度大于1,即顾客感受值大于其期望值,对企业则具有正面影响。同时,营销理论告诉我们,企业大多数销售额来于老顾客,发展新顾客的费用要大大高于保留老顾客的费用,因而通过保持较高水平的顾客满意度是企业不可缺少的竞争策略。

顾客服务是市场营销和物流管理两大职能的临界面,物流系统的主要功能就是

通过系统活动达到和超过顾客的期望值，如准确递送、方便的交易等，并以此获得较高的顾客忠诚度。有的企业为了获取这种忠诚度，致力于建立顾客与企业之间一种长期的稳定关系，这种关系建立在一种顾客满意水平上，在这个水平之上顾客就不再考虑其他供应商的替代品。

进行物流系统规划时，必须有这样的观念，设计的物流服务指标高于顾客期望值，这样才有可能使顾客满意度达到较高数值，实现高质量的物流服务。

## 第二节　物流客户服务

企业物流系统是支持实现顾客服务目标的内部业务流程和管理模式的集合。物流系统的出发点是市场，必须充分分析和理解不同市场、不同顾客群体的物流服务需求，才能寻找符合企业经营和发展需求的物流运作模式。

### 一、识别顾客服务需求

顾客在服务需求方面的差异是永远存在的，或者说没有两个顾客对服务需求的看法是完全一样的。但可以根据客户的大致需求将之分成需求相近的消费群体，再对各种群体的需求进行调查和分析，企业根据不同群体的物流服务需求进行相应的物流策略设计，确定具有针对性的运作方法。

识别顾客需求应有系统、按步骤进行，一般可分成三个阶段。

#### （一）从顾客角度出发识别顾客服务的关键组成部分

由于顾客个性的千差万别，我们不可能穷尽所有的顾客服务需求细节和要求，只有抓住影响顾客购买的主要因素，确定出大致准确的服务需求。企业要在市场上获得长期的竞争优势，还应该建立长期追踪顾客需求变化的机制，即有专门的负责部门或人员承担顾客服务需求调查和分析的工作，并配有科学的调查分析方法和信息处理、传送的相关规则等。

进行市场信息搜集时，对调查对象可采用直接访问、电话调查、网上调查等形式，目的是从客户方面获得有用信息。首先要调查顾客认为相对于其他营销组合因素如价格、产品质量、促销等而言，客户服务的重要性有多大；其次是他们认为客户服务的单个成分的特定重要性如何；最后还可让顾客对本企业及主要竞争对手各方面服务绩效的满意程度进行评估，为企业制定既满足顾客需要又优于竞争对手的物流服务标准做准备。

在进行正式的调查之前，应在小范围的顾客样本中进行问卷或问题测试。以便发现可能漏掉的重要问题，避免有些条目让被调查者难以读懂或难以清楚回答，或识别出调查方法的缺陷，针对这些问题进行修正，以保证调查的质量。在调查中，如果已确定了顾客种群，要注意不同群体的客户需求的差异性，据此应设计不同的调查表格，运用到相关群体中去。另外，顾客对服务需求的认识往往是感性的，常采用一些感性描述语言表述，如"及时"、"友善接待"等。在调查表格上，对能直接量化的就应尽量赋值，便于而后的分析和设定企业运行管理的数量指标。如对于"递送及时"要求，可确定为"实际送达时间为预定时间 $\pm 1$ 天"，或"实际送达时间为预定时间 $\pm$ 半天"等。

### (二) 列出顾客服务成分的相对重要性

确定客户服务每项成分的重要，最简单的方法是把通过调查产生的服务组成成分一一列出，让接受调查的顾客按照从"最重要"到"最不重要"的顺序给它们排序。但这样做在非常繁琐、尤其是服务成分或因素较多的情况下，难以明确每项因素的相对重要性。也可以采用范围估值的形式，如让被访问者根据他们赋予每项因素的重要性对每个成分在 1 到 10 之间打分，但由于这些因素都是被访问者根据自己的认识提出的，他们可能认为大部分的成分都很重要，结果是打出的分数客观性不强。有时可要求被访问的顾客根据感觉到的重要性在罗列出的所有成分中分配分数，如将 100 分或 10 分在各种因素中进行分配，但这对被访问者来说是一项相当烦人的任务，以致他们随意打分。

比较实用的方法是我们首先根据以往营销的经验或参照其他相关企业做法，提炼出一些可行的客户服务因素，并将这些因素进行不同的组合，让顾客根据其偏好程度给这些组合排序；然后应用模糊数学和计算机技术分析算出每项服务成分的重要性。

### (三) 顾客服务细分

确定了各项服务成分的重要性，就要分析是否存在偏好的相似性。如果一个被访者群体具有与另一群体明显不同的喜好，那么就要把这两个群体看成是不同的服务区分。随着计算机技术的成熟，我们可以把收集到的成千上万的数据和信息输入具有群体分析模型的计算机系统中去，对被调查的顾客进行分类。

顾客物流服务需求调研要与企业物流运作整体过程结合起来，才能更好地发挥其效用。在物流系统规划时期，进行服务需求调查可得到企业物流系统应达到的目标；在物流系统正常运行时，通过调查，可以确定顾客对企业提供的物流服务的满意程度及相对于竞争对手的优劣程度，为企业改进物流系统提供方向。

## 二、确定物流服务目标的方法

### (一) 成本与效益的平衡

正如前面所述,物流系统的全部目的是以合理的成本为顾客提供他们所要求的服务水平和质量,在设定或优化物流服务目标的过程中,无论采用什么方法,都要有成本和效益的观念,即以合适的成本去保持长期的"优越服务",因此,确定物流服务目标,首先要考虑成本与效益的关系。

企业的物流过程起源于顾客订货,物品转移所涉及的一切费用(如订货费用、信息处理费用、库存费用、运输费用、采购费用,等等)的总和就是物流总费用或物流成本,它可视为企业在顾客服务上的开支。服务水平和成本之间的关系可用一条上升的曲线来表示,如图2.1所示。

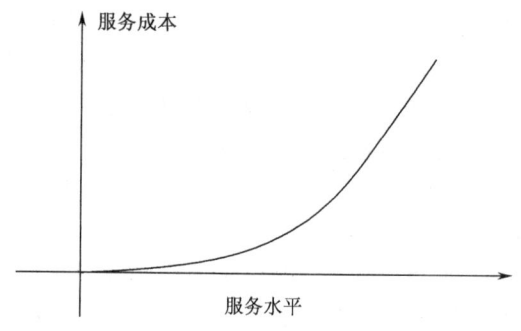

图 2.1 服务水平与服务成本关系

企业及时满足顾客需求的能力越强,其服务水平就越高。具体表现为订货周期短、供货及时、适应性强、灵活性高。为了防止缺货事件,或为了满足顾客需求变化,都要求有大量的预存现货,并且配备足量的运输物力、人力,维持高水平的服务质量。而大量存货和运输方面的投入必然带来高成本,因此服务水平与服务成本是一对具有相对趋势走向的指标。值得注意的是,技术的提高可以降低成本,同时又保持一定的服务水平。如使用信息技术提高信息流动速度,就能以较低的存货实现同样水平的服务;提高风险库存的核定能力,也可使总库存量降低。由此可见,企业要提高服务水平,跟踪和采用先进的技术是有效途径。

与此同时,服务水平的提高又可引发顾客的购买欲望,对顾客的购买行为产生积极影响,进而使企业的销售增长、收益增加。服务水平和收益之间的关系可以S曲线表示,如图2.2所示。

总体来看,服务水平上升,收益增加。但是,影响顾客购买行为的因素众多,有价格、产品、促销、渠道、竞争对手的策略等。如第一节所述,与物流服务有直接联系的是渠道,因此物流服务水平对销售行为的影响是有界限的。当服务水平超

# 第二章 物流与顾客服务

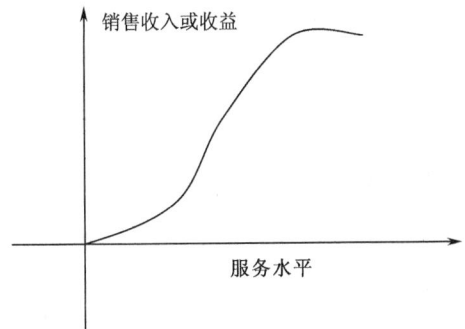

图 2.2 服务水平与收益关系

过某一点时,销售收益出现递减趋势,多余的服务支出得不到相等规模的回报。根据图 2.1 和图 2.2 可推导,服务成本的提高可引来服务水平上升,服务水平上升引起收益增长;但这种增长是有限的,存在着一个收益增长的临界点,一旦服务水平超过临界点时,收益不增反降。因此,企业的总体服务水平是与物流成本相对应的,企业应根据自己的服务水平和资金能力界定自己的物流策略。

## 实例 布鲁克林酿酒厂的物流策略

布鲁克林酿酒厂是一家美国公司,但在日本市场,它取得了巨大成功,每年销售额达到近 200 亿美元。其秘诀之一就是将产品——啤酒航运到日本,以保证其独一无二的新鲜度。

在此之前,由于航空运输的高成本,还无一家公司通过航运将啤酒运到日本。布鲁克林啤酒于 1987 年 11 月装运了它的第一箱啤酒到达日本,并在最初的几个月里使用了各种航空承运人。最后,日本金刚砂航空公司被选为唯一的航空承运人,因为该航空公司提供了增值服务。金刚砂公司在美国纽约肯尼迪国际机场的终点站交付啤酒,并在飞往东京的商务航班上安排运输,通过其日本报关行办理清关手续,这些服务有助于保证产品的新鲜度要求,即在很短时间内将啤酒运到销售地。

要使啤酒保持新鲜,必须在其酿造后的 1 周内从酿酒厂运达顾客手中,而海外装运啤酒的平均订货周期为 40 天。虽然空运成本高于普通运输成本,但具有较好新鲜度的啤酒的价格却高于普通装运啤酒的 5 倍。因此,虽然布鲁克林啤酒在美国只是中等价位的啤酒,但在日本变成高档啤酒,获得了极高的利润。

1988 年,在其进入日本市场第 1 年,布鲁克林酿酒厂取得了 50 万美元的销售额。1989 年销售额增加到 100 万美元,而 1990 年达到了 130 万美元,其出口量占布鲁克林酿酒厂总销量的 10%。

将来,布鲁克林酿酒厂将改变包装,通过装运小桶装啤酒而不是瓶装啤酒来降低运输成本。虽然小桶重量与瓶装啤酒相同,但减少了玻璃破碎而使啤酒损毁的机会。此外,小桶啤酒对保护性包装的要求也低,这将进一步降低装运成本。

### (二)确定顾客服务的优先次序

在所有的商品和服务提供过程中,都存在着所谓的二八定律:企业利润的80%来源于20%的客户或20%的产品,这些客户或产品对企业而言就是核心客户和核心产品,在分配物流服务资源时,也应按大致的比例将资源向这些客户和产品倾斜。对于企业而言,顾客服务管理首先是识别顾客和产品的获利性,然后发展能够提高企业整体利润的服务战略。核定核心顾客和核心产品,适宜的测量指标应该是利润,而不是销售收入或销售量。原因是收入和销售指标可能会掩盖成本,有时,我们用"贡献"表示当产品通过物流系统时所带来的收益与所发生的直接相关成本之间的差额。图2.3表示了利润与核心顾客或核心产品的关系。

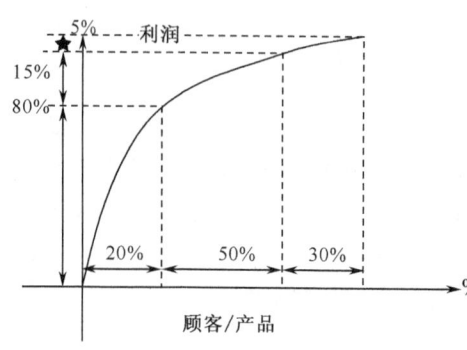

图 2.3 二八定律

图中曲线分为三部分:利润率最高的20%的产品或顾客是"A类";接下来的50%左右属于"B类";最后30%是"C类"。分布图随着市场的不同和企业的不同而不同,所以不可能进行精确的分类。

也可将产品和顾客的重要性综合起来考虑,以确定能给企业带来最大收益的顾客服务水平,如表2.1所示的顾客-产品贡献矩阵。

表 2.1 顾客-产品贡献矩阵

| 顾客分类 | 产品 | | |
|---|---|---|---|
| | A | B | C |
| Ⅰ | 1 | 2 | 5 |
| Ⅱ | 3 | 4 | 7 |
| Ⅲ | 6 | 8 | 9 |

表2.1中A、B、C表示产品类别,其中A类产品利润最高,为核心产品,以下为B类、C类。Ⅰ、Ⅱ、Ⅲ表示顾客类别,Ⅰ类顾客对企业的利润影响最大,它们能产生较为稳定的需求,对价格不太敏感,交易中发生的费用也较少,但这类顾客数量通常很少,通过提供高质量的服务可稳定此类顾客,这样企业大部分利润就

有了保障。Ⅱ类、Ⅲ类顾客为企业创造大约 20% 的利润，但在数量上占了企业顾客的大多数。根据产品和顾客对企业利润贡献的大小，我们对顾客-产品组合进行评判，贡献越大，赋予数值越小，将组合的分值填写在矩阵里，得出顾客-产品贡献矩阵。对企业最有贡献顾客-产品是Ⅰ-A，Ⅰ类顾客购买 A 类产品，以下是Ⅰ-B 或Ⅱ-A，依次类推。

根据表 2.1 的数据制定顾客服务战略时，对于利润贡献大的顾客-产品组合应给予高水平和高质量的物流服务，如百分之百的及时供货、短时间的订货周期、及时的顾客投诉处理等。对于利润贡献不高的顾客-产品组合保持一般水平的物流服务，如 90% 的及时供货、相对较长的订货周期等。这样就可在较合理的成本下组织符合企业利益的物流活动。表 2.2 是对应不同的顾客-产品组合的物流服务标准。

表 2.2 顾客-产品组合与物流服务标准

| 优先等级 | 存货供应率/% | 订货周期/小时 | 顾客投诉处理/小时 |
| --- | --- | --- | --- |
| 1~3 | 100 | 24 | 12 |
| 4~6 | 95 | 48 | 24 |
| 7~9 | 80 | 72 | 96 |

将在表 2.1 中排序在 1~3 的定为第一等级，给予尽可能完善的服务；排序在 4~6 的处于第二等级，给予一般的服务标准；排序在 7~9 的处于第三等级，给予最低的服务标准。应该注意的是无论哪种级别的服务水平，都要保持稳定性，只要承诺了服务标准，就必须尽力去完成。

### （三）竞争状态矩阵

在进行服务评价时，通过本企业和主要竞争对手的服务业绩相比较，以此制定具有较强竞争力的服务标准。这种比较是一个过程，通过这一过程企业识别关键成功因素，研究其他企业最佳的实践，然后实行改进措施以追赶或打败竞争对象，这种方法也称标杆竞争（benchmarking）。标杆竞争首先于 20 世纪 70 年代末应用于施乐公司，由于效果显著，进而被广泛推广。

下面以汽车玻璃市场的数据来说明竞争状态矩阵的制作与使用。为简便说明，只对两竞争对手情况进行分析比较，其顾客为汽车制造商，根据实际需要可扩展到多家竞争企业的分析。

1. 编制顾客服务要素评估表

表 2.3 中包含了顾客对关键的物流服务要素重要性的评分以及对两家企业服务业绩的评分。满分以 10 分为计，按照顾客认可的重要性对物流服务要素进行排列，并将两家企业的具体得分和相对业绩分数填写到矩阵中，相对业绩分数是用本公司得分减去竞争对手得分。得到表 2.3。

表 2.3 顾客服务要素评估表

| 顺序 | 要素 | 业绩评估 | | | |
|---|---|---|---|---|---|
| | | 重要性 | A 企业 | B 企业 | 相对业绩（A 对 B） |
| ① | 按承诺的时间送货的能力 | 9.60 | 8.42 | 8.53 | −0.11 |
| ② | 履行订单的准确性 | 9.25 | 8.60 | 8.47 | 0.13 |
| ③ | 提前通知运输延误 | 8.60 | 8.90 | 8.57 | 0.33 |
| ④ | 对客户的投诉处理 | 8.34 | 7.79 | 8.21 | −0.42 |
| ⑤ | 订货周期的稳定性 | 8.10 | 8.59 | 8.40 | 0.19 |
| ⑥ | 预估发运时间的准确性 | 7.89 | 7.70 | 8.05 | −0.35 |
| ⑦ | 顾客退货处理 | 7.55 | 6.50 | 6.68 | −0.18 |
| ⑧ | 特殊订单的处理 | 6.69 | 5.94 | 6.02 | −0.08 |
| ⑨ | 运货频率 | 6.47 | 7.40 | 7.01 | 0.39 |
| ⑩ | 订单处理计算机化 | 6.45 | 5.44 | 6.32 | −0.88 |

**2. 绘制竞争地位矩阵**

基于表 2.3，可以得到竞争地位矩阵。矩阵的横轴是相对业绩数轴，纵轴是服务要素的重要性数轴，根据服务要素重要性和相对业绩评分，可将竞争地位矩阵划分成不同的区域，代表不同的竞争情况。具体状况见图 2.4。

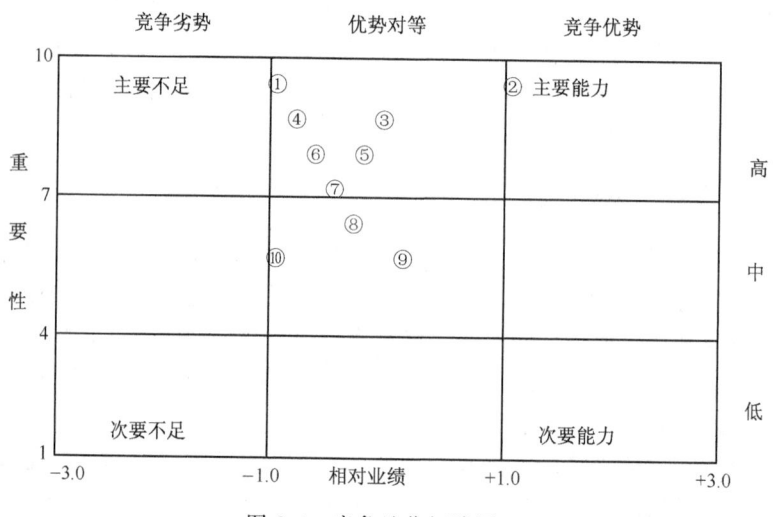

图 2.4 竞争地位矩阵图

矩阵的分区代表了不同的竞争状况：
(1) 竞争优势区域：
- 主要能力（重要性高，相对业绩好）；
- 次要能力（重要性低，相对业绩好）。

(2) 优势对等：相对业绩分数相近，表示企业与其竞争对手在相关领域能力相近。

(3) 竞争劣势：
- 主要不足（重要性高，相对业绩差）；
- 次要不足（重要性低，相对业绩差）。

若有服务要素评估结果落入竞争优势区域中主要能力单元格中，表示该要素是顾客看重，企业比竞争对手又具有相对优势，企业在这方面应该继续保持领先水平。由图 2.4 显示，A 企业的主要竞争能力是标号为②的要素，即履行订单的准确性。如果服务要素评估结果落入次要能力单元格中，表示此服务要素顾客并不看重，但企业在此方面比竞争对手有着较大优势。优势对等区域指的是进行比较的企业在此范围内服务能力相近，没有优劣之分。该矩阵显示 A 企业和 B 企业的相对业绩评分多在优势对等区域，即两者的服务业绩在顾客看来几乎是等同的。如果有服务要素落入主要不足单元格中，则表示此要素是顾客看重的，而在此项上本企业落后于竞争对手，它是企业提高竞争能力，需要主要改进的方向。

有时，通过竞争地位矩阵不能完全显示企业的服务能力与顾客需求之间的关系。为了便于进行深入分析寻找真正符合顾客意向的服务要素，我们可用顾客满意评价矩阵弥补竞争地位矩阵的不足。顾客满意评价矩阵的横轴表示顾客对企业各服务要素的评价，纵轴表示顾客对各种服务要素重要性的评价。根据服务要素的实绩评价和重要性评价，可把矩阵划分为 9 个区域，每个区域代表了顾客对服务要素重要性的认可和顾客对企业的服务能力的评价。服务要素落入到具体的区域，就代表了这一服务要素在顾客眼中的重要性和企业实际执行情况的综合体现。同时，顾客对服务要素重要性进行区分评价，也是顾客对各种服务要素的期望，顾客对企业服务要素情况评价，也是顾客对企业的服务感受，因此这一矩阵称为顾客满意状态矩阵。针对不同的区域，企业可制定相应的措施，提高顾客满意度。如图 2.5 所示。

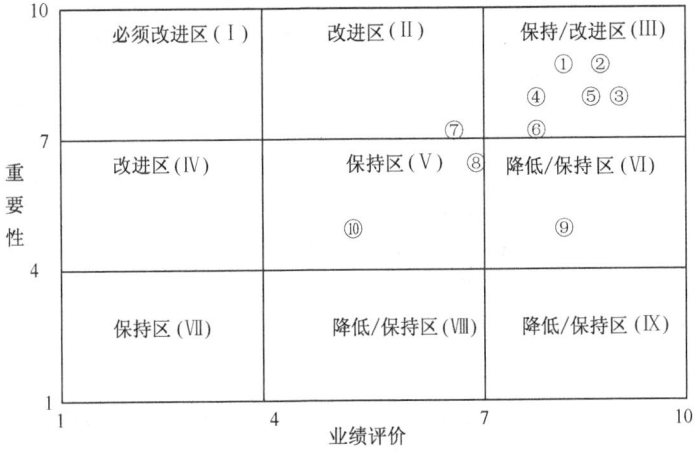

图 2.5　顾客满意评价状态矩阵图

顾客满意评价矩阵的分区及其相关措施如下：

Ⅰ区，必须改进区（重要性高，评价差）；

Ⅱ区，改进区（重要性高，评价一般）；

Ⅲ区，保持/改进区（重要性高，评价好）；

Ⅳ区，改进区（重要性一般，评价差）；

Ⅴ区，保持区（重要性一般，评价一般）；

Ⅵ区，降低/保持区（重要性一般，评价好）；

Ⅶ区，保持区（重要性低，评价差）；

Ⅷ区，降低/保持区（重要性低，评价一般）；

Ⅸ区，降低/保持区（重要性低，评价好）。

如图 2.5 所示，在所有与物流有关的顾客服务要素中，顾客最看重的 7 项服务要素，A 企业有 6 项做得较好，可以保持。而第 7 项"顾客退货处理"未达到顾客的要求水平，落入改进区，在下一步工作中需要对此类服务进行改进。而顾客认为重要性一般的 3 项服务要求中，第 9 项"运货频率"高于顾客要求，落入降低/保持区，如果要进行物流成本控制，可适当降低此项服务水平，以体现用合适的成本进行顾客需要的物流活动的准则。

## 三、设定顾客服务标准

要搞好顾客服务，企业应该建立一套有效的服务体系。在这个服务体系中，离不开服务实施规则和标准，而服务规则和标准的基础是服务指标或服务标准，这些指标或标准不是凭空臆造，需要通过顾客服务识别和分析过程确定物流服务要素，然后将这些服务要素数量化。只有合理数量化的指标或标准，在实施的评价和控制过程中才具有指导意义。

相对于产品需求而言，服务需求更具主观性。顾客无法用准确的语言或数量指标描述它，往往采用一些叙述性的语句表述自己的要求，如表 2.3 中，调查的顾客服务要素，"按承诺的时间送货的能力、履行订单的准确性、提前通知运输延误、预估发运时间的准确性、顾客退货处理"等，都是表述性的要求，无具体的数量要求。可以设想，我们用这些表述性的要求直接作为员工工作的指导准则，会为员工实际操作带来多大困扰。反之，我们将各项服务要求转化成可执行的数量指标，如"按承诺的时间送货"，转化为"必须在合同上规定的时间±4 小时内将货送至顾客"，这种时间上清晰的数量标准规定，为物流业务流程在时间上的准确性制定了底线，同时也为评价实际工作是否符合规定制定基准。

在转化过程中，我们还要注意的是基本服务标准和超值服务标准的区分。服务标准一定要与顾客和产品联系起来，顾客或产品的重要性不同，相应的服务标准水平也有高低之分。基本服务标准，是满足大多数顾客服务需要的水准；超值服务标准一般比基本服务标准更严格，它针对的是对企业的效益和利润具有极大影响的顾客群体，为了保证这部分顾客需求的实现，企业有时借用超常规的方法，进行严格的顾客服务水平的控制。同时，服务标准的确定是一个反复拟订、实施、修改的过程，企业要根据需求的变化，对制定的标准进行修正，使之与顾客反馈相称；另外，又要根据企业内部的情况，如物流负荷能力、员工水平等，对这些指标进行适当调整，使之成为真正切实可行的制度。

我们利用表2.3的数据制作顾客服务标准，得图2.6。

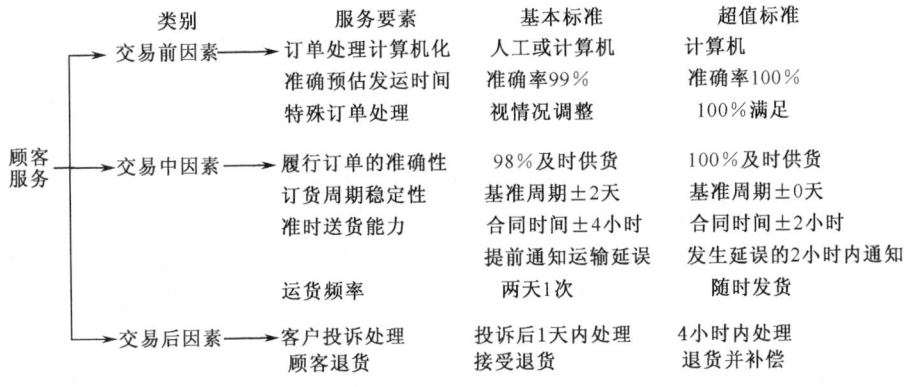

图 2.6　顾客服务标准

从图 2.6 中的顾客服务标准，我们清楚地得到各种服务要素及其基本标准和超值标准，这些具体、简洁、明晰的指标，就是企业物流系统运行的细分目标。在具体的工作中，我们可以根据各种指标，评估每一服务要素的实际绩效，分析实际绩效与目标之间的差异，进而采取必要的纠正措施缩短差异，将实际绩效纳入目标水平中。

## 四、企业物流客户服务

企业的物流服务是企业经营体系的重要组成，为实现企业总体经营目标服务，它与物流在企业中的地位和作用息息相关。制造性企业与服务性企业的产品范畴具有较大的差异，制造性企业提供的产品是实体，顾客服务是实体产品的附加功能，而服务性企业的产品是直接的顾客服务。因此，制造性企业的物流服务除了以顾客的服务需求为导向，还要与自己的产品特点为基础，是产品特点和顾客服务要求的完美结合。

许多制造性企业都在物流服务方面下工夫，制定各种各样的策略，更好地为顾客提供产品和服务。如戴尔公司通过独特的直销模式，将顾客需求与企业的物流运行系统有机地结合，创造了高效的顾客服务效果（见本章案例）。如著名的美国3M公司下属的工业磁带公司，实施了会员的"白金俱乐部"制，将订货数量最大的顾客归属为"白金会员",按照会员的要求在预定的服务时间内对其订购的每一种产品都给予精确的供货。为了兑现这种服务承诺,3M公司实行了各种意外事故保障措施,以便在主要供货地点缺货时能够调用其他存货来完成"白金"会员的订货任务。这些保障措施包括专门设定的备货、优先供货、直接递送等。在特殊情况下,甚至将已销售给普通客户的产品撤回,转而供给"白金"顾客。美国医疗器具制造商J&J公司为保证重要顾客的供货要求,利用通宵运输服务进行产品递送,紧急订货或特殊订货动用航空运输,千方百计保证首选客户需求,以维持顾客的忠诚度。

如果从企业提供的产品方面考虑,制定物流服务项目就要考虑产品的生命周期特征,与厂商在其产品的生命周期所经历的各种竞争特点相适应,以保持极具竞争力的服务。

(1) 产品的引入期。在产品刚进入市场的时候,其目标是在市场获得立足之地,那么,能否满足顾客随时可获得产品就显得非常重要。在制定新产品的物流支持计划时,要以产品的迅速补给作为目标。如果补给不及时,既使实施了大量的广告宣传和促销活动,顾客看不到或买不到具体的实物,那么促销活动的作用就会受到抵消。但是,由于新产品进入市场,在确定需求数量时无相关的历史数据做参照,需求预测准确性不高、需求稳定性较差;同时,各销售地点需求量都不会太大,大多是小批量订货,订货频率处于不稳定状态,那么运输批次多、批量小,整个物流运行费用较高。因此根据产品在引入阶段的特点,我们在进行物流系统规划时,可能要以较高的运行费用保证物流的灵活性、及时性。

(2) 产品快速成长期。随着产品取得了一定程度的市场认可,需求数量日趋稳定,物流活动的重点就从保证及时供应转为稳定的服务和成本绩效的平衡。企业运营的关键是尽量保持这种扩大的销售,扩大产品市场覆盖面。这时企业可进行各种方式的顾客服务调查确定顾客服务标准,并制定相对稳定的计划来实现各种服务要求并达到赢利目标。在成长阶段,产品需求是呈增长趋势,这种增长可以使企业具有更大的利润空间去安排物流作业,主要是通过各种规模物流运行模式降低单位作业成本,取得效益,典型的有规模运输、规模保管等。企业在制定这一阶段的物流服务战略时,可较少地考虑产品的特点,而更多依重顾客服务需求,前述的许多顾客服务目标处理方法和技术多用于此阶段上。

(3) 饱和成熟期。当产品市场占有率达到一定高度后,其增长会减速,最后稳定到某一近于固定的份额,这时市场上呈现功能相似或相近的产品激烈竞争的情况。在饱和成熟期,各个厂家都会使用提高服务水平或独特的服务要素,保持主要顾客的忠诚度,因此,企业会以更多的费用去实现这些服务。这些费用常用在建立配送网点,使产品快速递送到多个顾客目的地。建立顾客直接订货方式,绕开传统的销售商,运用成本较高的运输方式,如航空运输、直接运输等,缩短订货周期。总之,这一阶段物流活动的复杂性增加,提高作业的灵活性是物流系统的目标。

(4)产品衰退期。当产品进入衰退期时,市场份额不断减少。这时企业即使提高物流作业的水平也不能挽救这种减退趋势,企业决策部门应该考虑是继续有限的销售还是停止出售产品,相应的物流支持也要进行减退,严控物流运作费用。

根据产品生命周期制定企业的物流服务策略,实质上是根据市场对产品的需求的状况对物流服务目标进行适当的调整。综上所述,新产品的引入需要高水准的物流活动和灵活性,以适应物流量计划的迅速变化;在产品的成长期和成熟期,企业物流管理的重点转移到服务内容与成本的合理化上;在衰退期,厂商则需要对物流活动的必要性进行定位,使风险处于最低限度。但是,只依据产品的生命周期特性制定物流策略是不完整的。企业要有开阔的视野,还要了解市场上究竟需要什么样的顾客服务以及应该如何对这种顾客服务需要进行配置。这样,才能制定出既适应产品特性,又符合顾客真实需要的物流服务目标和标准,让企业的物流战略目标和实施途径与自己的经营方向一致,又极具市场竞争力。

## 案例　戴尔公司直销企业模式与顾客服务

戴尔计算机公司从1985年正式创立开始就秉承根据顾客的需要进行生产和销售的营销观念。因为公司创始人迈克尔·戴尔在从事电脑业务初始阶段,就以这种直销方式向顾客提供商品,并且取得了巨大成功。其主要原因就是,直销方式可以省去销售渠道中的中间商,节省了销售成本。随着公司业务规模的增大和业务范围的扩展,这种直销方式除了为公司节省成本、缩短销售过程外,还增强了顾客与公司的关系,提高了公司的顾客服务能力。

传统的计算机公司中,产品研究、开发、制造、销售等业务都在公司内部进行,产品提供过程较长。而戴尔公司只专注于根据顾客需求和市场现有的部件进行电脑组装和销售,几乎不从事电脑产品的研究开发工作。要弥补不掌握核心技术的劣势,公司必须在服务方面具备竞争对手不可超越的优势。一方面是通过直接与顾客接触,准确把握顾客需求;另一方面,紧密地与供应商联合,如参与供应商新产品设计和开发工作、加快产品市场化的速度。

为了准确把握顾客,戴尔对顾客群进行了细分,向不同顾客提供不同的增值服务。戴尔对个人电脑进行配置,对重要用户提供额外的辅助服务。如根据顾客要求装载标准软件,在机器上贴上资产条形码,在销售现场配有专业技术人员,协助顾客采购电脑并提供服务。为了快速、有效地对市场变化作出反应,戴尔公司通过各种方式,如上门访问、网上调查等,与用户交流,跟踪技术趋势,尽量超前于变化,甚至创造变化,改变变化。

为了快速服务顾客,戴尔公司致力于高效物流运行系统的建设。为了提高物流配送效率,它和50家材料配件供应商保持密切、忠实的联系,庞大的跨国集团戴尔所需材料配件的95%都由这样50家供应商提供。戴尔与这些供应商每天都要通过网络进行协调沟通；戴尔监控每个零部件的发展情况，并把自己新的要求随时发布在网络上，供所有的供应商参考，提高透明度和信息流通效率，并刺激供应商之间的相互竞争；供应商则随时向戴尔通报自己的产品发展、价格变化、存量等方面信息。

在库存方面，戴尔制定了严格的库存速度，即每个产品平均花在库存上的时间。其库存平均时间为5天，而其竞争对手则保存30天、45天，甚至60天。为了保证极短的库存周期，在每个部件都印有日期章，以控制其在库时间。在某些情况下，如索尼显示器，戴尔并没有库存，而是让联邦快递或空中快递从索尼的墨西哥工厂装运，在戴尔的德州奥斯汀工厂装配电脑，然后把它们发送给顾客。在库存成本方面戴尔具备一定优势，据戴尔公司自己推测，在材料配件开支与竞争对手相比保持着3%的优势。当产品最终投放市场时，物流配送优势就可转变成2%～3%的产品优势，竞争力的优劣不言而喻。戴尔公司分管物流配送的副总裁迪克·阿尔里德在分析公司成功的诀窍时说："戴尔总支出的74%用在材料配件购买方面，2000年这方面的总开支高达210亿美元，如果我们能在物流配送方面降低0.1%，就等于我们的生产效率提高了10%。通过高效的物流系统，使我们的过期零部件比例保持在材料开支总额的0.05%～0.1%，2000年戴尔全年在这方面的损失为2100万美元。而这一比例在我们的对手企业都高达2%～3%，在其他工业部门更高达4%～5%。"

独特的顾客服务和高效物流运行系统有效的结合，使戴尔公司取得了巨大的商业成功。在不到20年的时间内，迈克尔·戴尔白手起家，把公司发展到250亿美元的规模。即使美国经济处于低迷时、惠普等超大型竞争对手纷纷裁员减产的情况下，戴尔仍以两位数的发展速度飞快前进。

**讨论题：**

1. 戴尔公司的顾客服务要素组成有哪些？通过什么方式来确定顾客服务要素？
2. 戴尔公司通过什么物流措施来实现顾客服务？效果如何？这些物流举措与公司的发展战略如何结合的？
3. 运用你所学的知识，能否为戴尔公司出谋划策，改进其顾客服务途径？

# 第三章

# 物流系统规划

企业的物流活动组成复杂,具体的有运输、储存、装卸、搬运、包装、流通加工、配送、信息处理等,而且活动功能要素之间常常还存在着"效益背反"规律,也就是说一种功能活动的效益增加导致另一种功能活动效益降低,两相相抵。典型的有运输与储存的背反特性,物料储存量越多,储存费用越高,但可以使每次运输量增大、满载率提高、运输费用减少。如果不认真分析这些活动的逻辑关系,将它们构建成相互联系、能发挥综合功效的有机整体,即物流系统,那么企业物流运行的目标很难达成。物流系统就是由内部相互作用和相互依赖的若干部分结合而成的具有特定功能的有机整体,任何部分功能的发挥都要有利于系统整体目标的达成。在物流系统中,各个功能要素之间虽然仍存在效益背反特性,但是如果我们确定了具体的物流运作环境和物流总体目标,可以制定出物流系统的成本,并分解出各子系统的目标和费用,进行控制和运作,以达到在合理的成本条件下达到企业物流的目的。因此,物流系统的规划,包括物流系统的分析、预测、构建、控制、评价及相关方法的确定,是物流管理的首要工作,必须先于物流日常运作,并在具体的物流活动过程中,不断调整和优化,以适应企业总体经营变化的要求。

## 第一节 物流系统

一、物流系统定义

(一)物流系统的概念

系统的思想是现代管理学重要的组成部分,所谓系统就是由相互作用和相互依赖的若干部分构成且具有特定功能的有机整体。或者说，系统是能互相影响的事物按其内在联系组成的整体，这个整体具有一定的目的和功能，相对于外部环境而言，有一定的独立性。

作为系统应当具备四个基本特征：

（1）整体性，系统是由两具以上有一定区别且又相关的要素所组成，系统的整体性主要表现为系统具有总体功能。系统的总体功能不是各组成要素的简单叠加，而是呈现出各组成要素所没有的新功能。

（2）相关性，各要素能组成系统，其根本原因是它们之间存在相互联系、相互作用、相互影响的关系。这种关系可能是各要素之间功能互相增强，也可能互相减弱。在有效的系统中，各要素之间互补增强，使系统保持稳定，使之具备比各要素分别发挥作用时更强的能力。而要达到这样的效果，系统内部结构必须有序合理。

（3）目的性，将各种要素组合在一起，其根本目的就是要完成某种工作或具有某种功能，这种完成工作或任务的能力就是系统的目的。一般而言，每个系统都为一个目标而运动，系统的好坏要看它运行后对目标的贡献，系统的目的明确合适是评价系统的第一指标。

（4）环境适应性，环境指的是系统以外的事物总称。相对系统，环境是一个更高级的复杂系统，系统所处的环境对其也有信息交流、相互影响的关系，外部环境变化会影响系统的运行，同时系统运行的结果也会影响外部环境。因此，有效的系统应该具有一定的稳定性，对于外部环境轻微变化能滤除影响，对外部环境的重大变化又要有预防并能主动适应，才能得以存在。

我们用系统的观念去定义物流运作的整体，能清楚说明物流系统的概念。所谓物流系统是指在一定的时间和空间里，由所需位移的物资以及设备、装卸搬运机械、运输工具、仓储设施、人员、信息处理等若干相互制约的动态要素所构成的具有特定功能的有机整体。物流系统的目的是实现空间效益和时间效益，实现各种物流环节的合理衔接并取得最佳的经济效益。

### （二）物流系统分类

物流系统可分成广义和狭义两大类。从广义角度来看，可称为社会物流系统，它指的是为了保证社会再生产顺利进行，在社会经济大环境中由所需位移的物资和包装设备、搬运装卸设备、运输工具、仓储设施、人员和通信联系等若干相互制约的动态要素所构成的具有特定功能的有机整体。狭义的物流系统也可称为企业物流系统，它指的是为了经营目的的实现，企业生产所需的原材料、零配件及最终产品等物资的各种移动过程及涉及的各种设备、器具、设施、人员和信息等若干要素所构成的具有特定功能的统一体。

## 二、社会物流系统

### （一）社会物流系统特点

物流系统具有一般系统所共有的特点，即整体性、相关性、目的性、环境适应性，同时还具有规模庞大、结构复杂、目标众多等大系统所具有的特征。

(1) 物流系统是一个"人-机系统"。物流系统是由人和形成劳动手段的设备、工具所组成。它表现为物流劳动者运用运输设备、装卸搬运机械、仓库、港口、车站等设施，作用于物资的一系列生产活动。在这一系列的物流活动中，人是系统的主体。因此，在研究物流系统的各个方面问题时，把人和物有机地结合起来，作为不可分割的整体，加以考察和分析，而且要始终把如何发挥人的主观能动作用放在首位。

(2) 物流系统是一个大跨度系统。这反映在两个方面，一是地域跨度大，二是时间跨度大。在现代经济社会中，企业间物流常会跨越不同地域，国际物流的地域跨度更大。通常采取储存的方式解决产需之间的时间矛盾，这样时间跨度往往也很大。大跨度系统带来的主要是管理难度较大，对信息的依赖程度较高。

(3) 物流系统是一个可分系统。作为物流系统，无论其规模多么庞大，都可以分解成若干个相互联系的子系统。这些子系统的多少和层次的阶数，是随着人们对物流的认识和研究的深入而不断扩充的。系统与子系统之间、子系统与子系统之间，存在着时间和空间上及资源利用方面的联系，也存在总的目标、总费用以及总的运行结果等方面的相互联系。

(4) 物流系统是一个动态系统。一般的物流系统问题联结多个企业和用户，随需求、供应、渠道、价格的变化，系统内的要素及系统的运行经常发生变化。这就是说，社会物资的生产状况、社会物资的需求变化、资源变化、企业间的合作关系，都随时随地地影响着物流，物流受到社会生产和社会需求的广泛制约。物流系统是一个具有满足社会需要、适应环境能力的动态系统。为适应经常变化的社会环境，人们必须对物流系统的各组成部分进行不断的修改、完善，这就要求物流系统具有足够的灵活性与可改变性。在有较大的社会变化情况下，物流系统甚至需要重新进行系统的设计。

(5) 物流系统的复杂性。物流系统运行主要载体——"物"，遍及全部社会物质资源，资源的大量化和多样化带来了物流的复杂性。从物资资源上看，品种成千上万，数量极大；从从事物流活动的人员上看，需要数以百万计的庞大队伍；从资金占用上看，占用着大量的流动资金；从物资供应经营网点上看，遍及全国城乡各地。这些人力、物力、财力资源的组织和合理利用，是一个非常复杂的问题。

在物流活动的全过程中，始终贯穿着大量的物流信息。物流系统要通过这些信息把各个子系统有机联系起来。如何把信息收集全面、处理好，并使之指导物流活动,亦是非常复杂的事情。

物流系统的边界是广阔的,其范围横跨生产、流通、消费三大领域。这一庞大的范围,给物流组织系统带来了很大的困难。而且随着科学技术的进步、生产的发展和物流技术的提高,物流系统的边界范围还将不断地向内深化、向外扩张。

(6) 物流系统是一个多目标函数系统。物流系统的总目标是实现宏观和微观的经济效益。但是,系统要素间有着非常强的"效益背反"现象,在处理时稍有不慎就会出现系统总体恶化的结果。通常,对物流数量,人们希望最大;对物流时间,希望最短;对服务质量,希望最好;对物流成本,希望最低。显然,要满足上述所有要求是很难办到的。例如,在储存子系统中,站在保证供应、方便生产的角度,人们会提出储存物资的大数量、多品种的要求;而站在加速资金周围、减少资金占用的角度,人们则提出减少库存的要求。又如,在运输中,选择最快的运输方式为航空运输,但运输成本高,时间效用虽好,但经济效益不一定最佳;而选择水路运输,则情况相反。所有这些相互矛盾的问题,在物流系统中广泛存在。而物流系统又恰恰要求在这些矛盾中运行。要使物流系统在诸方面满足人们的要求,显然要建立物流多目标函数,并在多目标中求得物流的最佳效果。

### (二) 物流系统的目标

物流系统是社会经济系统的一个部分,其目标便是获得宏观和微观两个效益。

物流的宏观经济效益是指一个物流系统的建立对社会经济效益的影响,其直接表现形式是这一物流系统如果作为一个子系统来看待,就是其对整个社会流通及全部国民经济效益的影响。物流系统本身虽已很庞大,但它不过是更大系统中的一部分,因此,必须寓于更大系统之中。如果一个物流系统的建立,破坏了母系统的功能及效益,那么,这一物流系统尽管功能理想,但也是不成功的,因为它未能实现其根本目的。物流系统不但会对宏观的经济效益发生影响,而且还会对社会其他方面发生影响。物流系统的建立,必须考虑社会的整体利益。

物流系统的微观经济效益是指该系统本身在运行后所获得的企业效益。其直接表现形式是这一物流系统通过组织"物"的流动,实现本身所耗与所得之比。当这一系统基本稳定运行、投入的劳动基本稳定之后,这一效益主要表现在利润上。在市场经济条件下,企业作为独立的经济实体,必须根据价值规律及供求规律,按最大经济效益办事。因此,必然存在微观经济效益。一个物流系统的建立,如果只将自己作为子系统,完全从母系统要求出发,不考虑本身的经济效益,这在大部分情况下是行不通的。应该说,一个物流系统的建立,需要有宏观及微观两方面的推动力,二者缺一不可。但是由于微观效益来得更直接,因而在建立物流系统时,往往只将微观经济效益作为唯一目的,而忽略了系统的宏观效益。在建立和运行物流系统时,要有意识地以两个效益为目的。具体来讲,物流系统要实现以下目标。

(1) 服务。物流系统直接联结着生产与再生产、生产与消费,因此要求有很强的服务性。这种服务性表现在本身有一定从属性,要以用户为中心,树立"用户第一"观念,不一定以利润为中心。物流系统采取送货、配送等形式,就是其服务性的体现。在技术方面,近年来出现的"准时供应方式"、"柔性供货方式"等,也是其服务性的表现。

（2）快速、及时。及时性是服务性的延伸,是用户的要求,也是社会发展进步的要求。整个社会再生产的循环,取决于每一个环节,社会再生产不断循环进步推动社会的进步。物资流通时间越短、速度越快,社会再生产的周期越短、社会进步的速度越快。快速、及时是物流的既定目标,在现代经营环境中,这种特性更是物流活动必备的特性。在物流领域采取的诸如直达物流、联合一贯运输、高速公路等技术和设施,就是这一目标的体现。

（3）节约。节约是经济领域的重要规律,在物流流域中除流通时间的节约外,由于流通过程消耗大而又基本上不增加或不提高商品的使用价值,所以依靠节约来降低投入,是提高相对产出的重要手段。物流过程作为"第三利润源泉"而言,这一利润的挖掘主要是依靠节约。要达到这一目标,可以通过推行的集约化方式提高物流的能力,采取各种节约、省力、降耗措施实现。

（4）规模优化。以物流规模作为物流系统的目标,是以此来追求规模效益。生产领域的规模生产是早已为社会所承认的。物流领域也存在规模效益,只是由于物流系统比生产系统的稳定性差,因而难于形成标准的规模化模式。在物流领域以分散或集中等不同方式建立物流系统,研究物流集约化的程度,目的就是获得规模化效益。

（5）库存调节。库存调节性是及时性的延伸,也是物流系统本身的要求,涉及物流系统的效益。物流系统是通过本身的库存,起到对千百家生产企业和消费者的需求保证作用,从而创造一个良好的社会外部环境。同时,物流系统又是国家进行资源配置的一环,系统的建立必须考虑国家进行资源配置、宏观调控的需要。在物流领域中正确确定库存方式、库存数量、库存结构、库存分布都是库存调节的具体问题。

(三) 物流系统的要素

物流系统和一般管理系统一样,都是由人、财、物、设备、信息和目标等要素组成的有机整体。具体可以从以下几个方面说明:

（1）物流系统的一般要素。人是物流的主要因素,是物流系统的运行的实施者。人是保证物流得以顺利进行和提高管理水平的最关键的因素。财是物流活动中不可缺少的资金,物流活动必然引起资金的变动;离开资金,物流不可能实现。物是物流中的原材料、成品、半成品、能源、动力等物质条件,是物流活动的对象。

（2）物流系统的功能要素。物流系统的功能要素指的是物流系统所具有的基本能力,这些基本能力有效地组合、联结在一起,便成了物流的总功能,便能合理、有效地实现物流系统的目标。一般认为物流系统的功能要素有：运输、储存保管、包装、装卸搬运、流通加工、配送、物流信息等。

（3）物流系统的支撑要素。物流系统的建立需要有许多支撑手段，尤其是它处于复杂的社会经济系统中，要确定物流系统的地位，要协调与其他系统的关系，这些要素都必不可少。主要包括：体制、法律、法规、标准化系统等。物流系统的体制、制度决定物流系统的结构、组织、领导、管理方式，宏观的物流系统更是由国家对其的控制、指挥及管理方式所决定。物流系统的运行不可避免会涉及企业或人的权益问题。法律、法规一方面限制和规范物流系统的活动，使之与更大系统协调；另一方面又给予保障，合同的执行、权益的划分都可依靠法律、法规维系。标准是保证物流环节协调进行，是物流系统统一化及与其他系统在技术实现联结的重要支撑条件。

（4）物流系统的物质基础要素。物流系统的建立和运行，需要有大量技术装备手段，这些手段的有机联系对物流系统的运行有决定意义，这些要素包括：设施、装备、工具、信息技术及网络、组织及管理。设施是组织物流系统运行的基础物质条件，包括物流站、货场、物流中心、仓库、物流线路、建筑、公路、铁路、港口等。装备是保证物流系统开工的条件，包括仓库货架、进出库设备、加工设备、运输设备、装卸机械等。物流工具是物流系统运行的物质条件，包括包装工具、维护保养工具、办公设备等。信息技术及网络是掌握和传递物流信息的手段，根据所需信息水平不同，包括通信设备及线路、传真设备、计算机及网络设备等。组织及管理是物流网络的"软件"，起着连接、调运、运筹、协调、指挥各要素的作用，以保障物流系统目的的实现。

三、企业物流系统

企业物流系统属于社会物流系统的一个分支，它具有社会物流系统的特性，其目的也与社会物流系统大致相同。但是作为微观的物流系统，它又有其独特之处。企业物流系统结构如图3.1所示。

（一）企业物流系统的输入

企业物流系统是一个与外界环境有相互作用或交换，具有输入—转换—输出功能的体系。企业物流系统的输入是各种资源，具体体现是生产所需的物资。输入生产物资或供应物流是企业物流过程的起始阶段。供应物流是企业生产经营活动正常进行的前提条件。现代企业生产具有规模大、品种多、技术复杂等特点，再加上专业化、协作化、共同化的发展，生产社会化程度提高，企业间的生产技术活动愈加密切。企业的生产活动要素的投入，首先是生产资料的投入。因此，能否适时、适量、齐备、成套地完成供应活动是保证企业顺利进行生产经营活动

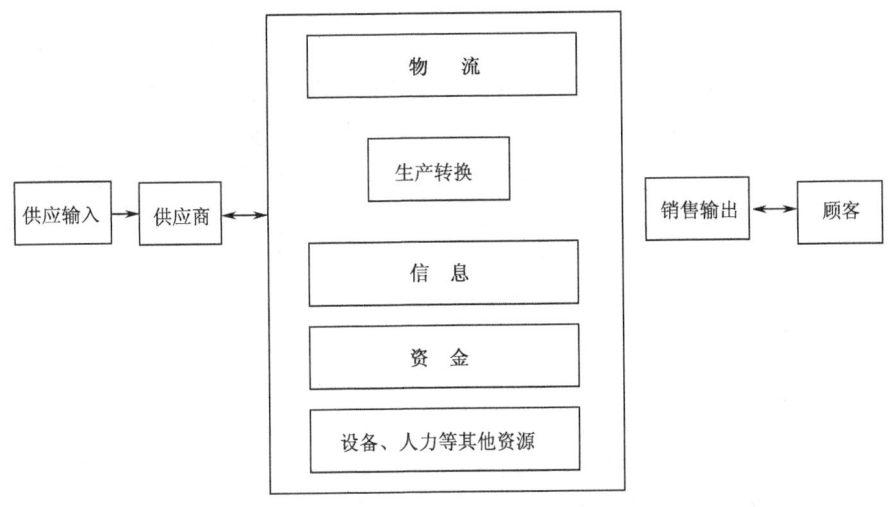

图 3.1 企业物流系统结构

的基础。供应物流具体包括一切生产资料的采购、采购运输、库存管理、用料管理和供应输送等。

采购是供应物流与社会物流的衔接点,是根据生产厂家、企业生产计划所要求的供应计划制定采购计划并进行原材料外购的作业。在完成将采购物资输送到企业内的物流活动的同时,它还承担市场资源、供应厂家、市场变化、供求信息的采集和反馈任务。

供应是供应物流与生产物流的衔接点。它是根据材料供应计划、物资消耗定额、生产作业计划进行生产作业的活动组织。供应方式一般有两种基本形式:一是领料制,即用料单位根据生产计划到供应部门领取生产资料;二是供应部门根据生产作业信息和作业安排,按生产中材料需要的物料数量、时间、次序、生产进度进行配送供应的方式。

库存管理是供应物流的核心。库存管理的功能主要有两个方面,它要依据企业生产计划的要求和库存的控制情况,制定物资采购计划、库存数量和结构的控制,并指导供应物流的合理运行;另一方面,库存管理又是供应物流的转折点。它要完成生产资料的接货、验收、保管、保养等具体功能。

(二) 企业物流系统的转换

企业物流系统的转换是指企业生产物流,也称厂区物流、车间物流等,它是企业物流的核心部分。生产物流包括:各专业工厂或车间的半成品或成品流转的微观物流;各专业厂或车间之间以及它们与总厂之间的半成品、成品流转。工厂物流的外沿部分,指厂外运输衔接部分,它包括:原材料、部件、半成品的流转和存放;产成品的包装、存放、发运和回收。生产物流系统的边界条件起于原材料、配件、设备的投入，经过制造过程转换为成品，止于从成品库再运到中转部门或直接配送给用户或出口。生产物流并不是一个孤立的系统，而是一个与周围环境紧密相关，并且不时从外界环境吸进"营养"，并向社会输送产品和劳务的开放系统。

生产物流的影响因素主要有生产类型、生产规模、企业的专业化和协作化水平。不同的生产类型，其产品结构、结构的复杂程度、工艺要求以及原材料的准备特点都影响着生产物流的构成以及相互间的比例关系。生产规模是指单位时间内产品的数量，生产规模越大，生产过程构成越齐备，生产物流量越大；反之，生产规模越小，生产构成越简单，生产物流量越小。

生产物流是与企业生产紧密联系在一起的。只有合理组织生产物流过程，才有可能使生产过程处于最佳的状态。如果物流活动组织水平低，达不到生产要求，即便生产条件、设备条件再好，也不可能顺利完成生产过程。

（1）要注意生产物流过程的连续性。企业生产是一道工序、一道工序地连接往下进行的。因此，要求物料顺畅地、最快、最省地走完各个工序，直到产品形成。每一道工序的不正常停滞都会造成不同程度的物流阻塞，从而影响整个生产的进行。

（2）物流过程的平行性。一个企业通常生产多种产品，每种产品又需要多种原材料和零部件。在组织生产时，将各种原材料、零部件分配到各个车间的各个工序进行生产。因此，要求各个生产支流平行流动，如果一个支流发生问题，整个物流都会受影响。

（3）物流过程的节奏性。物流过程的节奏性是指产品在生产的各个阶段，从投料到最后完成入库，都能保证按计划有节奏、均衡地进行，要求在相同的时间间隔内生产数量大致相同，均衡地完成生产任务。

（4）物流过程的比例性。组成产品的物流量是不同的，存在一定的比例关系，因此形成了物流过程的比例性。

（5）物流过程的适应性。当企业产品改型换代或品种结构发生变化时，生产物流应有较强的应变能力。也就是说生产物流过程应具备在较短的时间内可以由一种产品迅速转移为另一种产品的适应能力。

企业物流从原材料采购开始，必须经过生产过程的转换活动，才能形成具有一定使用价值的产成品，运至用户。物流系统中的转换过程是决定物流系统输出的重要环节，因为涉及技术、设备、人力、物力等因素，是最难控制的环节。

### （三）企业物流系统的输出

销售物流是企业物流系统的输出环节，承担着完成企业产品的输出任务，并形成对生产经营活动的反馈活动。销售物流是企业物流的终点，同时又是企业物流与宏观物流的衔接点。宏观物流接受它所传递的企业产品、信息以及辐射的经济能量，进行社会经济范围的信息、交易、实物流通活动，把一个个相对独立的企业系统联系起来,形成社会再生产系统。如果不能很好地组成企业的销售物流,企业生产的产品滞销或脱销,系统的功能则无法实现,经济能量辐射被破坏,产品的劳动价值将无法得以补偿和实现,产品也不能最终成为现实有用的产品。

销售物流是服务于客户的企业物流,其运行的优劣不仅直接影响到客户的生产经营活动,也会给自己造成经济损失。销售物流主要考虑的要素有以下几种。

1. 时间要素

时间要素通常指订货周期时间,即客户确定对某种产品有需求与被满足之间的时间间隔。时间要素主要受订单传送、订单处理、订货准备、订货装运等影响。订单传送指从客户发出订单到卖方收到订单的时间间隔。订单处理指处理客户订单准备装运的时间。订货准备涉及挑选订货并进行必要的包装,以备装运。从简单的人工系统到高度的自动化系统,不同的物料搬运系统对于订货准备有不同的影响,准备时间会有较大差别。订货装运时间是从订货装上运输工具直到买方所在目的地收到订货的时间间隔,它与装运规模、运输方式、运输距离等密切相关。

2. 可靠性要素

可靠性指根据客户订单的要求,按照预订的提前期,安全地将订货送达客户指定的地方。

提前期的可靠性对于客户的库存水平和缺货损失有直接影响,可靠的提前期可以减少客户面临的不确定性。如果能向客户保证预订的提前期,加上少许偏差,那么卖方就能使它的产品与竞争者的产品明显区别开来。卖方提供可靠的提前期能使客户的库存、缺货、订单处理和生产计划的总成本最小化。

可靠性还包括安全交货和正确供货,安全交货是销售物流的最终目的,即产品安全无误,不出现破损丢失的现象。正确供货即指客户收到的物品必须与订单相符;否则,不但会给客户造成巨大的不利影响,也会使销售部门失去市场。

3. 方便性要素

方便性是指销售物流方法必须灵活。客户在产品包装、运输方式、运输路线、交货时间等的要求各不相同。为了更好地满足客户要求,就必须确认客户的不同要求,为不同客户设计适宜的服务方法。提高和降低服务水平的决策,不能平等地建立在所有客户基础上或包括所有服务要素。不同客户服务需求的差异性,提供了降低客户服务成本和提高服务水平的巨大潜力。

综上所述,企业的物流系统是一个充满生机和变数的过程集合体,若从宏观角度来看,各种企业物流系统的联系和相互作用,形成了社会物流系统的运动。

## 四、企业物流系统的特点

企业物流系统除了具备宏观物流系统的一些性质外,由于它要通过生产转换过程将输入变成输出,它又有的自己的特性。

### (一)企业物流系统的网络结构

企业的生产活动不但充实、完善了企业生产过程中的作业活动,而且把整个生产企业的所有孤立的作业点、作业区域有机地联系在一起,构成了一个连续不断的企业内部生产物流。企业内部生产物流是由静态和动态相结合的结点连接在一起的网络结构。静态的"点"表示物料处在空间位置不变的状态,如装卸、搬运、运输等企业的厂区配置、运输条件、生产布局等,而生产物流动态运动的方向、流量、流速等正是使企业生产处于有节奏、有次序地连续不断运行的基础。进行企业物流系统规划时,必须要协调静态的物流设施和动态的物流运动,各种设施在厂区的配置或布局有利于物料的运转。

### (二)企业物流系统运行的节奏性

物料流转始终贯穿于企业物流活动的全过程中,无论是供应商和企业之间,还是厂区、库区、车间与车间之间、工序与工序之间、机台之间,以及成品库与销售地之间,都存在大量、频繁的原材料、零部件、半成品和成品的流转运输。这些物流的移动应该是有序地进行,随着生产销售的节奏而定。因此,企业物流系统运行必须具备适当的速度和节拍,这就要求相关的物流活动也应该是有节奏地进行。

由于供应厂家的位置、客户的接货点是企业无法规定的,在进行企业物流系统规划的时候,我们大多数情况下只对企业内部物流流转进行分析研究,以明确对物料搬运的要求。通过物料流转分析可以确定需要搬运物料的种类、数量、频繁连续性、机动性等方面的要求,以及搬运作业的起讫地点、空间限制、次序等。对于大多数企业,生产供货次序是:下一道工序生产过程需要的零部件由前一道工序供给,需要什么、需要多少、何时需要等都由下一道工序所决定。这种供货方式改变了过去前一道工序的产品全部流入后道工序而形成后道工序半成品和配件大量积压的情况。采用"看板管理"运用于工厂内和工厂之间,使需求信息恰当地统一管理物流,使物流的活动随着生产节拍运行,可以提高企业物流系统的效率。同时要注意消灭相向、迂回搬运,使搬运作业与生产、供应、分发等形成流水作业,保持节奏。

### (三)企业物流系统的二律背反性

所谓"二律背反"指的是各种物流功能之间存在着效益背反的特点。如要使保管费用较少,则平均库存物资量应少,这样可能会引起小批量运输,降低运输的满载率,使运输费用上升;追求包装费用的节省,会影响其在运输、保管过程中的保护功能和方便功能,而造成经济损失。这样一方成本降低,另一方成本增大,即生成了成本或效益的"二律背反"状态。

在进行物流系统规划的时候,不能单独考虑某一过程或某个功能的效益最大,而要追求系统整体目标,企业物流管理的整体目标是降低企业物流成本和提高服务水平,这就是一对相互矛盾的对立关系。我们可能通过这种对立关系,确定出大致合理的服务水平要求下的总成本,作为设计和评价企业物流系统的指标。

## 第二节 物流系统分析

所谓系统分析就是利用科学的分析工具和方法,分析和确定系统的目的、功能、环境、费用与效益等问题,抓住系统中需要决策的若干关键问题,根据其性质和要求,在充分准确的信息基础上,确定系统目标,提出为实现目标的若干可行方案,通过模型进行仿真试验,优化分析和综合评价,最后整理出完整、正确、可行的综合资料,从而为决策提供充分依据。系统分析是一种有目的、有步骤的探索过程,通过它可以找到解决问题的方法和途径。由于物流系统是一个复杂的整体,在进行物流系统规划、物流系统评价和物流系统优化过程中,都离不开物流系统分析。

### 一、物流系统分析的实质及内容

#### (一) 物流系统分析的实质

物流系统分析作为一种决策的工具,其主要目的在于为决策者提供直接判断和决定最优方案的信息和资料。在进行分析的时候,要把任何研究对象均视为系统(如在分析物流系统中的运输问题时,就需要将运输设施、运输管理方法、运输资源、运输目的等综合成一个整体进行研究,即运输系统,而运输系统又是物流系统的一个子系统),以系统的整体最优化为工作目标,并力求建立数量化的目标函数;并且应用数学的基本知识和优化理论,从而使各种替代方案的比较,不仅有定性的描述,而且基本上都能以数字显示其差异。对无法计量的问题或有关因素,则运用直觉、判断及经验加以考虑和衡量。但在进行这种经验、直觉等判断时也要注意按照科学的推理步骤,力求分析均能符合逻辑的原则和事物的发展规律,而不是凭主观臆断和单纯经验。这样的物流系统分析才能使人们科学地寻求到物流系统的潜力,使之得到优化和最佳效益的体现。

#### (二) 物流系统分析的要点

物流系统分析是一种仍在不断发展中的现代科学方法,虽然已在很多领域采用并取得显著成效,但在实际情况下,并不是任何物流系统都可用系统分析的方法来研究,因为要考虑到经济与时效等因素。为此,在采用物流系统分析前,要注意以下几个方面:

（1）物流系统分析是一个长期的工作，它贯穿在物流系统规划、运行评价、优化改善的全过程中。因为物流系统分析的总目标就是寻找物流系统的最优途径，而物流系统运行过程中，它所处的外界环境及其内部构成都在不断地变化和运动，系统分析就要抓住这些变化的信息，总结和归纳出这些变化的特征，找到系统达到效益最优的途径和方法。可以说，只要有物流系统存在运行，物流系统分析工作就要时时刻刻地进行。总之，物流系统分析需要有高度能力的分析人员辛勤而漫长的工作。

（2）物流系统分析虽然对制定决策有很大的帮助，但是它不能完全代替想象力、经验和判断力。物流系统分析只能是将所研究的问题运用数学的方法或模型，推解出相对优化的备选方案。在将现实问题归纳成数学模型的过程中，必然舍去了一些无法运用数学方法进行分析的因素，而这些因素可能对系统的实际运行产生影响，因此当管理者进行选择或决策时，必然要运用自己的经验、想象或直觉进行综合判断。

（3）物流系统分析基本上是考虑经济、效益等目标，或者说是以经济学的方法来解决问题。对任何问题，通常均有不同的解决方案，应用物流系统分析研究问题，应对各种解决问题的方案，计算出全部费用，然后再进行比较。但在决策时又要注意费用最少的方案，不一定是最佳选择，因为选择最佳方案的着眼点，不在"省钱"，而是"有效"。

### （三）物流系统分析的内容

物流系统分析的内容广泛，它研究的主要问题是如何使物流系统的整体效应达到最优化。一般而论，越是重大而复杂的问题，运用物流系统分析就越合算。在经济管理中，主要有以下几个方面的应用。

（1）制定经济发展规划、计划。对于各种资源条件、统计资料、生产经营目标等方面，运用规划论的分析方法寻求优化方案，然后综合其他相关因素，在保证物流系统协调一致的前提下，对物流系统的输入和输出进行权衡，从这些优化方案中选择一个比较满意的规划和计划方案。对企业而言，此类分析工作常见于在企业初期规划时，根据企业的发展计划分析与之相适的物流系统，比如，扩建后企业的物流系统整体规划分析、企业5~10年物流系统的长期规划与分析等。

（2）重大物流工程项目的组织管理。对于工程项目的各个部分，运用网络分析的方法，进行全面的计划协调和安排，以保证工程项目的各个环节密切配合，保质保量地如期完成。在企业物流系统分析中最常见的是仓库、配送中心等物流设施的选址和规划。

（3）厂址选择和建厂规划。新建一个工厂应对各种原材料的来源、技术条件、交通运输、市场状况、能源供应、生活设施等客观条件与环境因素，运用物流系统分析的方法论证技术上的先进性、经济上的合理性、建设上的可行性，以选择最佳的建设方案。

（4）新产品的开发。设计新产品时，应对新产品的使用目的、技术结构、原材料、销售市场、价格、质量等进行价值分析，以确定该产品最适宜的设计性能、技术结构、用料选择、市场接受的价格水平及原材料供应商等。

（5）资金成果管理。对生产费用进行预算控制，对生产活动采取的技术履行和革新措施，进行成本盈亏分析，然后再决定采取一种经济合理的措施或方案。

（6）组织企业的生产布局和生产线。在生产组织方面为求得人员、物资、设备等各种生产设施所需要的空间，进行最佳的分配和安排，并使相互间能有效地组合和安全地运行，从而使工厂获得较高的生产率和经济效益。企业生产布局和生产线的规划和分析是企业物流系统分析的重要组成部分，一旦确定了生产布局和生产线，企业内部的物流结构就大致固定。

（7）生产调度。可以运用投入产出分析法，搞好各种零部件的投入产出平衡与生产能力平衡，确定最合理的生产周期、批量标准和在制品的储备周期，并运用调度管理安排好加工顺序和装配线平衡，实现准时生产和均衡生产。特别是物流系统运行中的库存管理问题一直是物流系统分析的重点，如何以经济合理的库存量来确保生产正常进行、提高库存效率是近期物流管理的重点，也是我国企业物流管理亟待解决的问题之一。

物流系统分析在解决上述经济发展方面是很有成效的，同时在解决区域性甚至全球性的经济社会发展问题上，也取得了一定的成效。

## 二、物流系统分析的要素和准则

### （一）物流系统分析的要素

物流系统分析的因素很多，一般而言，应该注意：明确期望达到的目的和目标；确定达到预期目的和目标所需要的设备、技术条件和相应的资源条件；计算和估计达到各种可行方案所需要的资源、费用和生产的效益；建立各种替代方案所需要的模型，模型中标明目的、技术条件、环境条件、资源条件、时间、费用、元素间的关系；为选择最优化方案，建立一定的判断准则。因此，物流系统分析的五个基本要素有目的、可行方案、模型、费用和效益、评价基准。

（1）目的。目的是决策的出发点，为了正确获得决定最优化物流系统方案所需的各种有关信息，物流系统分析人员的首要任务就是要充分了解建立物流系统的目的和要求，同时还应确定物流系统的构成和范围。

（2）替代方案。一般情况下，为实现某一目的，总会有几种可采取的方案或手段。这些方案彼此之间可以替换。比如仓库的位址，可以选 A 地，也可选 B 地、C 地。而这些方案各有利弊，选择一种最合理方案是物流系统分析研究和解决的问题。

(3) 模型。模型是对实体物流系统抽象的描述。它可以将复杂的问题化成易于处理的形式。即便在尚未建立实体物流系统的情况下,可以借助一定的模型来有效地求得物流系统设计所需要的参数,并据此确定各种制约条件。同时我们还可以利用模型来预测各替代方案的性能、费用和效益,有利各种替代方案的分析和比较。

(4) 费用和效益。费用和效益是分析和比较抉择方案的重要标志,用于方案实施的实际支出就是费用,达到目的所取得的成果就是效益。如果能把费用和效益都折合成货币形式来比较,一般说来效益大于费用的设计方案是可取的,反之则不可取。

(5) 评价基准。评价基准是物流系统分析中确定各种替代方案优先顺序的标准。通过评价标准对各方案进行综合评价,确定出各方案的优先顺序。评价基准一般根据物流系统的具体情况而定,费用与效益的比较是评价各方案的基本手段。

(二) 物流系统分析的准则

一个物流系统由许多要素组成,要素之间相互作用,物流系统与环境互相影响,这些问题涉及面广而又错综复杂,因此进行物流系统分析时,应认真考虑以下一些准则。

(1) 物流系统内部与物流系统环境相结合。一个企业的经营管理物流系统,不仅受到企业内部各种因素如企业生产规模、产品技术特征、职工素质、管理制度与管理组织等的作用,而且还受到社会经济动向及市场状况等环境因素的影响。

(2) 局部效益与整体效益相结合。在分析物流系统时常常会出现这种情况,局部效益与物流系统整体效益并不一致。其原因就在于物流系统的"二律背反"规律,即某一局部效益的增长可能带来另一局部效益的减少。因此,在选择方案的时候,我们不仅要考虑物流系统的局部效益,更加重要的是物流系统的整体效益。如果局部效益来看是经济的,但整体效益并不理想,则这种方案不可取;反之,局部效益并不经济,但整体效益是好的,这种方案则可取。

(3) 当前利益与长远利益相结合。在进行方案的优选时,既要考虑当前利益,又要考虑长远利益。如果所采用的方案对当前和长远都有利,当然最为理想。但如果方案对当前不利,而对长远有利,此时要通过全面分析后再作结论。一般来说,只有兼顾当前利益和长远利益的物流系统才是好的物流系统。

(4) 定量分析与定性分析相结合。物流系统分析不仅要进行定量分析,而且要进行定性分析。物流系统分析总是遵循"定性—定量—定性"这一循环往复的过程,不了解物流系统各个方面的性质,就不可能建立起探讨物流系统定量关系的数学模型。定性和定量二者结合起来综合分析,才能达到优化的目的。

## 三、物流系统分析的要点和步骤

### (一) 物流系统分析的要点

在系统分析过程就是根据目的步步推解的过程,在分析过程中我们往往通过解决一系列的"为什么"而得到最终的答案。这些"为什么"归纳起来就是"5W1H",即:What,Why,When,Who,Where,How。其意义就是:

(1) 系统分析的对象是什么,即要做什么?(What)
(2) 系统的目的是什么,即为什么要建立这个系统?(Why)
(3) 在什么时候系统能达到目的,系统的内部何时作用?(When)
(4) 在什么地方和什么情况下系统能达到目的?(Where)
(5) 哪些部分、构成、因素发生作用,即谁来做?(Who)
(6) 如何做才能解决问题,即如何做?(How)

以某企业建配送中心为例,在进行物流系统分析的时候就要回答这些问题:

(1) 要做什么?要用物流系统分析方法研究建立配送中心的可行性,经济可行性和技术可行性。

(2) 为什么要建配送中心?确定是为了向产品目的地——销售市场输送商品的方便,还是因为目前仓库库容不足,需要外设配送中心解决部分库容问题;或者是为了企业未来的生产规模扩大所建。

(3) 何时建立?根据上述目的确定建立配送中心的开工时间、完工时间、使用时间等。

(4) 何处建立?如果是为了向销售市场输送商品的方便建立配送中心,那么配送中心应建在靠近市场的位置;如果是为了解决库容问题,一般配送中心应建在靠近生产中心的位置;如果是为了企业未来的发展而建,就要根据企业的长远发展整体规划来选定配送中心的位置。

(5) 由谁承建,谁来管理?选择合适的建筑承担单位很重要,因为配送中心不仅是建筑物的建设问题,还要涉及内部设施的配置问题(如自动拣选系统、立体货架、信息系统等),应该选择条件合适,既能负责建筑物建设又能进行内部配置的专业施工单位承担建设。在建设后,为了使配送中心达到其保管、转送商品的目的,要选择好管理人员进行日常的运行管理。

(6) 如何进行整个项目?整体工程的进度规划,具体技术细节如何安排和处理。

### (二) 物流系统分析的步骤

任何问题的研究与分析,均有其一定的逻辑推理步骤,这个步骤是由一系列的环节组成的,并形成循环往复上升趋势。系统分析步骤如图 3.2 示。

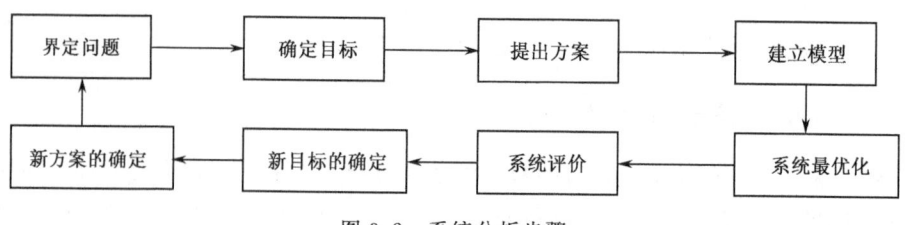

图 3.2　系统分析步骤

(1) 界定问题。进行系统分析首先要明确问题的性质，界定问题的范围。通常，问题是一定的外部环境作用和系统内部发展的需要中产生的，这不可避免地带有一定的本质属性并限定了其存在范围。只有明确了问题的性质范围后，系统分析才能有可靠的起点。其次，还要研究问题要素、要素间的相互关系以及环境的关系等，把问题界限进一步划清。

(2) 确定目标。为了解决问题，要确定出具体的目标。目标通过某些指标来表达，而标准则是衡量目标达到的尺度。系统分析是针对所提出的具体目标而展开的，由于实现系统功能的目的是靠多方面因素来保证的，因此系统目标也必然有若干个。如物流系统的目标包括物料费用、服务水平，即以低的物料费用获得好的服务水平，以确保物流系统整体效益最大。总目标是通过各子系统的功能活动来实现的。在多目标情况下，要考虑各项目标的协调，注意目标的整体性、可行性和经济性。

(3) 提出方案。建立模型或拟订方案，都必须有资料作为依据，方案的可行性论证更需要有精确可靠的数据，为系统分析做好准备。收集资料通常多借助于调查、实验、观察、记录以及引用国内外资料等方式。

(4) 建立模型。所谓建立模型就是找出说明系统功能的主要因素及相互关系。通过模型的建立，可确认影响系统功能和目标的主要因素及其影响程度；确认这些因素的相关程度、总目标和分目标的实现途径及其约束条件。

(5) 系统的最优化。系统的最优化是运用最优化的理论和方法，对若干可行方案的模型进行仿真和优化计算，求出各个方案下的最优解。

(6) 系统评价。根据最优化所得到的有关解答，在考虑前提条件、假定条件和约束条件后，再结合经验和知识的基础上决定最优解，从而为选择系统方案提供足够的信息。

(7) 新目标的确定。当物流系统运行到一定时候，又面临新的环境与新的发展趋势，这时我们应该重新确定物流系统的目标，以便对物流系统进行改进。

(8) 新方案的确定。在新目标确定的基础上，又要进行新一轮物流系统的分析。正是这种循环，使物流系统的功能不断完善，使其与环境相适应，与企业整体发展的方向相适应。

## 第三节 物流系统模型

在物流系统的规划、设计和分析中,离不开定量化工作和数学模型。模型是系统分析的有效工具,也是开展系统分析的前提和基础,有些因素无法看出其变化的特征,但运用模型可以很快抓住其本质,这样,可以把现实复杂的问题简洁化、数量化,迅速求解,得出答案。

### 一、物流系统模型的概念

模型是对系统的特征及其变化规律的一种表示或抽象。模型可以表现实际系统的各组成因素及其相互间的因果关系,反映实际系统特征;但模型又不同于实际系统,而且具有同类系统的共性,有助于解决被抽象的实际系统。物流系统模型化就是把系统中各个组成部分的特征、组成部分之间的关系及变化规律数量化。为了实现物流系统合理化,需要在物流系统的规划与运行过程中不断做出科学的决策。由于物流系统结构与行为过程的复杂性,只有综合运用定性、半定量与定量分析方法,才能建立恰当的物流系统模型,进而求得最佳的决策结果。因此,物流系统模型化是物流合理化的重要前提。

物流系统模型化的作用如下:

(1) 物流系统中物流过程非常复杂,难以或根本无法做实验,模型化提供了一种科学的方法,通过建立易于操作的模型,能帮助设计者对物流过程有深刻的认识。

(2) 把需要解决的系统问题,通过系统分析,明确其内部构成、系统特性和形式,针对系统的规律和目标,用数学表达式,从整体上说明它们之间的结构关系和动态情况。

(3) 模型化能把非常复杂的物流系统的内部和外部关系,经过恰当的抽象、加工、逻辑整理,变成可以进行准确分析和处理的结构形式,从而能得到较为合理的结论。采用模型化技术可以大大简化现实物流系统或新的物流系统的分析过程。物流系统模型化为应用计算机进行分析和管理提供条件,从而可加速系统分析的有效性。

### 二、常见的物流系统模型

在企业物流系统分析和规划中,许多地方都需要模型化,比如生产布局和物料搬运系统流程分析、库存控制、运输路线规划、物资调运、排队服务、物流量预测等。针对物流系统的具体问题，我们可以选择合适的数学模型，常见的物流系统模型有如下几种。

### (一) 线性规划问题模型

线性规划问题特征是：

(1) 每一个问题可用一组决策变量（$x_1, x_2, \cdots, x_n$）表示某一方案，这组决策变量的值就代表一个具体方案，一般这些变量取值是非负的。

(2) 存在一定的约束条件，这些约束条件可以用一组线性等式或不等式来表示。

(3) 有一个要求达到的目标，它可用决策变量的线性函数（目标函数）求表示，按问题的不同，要求目标函数实现最大化或最小化。线性规划的数学模型形式为

目标函数：$\max(\min) z = c_1 x_1 + c_2 x_2 + \cdots + c_n x_n$

满足约束条件：

$$\begin{cases} a_{11}x_1 + a_{12}x_2 + \cdots + a_{1n}x_n \leqslant (=, \geqslant) b_1 \\ a_{21}x_1 + a_{22}x_2 + \cdots + a_{2n}x_n \leqslant (=, \geqslant) b_2 \\ \cdots \cdots \\ a_{m1}x_1 + a_{m2}x_2 + \cdots + a_{mn}x_n \leqslant (=, \geqslant) b_m \\ x_1, x_2, \cdots, x_n \geqslant 0 \end{cases}$$

物流系统中的运输问题、装卸任务分配问题都可用线性规划模型来求解。运输问题一般是将物品从 $m$ 个起运站运到 $n$ 个目的地。已知由 $i$ 站运到 $j$ 地的单位运费是 $c_{ij}$，并假定运费与两地间的运量成正比。设 $a_i$ 表示 $i$ 站的供应量，$b_j$ 表示 $j$ 地的需求量。当用 $x_{ij}$ 表示从 $i$ 站到 $j$ 地的运量。运输问题可表述为

目标函数：$Z = \min \sum\limits_{i=1}^{m} \sum\limits_{j=1}^{n} c_{ij} x_j$

约束条件：$\sum\limits_{j=1}^{n} x_{ij} = a_i, \quad i = 1, 2, \cdots, m$

$\sum\limits_{i=1}^{m} x_{ij} = b_j, \quad j = 1, 2, \cdots, n$

$x_{ij} \geqslant 0, \quad i = 1, 2, \cdots, m, \quad j = 1, 2, \cdots, n$

如果 $\sum\limits_{i=1}^{m} a_i = \sum\limits_{j=1}^{n} b_j$，即总供量等于总需求量，则为平衡运输问题，否则称为不平衡运输问题。对于不平衡运输问题，可通过一定处理后，使之变为平衡运输问题。

### (二) 整数规划问题

整数规划是线性规划的特殊问题，对于某些实际问题，要求答案必须是整数，

如安排工作人员的数量、选址问题、设备的台数等。

选址问题是物流系统规划的重要问题，无论是新厂房还是仓库的建设都首先要解决在哪里修建的问题，根据选址情况的复杂程度可分为单一地址选择问题和多地址选择问题。

1. 单一地址选择

建立一个新工厂或仓库，应合理选择厂址或库址。假设地址候选地点有 $s$ 个，分别用 $D_1$，$D_2$，$\cdots$，$D_s$ 表示：原材料、燃料、零配件的供应地有 $m$ 个，分别用 $A_1$，$A_2$，$\cdots$，$A_m$ 表示，其供应量分别用 $P_1$，$P_2$，$\cdots$，$P_m$ 表示；产品销售地有 $n$ 个，分别用 $B_1$，$B_2$，$\cdots$，$B_n$ 表示，其销售量用 $Q_1$，$Q_2$，$\cdots$，$Q_n$ 表示，所谓选址问题就是从 $s$ 个候选地址中选取一个最优位址，使物流费用达到最低。设 $c_{ij}$ 表示从 $A_i$ 到 $D_j$ 的每单位量的运输成本，$d_{jk}$ 表示从 $D_j$ 到 $B_k$ 的每单位量的运输成本。引进变量：

$$X = [x_1, x_2, \cdots, x_n]$$

其中：$x_j = \begin{cases} 1, \text{表示在 } D_j \text{ 建厂} \\ 0, \text{表示不在 } D_j \text{ 建厂} \end{cases}$

则选址问题可表述为

$$z = \min \sum_{j=1}^{s} \left( \sum_{i=1}^{m} c_{ij} P_i + \sum_{k=1}^{n} d_{jk} Q_k \right) x_j$$

约束条件为

$$\sum_{j=1}^{s} x_j = 1$$

这是一个线性规划问题，只需求解出 $Z$ 的最小值，即可得出 $s$ 算式值的最小值对应的下标为 $r$，那么可取 $x_r=1$，其他 $x_j=0$，便是最优解，$D_r$ 是最优厂址。但是，计算目标函数还需要许多参数，包括原材料、燃料、半成品供应地及供应量和产品销售地点及销售量，以及运输条件及费用等，这些参数必须准确确定，才可得出正确的目标函数解值。

2. 多址选择问题

有 $m$ 个工厂的产品，经仓库发售给 $n$ 个地区，拟建立若干个仓库。候选地点有 $s$ 个，问题是如何从 $s$ 个候选地点中选择若干个地点修建仓库，使物流费用达到极小。

设 $a_i$ 表示工厂 $i$ 的供应量，$b_k$ 表示用户 $k$ 的需求量，$c_{ij}$ 表示从工厂 $i$ 到仓库 $j$ 的单位运输成本，$d_{jk}$ 表示从仓库 $j$ 到用户 $k$ 的单位运输成本，$w_j$ 表示仓库 $j$ 的变动费系数。在考虑变动费时，引进指数 $P$，满足条件 $0 < P \leqslant 1$，以便考虑规模的经济性，仓库 $j$ 的变动费为 $w_j Z_j^P$，其中 $Z_j$ 表示仓库 $j$ 的产品通过量。如果不考虑规模的经济性，可令 $P=1$。引进变量：

$x_{ij}$ 表示工厂 $i$ 到仓库 $j$ 的运量，$y_{jk}$ 表示仓库 $j$ 到用户 $k$ 的运量，对于平衡的选址问题，每个仓库的总进货量等于总出库量，则有

$$Z_j = \sum_{i=1}^{n} x_{ij} = \sum_{k=1}^{m} y_{jk}$$

总物流成本函数可表示为

$$Z = \min \sum_{j=1}^{s} \left( \sum_{i=1}^{m} c_{ij} x_{ij} + \sum_{k=1}^{n} d_{jk} y_{jk} + w_j Z_j^p \right)$$

约束条件为

$$\sum_{j=1}^{n} x_{ij} = a_i, \quad i = 1, 2, \cdots, m$$

$$\sum_{j=1}^{m} y_{jk} = b_k, \quad i = 1, 2, \cdots, n$$

$$x_{ij} \geqslant 0, \quad y_{jk} \geqslant 0$$

3. 指派问题

在物流过程中，如何将有限的资源（人力、物力、财力等）指派给多项任务或工作，以达到降低成本或提高效益的目的。指派问题是运输问题的特例，它的条件是运出的地点数和运量等于运入地点数和运量，而且一个运出点的物料只允许运到一个运入点。例如一个工厂有 $m$ 个车间生产 $m$ 种不同的产品，由 $m$ 个仓库来分别储存这些产品。设 $c_{ij}$ 是把第 $i$ 个车间的全部产品运往第 $j$ 个仓库的运费，则以总运费最低的数学模型为

$$z = \min \sum_{i=1}^{m} \sum_{j=1}^{n} c_{ij} x_j$$

约束条件为

$$\sum_{j=1}^{m} x_{ij} = 1, i = 1, 2, \cdots, m$$

$$\sum_{i=1}^{m} x_{ij} = 1, j = 1, 2, \cdots, m$$

其中，$x_{ij} = 1$ 或 $0$，即当第 $i$ 个车间的产品指派到第 $j$ 个仓库时 $x_{ij} = 1$，否则 $x_{ij} = 0$。

### （三）动态规划问题

在管理活动中往往需要对过程进行综合决策，将过程分为若干个互相联系的阶段，在每个阶段都作出决策，目的是使整个过程达到最好的活动效果。但是各个阶段决策的选取不是任意确定的，它依赖于当前面临的状态，又影响以后的发展，由于前一阶段的决策会影响后面的状态，因此，这一序列的决策过程是在变化的状态中产生出来的，因此称为"动态"含义，处理这种动态决策的方法是动态规划方法。用动态规划可以解决物流系统中最短路径问题、装卸问题、库存问题、资源分配问题等。

### （四）库存控制模型

库存指的是为了将来使用而暂时处于闲置的物资。库存的目的是为了保证生产

过程连续性，快速满足用户订货需求。但是库存又是闲置的物资，库存过多就意味着闲置资金过多，对物流系统的经济性造成不利影响，因此，库存控制是物流系统中重要问题。根据物料需求的特性，我们可以把库存控制分成独立需求库存控制和相关需求库存控制。相关需求库存控制可以通过 MRP 求得，而独立需求库存控制可分为确定型库存模型和随机库存模型。不管独立需求库存控制还是相关需求库存控制，都要达到以下目的：优化库存成本，平衡生产与销售计划并满足一定的交货要求，避免浪费，避免不必要的库存，避免需求损失和利润损失。因此，库存控制要解决三个主要问题：确定库存检查周期、确定订货量和确定订货点（何时订货）。经过多年的研究和总结，库存控制模型已非常丰富，可以根据实际情况选择使用。

#### （五）图与网络分析

图与网络分析广泛应用于管理科学、计算机科学、控制论、信息论、物理、化学等各个领域。物流系统中的最小线路网、完成所有物流点的配送并使所走的线路最短。最短路径、通信网络的合理架设、交通网络的合理分布、最大流和最小费用问题等都可以通过网络分析方法得以解决。

#### （六）预测模型

预测是编制各种计划的基础，物流系统中的存储、运输等各项业务活动的计划都是以预测资料为基础制定的，预测的准确与否直接影响到计划的可行性。同时，预测也是决策的依据，正确的决策取决于可靠的预测。物流系统预测的内容很多，凡是影响物流系统活动的诸因素都是预测对象，例如有关物流系统的人力、物力、财力以及资源、销售、交通等的状况都是预测的内容。

已经有很多复杂的预测技术，可归结为三大类，即定性、时间序列和因果关系。定性技术使用专家意见和特殊的信息来预测未来，定性技术可以考虑、也可以不考虑过去；时间序列技术通过信息的历史模式和模式的变化上来推测未来；因果关系技术，诸如回归方法等，使用明确而又特定的有关变量的信息，来展开主导事件与预测活动之间的关系。

物流系统可用的模型还有许多，比如决策模型、投入产出模型等，系统总体优化是一个综合性的复杂问题，需要多种模型综合使用。

### 三、物流系统建模的注意事项

建立物流系统模型，应该注意以下几点：

（1）明确目的，确定构成要素。即便针对同一个系统，由于建模的目的不同，构造出来的模型也不同。根据物流系统的物流信息和研究目的，可以决定模型的大小，同时构造模型的目的还决定了模型的最小构成要素。

(2) 模型的简单化和高精度模型。如果简单的模型包含实际系统的信息少,那么模型的精度就差。模型的简单化和高精度要求之间是相互矛盾的。高精度的模型一般比较复杂,如果某种复杂的模型,成本很高,对于实际应用必要性不大,则这种模型就值得简化。当然,也要注意过分简化的模型精度不够,模型的简化就失去了应用的意义。

(3) 没有固定不变的建模方法。作为建立模型的一个特征,就是无法确定哪一种模型是最好的。建立模型的方法根据目的不同而不同。因为在建模时,假定条件、前提、理论都是技术研究人员根据其知识结构、研究经验决定的。

(4) 模型的验证。为了确认模型的准确,必须进行验证,这在建立模型的时候非常重要。如果能将试验与经验进行比较时,验证比较容易。但是,利用预测模型推测未来值时,除了利用过去的数据进行验证外,还必须采取其他各种方法。

模型验证应该注意两种情况:一种是模型本身就不适当;另一种是模型本身适当,但是参数不合适。在参数过多的情况下,确定不合适的参数就非常复杂。在这种情况下,就应该首先应用尽量简单的、能表现系统本质的模型,然后再把具有各种功能的子系统加进去。在此过程中,逐次对参数值进行检验。在模型整体建成后,再改变参数值对于整个模型影响也不大。在此情况下,对于不进行变换的数学模型中的参数更容易发现其中的错误。

## 第四节　企业物流系统的规划

每个企业都承担一种产品或多种产品的生产,从原材料入厂,经过一定的生产工艺流程,进行加工、检验、存储、装配等步骤,最后形成产品出厂。各车间、各工序在地理位置上是相互独立的,但在生产流程上又是相互联系。生产是按照一定顺序、一定的节奏进行,企业生产是一个系统。而其中的物流组织必须按照整个生产系统的特点和要求去组织,才能使各车间、各工序按照预定的步骤和节奏进行工作,协调生产。因此,企业物流系统是非恰当,是否能与生产要求相一致,决定了企业生产效率和效益。企业物流系统的构架是由各种设施的地理位置所决定的,因此,企业物流系统规划的主要内容包括:

(1) 物流系统的网络布点问题,指企业各种大型设施如工厂、仓库、车间、销售点、物料供应地等相互位置布局或选址,它是企业物流系统整体构架。

(2) 物流系统的局部设施布置问题,主要指具体的某个区域里的各种设施的布局,如仓库中分拣区、储存区、加工区、运输区的相互平面位置分布以及相关设备的选用,如生产区域内各种工位的配置及物料的搬运路线,也可称为局部设施布置设计。

一、物流系统的网络布点——选址

(一) 场址的影响因素

场址选择或规划设计是物流系统规划的主要问题，它的任务是对建设项目的各类设施、人员、投资进行系统规划与设计，用以优化人流、物流和信息流，从而有效、经济、安全地实现建设项目的预期目标。场址选择是一个非常复杂的过程，影响场址规划的因素很多，我们可根据它们与成本的关系与否分为成本因素和非成本因素。与成本有直接关系，可以用货币单位来表示各种因素称为成本因素；与成本无直接关系，但能间接影响产品成本和未来企业发展的因素，称为非成本因素。

1. 主要的成本因素

(1) 运输成本。对企业而言，运输成本占有较大的比重，进行网络规划时应注意缩短运输距离，减少运输环节中装卸次数，并尽量靠近码头、公路、铁路等交通设施，且考虑铁路、公路、水路三者的均衡问题。

(2) 原材料供应。某些产品对原料的质量有严格要求，如钢铁类产品，这样生产地必须主要分布在原料产地附近，以降低运费，保证生产所需物料量的供应。但是，有些产品又可根据实际情况进行全球采购，比如大多数家电产品的生产均是全球采购、全球销售。所以，进行网络规划的时候要根据企业生产的特点，选择与原材料供应恰当的位置。

(3) 动力、能源的供应量和成本。动力、能源的供应也是决定企业生产经营能否正常进行的重要因素，一般而言，动力、能源供应充足的位置有利于企业的经营和发展。

(4) 劳工成本。在技术密集型和劳动密集型企业中，劳工数量和质量都直接影响劳动力成本；同样，人口状况，如劳动力总体素质也是企业选址的重要因素。

(5) 建筑成本。土地的征用、赔偿、拆迁、平整的费用。

(6) 其他成本。税利、保险和利率等财务因素影响了企业的收入；贷款及其他资本获得的机会往往左右企业的选择，其他服务费用，如政府的各种收费规定也会极大地影响企业的运营收入。

2. 主要的非成本因素

(1) 社区情况。服务行业、商业及其他设施的状况等。

(2) 气候和地理环境。气温对于产品和作业人员均会产生影响，气温过冷或过热都将增加气温调节的费用，而且对于物料的搬运影响极大。

(3) 环境保护。生产系统直接形成的污染包括空气污染、水污染、噪音污染等，各国和地区都制定了保护当地居民和生态环境的各种法规，对于会造成污染的各种生产加以限制。

(4) 当地政府的政策。有些地区为了鼓励投资，划出工业区及各种经济开发区，低价出租或出售土地、厂房、仓库，并在税收、资金等方面提供优惠政策。

（5）其他因素。包括政治稳定性、经济状态、文化习俗、当地竞争者这些对企业发展有着影响的因素，都是选址时必须考虑的问题。

### （二）选址的方法

除了上一节所述的线性规划方法，还有其他方法可以在选址问题上提供帮助。

#### 1. 重心法

在选址中我们常遇到的问题是将一新设施布置到一固定的空间中去，为了简化计算，我们可选用一个重要的、关键的因素，比如运输费用作为决策依据，则可运用重心法确定新址位置。其主要根据是力求新场址距离各原材料供应点或销售点的距离、供应量或销售量、运输费率之积的总和为最小。

设 $P_0(x_0, y_0)$ 表示新设施的位置，$P_i(x_i, y_i)$ 表示现有设施的位置（$i=1, 2, \cdots, n$）。其中 $w_i$ 表示第 $i$ 个设施的运量，若 $c_i$ 表示各设施的运输费，$c_0$ 表示新址的运输费率，根据重心法有

$$\begin{cases} \sum_{i=1}^{n} x_i w_i c_i = x_0 \sum_{i=1}^{n} w_i c_0 \\ \sum_{i=1}^{n} y_i w_i c_i = y_0 \sum_{i=1}^{n} w_i c_0 \end{cases}$$

得

$$\begin{cases} x_0 = \dfrac{\sum_{i=1}^{n} x_i w_i c_i}{\sum_{i=1}^{n} w_i c_0} \\ y_0 = \dfrac{\sum_{i=1}^{n} y_i w_i c_i}{\sum_{i=1}^{n} w_i c_0} \end{cases}$$

#### 2. 多因素评价法

重心法只考虑了费用，而实际选址工作中还要受到许多环境因素的影响，因此选址是一项系统性工作。一般场址选择是根据各种因素及其内在要求，提出若干选择的具体要求和原则，并采用定性和定量相结合的方法辅助进行工厂区位和具体位置的选择，常用的方法有以下几种：

（1）费用-效果分析法。这是对技术方案的经济效果进行分析评价的一种方法。实质是要求系统给社会提供效益，必须超出支出费用，可采用会计核算中的量本利平衡方法来计算。

（2）关联矩阵法。找出选址的评价指标，主要是费用、效益、对社会的作用等，并根据这些评价指标的重要性赋予不同的权重，然后对各种备选方案进行评

分，最后得出综合评分。

（3）层次分析法。该方法是一种定性和定量相结合的评价与决策方法。它是将评价主体或决策主体对评价对象进行的思维过程数量化。应用这种方法首先将评价对象的各种评价要素分解成若干层次，并按同一层次的各个要素以上一层次要素为准则，进行两两的比较、判断和计算，以求得这些要素的权重，从而为选择最优替代方案提供依据。

## 二、设施布置规划

### （一）设施布置规划的内容

从企业物流系统中来看，生产过程中的物流规划最为复杂，也极为重要。生产物流由于与生产过程紧密相连，有其独特之处，在进行规划时，一定要体现和注意。首先，生产物流是按照加工的工艺过程在流动，其路线是由加工的工艺流程决定的，不能任意变动；其次，零件的生产是连续性、有节奏地进行的，其物流系统也必须是连续地、有节奏地进行，否则生产就不能正常进行，物流系统的混乱必然造成生产混乱；最后，物流搬运装卸过程要求安全可靠，要按照一定的要求搬运、存储，否则将造成零件精度损坏、产品质量降低，因此必须选择合适的搬运设备和容器。

从企业生产作业的角度来看，企业内部的物流系统规划必须按照生产特点进行。企业内部物流系统规划主要就是各种设施相互位置布置和具体区域内的设备、各种作业区域的布置问题。包括：

（1）厂区设施布置规划，根据厂外交通运输情况、厂区的地形及面积、产品种类和工艺过程，合理布置各车间、各仓库以及非生产设施之间的位置，使物流合理，便于生产、降低运输费用。

（2）工位配置，在车间内合理布置各工位的位置，使工件搬运的工作量最小。

（3）库存空间确定，集中仓库的大小，车间内暂存区的大小和位置都是这一阶段要解决的问题。

（4）搬运设备的选择，搬运设备和器具应适应被搬运物料的性质、重量、形状、尺寸及物流量。既要使设备的投资少，又要使其保养使用费用小。

### （二）设施布置分析与规划的步骤

物流系统的设施规划，可能有两种情况：①对现有的物流系统进行分析并进行优化；②进行新的区域物流设施的布置设计。对现有物流系统进行分析优化时，要针对物流系统的环境、输入输出情况、物料性质、流动路线、系统状态、搬运设备与器具、库存等进行全面、系统的调查与分析，求得最佳设计方案。其步骤如图3.3所示。

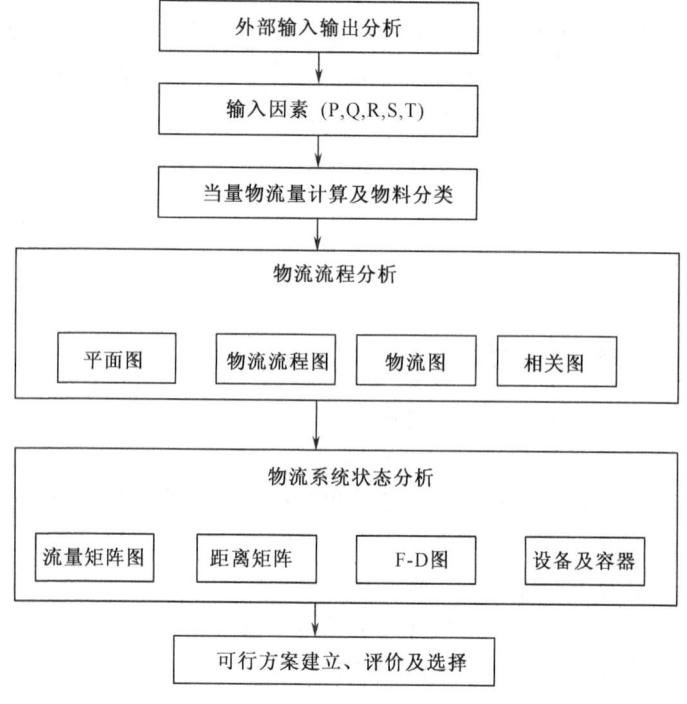

图 3.3 设施布置规划步骤

1. 外部输入输出分析

外部是指对已确定系统边界的物流系统的外部环境，我们要研究这些外部环境与物流系统的相互交换物料、信息的情况，包括输入输出系统的方式（运输车辆、装载容器、路线入口等）、频率及输入输出的条件。

2. 输入因素（P、Q、R、S、T）

布置设施要考虑众多因素，影响布置设计的基本要素我们可归结为 P（产品或服务）、Q（产量或数量）、R（工艺过程、生产路线及物料路线）、S（服务部门）和 T（时间）。

(1) P（产品或材料服务），系统中涉及原材料、加工的零件、成品或提供服务的项目，这些资料由生产纲领和产品设计提供，包括项目、种类、型号、零件号、材料等，P 影响着设施的组成及其相互关系、设备的类型、物料的搬运方式等。

(2) Q（数量），指所生产、供应或使用的商品量或服务的工作量。其资料由生产统计和产品设计提供，用件数、重量、体积或销售的价值表示，数量这一要素影响着设施规模、设备数量、运输量、建筑面积等因素。

(3) R（路线），指工艺过程设计的成果，可用设备表、工艺路线卡、工艺过程图等表示，它影响着各作业单位之间的关系、物料搬运路线、仓库及堆放地的位置等。

（4）S（辅助服务），指公用、辅助、服务部门，包括工具、维修、动力、收货、发运、铁路专用线等，由有关专业设计人员提供，这些部门是企业生产运营必不可少的支持系统，必须给予足够重视。

（5）T（时间），指在什么时候、用多长时间生产出产品，包括各工序的操作时间、更换批量的次数。在工艺过程设计中，根据时间因素可以求出设备的数量、需要的面积和人员，平衡各工序的生产能力。

3. 当量物流量计算及物料分类

物流量是指在一定时间内通过两物流点间的物料数量。在一个给定的物流系统中，物料从几何形状到物化状态都有很大差别，其可运性或搬运的难易程度相差很大，简单地用重量作为物流量计算单位并不合理，因此，在系统分析、规划、设计过程中，必须指出一个标准，把系统中所有的物料通过修正、折算为一个统一量，即当量物流量，才能进行比较。

当量物流量是指物流运动过程中一定时间内按规定标准修正、折算的搬运和运输量。这种修正与折算充分考虑了物料在搬运或运输过程中实际消耗的搬运和运输能量等因素。当量物流量的计算尚无统一标准，一般根据企业自己的情况和实际经验确定。

在核定当量物流量后，我们要对物料进行分类，即根据物料的当量物流量的大小将系统分析所涉及的各种物料进行 A、B、C 类划分。A 类物料点总品种数的 5%～10%，而物流量占 70% 以上；B 类物料点总品种数的 20% 左右，物流量占 20% 左右；C 类物料占总品种数的 70% 以上，而物流量占 5%～10% 左右。在设施布置规划与分析中，物料管理为 A、B 类物料，必要时，可忽略 C 类物料。

4. 系统流程分析

（1）平面图。我们用特定的符号在平面图上标明各种设施、设备、储存地、固定运输设备，就能清楚地看出物料运动的轨迹。常用的符号如下（图 3.4）。

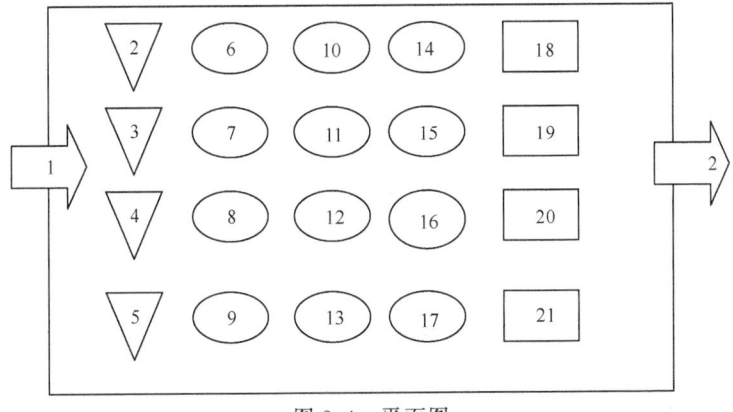

图 3.4 平面图

○ 表示操作,既可是操作过程,也可以是机床、机组、加工区、车间、部门等;
▽ 表示储存,指储存地、仓库、工位储存地等;
⇨ 表示搬运或运输;
□ 表示检验,包括加工过程检验和最终检验。

(2) 物流流程图。我们可在平面图的基础上,根据分类和当量折算后的各种物流量,则任意一条物流路径均可用编码来表示其物流流程路线。将系统所有物流流程用表的形式表达出来,就是物流流程表(表 3.1)。

表 3.1 物流流程表

| 序号 | 零件名称 | 物流流程 | 物流量/t |
|---|---|---|---|
| 1 | 轴 1 | 1—4—8—15—16—17—18 | 51.7 |
| 2 | 轴 2 | 1—3—7—16—18 | 60.3 |
| 3 | 轴 3 | 2—3—7—16—18 | 38.6 |
| 4 | 轴 4 | 2—6—9—16—14—18 | 15.3 |
| 5 | 齿轮 1 | 2—5—10—16—17—18 | 47.6 |
| 6 | 齿轮 2 | 1—5—10—16—17—18 | 8.4 |
| 7 | 齿轮 3 | 2—6—11—12—13—19 | 3 |
| 8 | 齿轮 4 | 2—6—11—17—19 | 39.6 |
| 9 | 齿轮 5 | 2—6—11—17—18 | 22 |
| 10 | 连杆 | 2—5—9—16—17—19 | 11.2 |

(3) 物流图。将各条物流的物流量大小和经过和物流点绘制在编码后的平面图上,即为物流图(图 3.5),它可形象地表达系统物流情况,清楚地看出哪条物流合理、哪条不合理,有利于分析与设计。详见第七章搬运系统分析。

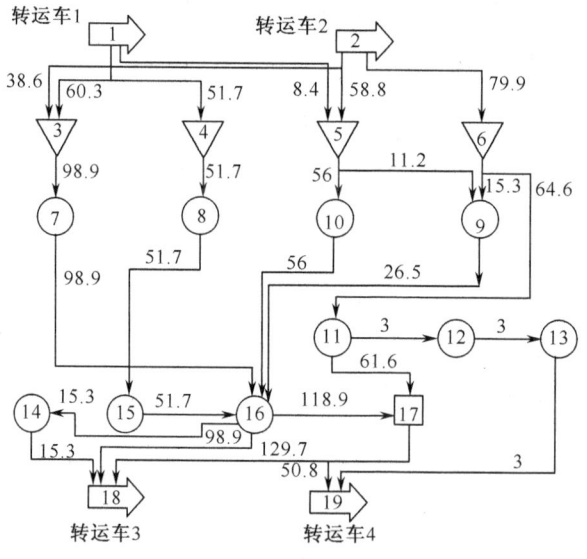

图 3.5 物流图

（4）相关图，又称相关分析图。它将系统中所有部门绘制在一张表达相互关系的图上（图 3.6），以便于分析与设计时用。相关图中的英文字母表示两部门间的密切关系，称为密切度，一般可分为多级。当分为 5 个等级时，密切度从高到低依次为 A（显著重要）、E（特别重要）、I（重要）、O（一般）、U（无关）。密切度等级只是一个相对概念，无绝对标准。

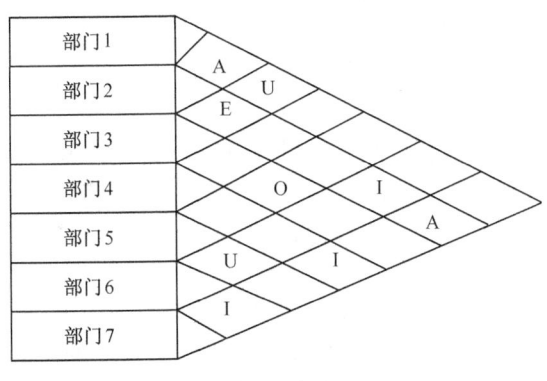

图 3.6 相关图

### 5. 物流系统状态分析

可使用流量矩阵图、距离矩阵、流量距离图（F-D 图）对物流系统的现有流量进行分析。所谓流量矩阵图指的是物流流量关联矩阵 $F$，$F = [f_{ij}]_{n \times n}$，$f_{ij}$ 表示从 $i$ 点到 $j$ 的物流量，$i, j \in n$，$n$ 为系统平面图编码的数量。当 $i$ 点到 $j$ 点无物流量关系时，$f_{ij} = 0$。距离矩阵 $D = [d_{ij}]_{n \times n}$，单位可以用米、公里等表示。有了流量矩阵和距离矩阵，可以计算系统量矩阵，也称系统搬运工作量。$S = \sum_{i=1}^{n} \sum_{j=1}^{n} f_{ij} d_{ij}$，其单位为当量吨米或当量吨公里。F-D 图是将两点间的物流按流量大小和距离大小绘制在一直角坐标图上（图 3.7），可将此图分为若干部分，如划分为 Ⅰ、Ⅱ、Ⅲ、Ⅳ、Ⅴ、Ⅵ 6 个部分。

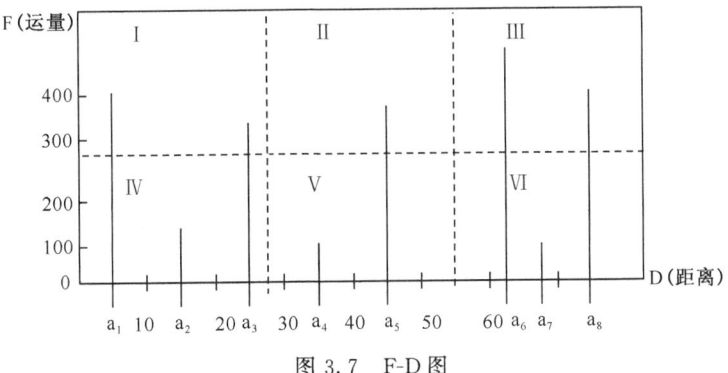

图 3.7 F-D 图

显然Ⅱ、Ⅲ部分的物流和两设施间的距离是不合理的,因为物流量大且距离远,这样该图可作为平面布置调整的根据。经过调整,第Ⅱ、Ⅲ部分无物流量时,该方案为可行方案。

搬运设备、容器统计表,即以表格形式记录下任意方案中在各设施、设备之间从事物料搬运的储备、装载容器等的状况,以分析其合理与否,提出改进意见。

6. 方案的评价与选择

根据上述分析,对于每方案均可计算出 $S = \sum_{i=1}^{n} \sum_{j=1}^{n} f_{ij} d_{ij}$。如果根据 F-D 图调整系统中设施或设备的所在位置,则可得到新的距离矩阵 $\boldsymbol{D}' = [d'_{ij}]_{n \times n}$。假设工艺路线未发生变化,则 $\boldsymbol{F}$ 矩阵无变化。有时需要改变工艺方法,则 $\boldsymbol{F}$ 矩阵也会变化。只要 $\boldsymbol{D}$ 矩阵变为 $\boldsymbol{D}'$,则必有 $S' = \sum_{i=1}^{n} \sum_{j=1}^{n} f_{ij} d'_{ij}$ 或 $S' = \sum_{i=1}^{n} \sum_{j=1}^{n} f'_{ij} d'_{ij}$。如果 $S' < S$,则新方案的物流设计优于原方案 S。如果在条件与环境允许时,进行了 $l$ 次调整,就可得到 $l$ 个系统搬运工作量值。其中搬运工作量最小的方案,即为最优物流系统方案。但是在选择恰当方案时,不仅要考虑物流量的大小及费用等问题,还要考虑非物流部门、工艺水平要求以及管理、人员、工作条件、环境保护等多种因素。评价方法可采用前述的关联矩阵、层次分析法。

# 第四章

# 库存管理

　　库存管理是物流管理的核心内容。库存水平和库存周转速度的高低会直接影响到物流成本的高低和企业经济效益的好坏。库存水平过高,不仅会占用大量资金,增加商品保管费用支出,而且还会加大市场风险;相反,库存量过少,会影响到生产经营活动的顺利进行,并且失去市场机会。因此,在物流管理中,必须采用科学的方法管理和控制库存,在满足生产经营活动正常需要的情况下,将库存数量控制在最低的水平上,以达到降低物流成本,提高企业经济效益的目的。

## 第一节　库存概述

### 一、库存的概念

　　所谓库存（inventory）是指处于储存状态的物品,主要是作为今后按预定的目的使用而处于闲置或非生产状态的物料。传统意义上的库存是指放在仓库中的物品,是像蓄水池中的水一样暂时派不上用场的备用品。但如果从物流的角度来看,由于物料在各个状态的转化之间不可避免地存在着时间差,在这个时间差中,处于闲置的物料即为库存。从更广泛的意义上说,一切闲置的用于未来的资源,都是库存。

　　库存是一种闲置资源,不仅不会在生产经营中创造价值,反而还会掩盖企业管理中的各种内外矛盾,麻痹各级管理人员思想。但是,在实际的生产经营过程中,库存又是不可避免的,有时还是十分必要的。库存管理的核心内容就是如何在满足对需要的前提下,保持合理的库存水平。库存管理不当会造成大量资金的沉淀,影响到资金的正常周转,同时还会因库存过多增加市场风险,给企业经营带来负面影响。因此,必须对库存进行有效的管理,消除不必要的库存,提高库存周转率。

## 二、库存的类型

### (一)按库存的作用分类

(1)周转库存:为满足日常生产经营需要而保有的库存。周转库存的大小与采购批量直接有关。企业为了降低物流成本或生产成本,需要批量采购、批量运输和批量生产,这样便形成了周期性的周转库存,这种库存随着每天的消耗而减少,当降低到一定水平时需要补充库存。

(2)安全库存:为了防止不确定因素的发生(如供货时间延迟、库存消耗速度突然加快等)而设置的库存。安全库存的大小与库存安全系数或者说与库存服务水平有关。从经济性的角度看,安全系数应确定在一个合适的水平上。例如国家为了预防灾荒、战争等不确定因素的发生而进行的粮食储备、钢材储备、麻袋储备等,就是一种安全库存。

(3)调节库存:用于调节需求与供应的不均衡、生产速度与供应的不均衡以及各个生产阶段产出的不均衡而设置的库存。

(4)在途库存:处于运输以及停放在相邻两个工作地之间或相邻两个组织之间的库存,在途库存的大小取决于运输时间以及该期间内平均需求。

### (二)按生产过程分类

(1)原材料库存:是指企业通过采购和其他方式取得的用于制造产品并构成产品实体的物品,以及供生产耗用但不构成产品实体的辅助材料、修理用备件、燃料以及外购半成品等,是用于支持企业内制造或装配过程的库存。

(2)在制品库存:是指已经过一定生产过程,但尚未全部完工、在销售以前还要进一步加工的中间产品和正在加工的产品。

(3)产成品库存:就是已经制造完成并等待装运,可以对外销售的制成产品的库存。

### (三)按用户对库存的需求特性分类

(1)独立需求库存:指用户对某种库存物品的需求与其他种类的库存无关,表现出这种库存需求的独立性。消耗品、维修零部件和最终产品的库存属于独立需求库存。

(2)相关需求库存:是指其他需求有内在相关性的需求,根据这种相关性,企业可以精确地计算出它的需求量和需求时间,是一种确定型需求。

库存需求特性的这种分类构成库存管理的两大部分：一部分是对相关需求库存的管理，这种需求实际上是对完成品生产的物料需求，与完成品的需求之间有确定的对应关系；另一部分是对独立需求库存的管理，由于其需求时间和数量都不是由企业本身所能控制的，所以不能像相关需求那样来处理，只能采用"补充库存"的控制机制，将不确定的外部需求问题转化为对内部库存水平的动态监视与补充的问题。

三、库存的作用

在企业内持有库存主要是起着以下五个方面的作用：

（1）使企业获得规模经济。一个组织要想实现在采购、运输和制造等物流过程方面的规模经济，拥有一个适当的库存是必要的。大批量的订货能够使企业在众多方面获得优势：降低原材料的采购价格和运输费用；降低单位产品的制造成本；减少因缺货而形成的订单损失和信誉下降等。

（2）保持生产活动的连续性和稳定性。在生产经营活动中，制定生产经营计划，提出物料申请单，供应商发运货物，运输、检验、进行生产，把物资运到消费者等环节都需要一定的时间。如果备有存货，就能满足在购买期间的物料供应。同时，某些产品的生产和需求具有很强的季节性，使供应和需求不同步，如果没有一定的库存，企业就无法保证生产经营活动的连续进行。例如，电风扇的购买时间主要集中在夏季，但是，生产却分散在一年中；棉花、粮食的收获期集中在一年的某个时期，但消费却分散在一年当中。企业内部的原材料、零部件的生产和消费也存在这种现象。有了库存，就可以降低生产活动的波动性，保持生产的连续性和稳定性。

（3）应对不确定性的、随机的需求变动。由于市场需求情况的瞬息万变以及订货周期的不确定性，常常使库存不足，从而导致缺货损失，这时库存就显得十分重要。存储生产所需要的原材料不仅能够保持正常生产的连续性，而且常常会在未来原材料价格的上涨或原材料的短缺时通过价格投机，获取利润。例如当黄金在涨价征兆时，有些珠宝制造商就会提前购买和存储黄金，从而在一定时期的竞争中处于优势。

（4）降低制造成本，提高作业效率。通过在生产作业之间储存的制品，使原本顺序相关的工序相互独立，从而达到提高作业效率的目的；此外，通过设置产成品库存，企业可以按大于当时的市场需求的经济批量进行制造和配送，不同时间制造的产品可以按一个门类进行出售。这种所谓"分离"的功能带来的是制造成本的降低和作业效率的提高。

（5）实现区域专业化生产。考虑产品生产对原材料、能源、水资源以及劳动力资源的需求，为节约制造成本，有些产品需要在靠近原材料或能源的地方生产，有些需要在劳动力丰富的地方生产等。这样，作为一个组装产品，它的不同部件可能会分散在不同地区生产，然后通过内部的存货转移，将各种零部件集中到最终的装配中去。

## 第二节　库存管理的任务和评价指标

### 一、库存管理的重要性

（1）库存管理是物流管理的核心内容。库存管理之所以重要，首先在于库存领域存在着降低成本的广阔空间，对于中国的大多数企业尤其如此。对于我国的企业来说，物流管理的首要任务是通过物流活动的合理化降低物流成本，如通过改善物资采购方式和库存控制方法，降低采购费用和保管费用，减少资金占用；通过合理组织仓库内作业活动提高搬运装卸效率，减少保管装卸费用支出等。因此说，采用科学的方法管理和控制库存是企业降低物流成本的需要。

（2）库存管理是回避风险的需要。随着科学技术的发展，新产品不断出现，产品的更新换代速度加快。在电子产品领域，平均每三个月更新换代一次。如果库存过多，就会因新产品的出现使其价值缩水，严重的情况可能会一钱不值。从另一个角度看，消费者的需求在朝着个性化、多样化方向发展，对商品的挑剔程度在增大，从而导致商品的花色品种越来越多，这给库存管理带来一定难度，也使库存的风险加大。一旦消费者的需求发生变化，过多的库存就会成为企业陷入经营困境的直接原因。因此，在多品种小批量的商品流通时代，更需要运用现代库存管理技术科学地管理库存。

（3）库存管理是提高顾客满意度的需要。从单个企业的角度看，在激烈的市场竞争中，企业不仅要有提供优质产品的能力，而且还要有提供优质物流服务的能力，这就要求企业保持适当的库存量。再好的产品如果不能供应到顾客手中，同样会降低企业对顾客的服务水平。如果把视野从单个企业扩大到由供应商、制造商、批发商和零售商组成的供应链范围来考虑库存问题的话，就会发现有问题的库存数量将会大大增加。组成供应链的各企业之间的关系大部分是相互买卖交易关系，企业并不习惯在它们之间交流信息，也不习惯相互协调进行库存管理，更不用说在整个供应链水平上分享交流信息和共同协调进行库存管理。因而，它们的存储往往超过实际需要库存量，以防万一出现供应商延期交货或不能交货的情况，这种超过实际需要量的库存常常被称为"缓冲库存"。据有关资料统计，这种缓冲库存差不多占整个零售业库存的三分之一。因此，从供应链整体来看，这种交易习惯导致的不必要库存给企业增加了成本，而这些成本最终将反映在销售给顾客的产品价格上，从而减少顾客的满意度。因而在供应链范围进行库存管理不仅可以降低库存水平，从而减少资金占用和库存维持成本,而且还可以提高顾客的满意度。因此,必须通过有效的库存控制,在满足物流服务需求的情况下,保持合理的库存量。

## 二、库存管理的任务

1. 库存增加的原因

(1) 营业部门对于订货的预测出现误差。对于未来的经济变动预测不准确造成的订货变更、延期或中止等。

(2) 设计部门的计划不周全。由于技术不成熟、不完善造成的对物料所需数量的把握上出现误差。

(3) 库存管理方法拙劣。由于管理人员的管理水平低下造成库存增加。

(4) 制造工程延迟。由于制造管理者的计划出现偏差等原因造成搬运等待、加工等待等现象的发生,使生产制造工程延迟,半成品增加。

(5) 采购部门的业务技术不成熟造成订货期间过长。

从以上列举的原因可以看出,库存增加不仅仅是由库存管理部门带来的,与其他部门也有密切关系,有很大部分是由其他部门的工作差错带来的。因此,降低库存需要各个部门的协调配合。

2. 库存管理的目的

库存管理的目的是在满足顾客服务要求的前提下通过对企业的库存水平进行控制,提早把握库存状况,节约库存费用,尽可能降低库存水平,以最小的库存量促进销售活动,从而提高物流系统的效率,强化企业的竞争力。

## 三、库存管理的指标

### (一) 库存周转率

库存周转率是衡量库存管理水平的重要指标,从一定意义上讲,企业的利益由库存周转率所左右。之所以这样说是因为企业的生产经营过程实际上就是由资金变为存货,通过销售又由存货变为资金,从中获得利益的过程。在这个循环当中,库存的周转率高,意味着同样的资金可以获得更高的利润率。库存周转率高,意味着可以减少资金占用,提高资金的利用效果。库存周转率可用以下两种方式表示:

$$库存周转率 = \frac{年销售额}{年平均库存额} = \frac{年销售额 \times 2}{年初库存额 + 年末库存额} \quad (1)$$

$$库存周转率 = \frac{一定期间内出库金额}{一定期间内平均库存金额} = \frac{一定期间内库存金额 \times 2}{期初库存额 + 期末库存额} \quad (2)$$

公式(1)的周转率是产品年销售额与当期平均库存金额的比值,这个比值表明一年内存货周转的次数。

公式(2)的周转率是一定期间内出库金额与当期内平均库存金额的比值,用以表示一定期间内库存周转的次数。

一般来说，提高库存周转率对于加快资金周转、提高资金利用率具有积极的作用。提高资金的库存周转率可以通过控制年耗用金额高的物品、及时处理过剩物料、合理确定进货批量和削减滞销存货等措施来实现。但是，也应该注意到，库存周转率并不是越高越好。库存周转率过高给经营带来的消极影响是：发生缺货的机会增加以及由于采购次数增加导致采购费用上升等。因此，必须在全面考虑了各种因素的基础上，保持一个适当的库存周转率。这也说明仅仅以库存周转率一个指标，或者只站在库存周转率的角度去评价库存管理是不全面的。加快库存周转，提高库存周转率要在保证库存功能的正常发挥，维持适当的库存服务水平的基础上来实现。

## （二）其他库存管理指标

$$溢出率 = \frac{账面总数 - 实盘总数}{账面总数} \times 100\% = \frac{溢出数量}{保管数量} \times 100\%$$

$$亏损率 = \frac{亏损数量}{保管数量} \times 100\%$$

## ■第三节 传统库存控制方法

库存通常是为了达到一定的目的而采取的手段。为了达到不同的目的，存货的类型也不同，因而要求采用不同的方法对库存进行管理。进行库存控制的方法很多，但无论哪一种方法，都要以何时订货和订货多少这两个问题为中心进行分析。我们这里主要讨论 ABC 重点管理法、订货点法、定期订货方法、经济订购批量和安全库存等方法。

### 一、ABC 重点管理法

对单一的品种库存管理，不存在资金分配和管理资源分配问题，因此不需要进行物品重点管理分析。但是对于企业的库存而言，为了生产制造的需要，要组织多种物资品种，数量大小不一，所占资金大小也不相同；而且在实际管理过程中，也不可能对所有的物资进行同一标准的严格管理，因此，要找出对企业的经济效益有重要影响的物品，对之进行重点控制，以保证生产经营的正常进行。ABC 重点管理法又称 ABC 分类法，它是一种从名目众多、错综复杂的客观事物或经济现象中，通过分析，找出主次，分类排队，并根据其不同情况分别加以管理的方法。在现实世界中，许多社会现象和经济现象当中存在着"80 对 20"法则，如 80％的结果是由 20％的原因带来的，20％的投入可以带来 80％的产出等。于是，如果控制好了

20％的部分，就可以收到80％的效果。在库存管理领域同样存在着"80对20"法则。

一般来说，库存与资金占用之间也存在这种规律：即少数库存价值昂贵，占用大部分的库存资金；相反，大多数库存价格便宜，仅占用很少部分的库存资金。因此，可根据库存种类数量与所占用资金比重之间的关系，将库存分为 ABC 三类。如图 4.1。

A 类物品：库存品种占总数的10％～20％，价值占80％左右；B 类物品：库存品种数占总数的20％～30％，价值占10％～20％左右；C 类物品：库存品种数占总数的50％～70％，价值仅占5％～10％左右。

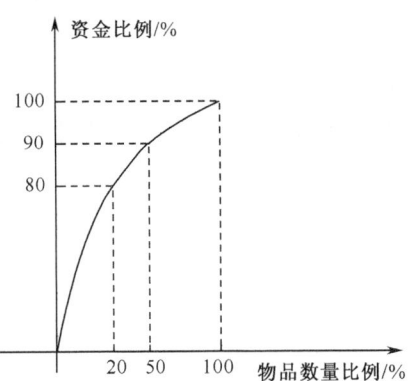

图 4.1  库存物品 ABC 分类

除了上述分类指标外，企业还可以按照销售量、销售额、订货提前期、缺货成本等指标将库存进行分类。通过分类，管理者就能为每一类的库存品种制定不同的管理策略，实施不同的控制。具体做法如下：

（1）A 类：尽可能进行严密控制，包括最精确、完整的作业记录和最高的作业优先权，高层次管理人员经常检查、精确计算，制定订货点和订货批量，将安全库存降到最小，实行严密的用户跟踪措施，采取一定的技术性措施进行保管等，尽量将库存控制在最低水平。

（2）B 类：正常控制，即按正常的企业经营方式来调节库存数量，包括作业记录、按固定时间检查、按经常批量订货等，在力所能及的范围内，适度降低库存；在保管上，可按购销情况、出入库频度，适当码堆摆放。

（3）C 类：尽可能简单控制，减少管理工作量。如进行简单的作业记录、检查次数减少、降低优先作业次序、保持较大的安全库存量、加长订货时间间隔、进行集中大量订货（如通过半年一次的盘存来补充库存）等。

ABC 控制法操作简单，能够对库存控制做到重点与一般相结合，有利于降低库存，减少安全库存和库存投资，加速资金周转。ABC 重点管理法并不局限于分成三类，可以增加。但经验表明，最多不要超过五类，过多的种类反而会增加控制成本。

但上述的 ABC 重点管理法，主要依据的是物品占用资金的大小来对物品进行划分，物品分类标准简单，对实施库存管理只有一定程度的指导作用。实际上，对保管物品进行重要性划分时，除了经济性指标外，还要考虑其他因素。如生产的需要、采购周期或难易度等。在实际操作中，常出现这样的情况，有些物品从资金方面考虑属于 C 类物资，但是从产品制造考虑，却是重要的零配件，不可缺少，否则会造成整个装配线的停工。因此，有些企业在进行物品划分时还按照关键性、采购难易程度等指标，与 ABC 重点管理法结合使用，使库存管理更有目的性。为了方便说明物品分类过程，我们仍用资金指标作为物品重要性分类标准，并举例进行说明。

**例** 某仓库产品共有 10 个类别，它们的需求预测数量和单价情况见表 4.1 所示。根据库存种类数量与所占用资金比重之间的关系，进行 ABC 分类。

表 4.1 库存种类数量原始表

| 序号 | 产品代码 | 年需求/件 | 单价/元 | 年费用/元 |
|---|---|---|---|---|
| 1 | A1 | 10 000 | 0.12 | 25 200 |
| 2 | B2 | 5 000 | 0.09 | 24 000 |
| 3 | C3 | 7 000 | 0.18 | 7 200 |
| 4 | D4 | 12 000 | 0.05 | 5 600 |
| 5 | E5 | 9 000 | 0.15 | 4 000 |
| 6 | F6 | 2 000 | 0.20 | 1 350 |
| 7 | G7 | 21 000 | 0.22 | 1 050 |
| 8 | H8 | 1 900 | 0.36 | 840 |
| 9 | I9 | 2 500 | 0.08 | 600 |
| 10 | J10 | 6 000 | 0.16 | 220 |

（1）计算累计总费用和累计百分比，结果见表 4.2。

表 4.2 累计费和百分比表

| 序号 | 产品代码 | 年费用/元 | 年费用累计/元 | 累计百分比/% |
|---|---|---|---|---|
| 1 | A1 | 25 200 | 25 200 | 36.0 |
| 2 | B2 | 24 000 | 49 200 | 70.2 |
| 3 | C3 | 7 200 | 56 400 | 80.5 |
| 4 | D4 | 5 600 | 62 000 | 88.5 |
| 5 | E5 | 4 000 | 66 000 | 94.2 |
| 6 | F6 | 1 350 | 67 350 | 96.1 |
| 7 | G7 | 1 050 | 68 400 | 97.6 |
| 8 | H8 | 840 | 69 240 | 98.8 |
| 9 | I9 | 600 | 69 840 | 99.7 |
| 10 | J10 | 220 | 70 060 | 100 |

（2）根据分类标准，划分、确定各种物品的 A、B、C 类别；画出 ABC 分类汇总表，供管理控制使用（表 4.3）。

表 4.3  ABC 分类表

| 类别 | 产品代码 | 种类百分比/% | 每类费用/元 | 费用百分比/% |
|---|---|---|---|---|
| A | A1，B2 | 20 | 49 200 | 70 |
| B | C3，D4，E5 | 30 | 16 800 | 24 |
| C | F6，G7，H8，I9，J10 | 50 | 4 060 | 6 |

## 二、订货点法

### (一) 订货点法的模型和计算公式

所谓订货点法即库存量降到一定水平（订货点）时，按固定的订货数量进行订货的方式（图 4.2）。这种方法在制造业已经得到普遍采用。

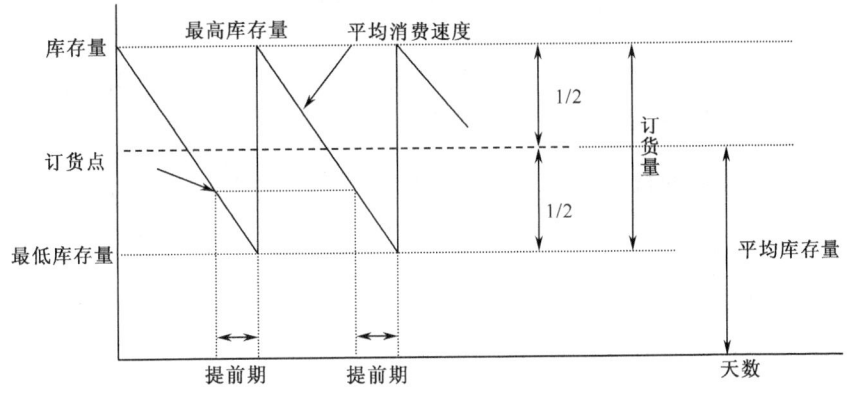

图 4.2  订货点法模型

订货点法是建立在以下假设条件上的：

(1) 库存物品的消费速度是稳定的，不会出现消费急剧增加或减少的情况，或者说市场的需求情况是稳定的。

(2) 订货提前期也是稳定的。不会出现因供应不及而影响库存补充的延误，进而影响生产供料。

在上述假设条件下，库存量的增加和减少才遵循图 4.2 所示的变化趋势。在物料进库时间点，这时库存量最高，随着库存的发放使用，库存按照需求的稳定速率而减少，当减少到警戒点时，就必须发出订货指令，组织物料采购。当物料到达最低点时，也是所购物料再入库的时间点，库存量又再回到最高点，又开始物料逐渐减少的另一个周期过程。订货点法的关键在于计算出订货时机和订货数量，订货时机也称订货点，就是指在库存物品的库存量下降到必须再次订货的时点时，仓库所具有的库存量。订货数量指的是每次订货的数量。对于某种物品来说，当订货点和订货量确定后，就可以实现库存的自动管理。

订货点的计算公式为

$$订货点 = 平均消费速度 \times 平均到货时间 + 保险储备量$$

公式当中的"平均消费速度"，是根据过去的实际消费值计算出平均值后，通过修正后得到的。

"平均到货期间"是指库存下降到订货点以下开始，经过订货、送货、接货、检验以及入库为止的全部时间。这里，不仅指送货时间，而且包括送货之前的订货事务以及货送达后的检验等时间。

"到货期间"的单位与计算"平均消费速度"的单位应该一致。订货量一般根据经济订货批量来确定。

### （二）订货点法的优点

（1）管理简便，订货时间和订货量不受人为判断的影响，保证库存管理的准确性；

（2）由于订货量一定，便于安排库内的作业活动，节省理货费用；

（3）便于按经济订货批量订货，节约库存总成本。

### （三）订货点法的缺点

（1）不便于对库存进行严格的管理；

（2）订货之前的各项计划比较复杂。

### （四）订货点法的适用范围

（1）单价比较便宜、而且不便于少量订购的物品，如螺栓、螺母等；

（2）需求预测比较困难的维修物料；

（3）品种数量繁多、库存管理事务量大的物品；

（4）消费量计算复杂的物品；

（5）通用性强、需求总量比较稳定的物品等。

## 三、定期订购方法

### （一）定期订货方法的模型和计算公式

订货点法是从数量上控制库存量，操作简单，但需要时常检查库存量，费时费力。特别是在仓库大、品种多情况下，无论是检查实物，还是检查账本，工作量都很大，定期订货法就是为了解决这个问题的。

定期订货法是一种基于时间控制的订货方法。又称定期盘点法定货方式，是指每隔一段时间即进行订货，订货时间固定，每次订货量不定。该模式的关键在于确定订货周期和最高库存量。订货周期指从提出订货、发出订货通知收到货物为止的时间间隔。这个订货周期，就是控制库存的订货时机。最高库存量是控制库存的一个给定的库存水准。每隔一个周期，就检查库存发出订货，订货量的大小，就是最高库存量与当时库存量的差。有时，最高库存量是根据订货周期、平均订货时间与日需求量确定。

每次订量的计算公式如下：

$$Q = \overline{D}(T + \overline{L}) + S - Q_0 - Q_1$$

式中，$\overline{L}$ 为平均订货时间；$\overline{D}$ 为平均日需求量；$T$ 为订货间隔时间；$S$ 为保险储备量；$Q_0$ 为现有库存量；$Q_1$ 为已订未达量。

**(二) 定期订货方法的适用范围**

(1) 消费金额高、需要实施严密管理的重要物品，如 A 类物品；
(2) 根据市场的状况和经营方针，需要经常调整生产或采购数量的物品；
(3) 需求量变动幅度大、而且变动具有周期性，可以正确判断的物品；
(4) 建筑工程、出口等时限可以确定的物品；
(5) 设计变更风险大、短期流行物品等；
(6) 受交易习惯的影响、需要定期采购的物品；
(7) 多种商品一直采购可以节省运输费用的情况下；
(8) 同一品种物品分散保管、同一品种物品向多家供货商订货、批量订货分期入库等订货、保管和入库不规则的物品；
(9) 物品取得时间很长的物品、定期生产的物品；
(10) 制造之前人员和物料的准备，只能定期制造的物品等。

## 四、经济订购批量

**(一) 库存成本分析**

库存控制的目标之一就是对库存成本进行控制，因此，库存成本是决策的主要考虑因素。库存成本的构成有：

(1) 库存保管费用，是指为保管存储物资而发生的费用，包括存储设施的成本、搬运费、保险费、折旧费、税金以及资金的机会成本等。每次订货量越大，库存量也越大，保管费用就越多。显然，这些费用随库存量的增加而增加。

(2) 订货成本，是指每进行一次订货时所发生的费用，主要包括差旅费、通信费、运输费以及有关跟踪订单系统的成本。订货成本与每次订货量的多少无关，在需求量一定的情况下，订货次数越多，则每次订货量越少，而全年订货成本越大，分摊每次订货费也大。

(3) 缺货成本，是指由于缺货，不能为顾客服务所发生的费用，或由于紧急订货等而支付的特别费用，或由于失去了对顾客的销售而没有得到预定的利益以及由于一些难以把握的因素，而造成信誉丧失所产生的不良后果等。增大库存量，可减少缺货，但存储保管费用会大大增加。

确定向供应商订货的数量或要求生产部门生产的批量时，应该尽量使由以上三种成本综合引起的总成本达到最小。

### （二）经济订货批量模型

经济订货批量是指库存总成本最小时的订货量。研究经济订货量的方法，用年库存管理的总费用和订货量的公式来表示，根据该公式确定最佳订货量。

（1）模型假设：每次订货的订货量相同，订货提前期固定，需求率固定不变。

（2）最佳订货批量的确定：通过使某项库存物资的年费用达到最小来确定相应的订货批量。如图4.3所示。

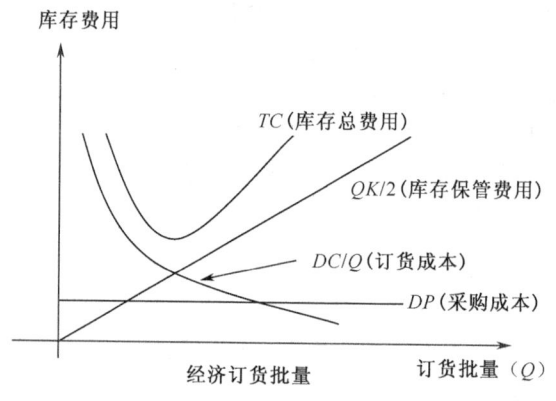

图4.3 经济订货批量模型

经济订货批量原理就是，库存总费用是由采购成本、库存保管费用和订货成本三部分组成的。采购成本指的是订购数量和价格之积，一般是一个常量。库存保管费用则指物品存放在仓库中所需要的各种费用，它是平均库存量和平均每件物品的保管费用之积，订货量增加，则平均库存量增加，库存保管升高，因此，库存保管费用是跟订货批量同向变化的指标。订货成本指的是发生订货业务所需要的费用，如差旅费、洽谈费、信息处理费等，订货量增大，则一定核算期内订货次数减少，订货业务量减少，则订货成本降低，因此，订货成本是随订货量反向变化的指标。由于库存保管费用和订货成本之间有相反的变化规律，因此我们可以找到库存总费用最小的点，与此点对应的订货批量就是经济订货批量，可以说，以这个数量去订货，可以使库存总费用最低。

从图中可见，保管费用（$QK/2$）随订购量增大而增大，订货费用（$DC/Q$）随订货量增大而减少，当两者费用相等或总费用（$TC$）曲线最低时为$EOQ$。

### (三) 理想的经济订货批量

理想的经济订货批量指不考虑缺货,也不考虑数量折扣以及其他问题的经济订货批量。在不允许缺货,也没有数量折扣等影响的情况下,库存物品的总费用($TC$)=采购成本+订货成本+库存费用,即:

$$TC = DP + \frac{DC}{Q} + \frac{QK}{2}$$

若使 $TC$ 最小,将上式对 $Q$ 求导后令其等于 0,得到经济订购批量 $EOQ$ 的计算公式为:

$$EOQ = \sqrt{\frac{2CD}{K}} \text{ 或 } \sqrt{\frac{2CD}{PF}}$$

式中,$D$ 为某库存物品的年需求量(件/年);$P$ 为单位采购成本(元/件);$C$ 为单位订货成本(元/次);$Q$ 为每次订货批量(件)$K$、$PF$ 为单件库存平均年库存保管费用[元/(件·年)];$F$ 为单件库存保管费用与单件库存采购成本之比

**例1** 设某企业年需某物资 1800 单位,单价为 20 元/单位,年保管费率为 10%,每次订货成本为 200 元。求经济订购批量 $EOQ$。代入公式,得

$$EOQ = \sqrt{\frac{2 \times 1800 \times 200}{20 \times 10\%}} = 600 \text{(单位)}$$

$$TC = 1800 \times 20 + \frac{1800 \times 200}{600} + \frac{600 \times 20 \times 10\%}{2} = 37\,200 \text{(元)}$$

即在每次订购数量为 600 单位时,库存总费用最小,为 37 200 元。

### (四) 有数量折扣的经济订货批量

在实际应用 $EOQ$ 公式时,除了考虑缺货费用以外,一般还必须考虑其他一些因素对总成本的影响,最常见的是,由于批量不同而带来的在采购价格和运输价格上的差异。

**1. 考虑采购数量折扣的经济批量**

为鼓励大批量购买,供应商往往在订购数量超过一定量时提供优惠的价格。在这种情况下,买方就要进行计算,以确定是否需要增加订货量去获得折扣。若接受折扣所产生的总成本小于订购 $EOQ$ 所产生的总成本,则应按折扣数量采购;反之,则按不考虑数量折扣计算的 $EOQ$ 进行订购。

**例2** 在例 1 中,供应商给出的数量折扣条件是:若物资订货量小于 650 单位时,每单位为 20 元,订货量大于或等于 650 单位时,每单位为 18 元。若其他条件不变,最佳采购批量为多少?

根据供应商给出的上述条件,具体分析如下:

(1) 按享受折扣价格时的批量(650 单位)采购时的总成本:

$$TC = DP + \frac{DC}{Q} + \frac{QK}{2}$$

$$= 1800 \times 18 + \frac{1800 \times 200}{650} + \frac{650 \times 18 \times 10\%}{2}$$
$$= 33539 \text{（元）}$$

（2）按折扣单价计算的 $EOQ$：
$$Q_{18} = \sqrt{\frac{2 \times 1800 \times 200}{18 \times 10\%}} = 632 \text{（单位）}$$

（3）分析判断：

由于按折扣单价（18元/单位）计算的经济批量小于可以享受批量折扣的650单位，说明此经济批量计算无效。也就是说，632单位的批量不可能享受18元的优惠单价。又由于按650单位采购的总成本要低于按每单位20元采购时的经济批量600单位的总成本（37200元），因此，应该以650单位作为最佳批量采购。若按折扣单价计算的经济批量大于可以享受批量折扣的650单位，则应按经济批量采购。如，折扣单价为16元时，经济批量为670单位，大于可以享受批量折扣的650单位，故应按670单位的批量采购。

2．考虑运输数量折扣的经济批量

当运输费用由卖方支付的情况下，一般不大考虑运输费用对库存总成本的影响。但如果由买方支付，则会对库存总成本产生较大影响。当增大批量可以得到运价上的折扣时，就要考虑是否要加大购买批量。简单的方法是将有无运价折扣的两种情况进行对比，选择总成本低的方案。

**例3** 在例1中，若定购批量小于800单位时，运输费率为1元/单位；当订购批量大于等于800单位时，运输费率为0.75元/单位。若其他条件不变，最佳定购批量为多少？

根据以上条件，分析如下：

（1）按 $EOQ$ 计算的库存总成本：

库存总成本＝存储成本＋订货成本＋运输成本
$$= \frac{600 \times 20 \times 10\%}{2} + \frac{1800}{600} \times 200 + 1 \times 1800$$
$$= 3000 \text{（元）}$$

（2）按折扣运价批量计算的库存总成本：

库存总成本＝存储成本＋订货成本＋运输成本
$$= \frac{800 \times 20 \times 10\%}{2} + \frac{1800}{800} \times 200 + 0.75 \times 1800$$
$$= 2600 \text{（元）}$$

（3）分析判断：由计算结果可知，按照800单位批量采购可以节省库存费用400元，因此，应该将采购批量扩大到800单位。

## 五、安全库存

### (一) 安全库存的必要性

安全库存又称保险库存,是指为防止和减少由于不确定因素(订货期间需求率增长、到货期延误等)引起的缺货而设置储备。如果某一时间的需求是一定的,不会出现变动,则没有设置安全库存的需要。但是,市场需求和生产现场的消费大多数情况下是要发生波动的,补充库存的交货期也会出现提前或延迟的现象。此外,生产过程中出现的破损、仓库台账上出现的记账误差以及物料计算差错等都会导致库存与需求发生偏差。例如零售业保持安全库存可以在用户的需求率不规律或不可预测的情况下,有能力供应他们。生产企业保持产成品安全库存可以在零售和中转仓库的需求量超过平均值时有能力补充库存,半成品的安全库存可以在工作负荷不平衡的情况下,使各制造部门间的生产正常化。准备这些安全库存是为满足客户及内部需要对库存进行适当管理的需要而设置的,以保证企业的长期效益。

安全库存量是一项以备不时之需的存货,在一般情况下不动用,若一经动用,则必须在下批订货到达时进行补充。安全库存的数量除了受需求和供应的不确定性影响外,还与企业希望达到的顾客服务水平(或订货满足率)有关,这些是制定安全库存决策时主要考虑的因素。

许多企业都会考虑保持一定数量的安全库存,即缓冲库存以防在需求或提前期方面的不确定性。但是困难在于确定需要保持多少安全库存,而安全库存不足则意味着缺货或失销。为了避免出现这种情况,需要在库存降低到订货点之前,提前发出订单。高于订货点的部分就相当于安全库存,安全库存越大,出现缺货的可能性就会越小。而安全库存太多意味着多余的库存,作为库存的一部分,安全库存与库存量的大小有直接关系。安全库存过高,会导致剩余库存的出现,而且从经济性的角度看,保持100%的库存服务率付出的成本代价也越大。

表 4.4 是美国贝尔电话研究所统计的缺货率与安全库存量之间的关系。

表 4.4  缺货率与安全库存关系

| 发生缺货的允许概率 | 安全库存量 |
| --- | --- |
| 1年1次 | $76 000 |
| 2年1次 | $100 000 |
| 5年1次 | $134 000 |
| 10年1次 | $167 000 |
| 不发生缺货 | $276 000 |

由表 4.4 可以看出,保证绝对不发生缺货付出的代价是非常高昂的。从经济性的角度考虑,应根据不同物品的用途以及客户的要求,将缺货率保持在适当的水平上,允许一定程度缺货现象的存在。

### (二) 安全库存的计算

对于安全库存量的计算,我们将借助于数理统计方面的知识,对顾客需求量的变化情况和提前期的变化作一些基本的假设，从而在顾客需求量发生变化、提前期固定与提前期发生变化、顾客需求量固定以及两者同时发生变化情况下，分别求出安全库存量。

1. 需求量变化，提前期固定

假设需求的变化情况服从正态分布，由于提前期是固定的数值，因而可以根据正态分布图，直接求出在提前期内的需求分布的均值和标准差，或通过直接的期望预测，以过去提前期内的需求情况为依据，确定需求的期望均值和标准差。在这种情况下，安全库存量的计算公式为

$$S = z\sigma_d \sqrt{L}$$

其中，$S$ 为安全库存；$\sigma_d$ 为提前期内的需求量的标准差；$L$ 为提前期的长短；$Z$ 为一定顾客服务水平下需求量变化的安全系数，它可根据预定的服务水平，由正态分布表查出。

表 4.5 是顾客服务水平与安全系数对应关系的常用数据。

表 4.5  服务水平与安全系数

| 服务水平 | 0.9988 | 0.99 | 0.98 | 0.95 | 0.90 | 0.80 | 0.70 |
|---|---|---|---|---|---|---|---|
| 安全系数 | 3.5 | 2.33 | 2.05 | 1.65 | 1.29 | 0.84 | 0.53 |

**例 1**  某企业的某种原料平均日需求量为 100 吨，并且这种原料的需求情况服从标准差为 10 吨/天的正态分布，如果提前期是固定常数 5 天，如要求顾客服务水平不低于 98%，试确定安全库存的大小。

根据题意可知：$\sigma_d = 10$ 吨/天，$L = 5$ 天，且由服务水平 $= 98\%$，查表得 $z = 2.05$，代入公式得

$$S = 2.05 \times 10 \times \sqrt{5} = 46 \text{（吨）}$$

即在满足 98% 的顾客满意度的情况下，安全库存量为 46 吨。

2. 需求量固定，提前期发生变化

当提前期内的顾客需求情况固定不变，提前期的长短随机变化时，安全库存量的计算类似需求量变化、提前期固定的情况，不同的是提前期内需求量是通过不变需求量与提前期的频数（提前期的标准差）相乘求出的。此时，安全库存量计算公式为

$$S = zd\sigma_L$$

其中，$z$ 为一定顾客服务水平下的安全系数；$\sigma_L$ 为提前期的标准差；$d$ 为提前期内的日需求量。

**例 2**  在例 1 中，如果原料的日需求量为固定常数 100 吨，提前期是随机变化的，而且服从均值为 5 天，标准差为 1 天的正态分布，求 98% 的顾客满意度下的安全库存量。

根据题意：$\sigma_L=1$ 天，$d=100$ 吨/天，服务水平 $=98\%$，$z=2.05$ 代入公式得
$$S = 2.05 \times 100 \times 1 = 205 \text{（吨）}$$
即在满足 $98\%$ 的顾客满意度的情况下，安全库存量为 205 吨。

3. 需求量和提前期都随机变化

在现实中，多数情况下提前期和需求都是变化的，此时，问题就比较复杂了，要通过建立联合概率分布求出需求量水准和提前期延时的不同组合的联合概率（联合概率分布值域为从以最小需求量和最短提前期的乘积表示的水准，到以最大需求量和最长提前期的乘积表示的水准），然后把联合概率分布同上面导出的两个公式结合起来运用。因此，在这种情况下，如果我们假设顾客的需求和提前期是相互独立的，那么安全库存量的计算公式为

$$S = z\sqrt{\sigma_d^2 \overline{L} + \overline{d}^2 \sigma_L^2}$$

其中，$\sigma_L$、$\sigma_d$ 含义同上；$z$ 为一定顾客服务水平下的安全系数；$\overline{d}$ 为提前期内平均日需求量；$\overline{L}$ 为平均提前期长度。

**例3** 在上面的例子中，假设日需求量和提前期是相互独立的，而且它们的变化均严格服从正态分布，日需求量满足均值为 100 吨，标准差为 10 吨/天的正态分布，提前期满足均值为 5 天，标准差 1 天的正态分布，求 $98\%$ 的顾客满意度下的安全库存量。

根据题意：$\sigma_d=10$ 吨/天，$\sigma_L=1$ 天，$d=100$/天，服务水平 $=98\%$，$z=2.05$ 代入公式得

$$S = 2.05 \times \sqrt{10^2 \times 5 + 100^2 \times 1^2} = 210 \text{（吨）}$$

即在满足 $98\%$ 的顾客满意度的情况下，安全库存量是 210 吨。

## 第四节 现代库存控制方法

### 一、物料需求计划

物料需求计划（material requirements planning，MRP）把原料和零部件的需求看成是最终产品需求量的派生需求。其出发点是要根据成品的需求，自动地计算部件、零件，以至原材料的相关需求量；根据成品的交货期计算出各部件、零件生产进度日程与外购件的采购日程。MRP 的思想很早就产生了，但直到计算机产生、信息系统实施以后，MRP 才真正得以广泛应用。MRP 系统依据主生产计划、产品结构、库存状态来计算每种材料的净需求量，并把需求量分配到每个时期。

（一）MRP 系统的目标

（1）保证客户需要或生产需要时，能够立即提供足量的材料、零部件、产成品；

（2）保持尽可能低的库存水平；

（3）合理安排采购、运输、生产等活动，使各车间生产的零部件、外购件与装配的要求在时间与数量上精确衔接。

因此，MRP系统可以指明现在、未来某时的材料、零部件、产成品的库存水平。MRP系统的起点是需要多少最终产品、何时需要。然后再分解到每一种材料、零部件，并确定需求时间。

### （二）MRP的输入信息

MRP有三种输入信息，即主生产计划、产品结构信息和库存状态。

我们都知道，按需求的来源不同，企业内部的物料可分为独立需求和相关需求两种类型。独立需求是指需求量和需求时间由企业外部的需求来决定，例如，客户订购的产品、科研试制需要的样品、售后维修需要的备品备件等；相关需求是指根据物料之间的结构组成关系由独立需求的物料所产生的需求，例如，半成品、零部件、原材料等的需求。

1. 主生产计划

主生产计划（master production schedule，MPS）是确定每一具体的最终产品在每一具体时间段内生产数量的计划。这里的最终产品是指对于企业来说最终完成、要出厂的完成品，它要具体到产品的品种、型号。这里的具体时间段，通常是以周为单位，在有些情况下，也可以是日、旬、月。主生产计划详细规定生产什么、什么时段应该产出，它是独立需求计划。主生产计划根据客户合同和市场预测，把经营计划或生产大纲中的产品系列具体化，使之成为展开物料需求计划的主要依据，起到了从综合计划向具体计划过渡的承上启下作用；但它并不等于市场预测，因为市场预测未考虑企业的生产能力，而计划则要进行生产能力平衡后才能确定；预测的需求量可能随时间起伏变化，而计划可通过提高或降低库存水平作为缓冲，使实际各周期生产量趋于一致，以达到均衡稳定生产。

2. 产品结构与物料清单

MRP系统要正确计算出物料需求的时间和数量，特别是相关需求物料的数量和时间，首先要使系统能够知道企业所制造的产品结构和所有要使用到的物料。产品结构列出构成成品或装配件的所有部件、组件、零件等的组成、装配关系和数量要求。它是MRP产品拆零的基础。举例来说，图4.4是一个大大简化了的自行车的产品结构图，它大体反映了自行车的构成。

当然，这并不是我们最终所要的物料清单。为了便于计算机识别，必须把产品结构图转换成规范的数据格式，这种用规范的数据格式来描述产品结构的文件就是物料清单（bill of material，BOM）。它必须说明组件（部件）中各种物料需求的数量和相互之间的组成结构关系。表4.6就是一张简单的与自行车产品结构相对应的物料清单。

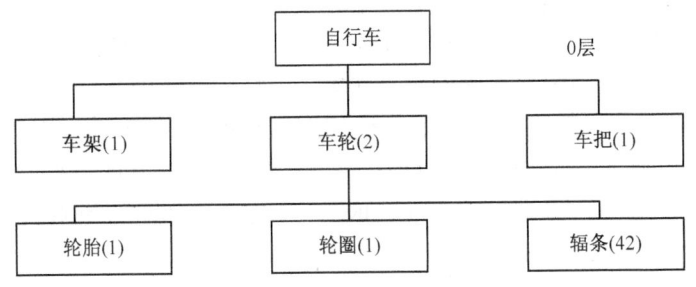

图 4.4 自行车产品结构图

表 4.6 自行车产品物料清单

| 层次 | 物料号 | 物料名称 | 单位 | 数量 | 类型 | 成品率 | ABC 码 | 生效日期 | 失效日期 | 提前期（天） |
|---|---|---|---|---|---|---|---|---|---|---|
| 0 | GB950 | 自行车 | 辆 | 1 | M | 1.0 | A | 950101 | 971231 | 2 |
| 1 | GB120 | 车架 | 件 | 1 | M | 1.0 | A | 950101 | 971231 | 3 |
| 1 | GL120 | 车轮 | 个 | 2 | M | 1.0 | A | 000000 | 999999 | 2 |
| 2 | LG300 | 轮圈 | 件 | 1 | B | 1.0 | B | 950101 | 971231 | 5 |
| 2 | GB890 | 轮胎 | 套 | 1 | B | 1.0 | B | 000000 | 999999 | 7 |
| 2 | GBA30 | 辐条 | 根 | 42 | B | 0.9 | B | 950101 | 971231 | 4 |
| 1 | 113000 | 车把 | 套 | 1 | B | 1.0 | B | 000000 | 999999 | 4 |

注：类型中"M"为自制件，"B"为外购件。

### 3. 库存信息

库存信息是保存企业所有产品、零部件、在制品、原材料等存在状态的数据库。在 MRP 系统中，将产品、零部件、在制品、原材料甚至工装工具等统称为"物料"或"项目"。为便于计算机识别，必须对物料进行编码。物料编码是 MRP 系统识别物料的唯一标识。

（1）现有库存量：是指在企业仓库中实际存放的物料的可用库存数量。

（2）计划收到量（在途量）：是指根据正在执行中的采购订单或生产订单，在未来某个时段物料将要入库或将要完成的数量。

（3）已分配量：是指尚保存在仓库中但已被分配掉的物料数量。

（4）提前期：是指执行某项任务由开始到完成所消耗的时间。

（5）订购（生产）批量：在某个时段内向供应商订购或要求生产部门生产某种物料的数量。

（6）安全库存量：为了预防需求或供应方面的不可预测的波动，在仓库中经常应保持最低库存数量作为安全库存量。

根据以上的各个数值，可以计算出某项物料的净需求量：

净需求量＝毛需求量＋已分配量－计划收到量－现有库存量

MRP 的基本任务是：①从最终产品的生产计划（独立需求）导出相关物料（原材料、零部件等）的需求量和需求时间（相关需求）；②根据物料的需求时间和生产（订货）周期来确定其开始生产（订货）的时间。

MRP 的基本内容是编制零件的生产计划和采购计划。然而，要正确编制零件计划，首先必须落实产品的出产进度计划，这是 MRP 展开的依据。MRP 还需要知道产品的零件结构，即物料清单（BOM），才能把主生产计划展开成零件计划；同时，必须知道库存数量才能准确计算出零件的采购数量。因此，基本 MRP 的依据是：主生产计划（MPS）、物料清单（BOM）、库存信息。它们之间的逻辑流程关系见图 4.5。

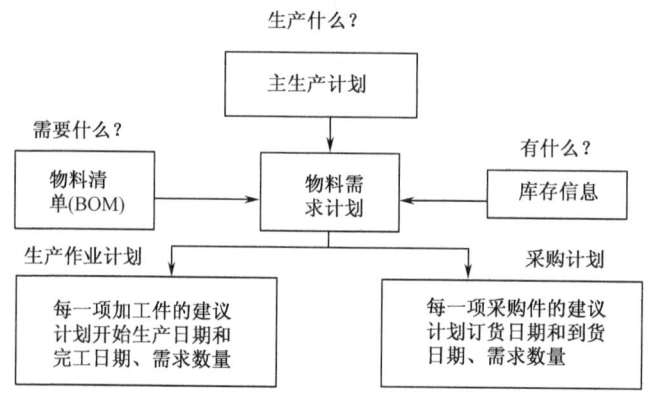

图 4.5　MRP 的运行逻辑

### （三）MRP 的输出信息

MRP 程序可以为管理者提供的信息主要有：订货数量和时间、是否需要改变所需产品的数量和时间、是否需要取消产品的需求、MRP 系统自身的状态，等等。

### （四）对 MRP 系统的评价

只要建立了主生产计划，MRP 系统就可以确定不同的库存计划。MRP 产生材料需求计划以满足装配或制造特定数量产成品的要求，因此，它是一种推动方式的系统。当对材料、零部件的需求是最终产品的派生需求时，MRP 比较适用。MRP 是从系统的角度来解决材料供应的。

1. MRP 系统的主要优点

（1）维持合理的安全库存，尽可能地降低库存水平；

（2）能够较早地发现问题和可能发生的供应中断，及早采取预防措施；

（3）它的生产计划是基于现实需求和对最终产品的预测；

（4）它并不是孤立地考虑某一个设施，而是考虑整个系统的订货量；

(5) 它适合于批量生产或间歇生产或装配过程。

2. MRP 系统的不足

(1) 在使用中,它是高度计算机化的,难以调整;
(2) 降低库存导致的小批量购买使订货成本和运输成增大;
(3) 它对短期的需求变动不如再订货点法敏感;
(4) 系统很复杂,有时不像预想的那样有效。

## 二、分销资源计划

分销资源计划(distribution requirements planning,DPR)是把 MRP 的原则和技术推广到最终产品的存储和运输领域。MRP 包含一个主生产计划,然后把分解成零部件的毛需求量和净需求量;相应地,DRP 从最终用户的需求量开始(这是一种独立需求),向生产企业倒推,建立一个经济的、可行的系统化计划,来满足用户需求。利用准确可靠的需求预测,DRP 制定一个分阶段的产品从工厂或仓库到最终用户的分销计划。事实上,DRP 通过对存货的分配来达到服务用户的目的,因此,它是一种推动方式。

DRP 的真正意义在于,它对于现实需求非常敏感,使合适的产品及时到达用户手中。它是替代传统再订货点法的一种手段。DRP 可以反复地调整它的订货方式,使之能够满足变化不定的环境。它也是从整个系统的角度考虑存货问题的,不会出现减少一个仓库的库存水平却使另一个仓库的库存水平大幅上升。

### (一) DRP 的过程

DRP 计划最基本的工具就是明细表,它用于协调整个计划范围内的需求。每一个产品类型和每一个配送设施都有一张明细表。同一产品类型的明细表被综合起来,即可用于确定诸如工厂仓库之类的整个补给设施的需求。

图 4.6 举例说明了 2 个配送中心和 1 个中央供给设施的明细表。这些明细表用每周的时间增量展开,虽然每周增量是最常见的,但也可使用每日或每月的周期时间。对于每一个地点和每一种产品类型,明细表报告当前现有存货剩余、安全储备、完成周期长度以及订货批量等。此外,对于每一个计划期,明细表报告总需求数、已定时数,以及预计现有存货数和已计划订货数。总需求数反映了来自顾客和其他配送设施的需求,这些配送设施由中心仓库供给。已定时接收数是指已计划何时到达配送中心的补给装运。预计现有存货数是指预期的周末存货水平,它等于上一周的现有存货数减去本周总需求、加上任何已定时的接收数。已计划订货数是指已建议向供给源提出的补给需求数。

配送中心A

现有库存剩余：325　前置时间：2周　安全库存：70　订货批量：300

| | 过期数 | 周 | | | | | | |
|---|---|---|---|---|---|---|---|---|
| | | 1 | 2 | 3 | 4 | 5 | 6 | 7 |
| 总需求数 | | 70 | 70 | 60 | 70 | 80 | 70 | 70 |
| 已定期接收数 | | | | | 300 | | | |
| 预计现有存货 | 325 | 255 | 185 | 125 | 355 | 275 | 205 | 135 |
| 已计划订货数 | | | 300 | | | | | |

配送中心B

现有库存剩余：150　前置时间：1周　安全库存：95　订货批量：500

| | 过期数 | 周 | | | | | | |
|---|---|---|---|---|---|---|---|---|
| | | 1 | 2 | 3 | 4 | 5 | 6 | 7 |
| 总需求数 | | 90 | 95 | 95 | 100 | 90 | 85 | 95 |
| 已定期接收数 | | 500 | | | | | | 500 |
| 预计现有存货 | 150 | 560 | 465 | 370 | 270 | 180 | 95 | 500 |
| 已计划订货数 | | | | | | | 500 | |

中央供给设施

现有库存剩余：1000　前置时间：3周　安全库存：350　订货批量：1500

| | 过期数 | 周 | | | | | | |
|---|---|---|---|---|---|---|---|---|
| | | 1 | 2 | 3 | 4 | 5 | 6 | 7 |
| 总需求数 | | 0 | 0 | 0 | 0 | 0 | 500 | 0 |
| 已定期接收数 | | | 300 | | | | | |
| 预计现有存货 | 1000 | 1000 | 700 | 700 | 700 | 700 | 1700 | 1700 |
| 主计划接收数 | | | | | | | 1500 | |
| 主计划订货点 | | | | 1500 | | | | |

→ 至MRP

图 4.6　DRP 计划过程

DRP 和 MRP 的主要区别在于，DRP 是对应于由顾客需求引起的独立性库存计划，企业无法控制，而 MRP 则是企业可以控制的相关性需求计划，是由企业制定和控制的生产计划所确定的。MRP 的构成需要协调从材料到制成品之间的计划和综合，因此，MRP 在制造或装配完成之前就一直控制着存货。图 4.7 说明了 DRP/MRP 联合系统的概念设计，它综合了制成品、在制品和材料计划。DRP 协调存货水平、计划存货运输，并且（如有必要）重新计划各层次之间的存货。

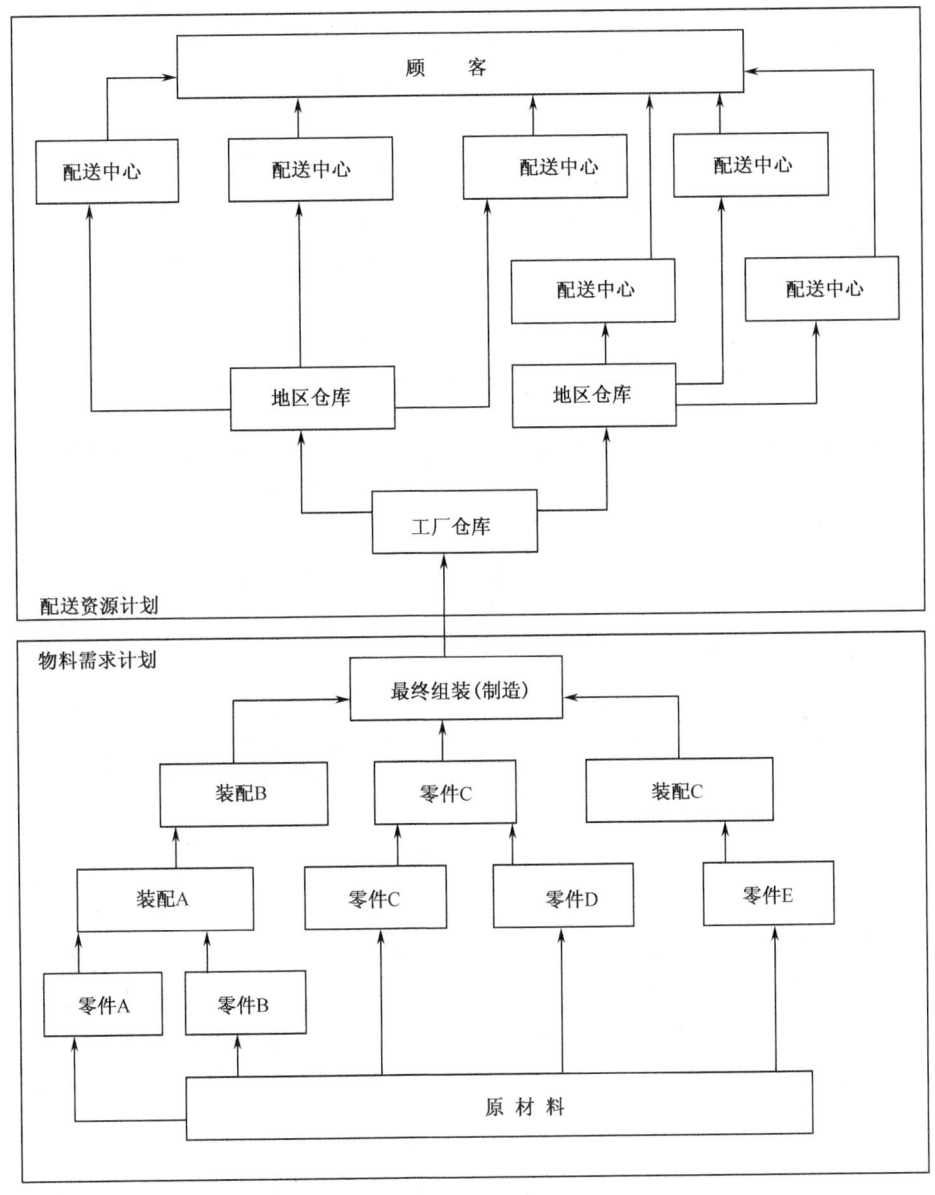

图 4.7　DRP/MRP 结合逻辑

## (二) DRP 的好处与局限性

DRP 综合库存计划系统为管理部门提供了一系列的好处。在物流上的好处如下：

(1) 由于协调装运，降低了配送中心的运输费用；

(2) 因为 DRP 能够准确地确定何时需要何种产品，降低了库存水平；

(3) 因库存减少，使仓库的空间需求也减少了；

(4) 由于延交订货现象的减少，降低了顾客的运输成本；

(5) 改善了物流与制造之间的库存可视性和协调性；

(6) 提高了预算能力，因为 DRP 能够在多计划远景下有效地模拟库存和运输要求。

制造性企业利用 DRP 改善物流效率，对我国企业而言还是一个新领域，而在美国，由于 DRP 特有的优越性，许多公司都采用了这项技术，并取得了很好的效益。

### 实例　美国道尔公司利用 DRP 改善配送[①]

美国著名化学品生产商道尔公司在 1985 年启动了一项 MRP/DRP 联合方案，旨在减少存货对缓冲需求和制造不确定性的利用。该方案最初在单一的业务单位进行试验，并通过其配送中心网络在成产品的库存管理中大量地实施。在开发这一方案之前，道尔公司所使用的各种手工系统和自动化系统是按功能品种分开的，不是建立在综合基础上的。道尔公司的化工和金属制品部门的爱德华·H. 赫勒解释道："运行我们所熟悉的综合软件系统，我们就能够把数据库和所有不同的功能领域结合起来。它使每一个领域都能够更好地了解到它们的决策是如何影响整个部门的业务。"为此，道尔公司决定要建立这样一种系统，即能够完成从销售量预测和生产计划到库存管理和配送计划的一切事务，并增加其系统的网络化管理。

道尔公司对它的 DRP 系统及其随着公司的发展所表现出来的灵活性和适应能力感到十分满意。尤其是，道尔公司已确认该系统有 6 个主要好处。第一，在内部通信传输能力方面已有了极大提高。负责企业作业计划的方案经理肯尼思·E. 斯蒂尔评价说，"这是第一次人人都能使用同一套数字。这改善了通信传输的质量，因为人们用不着花时间去弄清楚其他人在何处及如何得到数字。"第二，该系统在可能的场合下帮助道尔公司降低了库存，更好地识别需要库存的地

---

[①] 唐纳德·J. 鲍尔索克斯. 物流管理——供应链过程的一体化. 林国龙，沙梅译. 北京：机械工业出版社，1999.

方，以及在有些地区增加储备水平以满足不同程度的服务承诺。第三，系统的分析和建模功能使制造部门在生产过程的长度方面优化生产成本。第四，由于更好地计划生产，允许不间断地生产运行，使生产质量控制有了改善。第五，由于减少使用溢价运输，降低了运输费用。费用的节省直接归因于增加了计划能力。最后，该系统使道尔公司能够更有效地把产品的获利率控制在单一产品水平上，并能更好地处理公司的流动资金。

同样柯达公司在20世纪80年代末在产品国际配送网络方面也遇到了类似问题。柯达公司原来是通过两三个分隔的系统来传输信息的，有关人员之间不公开分享信息。其结果导致预测不精确、库存过剩、浪费开支和运输费用。在实施 DRP 后，柯达公司发现 DRP 能提供一个综合系统，计划者可以利用它全面而清晰地了解和掌握其配送网络中各销售点上所发生的情况。如同控制和监督能力一样，预测质量也有了改善。总之，DRP 具有强大的响应能力，能帮助厂商控制库存和配送。

尽管以 DRP 库存管理的计划方法提供的好处很可观，但是对它的有效性仍存在着诸多的限制。

（1）库存计划系统需要每一个配送中心精确的、经过协调的预测数。该预测数对于指导货物在整个配送渠道的流动是必需的。然而，预测本身也许有错误；在任何情况下，使用预测去指导库存计划系统时，预测误差就有可能成为应用 DRP 方法的瓶颈。

（2）库存计划要求配送设施之间的运输具有固定而又可行的完成周期。虽然完成周期的变化可以通过各种安全的前置时间加以调整，但是完成周期的不确定因素则会降低计划系统的效力。

（2）由于生产故障或递送延迟，综合计划常易遭受系统紧张的影响或频繁改动时间表的影响。系统紧张容易导致生产能力利用的波动、更改时间表的费用以及递送方面的混乱。由于配送的作业环境具有反复无常的特点，从而更加剧了系统的紧张程度。而在补给运输完成周期和递送可行性方面的不确定因素则能使 DRP 系统极度紧张。

三、零库存

零库存是一种特殊的库存概念，它的含义是以仓库储存形式的某种或某些种物品的储存数量为"零"，即不保持库存。不以库存形式存在就可以免去仓库存货的一系列问题，如仓库建设、管理费用和存货维护、保管、装卸、搬运等费用，以及存货占用流动资金及库存物的老化、损失、变质等问题。

### (一) 准时制库存

#### 1. 准时制库存管理

企业生产和销售系统中的库存通常是为避免某种差错的出现而设立的，因而库存也常常会掩盖许多不应该发生的差错，如工人或供应商未按标准生产、或者未能按时生产、或者生产数量规格不对等错误。做到完全意义上的"零库存"是非常困难的，而且在许多情况下也是不必要的，企业只要建立一个准时制的库存系统就可以了。准时制库存（just-in-time inventory）是维持系统完整运行所需的最小库存。有了准时制库存，所需商品应能按时按量到位，分秒不差。

目前人们越来越重视准时制（JIT）库存管理制度，许多专家将这种管理制度称之为"看板"管理。看板管理就是利用卡片作为传递作业指示的一种控制工具，使生产、存储的各个环节按照卡片作业的指示，相互协调一致地进行无缝配合，有效地组织输入、输出物流，满足用户的需要，从而使整个物流过程实现准时化和库存储备最小化，即所谓零库存。

看板管理使用的卡片有两种基本形式：一种是领料（传递）卡片，填明需要领用的原材料或者部件的名称和数量，用以向上道工序取货；另一种是生产卡片，填明需要生产的零部件的名称和数量，各道工序据此进行加工生产，供下道工序领用。这两种卡片随同存放材料或零部件的存料箱一起在上下两道工序之间往返传送，在每一道工序的加工中心设置有A和B两个存料箱，A箱存储上道工序为本工序加工使用的零部件，B箱存储本工序为下一道工序使用的已加工完成的零部件。在取用A箱零部件进行加工时，取出放置在该箱中的领料卡片，待A箱中的零部件全部用完之后，根据本工序生产卡片的指示，用A箱中的领料卡片和装满已经加工完成零部件的B箱，提交相关的管理人员，管理人员将生产卡片随同B箱送往存放地点，供下一道工序领用。如此通过看板，依次从后道工序向前道工序拉动，将整个物流环节协调运转起来。

#### 2. 准时制库存的优点

（1）降低了库存水平。随着库存存储费用的上升，减少库存就成为降低成本的重要方面，看板管理由后续环节向上一个环节提出供需要求，这样，可以实现根据客户的需求量来完成库存调度，从而实现了零库存，大大地降低了库存成本。

（2）强化了质量控制。看板管理要求所有的环节按照看板的要求提供服务，因此看板管理不仅局限在企业内部的管理上，还要求整个供应链上的所有供货商、服务商按照看板的要求及时提供产品和服务，因此，看板管理提高了对外部供应商的管理水平，加强了供应链的一体化，从而保证整个流程的质量，达到客户满意。

### (二) 寄售

寄售（consignment）是企业实现"零库存"资金占用的一种有效的方式。

寄售即供应商将产品存入需求方的仓库，并拥有库存商品的所有权，需求方在领用这些产品才与供应商进行货款的结算。

寄售式对供应商的优点：这种方式有利于供应商节省其在产品库存方面的仓库建设投资和日常仓储管理方面的投入，大大降低产品的仓储成本。

从需求方来看，寄售式的优点有：这种方式既可保证原材料、零部件等的及时供应，又大大减少原材料、零部件的库存资金占用，保证其JIT采购的实施。

## 案例　鸿飞公司的供应难题

鸿飞印刷机械有限公司是一家具有四十多年经营历史的印刷装订机械制造企业，原是国有企业，是我国机械行业生产印刷装订机械的重点企业之一，主要产品有系列切纸机、系列胶订包本机和自动模切压痕机。为了适应企业的发展，近年来多次进行技术改造，因此，向银行借贷大量资金。前后贷款多达三千多万元人民币，每年需付利息约四百多万元人民币。几年累积各种贷款多达六千多万，欠息及滞纳金达两千多万元，大量不良资产和过度的负债严重制约了企业的发展。尽管该企业产品市场稳定，但因流动资金欠缺，无法进行充足生产发挥生产能力，销售额徘徊不前。为了完全解决上述问题，使企业长远发展得到保障，该企业进行产权制度改革，将之从国有企业转变为职工持股的民营有限责任公司。

在企业产权变革后，企业的经营机制也随之发生了重大变化：①企业的组织结构发生了变化，现在企业最高的组织为董事会，在其下面是总经理及各职能部门。②向现代经营制度靠近，表现在用人制度、激励机制的公平、公正和竞争性。③加强企业管理，除了建立规范化的管理制度，还采用一些现代管理思想和技术指导和进行企业的运作。

公司改制后，为了节省成本，控制物流，成立了物流中心，负责物资的采购、保管和发放。任命方明为物流中心的主管。由于全公司实行了成本管理，对仓储中心也设定了一定的成本指标，并规定达不到成本标准，仓储中心将会受惩。方明曾经在生产部门、技术部门工作过，后来转到原来的仓管科，对生产的情况比较熟悉。他知道以前企业实行的是领料制，由生产部门根据生产计划到仓储领取原材料或零配件，实际上，却出现许多物资滞留在车间，造成浪费。因此就任之初，他就把领料制改成发料制，即仓储中心根据生产指令的数量和进度按时发料，以避免过多的物资存放在生产现场造成丢失和超额使用，以此减少成本。

为了加强自己的物流管理理论和知识，特别是库存成本控制方面的技术，方明还利用空闲时间大学进修，经过学习，他了解了仓储管理的多种理论，比如订货点法、经济订货模型等，对两种方法进行了比较后，他认为从库存管理成

本方面出发，采用经济订货方法可以达到更大的效益，因此，回厂后，他试图用此方法来控制库存量。经济订货模型的基本公式是

$$EOQ=\sqrt{\frac{2CD}{K}} \text{ 或 } \sqrt{\frac{2CD}{PF}}$$

式中，$D$ 为某库存物品的年需求量（件/年）；$P$ 为单位采购成本（元/件）；$C$ 为单位订货成本（元/次）；$Q$ 为每次订货批量（件）；$K$、$PF$ 为单件库存平均年库存保管费用[元/(件·年)]；$F$ 为单件库存保管费用与单件库存采购成本之比

公式虽然简单，但使用起来却困难重重。首先现在的市场不由供方决定，而是根据用户的需要而定。由于印刷机械属于生产设备，单价高、需求量少，不同型号的产品年需求量往往只有几台或十几台，特别是现在的用户需求变异较大，因此年需求量难以确定。比如，企业改制后的第二年（1999年），企业销售量最多的产品是 QZHK-1 切纸机，销售量为 30 台，但 2000 年，此型号的切纸机只卖 5 台，大大低于销售科的预测。由于无法正确预测年销售量，相关物资的需求量也无法确定。同样，公式中的单位订货成本 $C$ 和各种物资的库存保管费用 $F$ 也很难得到准确的数据。主要原因是以前公司是国营企业，对成本管理方面抓得不紧，许多成本或费用数据都无资料可循，如果按经验估计，计算出来的订货批量都不适用，无法实施。因此在实际使用中，经济订货批量公式并不适用于鸿飞公司。

此时，企业为了提高管理水平，加快了信息化建设，先在销售部门试行计算机管理，取得了初步成效，公司决定在其他部门进行推广，计划在物流中心想推行 MRP（物料需求计划）。方明知道 MRP 的主旨是根据产品销售计划制定产成品计划；根据产品物料清单，将产成品计划分解出零件、原材料的需求计划；再根据采购和生产的实际，分解出零件、原材料的采购和生产计划。由于零件、原材料的需求是根据产品计划制定，能避免多发料、多采购的情况，实现对零件、物料的精细管理。方明和技术部门协调后，先以产品结构和生产工艺流程简单的胶订机 JBB-40 为典型，试行 MRP。但不久，方明发现 MRP 也存在问题，一是由于市场变化快、产品销售计划变动很大，有时物料采购计划已发出给供应商，销售计划又发生了变动，采购工作很被动。有些低值易耗品如果完全依靠 MRP 来进行采购或生产，在总成本上并不划算。所以，MRP 的实施对完全控制库存成本也不是万能的。

2001 年 12 月 11 日，随着中国加入了世界贸易组织，公司更加注意到国内市场竞争日益激烈，针对这种国内、国际的条件，公司决定开始逐步走向国际市场。为了适应国际市场的要求，必须加速新产品的开发，改进了 QZKA7、QXKB10 切纸机，形成了 QXK 完整系列产品，开发 JBBS40、JBB40/3 等胶订机，由于产品系列化、多样化，使产品销售又上了一个台阶。但是由于产品多样

化，使物资组织和管理的难度又加大了。一年中大多数产品销售量只有几台，而且必须按照用户的需求时间点及时供货，否则会失去订单，甚至赔偿。为了在成本指标范围内，及时地组织物料，方明提出实行JIT（准时生产制）。虽然JIT可能使物料库存管理费用降低，但是由于JIT对销售信息的确定和生产计划的制定不是降低要求，反而是更加严格，特别是在销售计划发生变化时，生产计划是否得马上进行改变，如果改变得太频繁，生产作业部门很难执行。在公司进行讨论的会议上，销售部门经理和生产部门经理就为JIT的具体实施办法和协调争执起来；同时，技术部门也提出，由于许多产品是新开发和改进的，技术也不完善，可能会在生产过程中进行更改，如果完全实施JIT，无法保证按照既定的时间完成。这次会议之后，虽然大家对是否实施JIT没有统一思想，但方明深深明白了合理控制库存、合理组织物料供应不是物流中心单独所能决定。同时，他也产生了一个疑问，为什么JIT在别的企业能实行，自己的企业就不行呢？

**思考题：**

1. 为什么经济订货点模型合理，但在实际应用中会出现问题？
2. 实行MRP需要什么条件？在库存方面实行信息管理应注意哪些问题？
3. 你能解决方明的疑问吗？如果你是鸿飞印刷机械有限公司的物流中心主管，如何解决库存问题？

# 第五章

# 采购与供应商管理

采购是企业向供应商购买商品的一种商业行为，企业经营活动所需要的物资绝大部分是通过采购获得的，采购是企业物流管理的起始点。低价格、高质量、良好的服务是采购者的基本要求。现代物流管理认为，采购决策直接影响物流渠道中商品或服务的流动，因为采购是供应渠道中的第一环，必须与物流过程中的制造、库存、运输等活动协调运行和统筹规划，才能避免针对单独活动的优化却引起其他活动的效益减少带来全局效益的损害。传统上采购管理的理论都注重于采购行为本身，注重在与供应商的谈判中取得价格上的优势，而较少关注供应商所能提供的其他的服务，如技术水平、产品质量、交货时间、可靠性、快速响应能力等。一般来说，在传统方式下，很少企业与供应商之间建立良好的长期合作关系，而且企业与供应商之间的信息不能共享，甚至互相隐瞒信息，以便在谈判中获得优势。在现代社会中，竞争日益激烈，单个企业已经很难从自身的内部来挖掘利润空间，必须在与供应商、零售商等上下游企业的合作中寻求自身发展的更大空间。整合自身资源，发展核心竞争力，才能在激烈的市场竞争中赢得一席之地。现代物流管理告诉我们，与供应商建立一种合作伙伴关系，更有利于供需双方共同获利。本章主要介绍采购及采购管理的基本概念、采购模式的变革、供应商的管理等，从采购和供应商管理入手来研究现代物流管理的方法。

## 第一节 采购概述

采购是一门科学。现代企业面临一个需求多样化与个性化相结合的市场时代，于是生产过程对物料的多样化和质量需求首先体现在物料采购与供应环节中。企业采购环节，是企业生产和销售的前提条件，是企业物流过程的第一个环节，离开了采购，什么事也做不成，进行企业物流管理首先要管好采购过程。在长期的研究和实践过程中，人们发现，企业采购环节确实存在着很大的利润源泉，一般来说，采购的零部件和辅助材料占最终产成品的成本达到40%～60%；如果采用科学采购方法，使采购成本降低，诸如购买费用的降低、订货费用的降低、进货费用的降低等，则给企业成本降低带来巨大的空间，给企业带来很大的经济效益和利润。

## 一、采购

### (一) 采购概念[①]

定义：从多个对象中选择、购买自己所需要的物品。采购（purchasing）是选择和购买物品的过程，包括了解需要、选择供应商、协议价格、签订合同、选择运输方案、催促交货、保证供应等事项。因此，采购既是一个商流过程，又是一个物流过程。

采购包含两个基本意思：一是"采"，二是"购"。"采"，采集、采摘，是从众多的对象中选择若干个之意。"购"，购买，是通过商品交易手段把所选定的对象从对方手中转移到自己手中之意。我们可以从以下几个方面来理解采购：

(1) 采购的作用是从资源市场获取资源。无论是生活，还是生产，采购对于采购者的意义，就在于能为他们解决他们所需要、但是自己又缺乏的资源问题。这些资源，包括生活资料，也包括生产资料；包括原材料、设备、工具等物资资源，也包括信息、软件、技术、文化用品等非物质资源。能够提供这些资源的供应商，形成了一个资源市场。企业为了维持正常的生产，就需要以采购的方式，从资源市场上来获取这些资源。也就是说，采购的基本功能，就是帮助人们从资源市场上获取他们所需要的各种资源。

(2) 从采购的特征看，采购既是一个商流过程，又是一个物流过程。采购的基本作用，是将资源从资源市场的供应者手中转移到用户手中。在这个过程中，一是要实现将资源的所有权从供应者手中转移到用户手中，二是要实现资源物质实体的相应转移。前者是一个商流过程，主要通过商品交易、等价交换等来实现商品所有权的转移。后者是一个物流过程，主要通过运输、存储、包装、装卸、流通加工等手段来实现商品空间位置和时间位置的转移，使商品实实在在地到达用户手中。采购过程，实际上是这两个方面的完整结合，缺一不可。只有这两个方面都实现了，采购过程才算实现了。因此，采购过程实际上是物流过程和商流过程的统一。

(3) 从采购的性质上看，它是一种经济活动。采购是企业经济活动的主要组成

---

[①] 参照王槐林：采购管理与库存控制，2版，北京：中国物资出版社，2004

部分,所谓经济活动,就是要遵循经济规律,追求经济效益。在整个采购过程中,一方面,通过采购,获得了资源,保证了企业的正常生产的顺利进行,这是采购的效益;另一方面,在采购过程中,也会发生各种费用,这就构成了采购成本。我们要利用价值工程的方法来分析企业的采购活动,要不断降低采购成本,以最少的成本去获得最大的经济效益,以实现采购经济效益的最大化。要做到这一点,关键的关键,就是要努力追求科学采购,科学采购是实现企业经济效益最大化的基本利润源泉。

(二) 采购类别

按照不同的划分标准,采购可以分成各种类型。主要的采购类别(purchasing categories)如下。

1. 按采购主体分类

如果我们从逻辑上把采购按采购主体分类,则可以形成一个采购主体类型体系,如图 5.1 所示。

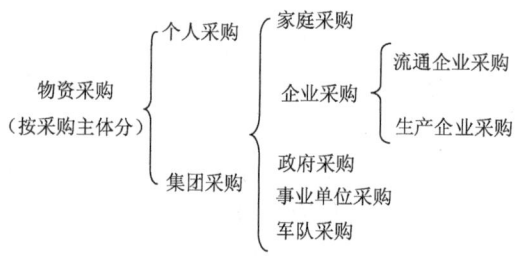

图 5.1 采购主体类型

(1) 个人采购。个人采购,是指个人生活用品的采购。一般是单一品种、单次、单一决策、随机发生的。带有很大的主观性和随意性。即使采购失误,也只影响个人,造成的损失不至于太大。

(2) 集团采购。集团采购,一般是两个以上的人共用的用品的采购。一般是多品种、大批量、大金额的、多批次甚至持续进行的,直接关系到多个人的集团利益,所以,往往由集团决策。一旦采购决策失误,将对集团造成损失,因而损失较大。因而集团采购一般要非常慎重、非常严格、非常科学,因而也非常受重视。

与物流管理相关的主要是集团采购中的企业采购,包括生产企业采购和流通企业采购,而且,主要关系到物资采购,对于非物资资源的采购,我们不作为主要研究对象。

2. 按采购方法分类

物资采购按采购方法分类,可以分成传统计划采购、订货点采购技术、招标采购技术、MRP 采购技术、准时化采购技术、供应链采购和电子商务采购技术等,如图 5.2 所示。

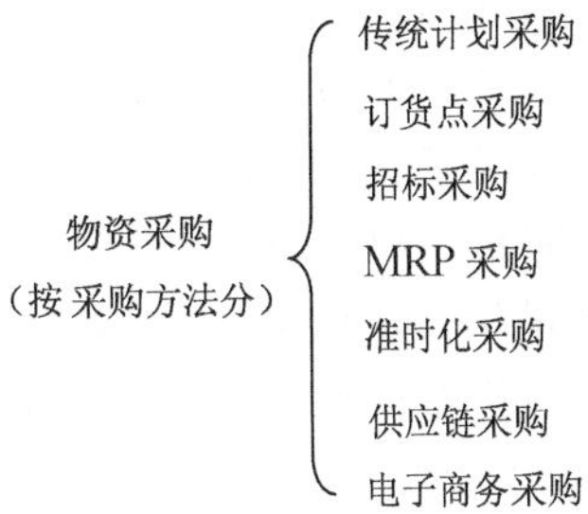

(1) 传统计划采购，一般模式是，每个月的月末，企业各个单位报下个月的采购申请表，报下个月需要采购的物资的品种数量，然后采购科把这些表汇总，制定出统一的采购计划，并于下个月实行采购实施。采购回来的物资存放于企业的仓库中，满足企业对于各个单位的物资供应。这种采购，以各个单位的采购申请单为依据，以填充库存为目的，管理比较简单、粗糙，市场响应不灵敏、库存量大、资金积压多、库存风险大。这种采购方式容易导致库存积压和缺货并存，不利于企业的生产和对顾客的服务水平的提高。

物资采购（按采购方法分）{ 传统计划采购 / 订货点采购 / 招标采购 / MRP采购 / 准时化采购 / 供应链采购 / 电子商务采购 }

图 5.2　采购方法类型

(2) 订货点采购，则是紧密根据需求的变化和订货提前期的大小，精确确定订货点、订货批量或订货周期、最高库存水平等，建立连续的订货启动、操作机制和库存控制机制，达到既满足需求又使得库存总成本最小的目的。从 20 世纪 20 年代末到 60 年代，订货点技术作为唯一的物资资源配置技术得到广泛深入的研究和应用，已经形成了一套完整的理论体系和应用方法体系。这种采购模式以预测出来的客户未来需求为依据，制定订货策略，筹集物资资源，以预测性储备来等待日后客户的需求，以库存填充为目的，采用一些科学方法、兼顾满足需求和库存成本控制，原理比较科学，操作比较简单。订货点法是至今能够应用于独立需求物资进行物资资源配置的主要方法，主要适用于未来需求不确定的情况。特别适用于客户未来需求量连续且均匀稳定的情况，在这种情况下，它不但可以做到 100% 保证客户需要，而且可以实现零库存。但是订货点法也有其不足之处，它的最大缺点是它使库存量太高、库存费用太大，库存浪费的风险也大，这主要是由于需求的不确定性或不均匀性造成的。订货点法的另一个缺点是它不适用于相关需求，即它在满足某种物资的需求时，不考虑它和别的需求的相关关系。

(3) 招标采购，将物品采购的所有条件（如物品名称、规格、品质要求、数量、交货期、付款条件、处罚规则、投标押金、投标资格等）详细列明，刊登公告。投标厂商按公告的条件，在规定的时间内，交纳投标押金，参加投标。按规定，必须至少三家以上厂商从事报价。投标方的开标，开标后原则上以报价最低的厂商得标，但得标报价仍高于标底时，采购人员有权宣布废标，或征得监办人员的同意，以议价方式处理。招标采购体现了公开、公正、公平的原则，但并不是适用于所有的情况，一般适用于比较重大的项目，或者影响比较深远的项目，对于小批量物资采购或者比较小的建设工程，一般较少采用招标方式，因为招标采购成本太高，这样做不合算。

(4) MRP 采购，主要应用于生产企业。它是生产企业根据主生产计划和主产品的结构以及库存情况逐步推导出生产主产品所需要的零部件、原材料等的生产计划和采购计划的过程。这个采购计划规定了采购的品种、数量、下单时间和采购提前期。实施 MRP 采购必须有两个基本条件：①企业实施了 MRP 管理系统；②企业有良好的供应商管理。如果企业没有实施 MRP 系统，就谈不上进行 MRP 采购。不运行 MRP 系统，物料的需求计划就不可能有相关需求转换成独立性需求，没有 MRP 系统生成的计划订货量，MRP 采购就失去了依据，如果手工计算，那计算量是可想而知的，对于复杂产品的物料相关性需求靠手工计算根本就是不可能的。实施 MRP 采购管理必须要有良好的供应商管理作为基础。在 MRP 采购中，购货的时间性要求比较严格，如果没有良好的供应商管理，不能与供应商建立起稳定的客户关系，则供货的时间性要求很难保证。同订货点法相比，MRP 具有需求的确定性、需求的相关性、计划的精确性和计算复杂性等特点。

（5）JIT 采购，也称准时化采购，是一种完全以满足需求为依据的采购方法。它对采购的要求，就是要供应商恰好在用户需要的时候，将合适的品种、合适的数量送到用户需求的地点。它以需求为依据，改造采购过程和采购方式，使它们完全适合于需求的品种、需求的时间和需求的数量，做到既响应需求的变化，又使得库存向零库存趋近。它设置了一个最高标准、一种极限目标，即原材料和外购件的库存为零，缺陷为零。同时，为了尽可能地实现这样的目标，JIT 采购提供了一个不断改进的有效途径，即：降低原材料和外购件库存—暴露物资采购问题—采取措施解决问题—降低原材料和外购件库存。JIT 采购模式精简了采购作业流程，减少了浪费，极大地提高了工作效率，是一种比较科学、比较理想的物资采购方式。

（6）供应链采购，准确地说，是一种供应链机制下的采购模式，在供应链机制下，采购不再由采购者操作，而是由供应商操作了。采购者只需把自己的需求规律信息即库存信息向供应商连续及时传递，供应商自己根据产品的消耗情况不断及时连续小批量补充库存，保证采购者即满足需要又使总库存量最小。供应链采购对信息系统、供应商操作要求都比较高。供应链采购是指供应链内部企业之间的采购，供应链内部的需求企业向供应商企业采购订货，供应商企业将货物供应给需求企业。与传统的采购相比，物资供需关系没有改变，采购的概念没变，改变的是供需双方的关系，由对抗转为合作，双方信息互通、信息共享，更好地节省了采购成本，提高了工作效率。另外一个显著特点就是供应链采购是供应商主动性采购。供应链采购也是一种科学的、理想的采购模式。

（7）电子商务采购，也就是网上采购，是在电子商务环境下的采购模式。它的基本特点，是在网上寻找供应商、寻找品种、网上洽谈贸易、网上订货甚至在网上支付货款，但是在网下送货进货。这种模式扩大了采购市场的范围，缩短了供需距离，简化了采购手续，减少了采购时间，减少了采购成本，提高了工作效率，是一种很有前途的采购模式。但它要依赖于电子商务的发展和物流配送水平的提高。而这两者要取决于整个国民经济水平和科技进步的水平。我国现在已有不少企业以及政府采购采用了网上采购的方式，但是要把网上采购真正搞好，还需要一些时日。

3. 按采购价格方式分

（1）询价采购。采购人员选取信用可靠的供应厂商将采购条件讲明，询问价格或寄以询价单并促请对方报价，比较后现价采购。

（2）比价采购。采购人员邀请数家供应厂商报价，从中加以比较评估后，决定厂商进行采购。

（3）议价采购。采购人员与供应商讨价还价，议定价格后进行采购。一般来说，询价、比价、议价是结合使用的，很少单独使用。

（4）定价采购。购买物品数量巨大，不能依赖几家厂商提供，如纺织厂订购棉花、糖厂订购甘蔗等，或当市场上该物品匮乏时，则按制定价格现款收购。

（5）公开市场采购。采购人员在公开交易或拍卖时随时机动采购，因而大量需要物品时，价格变动较频繁。

二、采购过程

一般来说，一个完整的采购过程大体上应该包括以下几个步骤：

第一步，接受采购任务，制定采购单。这是采购工作的任务来源，通常是企业各个部门把任务报到采购科来，采购科给各个采购员下采购任务单。也有很多是采购科主动根据企业的生产销售的任务情况，自己主动安排各种物资的采购计划，给每个采购员下采购任务单。

第二步，制定采购计划。采购员在接受采购计划单后，要制定具体的采购工作计划。首先是进行资源市场调查，包括对商品、价格、供应商的调查分析，选定供应商，确定采购方法、采购日程计划及运输方法、货款支付方法等。

第三步，根据既定的计划联系供应商。有的可能要出差去联系，有的要用电话、电子邮件方式进行联系等。

第四步，与供应商洽谈、成交、最后签订订货合同。这是采购工作的核心步骤。要和供应商反复进行磋商谈判、讨价还价、讨论价格、质量、送货、服务及风险赔偿等各种限制条件，最后把这些条件用订货合同的形式规定下来，形成订货合同。订货合同签订以后，才意味着已经成交。

第五步，运输进货及进货控制。订货成交以后，就是履行合同，就要开始运输进货，运输进货可以由供应商负责，也可以由运输公司负责，或者自己提货。采购员要督促、监督进货过程，确保按时进货。

第六步，到货验收、入库。到货后，采购员要督促有关人员进行检验、验收和入库，包括数量和质量的检验和入库。

第七步，支付货款。货物到达后按合同规定支付货款。

第八步，善后处理。一次采购完成后，要进行采购总结评估，并妥善处理好一些未尽事宜。

但是不同类型的企业，在采购时又有不同的特点，具体实施起来还要与企业的实际情况相结合。

三、采购管理

（一）采购管理概念

定义：为维护企业利益、实现企业目标而对企业采购工作所进行的计划、组织、协调和控制活动。

采购管理是站在采购方的立场上，追求采购工作的顺利进行和整体效益，既包括对采购活动的管理，也包括对采购人员和采购资金的管理。采购管理和采购是有区别的。采购管理是对整个企业采购活动的计划、组织、协调和控制活动，是管理活动，是面向整个企业的，不但面向企业全体采购员，而且也面向企业组织其他人员（进行有关采购的协调配合工作），一般由企业的采购科长来承担。其使命，就是要保证整个企业的物资供应。其权利，是可以调用整个企业的资源。相对来说，采购只是其具体的采购业务活动，是作业活动，一般是由采购人员承担的工作，只涉及采购人员个人。其使命，就是完成采购科长布置的具体采购任务。其权利，只能调动采购科长分配的有限资源。采购管理本身，可以直接管到具体的采购业务的每一个步骤、每一个环节、每一个采购员，所以采购和采购管理之间也是有联系的。

采购管理的作用在于它实现了整个企业的物资供应，而且它是企业联系整个资源市场的纽带。可以说，与销售市场一样，资源市场也是企业的生命线。它不仅是企业的物料来源，也是资源市场信息的来源。作为物料来源，它是通过企业的采购人员的采购活动为企业生产适时地提供原材料、设备、工具，保障企业生产得以顺利进行；作为信息来源，也是通过物资采购人员的采购活动，与资源市场广泛接触，了解资源市场的产品信息、技术水平信息、发展动态信息、运输信息等，这些信息对企业非常重要。

（二）采购管理的内容

企业采购管理的基本任务主要有三个：①要保证企业所需的各种物资的供应；②要从资源市场获取各种信息、为企业物资采购和生产决策提供信息支持；③要与资源市场供应商建立起友好且有效的关系，为企业营造一个宽松有效的资源环境。

为了实现采购管理的基本职能，采购管理需要有一系列的业务内容和业务模式。如图5.3所示。

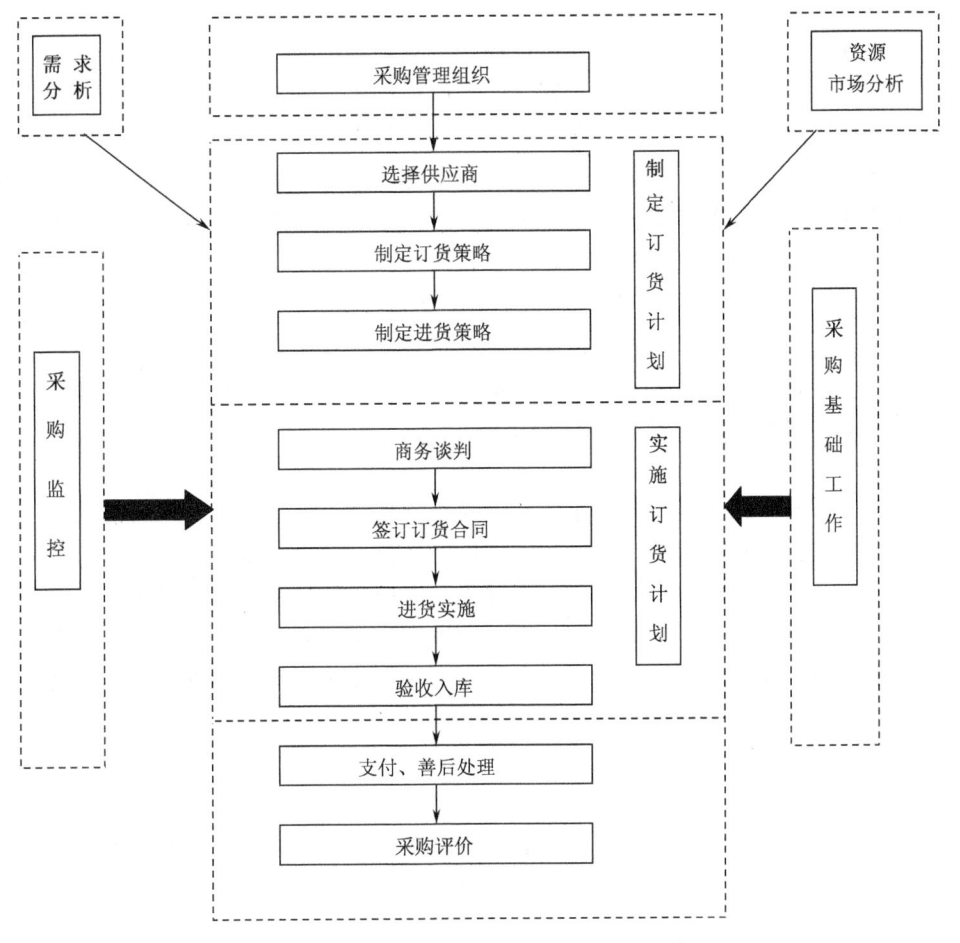

图 5.3 采购管理流程图

### 1. 采购管理组织

采购管理组织,是采购管理最基本的组成部分,为了搞好企业的复杂繁多的采购管理工作,需要有一个合理的管理机制和一个精悍的管理组织机构,要有一些能干的管理人员和操作人员。采购管理组织结构的确定,将明确采购管理的权限、职权范围、审批权限、工作内容等,有利于采购管理工作的顺利开展。完善的企业采购管理组织机制将有利于深入研究企业采购管理工作的规律,逐渐形成采购管理工作的标准规范和一系列的规章制度,指导企业日常采购管理工作和业务工作的正常进行,以及探索发展更加科学先进的采购管理工作方法和工作手段,使企业采购管理工作走向正规化和健康发展的道路,为企业的生产需求提供更准确的服务。建立一个采购管理组织,要结合企业的具体情况,深入分析企业采购管理职能、任务与内容,根据精简和高效的原则,设立职能、岗位、责任和权利,选择配备合适的人,建立他们之间的关系,组成一个采购管理组织。

## 2. 需求分析

需求分析，就是要弄清楚企业需要采购一些什么品种、需要采购多少、什么时候需要采购什么品种、需要多少等问题。可以根据客户的需求历史或者生产计划等确定需求规律，根据需求规律预测客户下一个月的需求品种和需求量，以便主动地订货、安排采购计划。需求分析涉及全厂各个部门、各道工序、各种材料、设备和工具以及办公用品等各种物资，其中最重要的是生产所需的原材料，因为企业对原材料的需求量大、持续性和时间性强，最直接影响生产的正常进行。需求分析是采购工作的第一步，是制定订货计划的基础和前提。作为全企业的物资采购供应部门，应当掌握全企业的物资需求情况，制定物料需求计划，从而为制定科学合理的采购订货计划做准备。需求分析有一定的方法，如 ABC 分析法、统计分析、推导分析以及传统的物资消耗定额管理方法等。

## 3. 资源市场分析

资源市场分析，就是根据企业所需求的物资品种，分析资源市场的情况，包括资源分布情况、供应商情况、品种数量、价格情况、交通运输情况等，资源市场分析的重点是供应商分析和品种分析。在对资源市场进行分析时，要尽量全面地了解资源情况，努力发掘所有可能的供应商作为进一步选择的对象，对供应商的自然状况进行全面细致的调查，结合自身需求调查市场中存在的所有物资状况，为制定物资采购计划做好准备。

## 4. 制定采购计划

制定采购订货计划，是根据需求品种情况和供应商的情况，制定出切实可行的采购订货计划，包括选择供应商、供应品种、具体的订货策略、运输进货策略以及具体的实施进度计划等，具体地解决什么时候订货、订购什么、订多少、向谁订货、怎样订、怎样进货、怎样支付等计划问题。一个周全的采购订货计划将会对具体的采购工作的实施起到很好的指导作用。

## 5. 采购计划实施

采购计划实施，就是把上面制定的采购订货计划分配落实到人，根据既定的进度实施。具体包括联系指定的供应商、进行贸易谈判、签订订货合同、运输进货、到货验收入库、支付货款以及善后处理等。通过这样的具体活动，完成一次完整的采购活动。采购计划的实施需要整个采购管理组织内全体人员的配合，采购人员需要有较好的沟通能力，具有较高的专业知识，计划实施得好坏将直接影响整个采购工作的成效。

## 6. 采购评价

采购评价就是在一次采购完成以后对这次采购的评估，或月末、季末、年末对一定时期的采购活动的总结评价。主要在于评估采购活动的效果、总结经验教训、找出问题、提出改进方法等，通过总结评估，可以肯定成绩、发现问题、制定措施、改进工作，使企业不断提高采购管理水平。

7. 采购监控

采购监控，是指对采购活动进行的监控活动，包括对采购的有关人员、采购资金、采购事物活动的监控。采购活动涉及方方面面，存在着很多风险，为保证采购活动的顺利进行，需要制定许多防范措施，降低采购风险，实施采购控制和监督。为了搞好采购控制，首先要创造一个良好的采购控制基础条件，加强采购人员的素质管理，适当提高采购人员的工资待遇，建立健全采购规章制度，健全奖惩机制。其次还要建立采购控制制度，包括采购计划制度、采购请示汇报制度、采购评价制度、资金使用制度、到货付款制度以及保险制度等。

8. 采购基础工作

采购基础工作，是指为建立科学的有效的采购系统，需要建立的一些基础建设工作，包括管理基础工作、软件基础工作和硬件基础工作。

## 第二节 采购模式变革

由于体制、机制等方面的原因，传统采购存在着许多与现代采购要求不相容的地方，影响了采购的效率和有效性，主要包括：①信息不能共享。由于组织之间信息私有化、未经集成，采购信息没有实现有效共享，包括采购方与供应方之间、企业采购部门与相关部门之间以及管理者与实施者之间。②采供双方未建立稳定的协作关系。这是旧的采购模式造成的，以临时的或短期的合作机制为主，造成了竞争多于合作，进而导致了采购过程的不确定。③与预测和物料需求计划结合不紧，不能根据生产需要有效组织采购，实现物料供应计划与当前需求的平衡，并与企业的库存投资和策略相一致。④无法跟踪采购情况，包括请购单处理、采购单处理、询价单及报价单处理、运输处理、收货处理、质量控制等。⑤缺乏制约，容易导致暗箱操作。⑥缺乏对供应商的评价和管理。

总之，不通畅的信息以及落后的采购模式，在市场需求发生变化时，采购方不能改变已提供给供应方的采购合同，企业响应用户需求的能力迟钝。必须用协同采购取代传统采购模式，这种新模式采取供应链管理策略，改进与供应商之间的关系，强调协同理念。随着采购的品种、数量和频率增加，协同作用将越发明显。建立适应现代市场环境下的采购模式，首先要进行采购流程的变革。

### 一、采购流程的变革

目前对采购流程具有重大趋势性影响的因素主要体现在三个方面：①经济全球化的影响。随着全球经济一体化的发展趋势日益明显，跨国公司全球战略的逐步推行，全球采购已成为其重要的组成部分。②新经济的异军突起，电子采购方式正成为众多企业延伸自己的采购营销业务的重要手段。③合作竞争的思想是促使大量的采购行为向"纵向一体化"（例如企业与供应商、企业与经销商）延伸、扩展，这些因素构成了企业采购流程重组的动因。

正是基于以上因素，许多企业已经采取供应链管理（纵向一体化、横向一体化）策略来改善它们与供应商的关系，并称之为基于供应链环境下的采购流程，目的是强调协同采购的理念。它包括企业内部协同、企业外部协同、"为库存采购"转化到"为订单采购"、采购过程中的外部资源管理等内容。

1. 企业内部协同

物料采购与销售、生产、库存、财务、质检、供应等业务环节紧密相关，需相关部门配合、企业内部协同。企业内部协同包括信息和相关功能模块的集成。采购活动的进行涉及许多信息，包括正确的物料、合适的数量、正确的交付（时间和地点）、合适的货源和合适的价格，这些信息的获得需要来自于销售和市场部门、设计部门、生产部门、采购部门的信息，企业要实施高效的采购行为，可能通过来自不同部门的信息集成和各业务部门的协同配合，进行采购流程与其他工作流程的协调组织。

2. 企业外部协同

采购不仅需要企业内部的协同，更需要与外部的协同。企业外部协同是指企业与供应商在共享库存、需求等方面的信息的基础上，企业根据供应链的供应情况实时调整自己的计划和执行交付的过程，同时，供应商可根据企业的实时库存、计划等信息调整供应计划，可以在不牺牲服务水平的基础上降低库存。

3. "为库存采购"转化到"为订单采购"

在传统的采购模式中，采购的目的是为了补充库存，即为库存而采购。在供应链管理条件下，采购活动以订单驱动进行，制造订单的需求是在用户需求订单的驱动下产生的，这种方式可准时响应客户需求、降低库存成本，进而改变了传统以库存补充为目的的采购模式。

4. 加强对外部资源的管理

传统采购管理的不足之处，就是与供应商之间缺乏合作，缺乏柔性和对需求快速响应的能力。实际上，采购并不仅仅是从市场上购回所需的物料，而是一种"外部资源的管理"，也就是要把组织的生产能力和制造能力扩展到供应商身上。有效的外部资源管理就是制造商在采购活动中，建立一种新的、有不同层次的供应商网络，并通过逐步减少供应商的数量致力于与供应商建立一种长期合作的战略伙伴关系。一方面，通过提供信息反馈和教育培训，促进供应商质量保证和质量改善；另一方面，让供应商参与产品设计和产品质量控制过程，使供应商的生产组织与本企业的原材料、零部件需求协调起来，双方实行同步运行。

5. IT 技术手段

随着计算机网络和信息技术的发展，通过互联网的 B to B 在线采购已经成为一个快速减少成本的解决办法。有效利用协同采购模式解决企业管理中的采购问题，必须依赖于强有力的技术手段。IT 技术与先进管理模式的结合，可有效解决问题。据统计，IT 技术应用能获得 5%～40% 的总节约，典型成本下降范围是 15%～20%。物料采购成本的减少带来了企业产品成本的下降，提高了企业的市场竞争能力。

二、新型的模式——采购统一

统一采购并不是新产生的采购方法，但新型的统一采购模式是建立在网络技术、共享信息基础上的，其采购的地理范围广泛化，触及世界范围内可提供原材料、零配件的供应商资源市场。因为随着世界经济的发展及信息技术的应用，整个采购过程打破和淡化了时间、空间的限制，跨国的咨询、报价、样品传送到订单下达、关税上报等环节变得越来越简单和易操作，从而使整个世界日益成为一个紧密联系的经济体。在这个共同经济体中，企业间相互依赖、相互影响、相互制约的特征日益明显，近年来世界上著名的全球经营企业基本上都采取了全球化战略。从当今全球化物流的实践看，也出现了三种发展趋势：①作为全球化的生产企业，在世界范围内寻找原材料、零部件来源，并选择一个适应全球分销的物流中心以及关键供应物资的集散仓库，在获得原材料以及分配新产品时使用当地现有的物流网络，并推广其先进的物流技术与方法。②生产企业与专业第三方物流企业的同步全球化，即随着生产企业全球化的进程，将以前所形成的完善的第三方物流网络也带入到全球市场。例如，日资背景的伊藤洋华堂在打入中国市场后，其在日本的物流配送伙伴伊藤忠株式会社也跟随而至，并承担了其配送活动。③为了充分应对全球化的经营，国际运输企业之间开始形成了一种覆盖多种航线，相互之间以资源、经营的互补为纽带，面向长远利益的战略联盟，这不仅使全球物流能更便捷地进行，而且使全球范围内的物流设施得到了极大的利用，有效地降低了运输成本。

（一）统一采购的效果

企业在全球范围内采用统一采购流程、统一的采购评审标准、在线采购技术来进行采购运作。可以在世界范围内寻找最经济、质量适应的资源，这种以全球化战略为基础的采购模式，将有助于企业降低采购成本，提高整体竞争力，同时，也可以避免传统的分散采购中存在的物料灰色价格和交易回扣等现象。在这方面，惠普公司和中国一汽集团都取得了不错的收益。

惠普公司在采购方面一贯是放权给下面的，公司内部 50 多个制造单位在采购上完全自主，因为它们最清楚自己需要什么，这种安排具有较强的灵活性，对于变化着的市场需求具有较快的反应速度。但是对于总公司来说，这样可能损失采购时的数量折扣优惠。现在运用信息技术，惠普公司重建其采购流程，总公司与各制造单位使用一个共同的采购软件系统，各部门依然是订自己的货，但必须使用标准采购系统。总部据此掌握全公司的需求状况，并派出采购部与供应商谈判，签订总合同。在执行合同时，各单位根据数据库，向供应商发出各自订单。这一流程重建的结果是惊人的，公司的发货及时率提高150%，交货期缩短50%，潜在顾客丢失率降低75%，并且由于折扣，使所购商品的成本也大为降低。

中国一汽集团在2000年以原一汽协作配套处和供应处为基础合并组建了一汽采购部，建立了全球采购的网络体系，取得了很好的效果。一汽成立采购部的目的是为了加强集中采购管理，统一管理采购网络，统一制定采购物资的政策、标准、程序。充分利用一汽商誉优势，优化、培育、规划采购资源，统一组织签订采购合同，实现全集团采购物资的统一订购，得到较高的价格折扣，又可实现根据各需求部门的要求分批交货，降低采购成本，提高采购管理水平。一汽希望通过采购部门和采购方法的变革来提高整体竞争力，全公司每年的采购费用超过200亿元，每降低一个百分点，就可以降低采购成本2亿元。

在成立采购部之前，一汽已经开始探索采购管理改革的方法，加大了集团采购的力度，加强集团采购的集中管理和采购网络的建设。引入竞争机制，采用招标比价等方式，规范采购行为，取得了一定的经济效益和良好的社会声誉。负责采购的供应处和协作配套处全面推行了集中招标方法，仅此一项，从1998年到2000年6月就节约采购成本7.1亿元。同时，为了确保集中采购政策、标准的实施，一汽还成立了集团公司采购决策委员会，它是采购部的决策组织，对采购部的采购行为进行监控、指导和决策，协调采购部与其他业务的横向关系。

（二）统一采购的有效办法

由于全球化战略所涉及的供应商地域分布广泛，为有效实施统一采购，目前在业界一般提倡招标采购和在线采购两种方式。前者从公平、公正的角度注重对供应商们在物料价格、质量上的比较选择，是招标企业保证制造质量、提高经济效益的有效措施。后者从便捷灵活的角度注重缩短采购时间、降低采购费用流程，使企业借助信息化手段引入电子商务提升竞争力的有效保证。这两种方式有时可加以综合运用，例如网上竞价采购方式。

1. 招标采购方式

招标采购是指采购企业作为招标方，事前提出采购的条件和要求，邀请众多企业参加投标，并按照规定的程序和标准一次性地从中择优选择交易对象这一系列程序。采购招标的最大特点是公平、公开、公正和择优，对于采购双方而言，增加了透明度，客观上也杜绝了腐败现象，真正体现了市场竞争优胜劣汰的原则，从而达到保证物料采购质量、降低产品总成本、提高经济效益的目的。目前，招标采购已广泛应用到企业及政府部门,所采购的物料领域也从基本的原材料扩展到产成品。但是招标采购是一个逐步适应的过程,如果对供应商素质了解得不清楚,则不能贸然对其物料进行招标,换言之,参与竞标的产品都必须经过认证,包括首件测试、样品测试和小批量生产认证。

在招标采购中,要注意评标体系的建立。在整个招标过程中,评标是关键,而确定评标考核指标体系又是整个评标的关键。首先,评标体系设置得科学、合理与否,在很大程度上将直接影响到招标采购活动的顺利进行。因此,评考指标体系的确定不能仅仅局限于招标者的资格条件、经验、规模、服务和财务能力等,还应注意对投标者在价格优惠比率、毛利率水平、经济实力与履约能力、质量、服务承诺及保证措施等方面进行评价。其次,评标体系中对各个指标权重的确定对评标具有重要作用,某一指标权重的高低势必会影响另一指标权重的分量,从而将直接影响其在总分中的份额乃至评标的公正合理程度。因此,作为采购方,应根据所采购的物料的性质、价格、数量等因素,对各评价指标给予一定的权重。

2. 在线采购方式

在线采购是利用网络和信息技术为采购人员提供的一个快速降低采购成本的工具系统,借助于这个工具,采购人员能够通过互联网在全球范围内即时地同其供应商进行通信和交易。在线采购可以成为一种采购商与供应商"双赢"的新型采购模式。

对于采购商而言:①可以扩大供应商比价范围,提高采购效率,降低采购成本。突破传统采购模式的局限,从货比三家到货比百家、千家,大幅度降低采购费用,降低采购成本,大大提高采购效率。②实现采购过程的公开化。有利于进一步公开采购过程,实现适时监控,使采购更透明、更规范。③实现采购业务操作程序化。必须按软件规定流程进行,大大减少采购过程的随意性。④促进采购管理定量化、科学化。实现信息的大容量与快速传送,为决策提供更多、更准确、更及时的信息,决策依据更充分。⑤实现生产企业由为库存而采购向为订单而采购转化。在电子商务模式下,采购活动是以订单驱动方式进行的,制造订单的产生是在用户需求订单的驱动下产生的,然后,制造订单驱动采购订单,采购订单驱动供应商。这种准时化的订单驱动模式可以准时响应用户的需求,从而降低了库存成本,提高了物流的速度和库存周转率。

对于供应商而言:①公平竞争排除了原有供应商享有的一些优势,参加竞争的供应商享有同等的机会赢得订单。②有竞争能力的供应商将有机会赢得更多新顾客的业务,能增加销售和扩大顾客范围,并减少了与此相关的销售和市场开销。③参加在线采购的供应商能看到市场价格并验证自身的竞争能力,这是非常有竞争价值的信息。④中标的供应商赢得的是已经按零件或流程系列组织好的物料订单,这使供应商能集中他们的核心能力进行生产。⑤在线采购流程通常导致多年的长期协议,这类合同对获得资本贷款是非常有用的,尤其是一些小型企业。在线采购模式主要有三种，分别是卖方系统、买方系统和第三方系统。

在线采购模式的产生使传统的采购模式发生了根本性的变革。一些研究报告表明，2000年全球B to B业务总额已达4330亿美元，未来10年，国际贸易额的1/3将在网上进行。

## 实例　GE公司的在线统一采购方式

2001年8月中旬，GE（通用电气公司）宣布GE家电集团已把中国作为重要采购基地。2001年GE在中国的成品采购量将达到其全球成品采购总额的1/3，并将计划在今后的一到两年内将这个采购额翻一番，GE立志要将中国变成其重要的采购基地。

GE家电集团于20世纪80年代开始在中国采购，采购活动涉及原材料、零部件及成品，成品包括空调、冰箱、微波炉、冷柜和洗衣机等产品。中国家电领域的王牌军，如海尔、长虹、新飞、澳柯玛都曾是GE的供应商。经过对中国市场长期考察之后，GE宣布在中国成立通用电器中国采购和出口有限公司，专为GE和GE在全球的附属公司从中国采购和出口产品，同时还为中国供应商提供质量、技术、程序改进和技术咨询服务。采购和出口公司的成立为GE在中国采购业务的发展做好了铺垫。

为了提高采购效率，方便与中国众多的供应商接触，GE家电集团专门设立了网站，利用网络工具使筛选供应商程序及时向供应商提供信息的渠道变得便捷，这其中包括产品的详细信息、图片，一个全新的电子版"供应商概况调查"和重新修订的"供应商预筛选鉴定"。"供应商概况调查"用于收集供应商公司情况，然后按照GE家电的"关键质量（标准）"进行严格的筛选，该调查一旦生效，筛选合格的公司会收到电子版的通知和进入供应商网络的密码，并被邀请参加展览会。

除了展示会外，GE工业系统集团也于2001年5月在上海召开采购招商大会，旨在通过GE工业系统采购产品和技术要求，向中国工业系统产品供应商介绍工业系统全球采购、供应商选择标准、采购流程和合作方式等，从而为GE工业系统集团在美国、欧洲和亚洲的工厂及销售机构寻求有关的零部件、配件和成品供应商。其间，共有80多家铸件、电机、工程塑料、绝缘材料及其他产品厂商参加了大会。招商会之后，工业系统集团采购部门已与其中的许多厂商建立起联系，并开始从中筛选合格的供应商。

GE在采购环节大力推行电子商务，从1999年初电子商务开始进入GE的营运系统。到2000年底，电子商务的实施已为GE带来了不可估量的效益。截至2000年底，GE通过网上竞价的方式所采购的原材料和服务为64亿美元，而GE只是从2000年下半年才开始用这种方式来进行采购，网上成交的销售额在1998

年为零，1999 年达到近 10 亿美元，到 2000 年已达到 70 亿美元。

GE 电子商务发展过程中最明显的变化是，电子商务早已不再仅仅是销售手段，采购流程的 e 化也成为 GE 的发展重点。这种 e 化是网络技术、统一采购流程、统一采购标准等管理方法的统一体，GE 借助电子商务使其在采购领域获得飞速发展。

### 三、准时采购

准时采购是一种很理想的采购模式，它的基本思想是制造商与供应商签订"在需要的时候，向需要的地点提供能保证质量的所需要数量的物料"的协议。这意味着供应商可能随时（必须是需要的准时）向制造商提供采购物料，与传统的早在生产之前就把采购物料大批量送到企业仓库的采购与供应方法相比，准时采购的核心要素有：减小批量、频繁而可靠的交货、提前期压缩并且可靠、一贯地保持采购物料的高质量。

准时采购与传统采购的区别主要表现在以下几个方面，如表 5.1 所示。

表 5.1 准时采购与传统采购的对比

| 比较因素 | 准时采购 | 传统采购 |
| --- | --- | --- |
| 采购批量 | 小批量,送货频率高 | 大批量,送货频率低 |
| 供应商选择 | 较少供应商,合作关系稳固、物料质量较稳定 | 较多供应商,合作关系松散、物料质量不易稳定 |
| 供应商评价 | 合同履行能力、生产设计能力、物料配送能力、产品研发能力等 | 合同履行能力 |
| 检查工作 | 逐渐减少,最后消除 | 收货、点货、质量验收 |
| 协商内容 | 长期合作关系、质量、合理价格 | 获得最低价格 |
| 运输 | 准时送货、买方负责安排 | 较低成本、卖方安排 |
| 交货方式 | 由供应商安排,确保交货准时性 | 由采购商安排,按合同交货 |
| 文书工作 | 文书工作少,改变交货时间和质量的采购单少 | 文书量大,改变交货期和质量的采购单多 |
| 产品说明 | 供应商革新、强调性能 | 买方关心设计、供应商没有创新 |
| 包装 | 小、标准化容器包装 | 普通包装、无特别说明 |
| 信息交流 | 快速、可靠 | 一般要求 |

分析表 5.1 可知，准时采购的特点主要有以下几个方面。

1. 采用较少的供应商，甚至单源供应

单源供应指的是对某一种原材料或外购件只从一个供应商那里采购；或者说，对某一种原材料或外购件的需求，仅由一个供应商供货。从理论上讲，采取单源供应比多头供应有以下几点好处：一方面，对供应商的管理较方便，而且可以使供应商获得内部规模效益和长期订货，从而可使购买的原材料和外购件的价格降低，有利于降低采购成本；另一方面，单源供应可以使制造商成为供应商的重要客户，因而加强了制造商与供应商之间的相互依赖关系，有利于供需之间建立长期稳定的合作关系，质量上比较容易保证。但是，采取单源供应也有风险，比如供应商有可能因意外原因中断交货；另外，采取单源供应，使企业不能得到竞争性的采购价格，会对供应商的依赖性过大等。因此，必须与供应商建立长期互利合作的新型伙伴关系。在日本，98%以上的准时化企业采取单源供应。但实际上，一些企业常采用同一原材料或外购件由两个供应商供货的方法，其中一个供应商为主，另一个为辅。

从实际工作中看，很多企业也不是很愿意成为单一供应商。原因很简单，一方面供应商是具有独立性较强的商业竞争者，不愿意把自己的成本数据披露给客户；另一方面是供应商不愿意成为用户的一个产品库存点。作为采购企业，必须意识到供应商的这种忧虑。

2．采取小批量采购的策略

小批量采购是准时采购的一个基本特征。准时采购与传统采购的一个重要不同之处在于，准时生产需要减少生产批量，直至实现"一个流生产"，因此采购的物资也应采用小批量方法。由于企业生产对原材料和外购件的需求是不确定的，而准时采购又旨在消除原材料和外购件库存，采购必然是小批量的。但是小批量采购必然增加运输次数和运输成本，增加了供应商的工作难度。解决这一问题的方法有四种：一是使供应商在地理位置上靠近供应商，如日本汽车制造商扩张到哪里，其供应商就跟到哪里；二是供应商在制造商附近建立临时仓库，实质上这只是将负担转嫁给了供应商，而未从根本上解决问题；三是由一个专门的承包运输商或第三方物流企业负责送货，按照事先达成的协议，搜集分布在不同地方的供应商的小批量物料，准时按量送到制造商的生产线上；四是让一个供应商负责供应多种原材料和外购件。

3．选择供应商的标准发生了变化

能否选择到合格的供应商是准时采购能否成功的关键。合格的供应商应具有较好的技术、设备条件和较高的管理水平，可以保障采购的原材料和外购件的质量，保证按时按量送货。在传统的采购模式中，供应商是通过价格竞争选择的，供应商与制造商之间的关系是短期合作关系，当发现供应商不合格时，可以通过市场竞标方式重新选择供应商。但在准时采购中，由于供应商与制造商之间是长期合作关系，供应商的能力将影响企业的长期经济效益，因此，对供应商的要求就比较高。在选择供应商时，需要对供应商进行综合的评价。在准时采购中对供应商的评价标准主要包括产品质量、交货期、价格、技术能力、应变能力、批量柔性、交货期与价格的均衡、价格与批量的均衡、地理位置等，而不像传统采购那样主要依靠价格标准。在大多数情况下，其他标准较好的供应商，其价格可能也是较低的，即使不是这样，双方建立起互利合作关系以后，制造商可以帮助供应商找出减少成本的方法，从而使价格降低。更进一步，当双方建立了良好的关系以后，很多工作可以简化或消除，如订货、修改订货、点数统计、品质检验等，从而减少浪费。

4. 要求更严格的交货时间

准时采购的一个重要特点是要求交货准时，这是实施准时生产的前提条件，因为供应商交货的失误和送货的延迟必将导致企业生产线的停工待料。交货准时取决于供应商的生产能力和运输条件。作为供应商来说，可以从以下几个方面入手：①不断改进企业的生产条件，提高生产的可靠性和稳定性，减少由于生产过程的不稳定导致延迟交货或误点现象。②要进行有效的运输规划与管理，运输问题是一个很重要的问题，它决定准时交货的可能性。特别是全球的供应链系统，运输过程长，而且可能要先后经过不同的交通工具，需要中转运输等，所以是一个重要的可改进之处。

5. 根源上保证产品质量

实施准时采购以后，企业的原材料和外购件库存很少以至为零。因此，为了保障企业生产经营的顺利进行，采购物资的质量必须从根源上抓起。也就是说，购买的原材料和外购件的质量保证应由供应商负责，而不是企业的物资采购部门。为此，供应商必须参加制造商的产品设计过程，制造商也应帮助供应商提高技术能力和管理水平。在现阶段，我国主要是由制造商来负责监督购买物资的质量，验收部门负责购买物资的接收、确认、点数统计，并将不合格的物资退回给供应商，因而增加了采购成本。实施准时采购以后，从根源上保证了采购质量，购买的原材料和外购件就能够实行免检，直接由供应商送货到生产线，从而大大减少了采购环节，降低了采购成本。

6. 信息交流的需要加强

准时采购要求供需双方信息高度共享，保证供应与需求信息的准确性和实时性。由于双方的战略合作关系，在生产计划、库存、质量等方面的信息都可以进行交流，以便出现问题时能够及时处理。只有供需双方进行可靠而快速的双向信息交流，才能保证所需的原材料和外购件的准时按量供应。同时充分的信息交换能增强供应商的应变能力。信息交换的内容包括生产作业计划、产品设计、工程数据、质量、成本、交货期等，信息交换的手段包括电报、电传、电话、信函、卫星通信等。现代信息技术的发展，如 EDI、E-mail 等，为有效的信息交换提供了强有力的技术支持。

7. 特定的包装要求

准时采购对原材料和外购件的包装也提出了特定的要求，良好的包装不仅可以减少装货、卸货对人力的需求，而且使运输和接收更为便利。最理想的情况是，对每一种原材料和外购件，采用标准规格且可重复使用的容器，如托盘包装和运输，既可提高运输效率，又能保证交货的准确性。

## 第三节 供应商管理

现在的市场竞争使得单个企业自身的赢利空间越来越小,要依靠自身去赢得优势已变得越来越困难,因此,作为生产厂商,与供应商良好、长期稳定的战略合作关系将会使企业在激烈的竞争中有稳定可靠的物资来源,有利于企业的生存和发展。供应商,是指可以为企业提供原材料、设备、工具及其他资源的企业。供应商,可以是生产企业,也可以是流通企业。企业要维持正常生产,就必须有可靠的供应商为企业提供各种各样的物资供应。供应商对企业的物资供应起着非常重要的作用,采购管理就是直接和供应商打交道而从供应商那里获得各种物资,因此采购管理的一个重要工作,就是供应商管理。

### 一、供应商管理

所谓供应商管理,就是对供应商的了解、选择、开发、使用和控制等综合性的管理工作的总称。其中,了解是基础,选择、开发、控制等是手段,使用是目的。供应商管理的目的就在于为企业建立一个稳定可靠的供应商队伍,为企业生产提供稳定可靠的物资供应。

从传统的供应商管理发展到现代的供应商管理,企业在供应商管理方面有了很大的创新。两种管理方式的比较如表 5.2 所示。

表 5.2 传统的供应商管理与现代的供应商管理比较表

| | 传统的供应商管理 | 现代的供应商管理 |
| --- | --- | --- |
| 供应商数目 | 多数 | 少数 |
| 供应商关系 | 短期、买卖关系 | 长期合作、伙伴关系 |
| 企业与供应商的沟通 | 仅限于采购部与供应商销售部之间 | 双方多个部门沟通 |
| 信息交流 | 仅限于订货收货信息 | 多项信息共享 |
| 价格谈判 | 尽可能低的价格 | 互惠的价格,双赢 |
| 供应商选择 | 凭采购员经验 | 完善的程序 |
| 供应商对企业的支持 | 无 | 提出建议 |
| 企业对供应商的支持 | 无 | 技术支持 |

### 二、供应商管理的几个基本环节

供应商管理的几个基本环节如图 5.4 所示。

# 第五章 采购与供应商管理

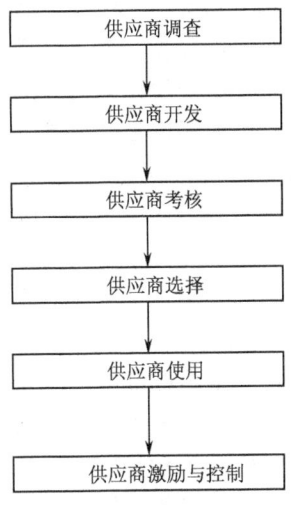

图 5.4 供应商管理环节

## （一）供应商调查

供应商调查的目的就是要了解企业有哪些可能的供应商，各个供应商的基本情况如何，为企业了解资源市场以及选择企业的正式供应商做准备。供应商调查，是对供应商的基本情况的调查，主要是了解供应商的名称、地址、生产能力、能提供什么产品、能提供多少、价格如何、质量如何、市场份额有多大、运输进货条件如何等。供应商调查包括供应商初步调查和资源市场调查。

1. 供应商初步调查与分析

供应商初步调查的基本方法是访问调查法，通过访问有关人员获得信息，可以访问供应商单位市场部有关人员，或者访问有关市场主管人员，或者其他的知情人士。通过访问建立供应商卡片，存储供应商的相关信息，作为采购管理的基础工作。在实行了计算机信息管理的企业中，供应商管理应当纳入计算机管理中去，利用数据库进行操作、维护和利用。计算机管理有很多优越性，它不但可以很方便地存储、增添、修改、查询和删除，而且可以很方便地统计、汇总和分析，可以实现不同子系统之间的数据共享。在对供应商进行了调查的基础上，要利用供应商初步调查的资料进行供应商分析，比较各个供应商的优势和劣势，选择适合于企业需要的供应商。

供应商分析的主要内容包括：①产品的品种、规格和质量水平是否符合企业需要，价格水平如何，只有产品的品种、规格、质量水平都适合于企业，才能算得上企业的可能的供应商。②企业的实力、规模如何，产品的生产能力如何，技术水平如何，管理水平如何，企业的信用度如何。其中信用度是指企业对客户、对银行等的诚信程度，表现为供应商对自己的承诺和义务履行的程度，特别是像产品质量保证、按时交货、往来账目等方面能够以诚相待、一丝不苟地履行自己的责任和义务。③产品是竞争性商品还是垄断性商品？如果是竞争性商品，那么供应商的竞争态势如何，产品的销售情况如何，市场份额如何，产品的价格水平是否合适。④供应商相对于本企业的地理交通情况如何，进行运输方式分析、运输时间分析、运输费用分析，看运输成本是否合适。

2. 资源市场调查

在对供应商做了初步调查的基础上，还要进行资源市场调查。资源市场调查包括以下内容：

（1）资源市场的规模、容量、性质。例如资源市场究竟有多大范围？有多少资源量？多少需求量？是买方市场还是卖方市场？是完全竞争市场还是垄断竞争市场还是垄断市场？是一个新兴的成长的市场还是一个陈旧的没落的市场？

（2）资源市场的环境如何。例如市场的管理制度、法制建设、市场的规范化程度、市场的经济环境、政治环境等外部条件如何，市场的发展前景如何。

（3）资源市场中的供应商情况如何，也就是指前面进行的初步供应商调查的结果如何。把众多的供应商的调查资料进行分析，就可以得出资源市场自身的基本情况，例如资源市场的生产能力、技术水平、管理水平、可供资源量、质量水平、价格水平、需求状况以及竞争性质等。

### （二）供应商开发

供应商管理的一个重要任务就是要开发供应商。所谓开发供应商就是从无到有地寻找新的供应商，建立起适合于企业需要的供应商队伍。供应商开发是一个很重要的工作，同时也是一个庞大复杂的系统工程，需要精心策划、认真组织。开发一个供应商，大致要经过以下的几个步骤。

1. 产品 ABC 分类

首先将采购物料分类，确定关键的重要的零部件、原材料及其资源市场：

（1）将主生产物料和辅助生产物料等按采购金额比重分成 A、B、C 三类，求出关键物资、重点物资，进行重点管理。根据物资重要程度决定供应商关系的紧密程度。对于关键物资、重点物资，我们要建立比较紧密的供应商关系，对于非重点物资，我们可以建立起一般的供应商关系，甚至不必建立起固定的供应商关系。

（2）按材料成分或性能分类，如塑胶类、五金类、电子类、化工类、包装类等，确定资源市场的类型性质。

2. 分析评估

在供应商与资源市场调查的基础上，成立供应商评估小组，由副总经理任组长，采购、品质管理、技术部门经理、主管、工程师组成评估小组，进行供应商分析与资源市场分析。

（1）供应商分析：把反馈回来的供应商调查表进行整理核实，如实填写供应商资料卡。将合格厂商分类按顺序统计记录,然后由评估小组进行分析比较和综合评估,按 A、B、C 物料采购金额的大小,按供应商规模、生产能力等基本指标进行分类,对每个关键物资、重点物资初步确定 1～3 家供应商,准备进行深入调查。

(2) 资源市场分析:在供应商分析的基础上,结合资源市场调查的有关资料分析资源市场的基本情况,包括资源能力情况、供需平衡情况、竞争情况、管理水平、规范化程度、发展趋势等;并根据资源市场的性质确定相应的采购策略、产品策略和供应商关系策略。例如对于垄断性市场,采用合作和据理谈判策略;对于竞争性市场,采用招标竞争策略等。

3. 深入调查供应商

对初步调查分析合格、被选定为备选供应商的 1～3 家供应商,要采取深入调查。深入调查分为三个阶段:

第一阶段,送样检查。通知供应商生产一批样品,随即抽样检查。合格进入第二阶段。检查不合格,允许再改进生产一批送检,抽检合格也可进入第二阶段,抽检不合格,供应商落选,到此结束。

第二阶段,考察生产工艺、质量保证体系和管理体系等生产条件是否合格。合格者中选供应商,到此结束。不合格者进入第三阶段。

第三阶段,生产条件改进考察。愿意改进并限期达到了改进效果者中选,不愿意改进、或愿意改进但在限期内没有达到改进效果者落选。深入调查阶段结束。

4. 价格谈判

对送样或小批量合格的产品、材料,要评定品质等级,并进行比价和议价,确定一个最优的价格性能比。进行价格谈判的指导思想就是要合理,要"双赢",自己不要吃亏,也不要让供应商吃亏,要考虑长远合作。大家都不吃亏,才能得到共同发展,才会有共同的长远合作和长远利益。要实事求是地进行计算,得出一个合理的价格。价格谈判成功后,就可以签订试运作协议,进入物资采购供应试运作阶段,基本上以一种供需合作关系运行起来。试运行阶段根据情况可以是 3 个月至 1 年不等。

5. 供应商辅导

价格谈好以后的试运行供应商,将与企业建立起一种紧密关系参与试运作。这时企业要积极参与辅导、合作。企业应当根据生产的需要,也要根据供应商的可能,来共同设计规范相互之间的作业协调关系,制定一定的作业手册和规章制度;并且为使供应商适应企业的需要,要在管理、技术、质量保证等方面进行辅导和协助。

(三) 供应商考核

供应商考核是一个贯穿于企业供应商管理全过程的工作,在供应商开发过程中需要考核,在供应商选择阶段也需要考核,在供应商使用阶段也需要考核。虽然考核的阶段不同，考核的目的略有差异，但考核的内容大同小异，主要从以下几个方面进行考核：

（1）检查产品质量是否合格。可以采用抽检或全检的方式，求出质量合格率。质量合格率用质量合格的次数占总次数的比率来表示。

（2）交货是否准时。检查供应商交货是否准时？用误时的次数占总次数的比率来描述。

（3）交货数量是否满足。用物资供应满足程度或缺货程度来描述。

（4）信用度的考核。主要考察在试运作期间，供应商是否认真履行自己承诺的义务，是否对合作事业高度负责，在往来账目中是否不欠账、不拖账。信用度一般可以用失信次数与总次数的比率来描述。失信包含多种含义，例如没有履行事先的承诺，没有按约定按时交款或还款等，都是失信。

### （四）供应商选择

在供应商开发阶段，供应商考核的目的是为了选定合适的供应商。选择一批好的供应商，不但对企业的正常生产起着决定作用，而且对企业的发展也非常重要。实际上供应商选择融合在供应商开发的全过程中。供应商开发的过程包括了几次供应商的选择过程：在众多的供应商中，每个品种要选择 5～10 个供应商进行初步调查。初步调查以后，要选择 1～3 个供应商进行深入调查；深入调查之后又要做一次选择，初步确定 1～2 个供应商。初步确定的供应商进入试运行，又要进行试运行的考核和选择，确定最后的供应商结果。供应商选择方法一般有两种即考核选择和招标选择。

以上指标每个月考核一次，一个季度或半年综合考核评分一次，各个指标加权评分综合，按评分等级分成优秀、良好、一般、较差几个等级。优秀者可以通过试运行，结束考核期，签订正式供需关系合同，成为企业正式的供应商，建立一个比较稳定的供需关系。其他的则不能通过试运行，应当结束考核，终止供需关系。

### （五）供应商的使用

当选定供应商以后，应当结束试运作期，签订正式的供应商关系合同，开始正常的物资供应业务运作，建立起比较稳定的物资供需关系。在业务运作的开始阶段，要加强指导与配合，要对供应商的操作提出明确的要求，有些大的工作原则、守则、规章制度、作业要求等应当以书面条文的形式规定下来，有些甚至可以写到合作协议中去。起初还要加强评估与考核，不断改进工作和配合关系，直到比较成熟为止。在比较成熟以后，还要不定期地检查、合作和协商，以保持业务运行的健康、有序。

### (六) 供应商的激励与控制

在供应商的整个使用过程中，要加强激励与控制，既要充分鼓励供应商积极主动地搞好物资供应业务关系，又要采取各种措施，约束防范供应商的不正当行为给企业造成损失。从而保证与供应商的合作关系和物资供应业务健康正常进行。

## 第四节　供应商选择与使用

任何一个企业进行供应商管理时，大部分工作就是供应商的选择、使用和监督。供应商选择是否合适、使用是否得当、监督是否有力，是保证采购工作质量的重点问题。供应商的选择、使用和绩效评估，需要供应商考核工作的支持。

### 一、供应商考核的指标体系

这里的供应商考核主要是指供应商签订正式合同以后正式运作期间对供应商整个运作活动的全面考核。这种考核应当比试运作期间更全面。一般来说，应当从以下几个方面来考核供应商。

1. *产品质量*

产品质量是最重要的因素，在开始运作的一段时间内，主要加强对产品质量的检查。检查可以分为两种：一种是全检，另一种是抽检。全检工作量太大，成本太高，一般采用抽检的方法。质量的好坏可以用质量合格率来描述，如果在一次交货中一共抽检了 $n$ 件，其中有 $m$ 件是合格的，则质量合格率为 $p$，其公式为

$$p = \frac{m}{n} \times 100\%$$

显然，质量合格率 $p$ 越高越好。

如果在 $N$ 次的交货中，每次的产品合格率 $p$ 都不一样，则可以用平均合格率来描述：

$$\bar{p} = \frac{\sum_{i=1}^{N} p_i}{N}$$

有些情况下，企业采取对不合格产品退货的措施，这时质量合格率也可以用退货率来描述。所谓退货率，是指退货量占采购进货量的比率。如果采购进货 $n$ 次（或件、个），其中退货 $r$ 次（或件、个），则退货率可以用公式表示为

$$退货率 = \frac{r}{n} \times 100\%$$

显然，退货率越高，表明其产品质量越差。

## 2. 交货期

交货期也是一个很重要的考核指标参数。考察交货期主要是考察供应商的准时交货率。

准时交货率可以用准时交货的次数与总交货次数之比来衡量：

$$交货准时率 = \frac{准时的次数}{总交货次数} \times 100\%$$

## 3. 交货量

考察交货量主要是考核按时交货量，按时交货量可以用按时交货率来评价。按时交货率是指给定交货期内的实际交货量与当期内应当完成交货量的比率：

$$按时交货量率 = \frac{期内实际完成交货量}{期内应当完成交货量} \times 100\%$$

也可以用未按时交货量率来衡量：

$$未按时交货量率 = \frac{期内实际未完成交货量}{期内应当完成交货量} \times 100\% = 1 - 按时交货量率$$

如果每期的交货量率不同，则可以求出各个交货期的平均交货量率：

$$平均按时交货量率 = \frac{\sum 按时交化量率}{N} \times 100\%$$

考核总的供货满足率可以用总供货满足率或总缺货率来描述：

$$总供货满足率 = \frac{期内实际完成供货量}{期内应当完成供货总量} \times 100\%$$

$$总缺货率 = \frac{期内实际未完成供货率}{期内应当完成供货总量} \times 100\% = 1 - 总供货满足率$$

## 4. 工作质量

考核工作质量，可以用交货差错率和交货破损率来描述：

$$交货差错率 = \frac{期内交货差错量}{期内交货总量} \times 100\%$$

$$交货破坏率 = \frac{期内交货破坏量}{期内交货总量} \times 100\%$$

## 5. 价格

价格就是指供货的价格水平。考核供应商的价格水平，可以和市场同档次产品的平均价和最低价相比较，分别用市场平均价格比率和市场最低价格比率来表示：

$$平均价格比率 = \frac{供应商的供货价格 - 市场平均价}{市场平均价} \times 100\%$$

$$最低价格比率 = \frac{供应商的供货价格 - 市场最低价}{市场最低价} \times 100\%$$

## 6. 进货费用水平

考核供应商的进货费用水平，可以用进货费用节约率来考核：

$$进货费用节约率 = \frac{本期进货费用 - 上期进货费用}{上期进货费用} \times 100\%$$

### 7. 信用度

信用度主要考核供应商履行自己的承诺、以诚待人及不故意拖账、欠账的程度。信用度可以用公式来描述：

$$信用度 = \frac{期内失信的次数}{期内交往总次数} \times 100\%$$

### 8. 配合度

主要考核供应商的协调精神。在和供应商相处过程中，常常因为环境的变化或具体情况的变化，需要把工作任务进行调整变更，这种变更可能导致供应商的工作方式的变更，甚至导致供应商可能要做出一些牺牲。这时可以考察供应商在这些方面积极配合的程度。另外如工作中出现了困难或者发生了问题，可能有时也需要供应商配合才能解决。在这样的时候，可以看出供应商的配合程度。

考核供应商的配合程度，主要靠人们的主观评分来考核，主要找与供应商相处的有关人员，让他们根据这个方面的体验为供应商评分。特别典型的是，可能会有上报或投诉的情况。这时可以把上报或投诉的情况也作为评分依据之一。

除了上述因素外，还要考虑供应商的售后服务、是否愿意为企业建立库存等条件。

## 二、供应商选择过程

供应商选择是企业的一个重要决策，一个好的供应商应拥有制造高质量产品的加工技术，拥有足够的生产能力，以及能够在获得利润的同时提供有竞争力的产品。同一产品在市场上的供应商数目越来越多，供应商的多样性更使得选择变得复杂，需要一个规范的程序来操作。

供应商选择的一般步骤如下。

### 1. 成立供应商评估和选择小组

供应商选择绝不是采购员个人的事，而是一个集体的决策，需要各部门有关的人员共同参与讨论、共同决定，获得各个部门的认可，包括采购部的决策者和其他部门的决策影响者。

供应商的选择涉及企业的生产、技术、计划、财务、物流、市场部门等。对于技术要求高、重要的采购项目来说，特别需要设立跨职能部门的供应商选择工作小组。供应商选择工作小组应由各部门的有关人员组成，包括研究与开发部、技术支持部、采购部、物流管理部、市场部、计划部等。

### 2. 确定全部的供应商名单

通过供应商信息数据库，以及采购人员、销售人员或行业杂志、网站等媒介渠道了解市场上能提供所需物品的供应商。

### 3. 列出评估指标并确定权重

确定代表供应商服务水平的有关因素，据此提出评估指标。

**4. 逐项评估每个供应商的履行能力**

为了确保评估的可靠，应该对供应商进行调查。在调查时一方面听取供应商提供的情况，另一方面应尽量对供应商进行实地考察。考察小组由各部门有关人员组成，技术部门进行技术考察，对企业的设备、技术人员进行分析，考虑将来是否能够保证质量，以及是否能够跟上企业所需技术的发展，满足企业变动的要求；生产部门考察生产制造系统，了解人员素质水平、设备配置水平、生产能力、生产稳定性等；财务部门进行财务考核，了解供应商的历史背景和发展前景，审计供应商并购、被收购的可能，了解供应商的经营状况和信用状况，分析价格是否合理，以及能否获得优先权。

**5. 综合评分并确定供应商**

在综合考虑各方面的重要因素之后，就可以给每个供应商打出综合评分，选择出合格的供应商。

现在一些企业为了制造供应商之间的竞争机制，创造了一些做法，就是故意选2～3个供应商，称为AB角或ABC角。将A角作为主供应商，分配较大的供应量；B角（或再加上C角）作为副供应商，分配较小的供应量。综合成绩为优的中选供应商担任A角，候补供应商担任B角。在运行了一段时间后，如果A角的表现有所退步而B角的表现有所进步的话，则可以把B角提升为A角，而把原来的A角降为B角。这样无形中就造成了A角和B角之间的竞争，促使它们竞相改进产品和服务，使得采购企业受益。

### 三、供应商使用与激励

**（一）供应商使用**

供应商经过考核成为企业的正式供应商之后，就要开始进入日常的物资供应运作程序。

进入供应商使用的第一个工作，就是要签订一份与供应商的正式合同。这份合同既是宣告双方合作关系的开始，也是一份双方承担责任与义务的责任，也是将来双方合作关系的规范书。所以双方应当认真把这份合同书的合同条款协商好，然后双方签字盖章。协议生效后，它就成为直接约束双方的法律性文件，双方都必须遵守。

在供应商使用的初期，采购企业的采购部门，应当与供应商协调，建立起供应商运作的机制，相互在业务衔接、作业规范等方面建立起一个合作框架。在这个框架的基础上，各自按时按质按量完成自己应当承担的工作。采购企业的采购管理部门应当按合同的规定，严格考核检查供应商的合同执行情况。既充分使用、发挥供应商的积极性，又进行科学的激励和控制，保证供应商的物资供应工作顺利健康地进行。

采购企业在供应商使用的管理上，应建立"双赢"思想。供应商也是一个企业，也要生存和发展，因此也要适当赢利。作为采购企业，不能只顾自己降低成本、获取利润，应尽量使双方都能获得好处，共存共荣。从合作角度出发，处理合作期间的各种事物，建立起一种相互信任、相互支持、友好合作的关系。

(二) 供应商激励与控制

为了保证供应商使用期间日常物资供应工作的正常进行，要采取一系列的措施对供应商进行激励与控制。供应商激励与控制的目的，一是要努力充分发挥供应商的积极性与主动性，努力搞好自己所承担的物资供应工作，保证企业的生产正常进行；二是要防止供应商的不轨行为，预防一切对企业可能产生的不确定性损失。

对供应商的激励与控制应当注意以下一些方面的工作。

1. 逐步建立起一种稳定可靠的关系

企业应当和供应商签订一个较长时间的业务合同关系，例如 1~3 年。时间不宜太短，太短了让供应商不放心，从而总是对本企业留一手，不可能全心全意地为搞好企业的物资供应工作而倾注全力。只有合同时间长，供应商才会放心，才会全力搞好物资供应工作。特别是业务量大时，供应商会把本企业看作是它自己生存和发展的依靠和希望，就会更好地与企业合作，形成一种休戚与共的关系。但是合同时间也不能太长，这一方面是因为将来可能发生变化，例如市场变化导致产量变化、甚至产品变化、组织机构变化等；另一方面，也是为了防止供应商产生一劳永逸的思想而放松对业务的竞争进取精神。所以合同时间一般以一年比较合适，如果合适，第二年继续，可以再续签；第二年，不合适，则合同终止。这样签合同，就是既要让供应商感到放心，可以有一段较长时间的稳定工作，又要让供应商感到有危机感，不要放松竞争进取精神，才能保住明年的工作。

2. 有意识地引入竞争机制

有意识地引入竞争机制，促使供应商在产品质量、服务质量和价格水平方面不断优化。例如前面提到过的 AB 制或 ABC 制。

3. 与供应商建立相互信任的关系

当供应商经过考核成为正式供应商后，一个重要的措施就是将验货收货逐渐转为免检收货。免检是对供应商的最高荣誉，可以显示出企业对供应商的高度信任。免检，当然不是随便地给出，而应当稳妥进行。既要积极地推进免检考核的进程，又要确保产品质量。一般免检考核进程要经历三个月左右，在免检考核初期，要进行严格的全检或抽检，如果检查结果，不合格率很小，则可以降低抽检的频次，直到不合格率几乎降到零。这个时候要组织供应商有关方面的人员，稳定生产工艺和管理条件，保持住零不合格率。如果真能保住一段时间，就可以实行免检了。

当然，免检期间也不是绝对的免检。还要不时地随机抽查一下，以防供应商的质量滑坡，影响本企业产品的质量。抽检的结果如果满意，就继续免检。一旦发现问题，就要加大抽检频次，进一步加大抽检的力度，甚至取消免检。此外，建立信任关系，还包括很多其他方面。例如不定期的开一些企业头头的碰头会，交换意见、研究问题、协调工作，甚至开展一些互助合作。特别是涉及企业之间的一些共同的业务、利益等有关问题，一定要开诚布公地谈清楚。

4. 建立相应的监督控制措施

在互相信任的基础上，也要建立起比较有效的监督控制机制。特别是一旦供应商出现了一些问题或者一些可能发生问题的苗头之后，一定要建立起相应的监督控制措施。根据情况的不同，可以分别采用以下一些措施：

（1）对一些非常重要的供应商，或是当问题比较严重时，可以向供应商单位派常驻代表。常驻代表应当深入到生产线各个工序、各个管理环节，帮助发现问题，提出改进措施，确实保证把有关问题彻底解决。对于那些不太重要的供应商，或者问题不那么严重的单位，则视情况分别采用定期或不定期到工厂进行监督检查，或者设监督点对关键工序或特殊工序进行监督检查；或者要求供应商自己报告生产条件情况、提供制称管制上的检验记录，让大家进行分析评议等办法进行监督实施。

（2）加强成品检验和进货检验，做好检验记录，退还不合格品，甚至追究赔款或罚款，督促供应商改进。

（3）组织本企业管理技术人员对供应商进行辅导，提出产品技术规范要求，使其提高产品质量水平或企业服务水平。

## 案例 全球统一采购，IBM选择供应商[①]

当前，OEM和供应商之间的关系正发生着微妙的变化，二者之间已不再是买家和卖家的简单商务关系，它们更像是一种彼此支持、相互影响的战略伙伴关系。换言之，公司的大小和实力并不是OEM选择供应商的首要考虑因素，它们更加在意供应商是否符合自己的战略需要，是否能够为自己带来竞争能力。而IBM的全球统一采购管理经验应该是个不错的借鉴。

IBM在选择供应商是如何考察其全球化能力的？

首先，这些公司具有国际化的战略目标。一般来说，它们至少需要能够在美洲、欧洲和亚洲三个地方为IBM供货；其次，坚持就近原则，由于IBM的工厂遍布全球，每个工厂都需要和供应商保持紧密的联系，以便能够共同面对困难和解决问题。所以IBM需要供应商在全球范围内提供同样的服务。

IBM在全球各地加入或组织了许多采购专家协会，并通过协会活动加强和同行的交流。中国目前似乎还没有这样的组织实体，我们希望中国的业界也能组织起这样的采购专家协会，通过大家的定期交流得到共同的提高。IBM坚信，为供应商做得越多，在面对困难的时候就越能够帮助供应商渡过难关。

---

① 焦学宁. 国际电子商情. http://www.esmchina.com/ART_8800041615_1100_2401_0_4200_cf282d3B. HTM

IBM 是如何选择供应商的？

IBM 对供应商的选择主要是由产品顾问委员会机构（Commodity Council Structure）来进行的。IBM 在全球范围内有着多个不同的产品委员会，他们控制着各个事业部对产品不同方面的需求。产品顾问委员会负责选择供应商，并与之进行业务洽谈。他们时刻关注市场动向并调查了解谁的产品质量最好、最符合产品技术要求、供货周期足够短以及是否能够满足其他相关条件等。为了适应市场价格的变动，委员会每隔一两个月就会更新相关的产品信息，以满足信息的时效性。另外，IBM 在选择供应商时，非常看重供应商的电子商务能力及其灵活的合作形式而不是其规模大小。虽然大型供应商本身就具有非常好的沟通技巧，但是，供应商是否能够提供 IBM 所需的增值服务才是最为关键的。现代商业的成功运行是建立在信息网络畅通的前提下的。通过电子手段，可以方便地实现在线预测、投标、采购管理、质量管理、技术支持以及沟通等工作。就 IBM 本身而言，目前已完全实现电子化采购，即从互联网上寻找合适的供应商，与之沟通并为其定位，甚至还可能在互联网上签订合同或者追踪订单，这样不仅能够不分时间和地域进行方便快捷的采购，而且通过数据库处理，能够看到产品线现有及预测今后的采购。重要的是与供应商的电子化沟通能为 IBM 带来更强的竞争力。

IBM 如何去处理与供应商之间的关系？

IBM 的战略中重要的一环是帮助供应商建立供应体系，以实现真正的本地化采购供应。这不仅对供应商有利，对 IBM 也很有帮助。为此，IBM 本身一直在致力于搭建一个开放的、兼容的平台，在此基础上，IBM 可以详细地了解供应商的生产流程、介入产品的设计、生产、质量控制等过程，为其产品线找出竞争优势，通过建立有效的电子业务系统，整合资源，以便能够方便地与其他公司进行合作。

在处理与供应商的关系方面，首先，IBM 非常注意与供应商之间的合作关系。以长城计算机集团为例，IBM 与长城之间既是合资公司的业务伙伴关系，同时也是供应商与客户的关系。通过帮助供应商提高技术水平，不仅使供应商的市场竞争能力增强了，也使它们能够更好地为 IBM 服务。其次，IBM 对供应商提供一种开放的技术标准作为对供应商的技术支持，供应商可以从中了解到 IBM 眼中的业界发展方向，以便更好地认识业界发展方向。由于 IBM 本身具有一流的技术能力，供应商与之保持同样的发展方向将会增加自身的竞争能力。

讨论题：

1. 讨论 IBM 公司的采购模式。
2. 你认为 IBM 公司从几个方面实现了对供应商的管理？

# 第六章

# 仓储管理

仓库是保管、存储物品的建筑物和场所的总称。企业仓库曾经被认为只具备仓储的职能，而现在库存的"流速"已成为评价仓库职能的重要指标，仓库是"河流"而不再是"水库"或"蓄水池"，是实现以时间抢空间的仓储目标优化的手段。对仓储管理的要求已从静态管理向动态管理发生了根本性的转变。从供应链管理的角度来看仓储在企业的整个供应链中起着至关重要的作用，传统简单、静态的仓储管理已无法保证企业各种资源的高效利用，从而影响企业的竞争力。只有各个环节都流动起来，才能提高整个供应链的反应速度。企业仓储管理的现代化是提高供应链反应速度的重要前提。

## 第一节 仓储与配送中心

### 一、仓储在物流系统中的作用

所谓仓储是指通过仓库对物资进行储存和保管。仓储是商品流通的重要环节之一，也是物流活动的重要支柱，仓储系统是企业物流系统中不可缺少的子系统。物流系统的整体目标是以最低成本提供令客户满意的服务，而仓储系统在其中发挥着重要作用。由于仓储在时间上协调原材料、产成品的供需，起着缓冲和平衡的作用，企业可以为客户在需要的时间和地点提供适当的产品，实现产品的时间效用。因此，仓储活动能够促进企业提高客户服务水平，增强企业的竞争力。仓储的这一功能随着市场竞争的日益激烈而更加显示出重要性。

仓储活动是物质产品在社会再生产过程中必然会出现的一种形态,这对整个社会再生产,对国民经济各部门、各行业的生产经营活动的顺利进行,都有着巨大的作用。但是,另一方面,仓库是企业物流系统中的一个固定结点,产品在仓库中保管表明物流的间断,从而增加产品的成本。因此,物流管理者必须以系统的观念考虑仓储管理,才能合理利用仓储。

仓储在企业物流系统中的重要作用主要表现在以下几个方面。

1. 加快资金周转,节约流通费用,降低物流成本

搞好物资的仓储活动,就可以减少物资在仓储过程中的物质耗损和劳动消耗,就可以加速物资的流通和资金的周转,从而节省费用支出,降低物流成本,开拓"第三利润源泉",提高社会的、企业的经济效益。

2. 进行产品整合

如果考虑到颜色、大小、形状等因素,企业的一个产品线包括了数千种不同的产品,这些产品经常在不同工厂生产,企业可以根据客户要求,将产品在仓库中进行配套、组合、打包,然后运往各地客户;否则,从不同工厂满足订货将导致不同的交货期。仓库除了满足客户订货的产品整合需求外,对于使用原材料或零配件的企业来说,从供应仓库将不同来源的原材料或零配件配套组合在一起,整车运到工厂以满足需求也是很经济的。

单纯的存储和保管型仓库已远远不能适应生产和市场的需要,增加配送和流通加工的功能、向流通仓库的方向发展,已成为现代仓库的一个发展方向。

3. 支持企业的销售服务

仓库合理地靠近客户,使产品适时地到达客户手中,将提高客户的满意度并扩大企业销售,这一点对于企业产成品仓库来说尤为重要。

4. 调节供应和需求

由于生产和消费之间或多或少存在时间或空间上的差异,仓储可以提高产品的时间效用,调整均衡生产和集中消费或均衡消费和集中生产在时间上的矛盾。

## 二、企业仓库的类型

仓库作为物流服务的据点,在物流作业中发挥着重要的作用。不仅有存储、保管等传统功能,而且包括拣选、配货、检验、分类等作业并具有多品种小批量、多批次小批量等配送功能以及附加标签、重新包装等流通加工功能。

按照特定的分类标准,仓库有许多不同的类别,企业可根据自身条件进行选择。

1. 按使用范围的不同分类

(1) 自有仓库。附属于企业,为企业储存自用物资的仓库,企业拥有仓库的所

有权。

相对于租赁营业仓库而言，企业利用自有仓库进行仓储活动具有以下优势：
- 可以更大程度地控制仓储；
- 自有仓储的管理更具灵活性；
- 长期使用时，自有存储成本低于公共仓储；
- 可以为企业树立良好形象。

并不是任何企业都适合拥有自己的仓库。因为，利用自有仓库进行仓储也存在以下缺点：
- 自有仓库固定的容量和成本使得企业的一部分资金被长期占用；
- 由于自有仓库的成本高，所以许多企业因资金问题而难以修建自有仓库。

（2）营业仓库。是社会化的一种仓库，面向社会，以经营为手段、营利为目的的仓库。

企业通常租赁提供营业性服务的仓库进行储存，其优势是：
- 从财务角度上看，最重要的原因是企业不需要资本投资；
- 可以满足企业在库存高峰时大量额外的库存需求；
- 使用营业仓库可以避免管理上的困难；
- 使用营业仓库进行公共仓储的规模经济可以降低仓储成本；
- 使用营业仓库时企业的经营活动更加灵活；
- 便于企业掌握保管和搬运成本。

其弊端是：
- 增加了企业的包装成本；
- 增加了企业控制库存的难度。

随着社会物流业的日益发展，以及社会化分工的日益深入，企业除利用自有仓库和租赁营业仓库进行仓储外，越来越多的企业转向利用第三方仓储。第三方仓储不同于一般的租赁营业仓库进行仓储，它为货主提供专门物流服务，其中包括存储、卸货、拼箱、订货分类、现货库存、在途混合、存货控制、运输安排、信息和货主要求等其他服务。总而言之，企业自建仓库、租赁营业仓库或采用第三方仓储各有优势，其决策的依据是物流的总成本最低。

2. 按储存物资种类多少分类

（1）综合性仓库。指在一个仓库里存储多种不同属性的物资。在综合性仓库里，所储存的各种物资的化学、物理性能必须是互不影响的。

（2）专业性仓库。在一定时期内，一个仓库里只存储某一大类物资，或虽存储两类以上物资，但其中某一类物资的数量占据仓库的绝大多数空间，如金属材料库、机电设备库等。由于专业性仓库存放的物资单一，比较容易实现仓库作业机械化。

3. 按存储物资的不同保管条件分类

（1）普通仓库。指用于存放无特殊保管要求的物品的仓库。

(2) 保温、冷藏、恒温、恒湿库。指用于存放要求保温、冷藏或恒温、恒湿的物品的仓库。

(3) 特殊仓库。一般指危险品仓库，用以存放具有易燃性、易爆性、腐蚀性、有毒性和放射性等对人体或建筑有一定危险的物资的仓库，在仓库建筑结构及库内布局等方面有特殊要求。

4. **按仓库建筑结构分类**

(1) 封闭式仓库。这种仓库俗称为"库房"，该结构的仓库封闭性强，便于对库存物品进行维护保养，适宜存放保管条件要求比较高的物品。

(2) 半封闭仓库。这种仓库俗称"货棚"，货棚的保管条件不如库房，但出入库作业比较方便，且建造成本较低，适宜存放那些对温湿度要求不高且出入库频繁的物品。

(3) 露天式仓库。这种仓库俗称"货场"，货场最大的优点是装卸作业极其方便，适宜存入较大型的货物。

5. **按建筑材料分类**

现代化的高层楼房仓库，用钢筋混凝土的较多；一般平房仓库大部分仍采用砖石和木结构；一些特殊仓库如储油罐等，则用钢结构等等。

6. **按库内形态分类**

(1) 地面型仓库。一般指单层地面库，多使用非货架型的保管设备。

(2) 货架型仓库。指采用多层货架保管的仓库。在货架上放置货物和托盘，货物和托盘可在货架上滑动。货架分固定货架和移动货架。

(3) 自动化立体仓库。指出入库用运送机械存放取出，用堆垛机等设备进行机械化自动化作业的高层货架仓库。自动化立体仓库的入库、检验、分类整理、上货入架、出库等作业由计算机管理控制的机械化、自动化设备来完成。与普通的仓库相比其优点在于：节省人力，大大降低劳动强度，能准确、迅速地完成出入库作业；提高存储空间的利用效率；确保库存作业的安全性，减少货损货差；能及时了解库存品种、数量、金额、位置、出入库时间等信息。自动化立体仓库的使用要有足够的资金作为保障，同时对库存物品的包装标准化有较高的要求。

## 三、仓储系统的功能

仓储设施的设计围绕其四项主要功能展开，即保存、集中、拆装和混合。仓库的设计和布局通常可以反映该仓库侧重满足上述一项或几项功能。

1. **存储**

仓储（storing）设施最显著的用途就是保护和储藏存货。货物可能在仓库里存储的时间，以及货物对存储条件的要求会对仓储设施的结构和布局提出严格要求。仓储设施种类很多，既有长期的、专门化的储存仓库（例如陈年烈酒），也有通用商品的储存仓库（阶段性保有商品），还有暂时存放商品的仓库（如卡车车站）。在最后一种情况下，货物只停留很短的时间，以便装满整车。产品存储的形式也多种多样，包括准备进入市场的成品、待组装的或者需进一步加工的半成品和原材料。

仓库存储原则如下：

（1）面向通道进行存储。为使物品出入库方便，容易在仓库内移动，基本条件是将物品面向通道存储。

（2）尽可能地向高处码放，提高存储效率。有效利用库内容积应尽量向高处码放，为防止破损，保证安全，应当尽可能使用棚架等存储设备。

（3）根据出库频率选定位置。出货和进货频率高的物品应放在靠近出入口、易于作业的地方；流动性差的物品放在距离出入口稍远的地方；季节性物品则依其季节特性来选定放置的场所。

（4）同一品种在同一地方存储。为提高作业效率和存储效率，同一物品或类似物品应放在同一地方存储，员工对库内物品放置位置的熟悉程度直接影响着出入库的时间，将类似的物品放在邻近的地方也是提高效率的重要方法。

（5）根据物品重量安排存储的位置。安排放置场所时，一定要把重的东西放在货架下边，把轻的东西放在货架的上边。需要人工搬运的大型物品则以腰部的高度为基准。这对于提高效率、保证安全是一项重要的原则。

（6）依据形状安排存储方法。依据物品形状来存储也是很重要的，如标准的商品应放在托盘或货架上来存储。

（7）依据先入先出的原则。存储的重要一条是对于易变质、易破损、易腐败的物品；对于机能易退化、老化的物品，应尽可能按先入先出的原则，加快周转。掌握商品的多样化、个性化、使用寿命普遍缩短这一原则是十分重要的。

2. 集中

对企业而言，如果货物供应来源较多，进行多频次运输并不经济，建立货物集中地（如仓库或者货运站）将这些资源集中（consolidation）进来进行整装发货或许更节省费用，因为这样可以将零星货物集中成较大批量的运输单位，降低总的运输成本。上述情况假设买方的购买量不大，不足以保证每个供应地都采用批量运输的方式，那么运费的差别可能将足以抵消仓库的费用。

3. 拆装

利用仓储设施进行拆装（break-bulk）与利用仓储设施进行集中运输正好相反。以低费率大批量运输的货物运进仓库后，再根据客户的需要以小批量送到客户手中。

拆装是分拨仓库或场站仓库的常见业务，特别是入库货物的单位运输费率高于出库货物的单位运输费率时；客户以零担批量订购时；生产商与客户之间的运输距离遥远时，拆装业务更为普遍。由于运输费率的差异，分拨仓库的选址趋向于离客户近的地方，便于拆装作业；集中运输的情形则刚好相反。

这里使用分拨仓库（distribution warehouse）一词主要是要与存储仓库（holding warehouse）相区别。二者的差异在于仓库对储藏活动的重视程度和货物储存时间的长短。存储仓库指仓库内的大部分空间用于半永久性或长期存储。相反，分拨仓库的绝大部分空间则只是暂时存储货物，仓库更注重使产品流动更快速、更通畅。显然，很多仓库的运作是两者兼而有之，只是程度不同而已。

4. 混合

有的企业会从许多生产商那里采购产品，来供应多个工厂的某部分产品线，这样，管理人员会发现，如果建立一个仓库来将产品混合（mixing）在一起，扩大运量，达到规模运输效益。

如果没有这样的混装点，就要直接在生产地履行客户订单，由于货运量小，运输费率偏高。而在混装点则可以将各部分生产所需的货物通过大批量运输集中到一个地点，然后根据订单组合产品，再将混合后的货物运送到客户处。

四、配送中心

**（一）配送的概念**

仓库的观念和功能的改变，引起了仓库形态和内容的变化。现代化的物流力求进货和发货同期化，从静态管理到动态管理必将使仓库设备、结构、流程等方面发生全面变化。为了和传统的仓库相区别，这种新型的物流据点则称之为"物流中心"或"配送中心"。其主要功能是配送。

配送是在经济合理区域范围内，根据客户要求，对物品进行拣选、加工、包装、分割、组配等作业，并按时送达指定地点的物流活动。集货、分拣、配货、配装、配送运输、送达服务以及配送加工等是构成配送最基本的单元。不同产品的配送可能有独特之处，如燃料油配送就不存在配货、分放、配装工序，水泥及木材配送又多出了一些流通加工的过程，而流通加工又可能在不同环节出现。

配送是物流中一种特殊的、综合的活动形式，是商流与物流紧密结合，包含了商流活动和物流活动，也包含了物流中若干功能要素的一种形式。从物流来讲，配送几乎包括了所有的物流功能要素，是物流的一个缩影或在某小范围中物流全部活动的体现。一般的配送集装卸、包装、保管、运输于一身，通过这一系列活动完成将货物送达的目的。特殊的配送则还要以加工活动为支撑，所以包括的面更广。但是，配送的主体活动与一般物流却有不同，一般物流是运输及保管，而配送则是运输及分拣配货，分拣配货是配送的独特要求，也是配送中有特点的活动，以送货为目的的运输则是最后实现配送的主要手段，从这一主要手段出发，常常将配送简化地看成运输中之一种。从商流来讲，配送和物流不同之处在于，物流是商物分离的产物而配送则是商物合一的产物，配送本身就是一种商业形式。虽然配送具体实施时，也有以商物分离形式实现的，但从配送的发展趋势看，商流与物流越来越紧密地结合，是配送成功的重要保障。

可以从两个方面认识配送的概念：

第一种，从经济学资源配置的角度，对配送在社会再生产过程中的位置和配送的本质行为予以表述：配送是以现代送货形式实现资源的最终配置的经济活动。这个概念的内涵，概括了四点：

（1）配送是资源配置的一部分。

（2）配送的资源配置作用，是"最终配置"，因而是接近顾客的配置。接近顾客是经营战略至关重要的内容。

（3）配送的主要经济活动是送货。这里面强调现代送货，表述了和我国旧式送货的区别，其区别以"现代"两字概括，即现代生产力、劳动手段支撑的，依靠科技进步的，实现"配"和"送"有机结合的一种方式。

（4）配送在社会再生产过程中的位置，是处于接近用户的那一段流通领域，因而有其局限性。配送是一种重要的方式，有其战略价值，但是它并不能解决流通领域的所有问题。

第二种，从配送的实施形态角度，表述如下：按用户订货要求，在配送中心或其他物流结点进行货物配备，并以最合理方式送交用户。这个概念的内容概括了六点：

（1）整个概念描述了接近用户资源配置的全过程。

（2）配送实质是送货。配送是一种送货，但和一般送货有区别：一般送货可以是一种偶然的行为，而配送却是一种固定的形态，甚至是一种有确定组织、确定渠道，有一套装备和管理力量、技术力量，有一套制度的体制形式。所以，配送是高水平送货形式。

（3）配送是一种"中转"形式。配送是从物流结点至用户的一种特殊送货形式。从送货功能看，其特殊性表现为：从事送货的是专职流通企业，而不是生产企业；配送是"中转"型送货，而一般送货尤其从工厂至用户的送货往往是直达型；一般送货是生产什么，有什么送什么，配送则是企业需要什么送什么。所以，要做到需要什么送什么，就必须在一定中转环节筹集这种需要，从而使配送必然以中转形式出现。当然，广义上，许多人也将非中转型送货纳入配送范围，将配送外延从中转扩大到非中转，仅以"送"为标志来划分配送外延，也是有一定道理的。

（4）配送是"配"和"送"有机结合的形式。配送与一般送货的重要区别在于，配送利用有效的分拣、配货等理货工作，使送货达到一定的规模，以利用规模优势取得较低的送货成本。如果不进行分拣、配货，有一件运一件、需要一点送一点，就会大大增加动力的消耗，使送货并不优于取货。所以，追求整个配送的优势，分拣、配货等项工作是必不可少的。

（5）配送以用户要求为出发点。在定义中强调"按用户的订货要求"明确了用户的主导地位。配送是从用户利益出发、按用户要求进行的一种活动。因此，在观念上必须明确"用户第一"、"质量第一"。配送企业的地位是服务地位而不是主导地位，因此不能从本企业利益出发而应从用户利益出发，在满足用户利益基础上取得本企业的利益。更重要的是，不能利用配送损伤或控制用户，不能利用配送作为部门分割、行业分割和割据市场的手段。

(6) 概念中"以最合理方式"的提法是基于这样一种考虑：过分强调"按用户要求"是不妥的，用户要求受用户本身的局限，有时实际会损失自我或双方的利益。对于配送者来讲，必须以"要求"为据，但是不能盲目，应该追求合理性，进而指导用户，实现共同受益的商业原则。

### (二) 配送的主要作业活动

(1) 拣选：拣选就是按订单或出库单的要求，从存储场所选出物品，并放置在指定地点的作业。由于配送中心所处理的商品种类繁多，而且要面对众多的服务客户。因此，要在短时间内，高效率、准确地完成成百上千甚至更多品种商品的拣选，就变成一项复杂的工作。拣选工作主要靠人工作业，在信息系统的支援下，可提高拣选作业效率和正确性。

(2) 分货：配送中心的最终任务是按照客户的订单要求及时将商品送达客户手中。配送中心面对众多客户提供配送服务，因此，集中拣选出来的商品要按各个客户的地址、按照运输车辆、配送路线等分组，即将集中拣选出来的货物按照客户、车辆、路线分别分组，并码放在指定的场所。在大型配送中心和运输中转站，一般利用大型的高速自动分拣设备完成分拣作业。提高分货的效率，在货物入库的时候就要注意其摆放方式，例如将入库的货物按照入出库的先后顺序进行分别码放，按照不同的客户分别码放，为提高下道作业效率进行合理分组码放等。

(3) 流通加工：配送中心流通加工的内容与服务对象有关，例如，为生活消费品零售商提供服务的配送中心，从事的主要流通加工活动有贴标签、包装、组装、服装检针和整烫、蔬菜加工、半成品加工等；为生产企业从事配送服务的配送中心的流通加工活动有卷板剪裁、木材加工等。

(4) 保管：配送中心保管的商品一部分是为了从事正常的配送活动保有的存货，库存量比较少；另一部分是集中批量采购形成的库存，具有存储的性质；也有供应商存放在配送中心准备随时满足顾客订货需要的存货。

(5) 配送：配送是配送中心的核心功能，也是配送中心最终要完成的工作。

(6) 信息：配送中心作为连接供应者和需求者的中介者，要同双方保持信息上的沟通。随着配送时效性的增强，信息的传递、处理速度必须加快，为此，配送中心必须构建高效率的信息处理和传递系统。此外，配送中心内部的作业活动的效率化同样也离不开信息的支持。

### (三) 配送效益的评价

对于配送的决策优劣,不能简单处之,也很难有一个绝对的标准。例如,企业效益是配送的重要衡量标志,但是,在决策时常常考虑各个因素,有时要做赔本买卖。所以,配送的决策是全面、综合决策。对于配送合理化与否的判断,是配送决策系统的重要内容,目前国内外尚无一定的技术经济指标体系和判断方法,按一般认识,以下若干标志是应当纳入的。

1. 库存标志

库存是判断配送合理与否的重要标志。具体指标有以下两方面:

(1) 库存总量。库存总量在一个配送系统中,从分散于各个用户转移给配送中心,配送中心库存数量加上各用户在实行配送后库存量之和应低于实行配送前各用户库存量之和。

此外,从各个用户角度判断,各用户在实行配送前后的库存量比较,也是判断合理与否的标准,某个用户上升而总量下降,也属于一种不合理。

库存总量是一个动态的量,上述比较应当是在一定经营量前提下。在用户生产有发展之后,库存总量的上升则反映了经营的发展,必须扣除这一因素,才能对总量是否下降做出正确判断。

(2) 库存周转。由于配送企业的调剂作用,以低库存保持高的供应能力,库存周转一般总是快于原来各企业库存周转。

此外,从各个用户角度进行判断,各用户在实行配送前后的库存周转比较,也是判断合理与否的标志。

为取得共同比较基准,以上库存标志,都以库存储备资金计算,而不以实际物资数量计算。

2. 资金标志

总的来讲,实行配送应有利于资金占用降低及资金运用的科学化。具体判断标志如下:

(1) 资金总量。用于资源筹措所占用流动资金总量,随储备总量的下降及供应方式的改变必然有一个较大的降低。

(2) 资金周转。从资金运用来讲,由于整个节奏加快,资金充分发挥作用,同样数量资金,过去需要较长时期才能满足一定供应要求,配送之后,在较短时期内就能达此目的。所以,资金周转是否加快,是衡量配送合理与否的标志。

(3) 资金投向的改变。资金分散投入还是集中投入,是资金调控能力的重要反映。实行配送后,资金必然应当从分散投入改为集中投入,以能增加调控作用。

3. 成本和效益

总效益、宏观效益、微观效益、资源筹措成本都是判断配送合理化的重要标志。对于不同的配送方式,可以有不同的判断侧重点;例如,配送企业、用户都是各自独立的以利润为中心的企业，则不但要看配送的总效益，而且还要看对社会的宏观效益及两个企业的微观效益，不顾及任何一方，都必然出现不合理。又例如，如果配送是由用户集团自己组织的，配送主要强调保证能力和服务性，那么，效益主要从总效益、宏观效益和用户集团企业的微观效益来判断，不必过多顾及配送企业的微观效益。

由于总效益及宏观效益难以计量，在实际判断时，常以按国家政策进行经营，完成国家税收及配送企业及用户的微观效益来判断。

对于配送企业而言（投入确定了的情况下），则企业利润反映配送合理化程度。

对于用户企业而言，在保证供应水平或提高供应水平（产出一定）前提下，供应成本的降低，反映了配送的合理化程度。

成本及效益对合理化的衡量，还可以具体到存储、运输具体配送环节；使判断更为精细。

4. 供应保证标志

实行配送，各用户的最大担心是害怕供应保证程度降低，这是个心态问题，也是承担风险的实际问题。

配送的重要一点是必须提高而不是降低对用户的供应保证能力，才算实现了合理。供应保证能力可以从以下方面判断：

（1）缺货次数。实行配送后，对各用户来讲，该到货而未到货以致影响用户生产及经营的次数，必须下降才算合理。

（2）配送企业集中库存量。对每一个用户来讲，其数量所形成的保证供应能力高于配送前单个企业保证程度，从供应保证来看才算合理。

（3）即时配送的能力及速度是用户出现特殊情况的特殊供应保障方式，这一能力必须高于未实行配送前用户紧急进货能力及速度才算合理。

特别需要强调一点，配送企业的供应保障能力，是一个科学的合理的概念，而不是无限的概念。具体来讲，如果供应保障能力过高，超过了实际的需要，属于不合理。所以，追求供应保障能力的合理化也是有限度的。

(四) 配送中心的分类

配送中心又称集配中心，是从事配送业务的物流场所或组织。它应符合下列要求：主要为特定的客户服务；完善的信息网络；辐射范围小；多品种、小批量；以配送为主，存储为辅。除配送的功能外，为了保证配送任务准确、快速地完成，配送中心必须具有灵敏、完整的信息系统负责物流信息情报的收集、汇总、储存以及传递功能。

对配送中心的适当划分，是深化及细化认识配送中心的必然，配送中心类别大致分为如下几种：

（1）专业配送中心。专业配送中心大体上有两个含义，一是配送对象、配送技术是属于某一专业范畴,在某一专业范畴有一定的综合性,综合这一专业的多种物资进行配送,例如多数制造业的销售配送中心,我国目前在石家庄、上海等地建的配送中心大多采用这一形式。专业配送中心第二个含义是,以配送为专业化职能。基本不从事经营的服务型配送中心。

(2) 柔性配送中心。在某种程度上和第二种专业配送中心对立的配送中心,这种配送中心不向固定化、专业化方向发展,而向能随时变化,对用户要求有很强适应性,不固定供需关系,不断向发展配送用户和改变配送用户的方向发展。

(3) 供应配送中心。专门为某个或某些用户(例如联营商店、联合公司)组织供应的配送中心。例如,为大型连锁超级市场组织供应的配送中心;代替零件加工厂送货的零件配送中心,使零件加工厂对装配厂的供应合理化;我国上海地区六家造船厂的配送钢板中心,也属于供应型配送中心。

(4) 销售配送中心。以销售经营为目的,以配送为手段的配送中心。销售配送中心大体有三种类型:

一种是生产企业为本身产品直接销售给消费者的配送中心。在国外,这种类型的配送中心很多;另一种是流通企业作为本身经营的一种方式,建立配送中心以扩大销售,我国目前拟建的配送中心大多属于这种类型,国外的例证也很多;第三种,是流通企业和生产企业联合的协作性配送中心。比较起来看,国外和我国的发展趋向,都向以销售配送中心为主的方向发展。

(5) 城市配送中心。以城市范围为配送范围的配送中心,由于城市范围一般处于汽车运输的经济里程,这种配送中心可直接配送到最终用户,且采用汽车进行配送。所以,这种配送中心往往和零售经营相结合,由于运程短,反应能力强。因而从事多品种、少批量、多用户的配送较有优势。

(6) 区域配送中心。以较强的辐射能力和库存准备,向省(州)际、全国乃至国际范围的用户配送的配送中心。这种配送中心配送规模较大,一般而言,用户也较大,配送批量也较大,而且,往往是配送给下一级的城市配送中心,也配送给营业所、商店、批发商和企业用户,虽然也从事零星的配送,但不是主体形式。

(7) 存储型配送中心。有很强存储功能的配送中心,一般来讲,在买方市场下,企业成品销售需要有较大库存支持,其配送中心可能有较强存储功能;在卖方市场下,企业原材料、零部件供应需要有较大库存支持,这种供应配送中心也有较强的存储功能。大范围配送的配送中心,需要有较大库存,也可能是存储型配送中心。

(8) 流通型配送中心。基本上没有长期存储功能,仅以暂存或随进随出方式进行配货、送货的配送中心。这种配送中心的典型方式是,大量货物整进并按一定批量零出,采用大型分货机,进货时直接进入分货机传送带,分送到各用户货位或直接分送到配送汽车上,货物在配送中心里仅做少许停滞。

(9）加工配送中心。许多材料都指出配送中心的加工职能，但是加工配送中心的实例，目前见到不多。我国上海市和其他城市已开展的配煤配送，配送点中进行了配煤加工，上海六家船厂联建的船板处理配送中心、原物资部北京剪板厂都属于这一类型的中心。

配送中心也可以看作是流通仓库。同保管型仓库相比，流通仓库的主要功能是加快商品周转，提高流通效率，满足客户对物流的高度化需求。保管型仓库与配送中心（流通型仓库相比）的区别，如表6.1所示。

**表6.1 保管型仓库与配送中心的差异点**

| | 仓库 | 配送中心 |
| --- | --- | --- |
| 功能 | 以物资保管为主要功能 | 入库、验收、保管、备货、分拣、流通加工、检验、出库等均为配送中心功能 |
| 空间 | 保管空间 | 保管空间占一半，其他功能占一半空间 |
| 设计 | 以保管为主体，平面摆放，通路少，未进行严格的场所管理 | 按配送中心功能的流转顺序设计，利用货架实行立体存放，有严格的场所管理 |
| 信息特征 | 货物的状况和信息不一致 | 货物的状况和信息一致 |
| 事务处理、信息传送的系统化 | 基本上使用人工完成事务处理和信息的传送 | 利用信息系统工具和物流信息系统完成事务处理和信息传送 |
| 作业的自动化和省力化 | 基本上是人工作业 | 在信息系统的支持下实现作业的自动化和省力化 |
| 对多样化物流需求的适应力 | 基本上不能适应 | 可以适应 |

## 第二节　仓储管理的内容和方法

一、仓储管理的定义

所谓仓储管理，是指对仓库和仓库中储存的物资进行管理。

现代企业的仓库已成为企业的物流中心。过去，仓库被看成是一个无附加价值的成本中心，而现在仓库不仅被看成是形成附加价值过程中的一部分，而且被看成是企业成功经营中的一个关键因素。仓库被企业作为连接供应方和需求方的桥梁。从供应方的角度来看，作为流通中心的仓库从事有效率的流通加工、库存管理、运输和配送等活动。从需求方的角度来看，作为流通中心的仓库必须以最大的灵活性和及时性满足种类顾客的需要。因此，对于企业来说，仓储管理的意义重大。在新经济新竞争形势下，企业在注重效益，不断挖掘与开发自己的竞争能力的同时已经越来越注意到仓储管理的重要性。精准的仓储管理能够有效控制和降低流通和库存成本，是企业保持优势的关键助力与保证。

由于现代仓储的作用不仅是保管，更多的是物资流转中心，对仓储管理的重点也不再仅仅着眼于物资保管的安全性，更多关注的是如何运用现代技术，如信息技术、自动化技术来提高仓储运作的速度和效益，这也是自动化立体仓库在行其道的原因。

自动化立体仓库由于大量采用大型的储货设备，如高位货架；搬运械具，如托盘、叉车、升降机等；自动传输轨道和信息管理系统，从而实现仓储作业的自动化。

在自动化、信息化条件下，仓储的业务活动如图6.1所示，在此条件下，仓储管理的手段和内容也较传统做法有所不同。

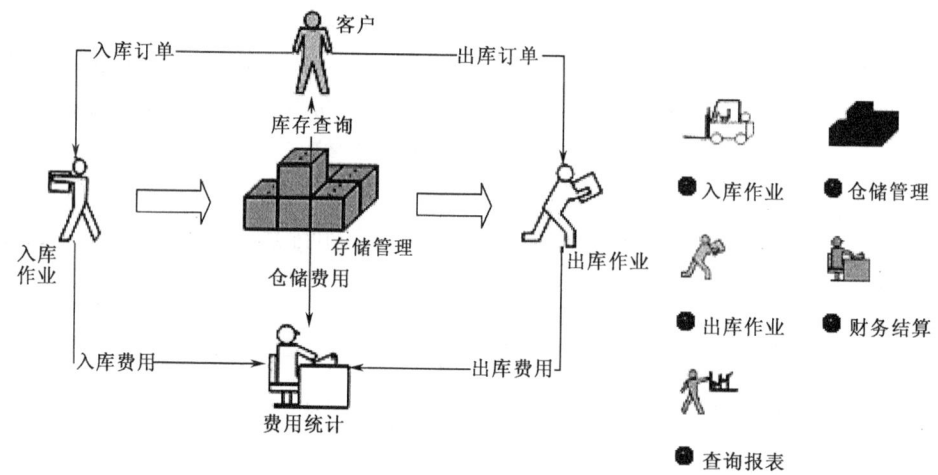

图6.1 仓储管理框架结构图

仓储业务核心内容可分为入库作业、仓储管理、出库作业、财务结算和查询报表五个主要部分。

对于第三方物流企业的需求，将不简单地停留在上述基本功能上，他们还将向客户提供各类统计信息。如"保质期报告"、"安全库存报告"、"货位图"、"货品流动频率"等各类信息。但其实这些信息已经在仓储管理的过程中被记录下来，只需要根据每个客户的特殊要求相应产生便可以了。

二、仓储管理的活动和内容

从广义上讲，仓储管理是指服务于一切库存物资的经济技术方法与活动。所使用的管理的手段既有经济的，又有纯技术的，具体包括如下几个方面。

## (一) 仓库的规划与设计

主要指仓库的选址、仓库建筑面积的确定、库内运输道路与作业的布置等。对仓库选址应考虑以下因素：

(1) 成本因素。需要决策的是仓库是靠近原材料生产地还是靠近消费地，如果是要在几个生产地和几个消费地之间建立仓库，则需要运用线性规划模型，使运费达到最小，这当然只考虑了运费。

(2) 场地的可获得性。建造仓库的候选地，其面积是否满足储存容量。例如10 000 平方米的仓库，要建在市中心显然是不行的，因此要考虑地价。

(3) 交通的便利性。要建综合物流中心，显然需要强调交通的便利性，在远离公路、铁路、水路或航空港的地方建立物流中心是不合适的。

(4) 时间因素。建立综合物流中心，就是既要使整个供应链的成本最小，又要对顾客的需求做出有效的反应，因此也要考虑货物运送到顾客手中的时间限制。

(5) 建筑材料的价格。这也是一个不得不考虑的因素，在什么地方建物流中心，很大一部分建筑材料都是在当地获得，因此建筑材料的价格低廉也可节省一大笔费用。

以上是仓库规划时常需考虑的因素，对这些因素要综合起来考虑，可运用高等运筹学中的线性规划模型加以解决。建库还要注意企业的战略发展，有时候需要将目光放长远一些，或许现在选址费用比较低廉，但不利于企业将来的发展，仓库选址问题需要运用战略家的眼光去看待。

## (二) 仓库机械作业的选择与配置问题

主要指如何根据仓库作业特点和所储存物资的种类，选择机械装备以及应配备的数量，如何对这些机械进行管理等。

存储和物料搬运必须协调考虑。从某种角度上说，存储仅仅是物料流动经过仓库时的暂时停留。选择合适的机械设备有利于促进容量的充分利用，提高物料搬运的效率。现在，仓库中很多种可用于装卸、拣货及搬运的机械化设备。搬运设备因专业化程度和所需手工作业程度不同的差异很大。总的来讲，设备可以分为三大类：手工搬运设备、动力辅助设备及全机械化设备。

(1) 手工搬运设备。手工操作的仓库作业设备（如两轮手推车、四轮平板车）在货物搬运中能利用其优势，且只需要很少投资。大多数这类设备适用于多种货物、多种场合。但其中有些设备则有特殊用途，如地毯、家具的搬运设备。

一般来说，如果仓库里的产品种类处于变化之中，仓库的货流量不大，而且没必要投资机械化程度更高的设备时，手工搬运设备的灵活性与低成本使之不啻为良好的选择。然而，人工搬运设备的使用多少要受操作人员的抬举和推力的限制。

(2) 动力辅助设备。使用动力辅助设备可以提高物料搬运速度，增加单位工时产出量。这类设备包括吊车、工业卡车、升降机和起重机。然而，工业企业用得最多的当属叉车及其各种变体。

（3）全机械化设备。随着计算机控制的搬运设备、条形码、扫描技术的发展，已经出现一些接近完全自动化的物料搬运系统。此系统被称为自动存取系统（automated storage and retrieval system，AS/RS）。全自动化的设备体现了所有现有物料搬运技术的最广泛的应用。

### （三）仓库日常的作业管理问题

仓库的日常作业按大类来分，可分为现场作业和事务作业两类。现场作业包括入库作业，如入库物品的检验、上架等；保管作业；分拣备货作业；出库检验作业，按照出库单据或出库计划确认出库物品种类和数量；捆包、包装作业；装载作业，按照运送不同方向或区域的货车分货、向货车载货；流通加工，贴标签、装箱、装袋等；盘点，将账面数量与实物数量进行核对以掌握准确的在存货数量。事务作业包括入出库量更新，入出库发生时以及在盘点基础上的库存台账的更新；票据制作，装箱单、备货明细、运单等票据的印刷；结算处理，提供运费、保管费用、作业费用等数据。

日常作业管理是仓储正常运行的条件，实际上仓储管理的大部分工作都是日常作业管理。作业管理的好坏直接影响了仓储作业的效率。

此外，仓库业务考核问题，新技术、新方法在仓库管理中的运用问题，仓库安全与消防问题等，都是仓储管理所涉及的内容。

### （四）仓库资源利用评价指标

在仓库的规划及使用时，经常要认识和运用一些反映仓库能力及工作状态的参数，简述如下：

（1）仓库建筑系数。是各种仓库建筑物实际占地面积与库区总面积之比。

$$仓库建筑系数 = \frac{仓库建筑物占地面积}{库区总面积} \times 100\%$$

该参数反映库房及用于仓库管理的建筑物在库区内排列的疏密程度，反映总占地面积中库房比例高低。

（2）库房建筑面积。是仓库建筑结构实际占地面积，用仓库外墙线所围成的平面面积来计量。多层仓库建筑面积是每层平面面积之和。

其中，除去墙、柱等无法利用的面积之后称有效面积，有效面积从理论上来讲，都是可以利用的面积。但是，可利用的面积中，有一些是无法直接进行生产活动的面积，如楼梯等，除去这一部分面积的剩余面积称使用面积。

（3）库房建筑平面系数。是衡量使用面积所占比例的参数。

$$库房建筑平面系数 = \frac{库房使用面积}{库房建筑面积} \times 100\%$$

(4) 库房面积利用率，使用面积中实际存放货物所占面积的一种衡量参数。

$$仓库面积利用率 = \frac{堆放货物的面积}{使用面积} \times 100\%$$

这个参数表示实际使用面积被有效利用的程度，也对应衡量出非保管面积所占比重。

(5) 库房高度利用率。是反映库房空间被有效利用程度的指标。

$$库房高度利用率 = \frac{货垛或货架的平均高度}{库房有效高度} \times 100\%$$

这个参数和库房面积利用率所起的作用是一样的，即衡量仓库有效利用程度。仓库中可以采取多种技术措施来提高这一利用程度。

(6) 仓容。仓库中可以存放物资的最大数量。以重量单位（吨）表示。

仓容大小取决于面积大小及单位面积承载货物重量的能力以及货物的安全要求。

仓容（吨）＝仓库使用面积（平方米）×单位面积存储定额（吨/平方米）

(7) 仓容利用率。指实际库容量与库容之比值的百分率，一般以年平均值为考核计算依据，反映库容利用之高低。

(8) 仓库有效容积。指仓库有效面积与有效高度之乘积。已往的仓库指标，主要描述平面利用的情况，按仓容指标的计算方法，仓库使用面积与单位面积存储定额之乘积，与库房高度关系不大，而有时仓容并不能反映库房容积利用情况。随着高平房仓库及立体仓库的出现，面积利用指标已不能完全反映仓库技术经济指标。仓库有效容积则是指描述仓库立体的能力和利用情况。

仓库有效容积＝仓库有效面积（平方米）×有效平均高度（米）

(9) 仓库容积利用率。指仓库有效容积中实际使用的容积所占的比率：

$$仓库容积利用率 = \frac{仓库使用容积（立方米）}{仓库有效容积（立方米）} \times 100\%$$

因为仓储管理是一项综合工作，融合了技术管理、经济管理、设备管理、质量管理，所以在评价它时，应该设立相应的一套评价指标体系，同时这套评价指标又是物流系统绩效评价体系的组成部分。为了说明问题，我们只能列举以上几项供读者参考。在实践工作中，需要管理人员根据自己企业的特点、管理工作的要求进行具体的选用或设计。

# 第七章

# 装卸搬运活动

装卸搬运是指在一定的区域内,以改变物品存放状态和位置为主要内容的活动。它是伴随着输送和保管而产生的物流活动,是对运输、保管、包装、流通加工、配送等物流活动进行衔接的中间环节。在物流活动中,装卸搬运作业的频率比较高,也是产生物品损坏的主要原因之一。对装卸搬运的研究,主要是对装卸搬运方式的选择、装卸搬运机械的选择,以及通过对装卸搬运物品灵活性和运行的研究,提高装卸搬运效率。

## 第一节 装卸搬运概述

一、装卸搬运的概念

(一)定义

装卸是指物品在指定地点以人力或机械装入运输设备或卸下。装卸一般是指以垂直位移为主的实物运动形式,其作用结果是物质从一种支撑状态转变为另一种状态,前后两种状态无论是否存在垂直距离差别,但总是以一定的空间垂直位移的变化而得以实现的。它是从原材料输送给工厂开始,到生产领域或消费者手中的全部流通过程中,伴随着包装、保管、输送所必须进行的活动。

搬运是在同一场所内,对物品进行水平移动为主的物流作业。搬运一般是在区域范围内(一般是指在某一个物流节点,如仓库、车站或码头等)物品所发生的短距离、以水平方向为主的位移。

在实际操作中，装卸与搬运是密不可分的，两者是伴随在一起发生的。因此，在物流科学中并不过分强调两者差别而是作为一种活动来对待，两者全称装卸搬运。有时候或在特定场合，单称"装卸"或单称"搬运"也包含了"装卸搬运"的完整涵义。在习惯使用中，物流领域（如铁路运输）常将装卸搬运这一整体活动称作"货物装卸"；在生产领域中常将这一整体活动称作"物料搬运"。实际上，活动内容都是一样的，只是领域不同而已。搬运的"运"与运输的"运"，区别之处在于，搬运是在同一地域的小范围内发生的，而运输则是在较大范围内发生的，两者是量变到质变的关系，中间并无一个绝对的界限。

装卸搬运活动的基本动作包括装车（船）、卸车（船）、堆垛、入库、出库以及连接上述各项动作的短程输送，是随运输和保管等活动而产生的必要活动。在物流过程中，装卸搬运活动是不断出现和反复进行的，它出现的频率高于其他各项物流活动，每次装卸搬运活动都要花费很长时间，所以往往成为决定物流速度的关键。装卸搬运活动所消耗的人力也很多，所以装卸搬运费用在物流成本中所占的比重也比较高。以我国为例，铁路运输的始发和到达的装卸作业费大致占运费的20%左右，船运占40%左右。因此，为了降低物流费用，装卸搬运是个重要环节。此外，进行装卸操作时往往需要接触货物，因此，这是在物流过程中造成货物破损、散失、损耗、混合等损失的主要环节。例如袋装水泥纸袋破损和水泥散失主要发生在装卸过程中，玻璃、机械、器皿、煤炭等产品在装卸时最容易造成损失。由此可见，装卸活动是影响物流效率、决定物流技术经济效果的重要环节。

为了说明上述看法，列举几个数据如下：

（1）据我国统计，火车货运以500千米为分歧点，运距超过500千米，运输在途时间多于起止的装卸时间；运距低于500千米，装卸时间则超过实际运输时间。

（2）美国与日本之间的远洋船运，一个往返需25天，其中运输时间13天，装卸时间12天。

（3）我国对生产物流的统计，机械工厂每生产1吨成品，需进行252吨·次的装卸搬运，其成本为加工成本的15.5%。

（二）装卸搬运的特点

（1）装卸搬运是附属性、伴生性的活动。装卸搬运是物流每一项活动开始及结束时必然发生的活动，因而有时常被人忽视，有时被看作其他操作时不可缺少的组成部分。例如，一般而言的"汽车运输"，就实际包含了相随的装卸搬运，仓库中泛指的保管活动，也含有装卸搬运活动。

（2）装卸搬运是支持、保障性活动。装卸搬运的附属性不能理解成被动的。实际上，装卸搬运对其他物流活动有一定决定性。装卸搬运会影响其他物流活动的质量和速度，例如，装车不当，会引起运输过程中的损失；卸放不当，会引起货物转换成下一步运动的困难。许多物流活动在有效的装卸搬运支持下，才能实现高水平。

（3）装卸搬运是衔接性的活动。在任何其他物流活动互相过渡时，都是以装卸搬运来衔接，因而，装卸搬运往往成为整个物流"瓶颈"，是物流各功能之间能否形成有机联系和紧密衔接的关键，而这又是一个系统的关键。建立一个有效的物流系统，关键看这一衔接是否有效。比较先进的系统物流方式——联合运输方式就是为着力解决这种衔接而实现的。

### （三）装卸搬运的分类

1. 按装卸搬运施行的物流设施、设备对象分类

以此可分为仓库装卸、铁路装卸、港口装卸、汽车装卸、飞机装卸等。

仓库装卸配合出库、入库、维护保养等活动进行，并且以堆垛、上架、取货等操作为主。铁路装卸是对火车车皮的装进及卸出，特点是一次作业就实现整车皮的装进或卸出，很少有仓库装卸时出现的整装零卸或零装整卸的情况，港口装卸包括码头前沿的装船，也包括后方的支持性装卸运，有的港口装卸还采用小船在码头与大船之间"过驳"的办法，因而其装卸的流程较为复杂，往往经过几次的装卸及搬运作业才能最后实现船与陆地之间货物过渡的目的。汽车装卸一般一次装卸批量不大。由于汽车的灵活性，可以减少或根本减去搬运活动，而直接、单纯利用装卸作业达到车与物流设施之间货物过渡的目的。

2. 按装卸搬运的机械及机械作业方式分类

依此可分成使用吊车的"吊上吊下"方式、使用叉车的"叉上叉下"方式、使用半挂车或叉车的"滚上滚下"方式、"移上移下"方式及散装方式等。

（1）"吊上吊下"方式。采用各种起重机械从货物上部起吊，依靠起吊装置的垂直移动实现装卸，并在吊车运行的范围内或回转的范围内实现搬运或依靠搬运车辆实现小搬运。由于吊起及放下属于垂直运动，这种装卸方式属垂直装卸。

（2）"叉上叉下"方式。采用叉车从货物底部托起货物，并依靠叉车的运动进行货物位移，搬运完全靠叉车本身，货物可不经中途落地直接放置到目的处。这种方式垂直运动不大而主要是水平运动，属水平装卸方式。

（3）"滚上滚下"方式。主要指港口装卸的一种水平装卸方式。利用叉车或半挂车、汽车承载货物，连同车辆一起开上船，到达目的地后再从船上开下，称"滚上滚下"方式。利用叉车的滚上滚下方式，在船上卸货后，叉车必须离船；利用半挂车、平车或汽车，则拖车将半挂车、平车拖拉至船上后，拖车开下离船而载货车辆连同货物一起运到目的地，再原车开下或拖车上船拖拉半挂车、平车开下。滚上滚下方式需要有专门的船舶，对码头也有不同要求，这种专门的船舶称"滚装船"。

（4）"移上移下"方式。是在两车之间（如火车及汽车）进行靠接，然后利用各种方式，不使货物垂直运动，而靠水平移动从一个车辆上推移到另一车辆上，称

移上移下方式。移上移下方式需要使两种车辆水平靠接，因此，对站台或车辆货台需进行改变，并配合移动工具实现这种装卸。

(5)"散装散卸"方式。对散装物进行装卸。一般从装点直到卸点，中间不再落地，这是集装卸与搬运于一体的装卸方式。

3. 根据装卸搬运物品的属性进行分类

(1) 成件包装物品的装卸搬运。有些物品虽然并不需要包装，但是为了方便装卸搬运作业，需要经过临时捆扎或装箱，从而形成装卸搬运单元。对这些装卸搬运单元的装卸搬运作业，称之为成件包装物品的装卸搬运。

(2) 超大超重物品的装卸搬运。在流通过程中所谓的超大超重物品，一般是根据人力可以方便装卸搬运的重量和体积来制定标准的。例如，单间物品的重量超过50千克，或单件物品体积超过 0.5 立方米，都可以算作超大超重物品。

(3) 散装物品的装卸搬运。散装货物本身是在物流过程中处于无固定的形态，如煤炭、水泥、粮食等。因此，对这些散装物品的装卸搬运可以进行连续装卸搬运作业，也可以运用装卸搬运单元技术进行装卸搬运。

(4) 流体物品的装卸搬运。流体物品是指气态或液态物品。如果对这些气体、液体物品进行包装，盛装在一定的容器中，如瓶装、桶装，即形成成件包装物品；如果对这些物品采取罐装车形式，则需要采用相应的装卸搬运作业。

(5) 危险品的装卸搬运。危险品是指化工产品、压缩气体、易燃易爆物品。这些物品在装卸搬运过程中有特殊的安全要求，如果装卸搬运不慎，随时都有发生重大事故的危险。因此，对其的装卸搬运作业有特殊要求，严格操作程序，确保装卸搬运作业的安全。

4. 装卸搬运作业的特点进行分类

(1) 堆垛拆垛作业。堆垛拆垛又称堆码取拆，它包括堆放作业、拆垛作业、高垛作业和高垛取货作业。如果按照这些堆垛拆垛作业的场地不同，又区分为车厢、船舱内、仓库内和理货场的堆垛拆垛作业等。

(2) 分拣配货作业。它是将货物按品种、到站、货主等不同特征进行分类的作业，并且按去向、品类构成等一定的原则，将以分类的货场集合车辆、汽车、集装箱、托盘等装货单元的作业。

(3) 搬运移动作业。为了进行上述各项作业而发生的，以进行这些作业为主要目的的搬运移动作业。它包括垂直、水平、斜行等几种搬运移动作业以及由它们几种形式组成为一体的作业，显然这属于改变空间位置的作业。

二、装卸搬运作业合理化

(一) 装卸搬运作业原则

1. 减少环节，装卸程序化

我们知道，装卸活动本身并不增加货物的价值和使用价值，相反却增加了货物损坏的可能性和成本。因此，首先应从研究装卸搬运的功能出发，分析各项装卸搬运作业环节的必要性，千方百计地取消、合并装卸搬运作业的环节和次数，消灭重复无效、可有可无的装卸搬运作业。例如，车辆不经换装直接过境，大型的发货店铺设专用线，门到门的集装箱联运等，都可以大幅度地减少装卸环节和次数。

2. 文明装卸，运营科学化

杜绝"野蛮装卸"是文明装卸的重要标志。在装卸搬运作业中，要尽量采取措施保证货物完好无损，保障作业人员人身安全，坚持文明装卸。同时，不因装卸搬运作业而损坏装卸搬运设备和设施、运载与储存设备和设施等。

3. 集中作业，集装散装化

集中作业是指在流通过程中，按照经济合理原则，适当集中货物，使其作业量达到一定的规模，为实现装卸搬运作业机械化、自动化创造条件。只要条件允许，流通过程中的装载点和卸载点应尽量集中；在货场内部，同一类货物的作业应尽可能集中，建立相应的专业协作区、专业码头区或专业装卸线；一条作业线能满足车船装卸作业停时指标，就不采取低效的多条作业线方案；在铁路运输中，关闭业务量很少的中间小站的货运装卸作业，建立厂矿、仓库公用专用线等，都是采取集中作业的措施。

4. 省力节能，努力促"活化"

节约劳动力、降低能源消耗是装卸搬运工作的最基本要求。因此，要求作业场地尽量坚实平坦，这对节省劳力和减少能耗都起作用；在满足作业要求的前提下，货物净重与货物单元毛重之比尽量接近1，以减少无效劳动；尽量采取水平装卸搬运和滚动装卸搬运，达到省力化。

提高货物装卸搬运的灵活性，这也是对装卸搬运做出的基本要求。装卸搬运作业的灵活性是指货物的存放状态对装卸搬运作业的方便难易程度，亦称之为货物的"活性"。在物流过程中，为了对货物的活性进行度量，常用"活性指数"来表示，它表明货物装卸搬运的方便程度。我们把作业中的某一步作业比它前一步作业的活性指数高的情形，及该项作业比它前一项作业更便于装卸搬运的状况，称为"活化"。因此，对装卸搬运工艺的设计，应使货物的活性指数逐步增加。

5. 兼顾协调，通用标准化

装卸搬运作业既涉及物流过程的其他各环节，又涉及其本身的工艺过程各工序、各工步以及装卸搬运系统各要素。因此，装卸搬运作业与其他物流活动之间，装卸搬运作业本身各工序、各工步之间，以及装、卸、搬、运之间和系统内部各要素之间，都必须相互兼顾、协调统一，这样才能发挥装卸搬运系统整体功能。例如，铁路车站在实践中总结的"进货为装车做准备，装车为卸车做准备，卸车为出货做准备"的作业原则，正是这种兼顾协调原则的体现和应用。

标准化最简洁的解释是对重复事物和概念通过判定、发布标准，达到统一，以获得最佳的秩序和社会效益。标准化往往与系列化、通用化相联系。装卸搬运标准化是对装卸搬运的工艺、作业、装备、设施、货物单元等所制定、发布的统一标准。装卸搬运标准化对促进装卸搬运合理化起着重要作用,它又是实现装卸搬运作业现代化的前提。

6. 巧装满载,安全效率化

装载作业一般是运输和存储的前奏。运输工具满载和库容的充分利用是提高运输、存储效益和效率的主要因素之一,在运量大于运能、储量大于库容的情况下尤为重要。所以,装卸搬运时,要根据货物的轻重、大小、形状、物理化学性质等,以及货物的去向、存放期限、车船库的形式等,采用恰当的装载方式,巧妙配装,使装载工具满载,库容得到充分利用,以提高运输、存储效益和效率。装载作业完成以后,或者运输或者存储。为了保证运输存储安全,在装载时要采取一定的方法保持货物稳固,以克服运输或存储过程中所产生的各种外力的破坏作用,诸如纵向、横向、垂直惯性力以及风力、重力、摩擦力等。

### (二) 装卸搬运作业合理化

装卸搬运作业除了遵循上述基本原则外,还要求装卸搬运合理化。事实上,装卸搬运的基本原则是装卸搬运合理化经验的总结,也是合理化的基本要求。因此,装卸搬运合理化,首先必须坚持装卸搬运的基本原则,其次是按照装卸搬运合理化的要求,进行装卸搬运作业。装卸搬运合理化的内容包括如下几个方面。

1. 提高货物装卸搬运的灵活性与可运性

提高货物的灵活性与可运性是装卸搬运的一项重要内容。在装卸搬运的基本原则中,我们已经讲到有关装卸搬运的灵活性的问题,要求装卸搬运作业必须为下一环节的物流活动提供方便,即所谓的"活化"。因此,不断提高活化的程度是装卸搬运灵活性的重要标志。装卸搬运的可运性是指装卸搬运的难易程度。影响装卸搬运难易程度的因素主要有:物品的外形尺寸、物品的密度或笨重程度、物品形状和损伤物品、设备、人员的可能性及物品所处的状态、物品的价值和使用价值等。装卸搬运物料的可运性用物品马格数值的大小来量度。

2. 利用重力作用,减少能量消耗

在装卸搬运时应尽可能消除货物重力的不利影响,同时应尽可能利用重力进行装卸搬运,以减轻劳动力和其他能量的消耗。消除重力影响的简单例子,是在进行人力装卸时"持物不步行",即货物的重量由台车、传送带等负担,人的力量只用于使载货车辆水平移动。利用重力装卸的例子很多,如将槽或无动力的小型传送带倾斜安装在货车、卡车或站台上进行货物装卸,使货物依靠本身重量完成装卸搬运作业。

3. 合理地选择装卸搬运机械

装卸搬运机械化是提高装卸搬运效率的重要环节。装卸搬运机械化程度一般分为三个级别:第一级是用简单的装卸器具;第二级是使用专门的高效率机具;第三级是依靠电脑控制实行自动化、无人化操作。以哪一个级别为目标实现装卸机械化，不仅要从是否经济合理来考虑，而且还要从加快物流速度、减轻劳动强度和保证人与物的安全等方面来考虑。

另一方面，装卸搬运机械的选择必须根据装卸搬运的物品的性质来决定。对使用箱、袋或集合包装的物品可以采用叉车、调车、货车装卸，散装粉粒体物品可使用传送带装卸，散装液体可以直接向装运设备或存储设备装取。

4. 合理选择装卸搬运方式

在装卸搬运过程中，必须根据货物的种类、性质、形状、重量来确定装卸搬运的方式。在装卸时对货物的处理大体有三种方式：第一种是"分块处理"，即按普通包装对货物逐个进行装卸；第二是"散装处理"，即对粉粒状货物不加包装而进行的原样装卸；第三是"单元组合处理"，即货物以托盘、集装箱为单位进行组合后的装卸。实现单元组合，可以充分利用机械进行操作，其优点是：操作单位大、作业效率高；能提高物流"活性"；操作单位大小一致，易于实现标准化；装卸不触及货物，对物品有保护作用。但这种装卸搬运方式并不是对所有的货物都适用的。

5. 改进装卸搬运作业方法

装卸搬运是物流过程中的重要的一环。合理分解装卸搬运活动，对于改进装卸搬运各项作业、提高装卸搬运效率有着十分重要的意义。例如，采用直线搬运，减少货物搬运次数，使货物搬运距离最短；避免装卸搬运流程的"对流"、"迂回"等现象；防止人力和装卸搬运设备的停止现象，合理选用装卸机具、设备等。在改进作业方法上，尽量采用现代化管理方法和手段，如排队论的应用、网络技术的应用、人机系统等，实现装卸搬运的连贯、顺畅、均衡。

6. 创建"复合终端"

近年来，工业发达国家为了对运输线路的终端进行装卸搬运合理化改造，创建了所谓的"复合终端"，即对不同运输方式的终端装卸场所，集中建设不同的装卸设施。例如，在复合终端内集中设置水运港、铁路站场、汽车站场等，这样就可以合理配置装卸、搬运机械，使各种运输方式有机地连接起来。"复合终端"的优点在于：第一，取消了各种运输工具之间的中转搬运，因而有利于物流速度的加快，减少装卸搬运活动所造成的货物损失；第二，由于各种装卸场所集中到复合终端，这样就可以共同利用各种装卸搬运设备，提高设备的利用率；第三，在复合终端内，可以利用大生产的优势进行技术改造，大大提高转运效率；第四，减少了装卸搬运的次数，有利于物流系统功能的提高。

装卸搬运在某种意义上是运输、保管活动的辅助活动。因此，特别要重视从物流全过程来考虑装卸搬运的最优效果。如果单独从装卸搬运的角度来考虑问题，不但限制了装卸搬运活动的改善，而且还容易与其他物流环节发生矛盾，影响物流系统功能的提高。

## 第二节 搬运优化

### 一、搬运活性指数

#### (一) 定义

搬运活性指数是指物品存放状态对装卸搬运作业的方便（难易）程度。

物料装卸搬运的灵活性，根据物料所处的状态，即物料装卸搬运的难易程度，可分为不同的级别，如表7.1所示。

表 7.1 搬运活性指数

| 活性指数 | 物品状态 | 作业说明 | 需要作业数 |
|---|---|---|---|
| 0 | 杂乱地堆放在地面 | 集中、搬起、升起、运走 | 4 |
| 1 | 装箱或经捆扎后的状态 | 搬起、升起、运走 | 3 |
| 2 | 箱子或被捆扎后的物资，下面有枕木或其他衬垫，便于叉车或其他机械作业 | 升起、运走 | 2 |
| 3 | 置于装卸、搬运机械上，可即刻移动 | 运走 | 1 |
| 4 | 装卸搬运的物资已经被启动、可直接作业 |  | 0 |

其中的含义如下：

0级——物料杂乱的堆在地面上的状态；

1级——物料装箱或经捆扎后的状态；

2级——箱子或被捆扎的物料，下面放有枕木或其他衬垫后，便于叉车或其他机械作业的状态；

3级——物料被置于台车上或用起重机吊钩钩住，可即刻移动的状态；

4级——装卸搬运的物料，已经被启动、可直接作业的状态。

从理论上讲，活性指数越高越好，但也必须考虑到实施的可能性。例如，物料在存储阶段中，活性指数为4的输送带和活性指数为3的车辆，在一般仓库中很少采用，这是因为大批量的物料不可能存放在输送带上和车辆上的缘故。

#### (二) 使用方法

为了说明和分析物料搬运的灵活程度，通常采用平均活性指数的方法。这个方法是对某一物流过程物料所具备的活性情况，累加后计算平均值，用（$\delta$）表示。$\delta$值的大小是确定改变搬运方式的信号。如：

当$\delta<0.5$时，指所分析的搬运系统半数以上处于活性指数为0的状态，即大部分处于散装状态，其改进方式可采用料箱、推车等存放物料。

当$0.5<\delta<1.3$时，则是大部分物料处于集装状态，其改进方式可采用叉车和

动力搬运车。

当 $1.3<\delta<2.3$ 时，装卸搬运系统大多处于活性指数为 2，可采用单元化物料的连续装卸和运输。

当 $\delta>2.3$ 时，则说明大部分物料处于活性指数为 3 的状态，其改进方法可选用拖车、机车车头拖挂的装卸搬运方式。

装卸搬运的活性分析，除了上述指数分析方法外，还可采用活性分析图法。分析图法是将某一物流过程通过图示来表示出装卸搬运活性程度。分析图法具有明确的直观性能，使人一看就能明白，薄弱环节容易被发现和改进。运用活性分析图法通常分三步进行。

第一步，绘制装卸搬运图；

第二步，按搬运作业顺序做出物资活性指数变化图，并计算活性指数；

第三步，对装卸搬运作业的缺点进行分析改进，做出改进设计图，计算改进后的活性指数。

例如：某仓库的搬运操作如图 7.1 所示，试分析其搬运活性。

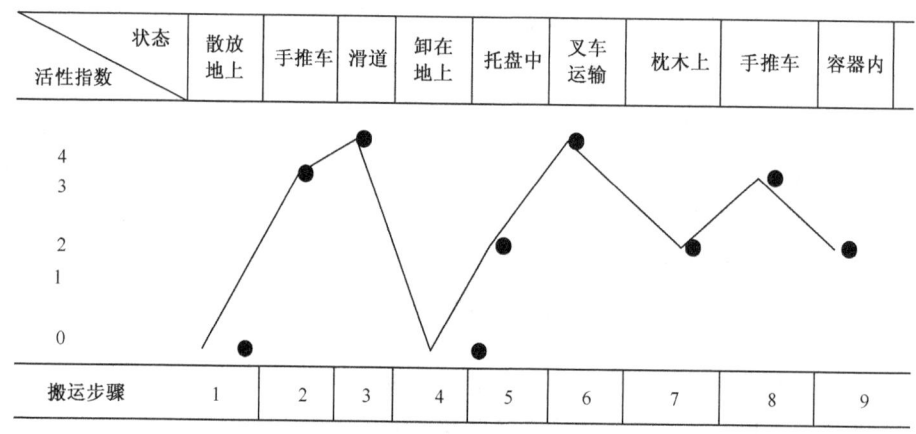

图 7.1 搬运活性分析图

从图中可以直观看出，搬运步骤 1、4 的活性指数太低，应该改进。可采用容器、托盘或手推车盛装物料的方法来代替将物料直接的放在地上的方法。

从活性指数的平均值来看：

$\delta=(0+3+4+0+2+4+2+3+2)/9=2.22$，应该采用单元化物资的连续装卸搬运方法，与图示法的结论相同。

二、搬运系统分析

(一) 搬运系统分析设计的主要内容

搬运系统分析 (system handing analysis, SHA) 是理查德·缪瑟提出的一种有条理的系统分析方法，适用于一切物料搬运项目。该方法包括：一种解决问题的方法，一系列依次进行的步骤和一整套相关记录、评定等级和图表化的图例符号。如图7.2所示。

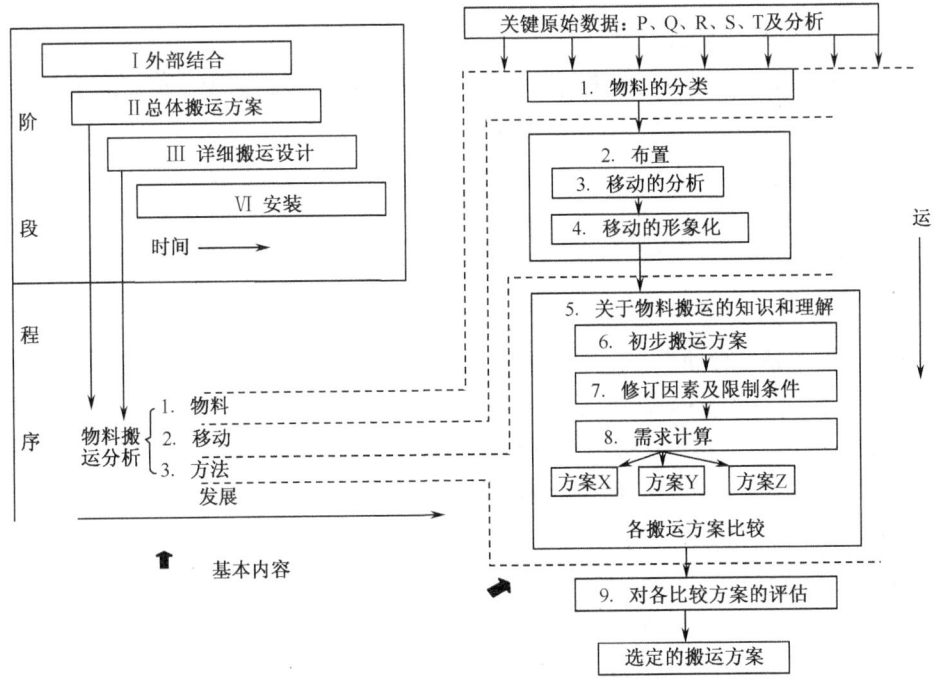

图 7.2 搬运系统分析模式

企业物料的装卸搬运是以物料、移动和方法三项为基础的。因而，装卸搬运系统分析包括分析所要搬运的物料、分析需要进行的移动和确定经济实用的装卸搬运方法。"SHA的程序模式"完全基于这三个基本元素，是一个分步骤进行的程序。问题越复杂，这个模式就越有用、越可以节约时间。

分析物料搬运问题所需要的主要输入数据主要有：P，产品或物料（部件、零件、商品）；Q，数量（销售量或合同订货量）；R，路线（操作顺序和加工过程）；S，后勤与服务（如库存管理、订货单管理、维修等）；T，时间因素（时间要求和操作次数）。

**（二）物料分类**

1. 物料分类的主要依据

在对企业所有的物料进行分类时，主要考虑两个方面。首先是物料的可运性，影响物料可运行的主要因素是物料本身的物理化学特性，而外界的因素，如工位器具、托盘、货架和搬运设备等，也是重要影响因素；其次是物流条件，其中包括生产工艺方面的要求、质量保证体系方面的要求、生产管理方面的要求（如生产中的间隙性、周期性、配套性、不均匀性)、环保要求以及一些特殊要求（如贵重物品的控制和法律管制品等）。

2. 物料分类程序

列表标明所有的物品或分组归并的物品名称；

(1) 记录其物理特性及其他特性；

(2) 分析每种或每类物料的各项特征，并确定那些特征是主导的，在起决定性作用的特征下面画出标记线；

(3) 确定物料类别，把那些具有相似的主导特征或特殊影响特性的物料归并为一类；

(4) 每类物料写出分类说明（如用 a、b、c、d 表示），并填写物料分类一览表。

### (三) 物料移动分析

1. 收集各种移动分析的资料

设施布置决定了物料搬运的起点和终点之间的距离，而这个移动距离是选择任何搬运方法的主要因素，因此，我们选择的方案必须是建立在物料搬运作业与具体布置相结合的基础之上。

在分析各项移动时，我们需要掌握一定的资料。包括：

(1) 物料（产品或物料类别）：物理特征及其他特征；

(2) 路线（起点和终点或搬运路径）：移动距离及路线的具体情况（如水平程度和弯曲程度、拥挤程度和路面情况、气候与环境、起讫点的具体情况和组织情况等）。

(3) 物流或搬运活动。

计算物流量（单位时间内在一条路线上移动的物料数量），其公式为

$$I = nP$$

其中，$I$ 为物流量（即当量物流量，有时也用码格数来表示）；$n$ 为单位时间内流经某区域或路径上产品或物料的单元数；$P$ 为产品或物料的计量单位。

计算运输工作量，其公式为

$$运输工作量（TW）= 物流量（I）\times 搬运距离（D）$$

2. 移动分析方法

(1) 流程分析法。这种方法是每次只观察一类产品或物料，并跟随着它沿整个生产过程收集资料，必要时跟随从原料库到成品库的全过程，编制流程图表或流程图。当产品或物料品种很少或是单一品种时，采用该方法。

(2) 起讫点分析法。这种方法有两种不同的做法。在路线数目不太多时，通过观察每次移动的起讫点搜集资料，每次分析一条路线绘制搬运路线表。若路线数目多，则对一个区域进行观察，搜集运进运出这个区域的一切物料的有关资料，编写物料进出表。

3. 编制搬运活动一览表

编制该表是为了把搜集到的资料进行汇总,编制在一张表上,达到明了、全面地了解情况以及运用的目的。在表中要对每条路线、每种物料和每项移动的物流量及运输工作量进行计算,并按 A、E、I、O、U 进行等级评定。

4. 各种移动的图表化

这是将各项移动的分析结果标注在区域布置图上,起到一目了然的作用,是 SHA 程序模式中的一个重要步骤。物流图表化的方法有以下几种。

(1) 物流流程简图,可帮助我们了解流程,因图中无工作区域的正确位置及距离,所以不能用来选择搬运方案。如图 7.3 所示。

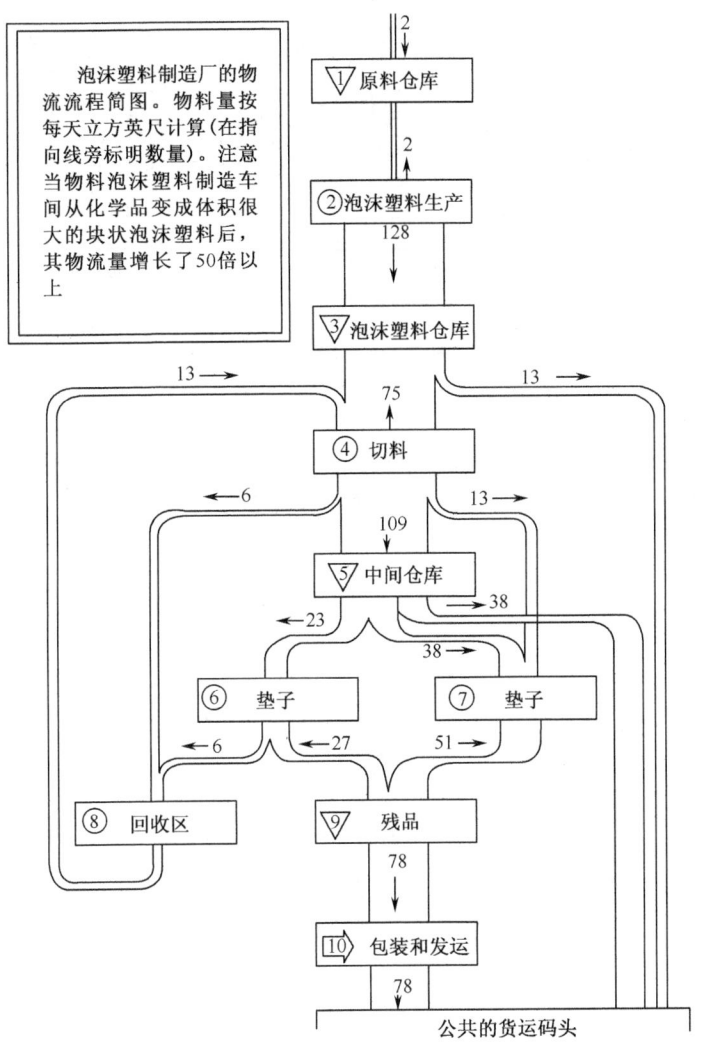

图 7.3 物流流程简图

（2）在企业平面布置上绘制的流程图，如图 7.4 所示。

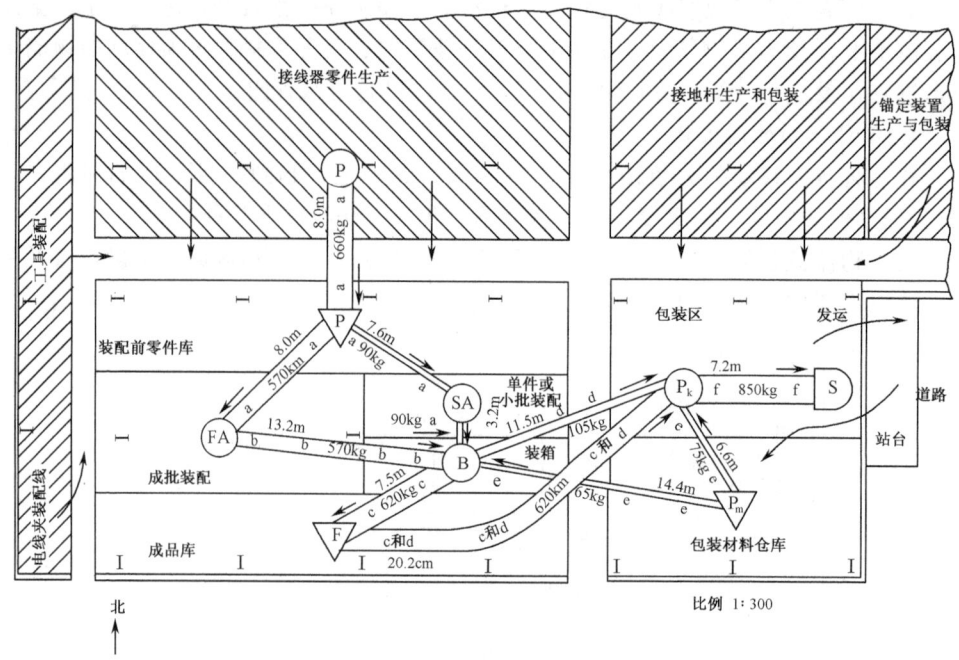

图 7.4　物流平面图

物流平面图就是将各种物流量大小（用线条的粗细表示和数字表示）及去向绘制在平面图相应的位置上，直观地表现物流运行情况。平面物流图可形象地表现系统的物流情况，对物流是否合理一目了然，有利于分析与设计。

（3）坐标指示图，如图 7.5 所示。

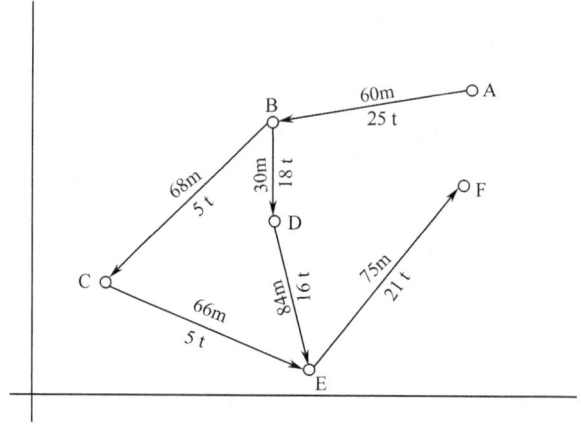

图 7.5　坐标指示图

## (四) 搬运方法分析

所谓物料搬运方法，实际上就是一定类型的搬运设备与一定类型的运输单元相结合，进行一定模式的搬运活动，以形成一定的路线系统。一个工厂的搬运活动可以采用同一种搬运方法，也可以采用不同的方法。一个搬运方案，都是几种搬运方式的组合。

1. 初步的搬运方法

（1）确定搬运方法：

①根据搬运路线系统选择原则确定搬运路线；

②根据搬运设备选择原则确定搬运设备类别、规格、型号；

③根据物料一览表确定运输单元。

（2）记录方法。用统一的物料搬运符号表示。如属简单问题，就可用物料搬运方法工作表填写建议的搬运方法。表的左边列出各项移动，表的右边填写各项移动建议的搬运方法。

2. 方案的修改和限制

要使初步设计出的方案符合实际、切实可行，必须根据实际的限制条件进行修改。解决物料搬运问题，除了路线系统、设备和运输单元以外，还要考虑正确和有效的操作设备问题、协调和辅助物料搬运正常运行的问题等。

3. 方案说明和各项需求的计算

对修改后的几个初步搬运方案，要逐个方案进行说明和计算，其内容包括：

（1）每条路线上每种物料搬运方法的说明；

（2）搬运方法以外的其他必要的变动说明，如更改布置、作业计划、生产流程、建筑物、公用设施、道路等；

（3）计算搬运设备和人员的需求量；

（4）计算投资数和预期的经营费用。

4. 方案评价

从几个合理可行的方案中（包括总说明、物流图、汇总表、需求一览表），选出最佳方案，即对方案进行评价，是程序模式的一个决定性的步骤。评价方案方法有成本费用或财务比较和无形因素比较等。

（1）成本费用或财务比较：

①投资费用：包括基建投资或项目费用；

②经营费用：包括物料、人员、管理费用。

（2）无形因素比较：无形因素比较法中主要由优缺点比较法和加权因素比较法。可供参考的无形因素如下：

①与生产流程的关系及其服务的能力；

②搬运方法的通用性与适应性；

③灵活性（已确定的搬运方法是否易于变动或重新安排）；
④布置和建筑物扩充的灵活性是否收到搬运方法的限制；
⑤面积和空间的利用；
⑥安全和建筑物管理；
⑦是否便于管理和控制；
⑧可能发生故障的频率及对生产造成的中断、破坏和混乱的程度；
⑨能否适应生产节拍的要求和对生产流程时间的影响；
⑩与仓库设施是否协调；
⑪同外部运输是否适应等。

5. 搬运方案的详细设计

搬运方案的初步设计阶段确定了搬运路线系统、搬运设备、运输单元和总体方案。搬运方案的详细设计师在此基础上制定从工作地到工作地或从具体取货点到具体取货点之间的搬运方法，详细搬运方案必须与总体搬运方案协调一致。

实际上，SHA 的方案初步设计阶段和方案详细设计阶段用的是同样模式，只是在实际运用中两个阶段的设计区域范围不同、详细程度不同。详细设计阶段需要大量的资料、更具体的指标和更多的实际条件。

## 第三节　装卸搬运机械设备

### 一、托盘

托盘（pallet）是一种重要的集装器具，是在物流领域中适应装卸机械化而发展起来的一种集装器具，托盘的发展可以说是与叉车同步。叉车与托盘的共同使用，形成的有效装卸系统大大地促进了装卸活动的发展，使装卸机械化水平大幅度提高，使长期以来在运输过程中的装卸"瓶颈"得以解决或改善。所以，托盘的出现也有效地促进了全物流过程水平的提高。

（一）概念

托盘是用于集装、堆放、搬运和运输的放置作为单元负荷的货物和制品的水平平台装置。托盘是由木材、金属、纤维板制作的低平台，作为储运补给品的一个单元，是一种装卸物资的轻便平台。使用托盘便于用叉车、搬运车辆或吊车等装卸搬运单元物资或小数量的物资。

（二）托盘的分类

1. 平托盘

一般所称的托盘，主要指平托盘。平托盘是托盘中使用量最大的一种，可以说是托盘中的通用性托盘。木托盘的基本构造如图 7.6 所示。

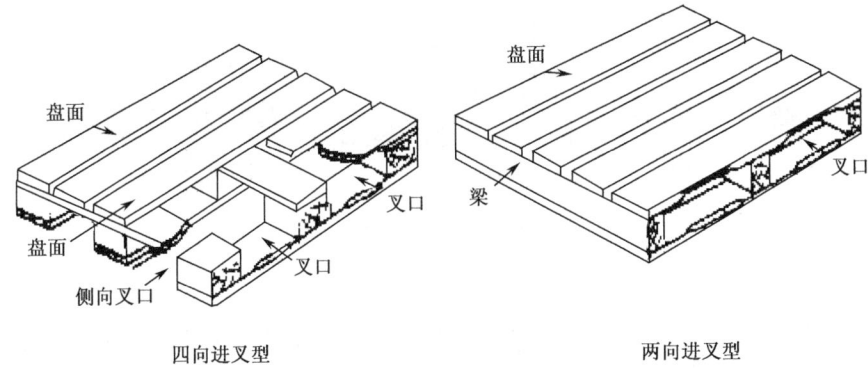

图 7.6 木托盘结构

按制造材料分，平托盘可以分为：

（1）木制平托盘。木制平托盘制造方便，便于维修，本体也较轻，是使用广泛的平托盘。

（2）钢制平托盘。用角钢等异型钢材焊接制成的平托盘，与木制平托盘一样，也有各种叉入型和单面、双面使用型等各种类型。钢制平托盘自重较重，比木制平托盘重，人力搬运较为困难，其最大特点是强度高、不易损坏和变形、维修工作量较小。钢制平托盘制成异型平托盘有优势，这种托盘不但可使用叉车装卸，也可使用两翼套吊吊具进行吊装作业。

（3）塑料制平托盘。采用塑料模制成的平托盘，一般是双面使用型，两向叉入或四面叉入，由于塑料强度有限，很少有翼型的平托盘。塑料平托盘最主要特点是本体重量轻、平稳美观、整体性好、无味无毒、易冲洗消毒、不腐烂、不助燃、无静电火花、可回收、耐腐蚀性能强、可着各种颜色分类区分。托盘是整体结构，不存在透钉刺破货物的问题，是仓储的重要工具，适合周转使用。但塑料托盘承载能力不如木托盘和钢制托盘。

（4）高密度合成板托盘（免熏蒸）。用各种废弃物经高温高压压制而成。再生环保材料具有抗高压、承重性能好、成本低等优点，而且还能避免传统木托盘的木结、虫蚀、色差、湿度高等缺点。适合各种货物的运输，尤其是重货成批运输，也是替代木托盘的最佳选择。

2. 柱式托盘

柱式托盘的四个角有固定式的或可卸式的柱子，这种托盘的进一步发展又可从对角的柱子上端用横梁连接，使柱子成门框型。柱式托盘的柱子部分用钢材制成，按柱子固定与否分为固定柱式和可卸柱式两种。柱式托盘的主要作用有两个，其一是防止托盘上放置的货物在运输、装卸等过程中发生塌垛；其二是利用柱子制成承重，可以将托盘货载堆高叠放，而不用担心压坏下部托盘上之货物，如图7.7所示：

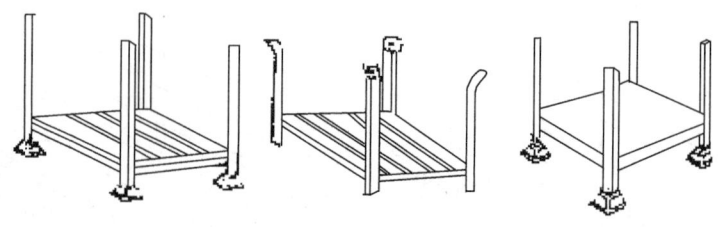

图 7.7　柱式托盘

3. 箱式托盘

箱式托盘的基本结构是沿托盘四个边有板式、栅式、网式等各种平面组成箱体，有些箱体有顶板，有些箱体上没有顶板。箱板有固定式、折叠式和可卸式三种。箱式托盘的主要特点是防护能力强、装运范围大。箱式托盘能有效防止塌垛、防止货损，而且由于四周的护板护栏，这种托盘不但能装运可码垛的整齐形状包装货物，也可装运各种异型不能稳定的物品。如图7.8所示。

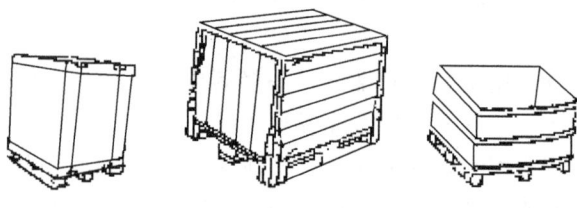

图 7.8　箱式托盘

4. 轮式托盘

轮式托盘的基本结构是在柱式、箱式托盘底下装有小型轮子。这种托盘不但具有一般柱式、箱式托盘的优点，而且可利用轮子做小距离运动，可不需搬运机具实现搬运。可利用轮子作滚上滚下的装卸，也有利于装放车内、船内后移动其位置，所以轮式托盘有很强的搬运性。此外，轮式托盘在生产物流系统中还可以兼做作业车辆。如图7.9所示。

图 7.9　轮式托盘

### (三) 托盘的特点

托盘在很多方面是优点、缺点互补，因而往往难以利用集装箱的地方可利用托盘，托盘难以完成的工作由集装箱完成。托盘主要有以下几个特点：

(1) 自重量小。因而用于装卸、运输托盘本身所消耗的劳动较小，无效运输及装卸相对于集装箱来说要小。

(2) 返空容易。返空时占用运力很少。由于托盘造价不高，又很容易互相代用，互以对方托盘抵补，所以无需像集装箱那样必有固定归属者，返空比集装箱容易。

(3) 装盘容易。不需像集装箱那样深入到箱体内部，装盘后可以采用捆扎、紧包等技术处理，使用时简便。

(4) 装载量有限。装载量比集装箱要少，但也能集中一定数量，比一般包装的组合量大得多。

(5) 保护性差。保护性比集装箱差，露天存放困难，需要有仓库等配套设施。

托盘包装在国际贸易中已经使用了很多年，被认为是经济效益较高的运输包装方法之一。它不仅可以简化包装、降低成本，使包装可靠、减少损失，而且易机械化、节省人力，实现高层码垛，充分利用空间。

## 二、搬运车辆

### (一) 搬运车辆的功能

装卸搬运活动渗透到物流的各个环节，成为物流活动能否顺利进行的关键。随着物流业的发展，对装卸搬运作业的要求越来越高，物流发展到今天，依靠人工的装卸搬运活动越来越少，为了提高物流作业的效率，依靠现代化的物流搬运车辆是必然的选择。搬运车辆是指依靠本身的运行和装卸机构的功能，实现货物的水平搬运和短距离运输、装卸的各种车辆。搬运车辆机动性好，适应性强，已经广泛的用于仓库、港口、车站、货场、车间、船舱、车厢内和集装箱内作业，保证了装卸搬运工作的高效进行。

### (二) 搬运车辆的分类

1. 搬运车辆按照所采用的动力装置不同进行分类

可分为电动式车辆和内燃式车辆。一般情况下，内燃式车辆所提供的动力较大，电动式车辆所提供的动力较小。电动车辆由电动机驱动，由蓄电池供电，其结构简单、操作较容易、环境污染小、维修方便。因受电池容量的限制，驱动功率小、作业效率低，只有在对环境要求高的场合下才要求采用电动车辆。内燃式车辆以内燃机作为动力，结构比较复杂、维修不方便、环境污染大。但是，因为内燃式车辆动力大、工作效率高、对路面的要求低,在室外操作一般采用内燃式叉车。

2. 搬运车辆按作业方式不同分类

搬运车辆按作业方式不同可分为三大类:固定平台搬运车、牵引车和起升车辆。具体分类如图 7.10 所示。

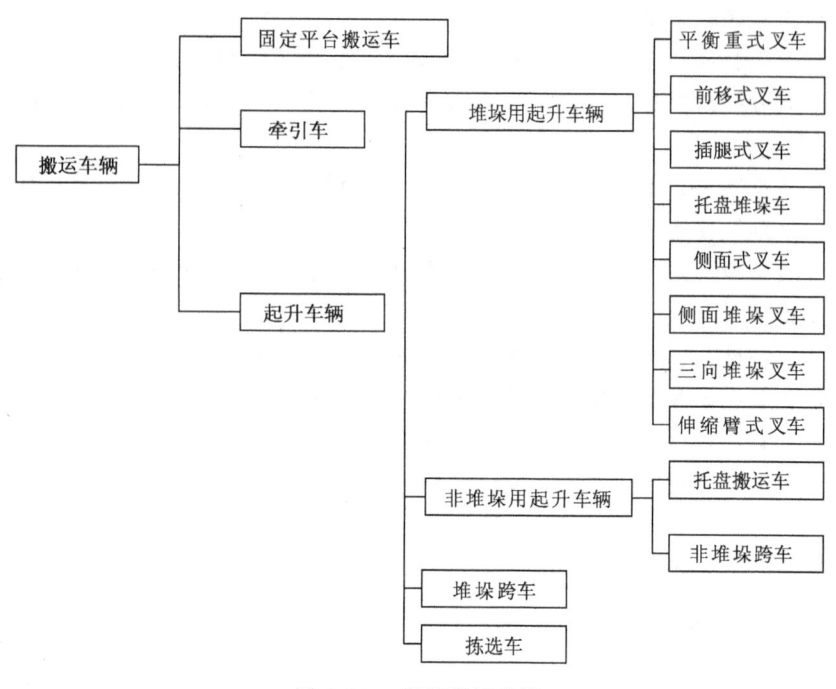

图 7.10 搬运车辆分类

### 三、叉车

叉车是一种用来提取、搬运、堆码单元物资的车辆,它是能完成出库、搬运、装卸、入栈四种复合作业、使用非常方便的机械。叉车主要用于港口、码头、机场、车站、仓库和工厂等处进行成件货物的装卸和搬运。当配合多种附属机构装置时,叉车还能用于散装货物和不包装的其他货物的装卸和搬运。

在国家标准《物流术语》中对叉车的定义是:具有各种叉具,能够对货物进行升降和移动以及装卸作业的搬运车辆。

(一)叉车的分类

按照性能和功用,叉车可分为以下几种:

(1)平衡重式叉车。其货叉位于叉车的前部,为了平衡货物重量产生的倾翻力矩，在叉车的后部装有平衡重，以保持叉车的稳定。平衡重式叉车主要用于室外作业，最大起重量达 40 吨，是目前应用最广泛的叉车，占叉车总量的 80% 左右。如图 7.11 所示。

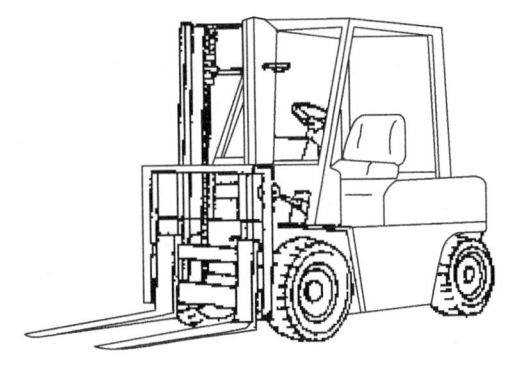

图 7.11　平衡重式叉车

（2）插腿式叉车。插腿式叉车的两条腿向前伸出，支撑在很小的车轮上。支腿的高度很小，可同货叉一起插入货物底部，由货叉托起货物。货物的重心落到车辆的支撑平面内，因此稳定性很好，不必再设平衡重。叉腿式叉车一般由电动机驱动、蓄电池供电。它的作业特点是起重量小、车速低、结构简单、外形小巧。适用于通道狭窄的仓库内作业，起重量一般在 2 吨以下。

（3）侧面式叉车。侧面式叉车的门架和货叉在车体的一侧。其作业的主要特点有两个：①在出入库作业的过程中，车体进入通道，货叉面向货架或货垛，这样，在进行装卸作业时不必再先转弯然后作业，这个特点使侧面式叉车适合于窄通道作业；②有利于专搬条形长尺寸货物，因为长尺寸货物与车体平行，不受通道宽度的限制。室外工作一般采用充气轮胎，室内工作一般采用实心轮胎。侧面叉车能以较快的速度搬运长件货物，最大起重量为 40 吨，最大起升高度为 3 米，最高速度为 30 千米/小时。

（4）前移式叉车。前移式叉车有两条前伸的支腿，与叉腿式叉车比较，前轮较大，支腿较高，作业时支腿不能插入货物的底部，而门架可以带着整个起升机构沿支腿内侧的轨道移动，这样货叉叉取货物后稍微起升一个高度即可缩回，保证叉车运行时的稳定性。前移式叉车与叉腿式叉车一样，都是货物的重心落到车辆的支撑平面内，因此稳定性很好。其最大起重量为 5 吨，起重高度最大为 3 米，最高速度为 15 千米/小时，适用于车间、仓库内作业。

（5）集装箱式叉车。集装箱式叉车专门用于集装箱的装卸搬运，也有正面式和侧面式两类。它的主要特点是可搬运较大重量的货物。

（6）高货位拣选式叉车。高货位拣选式叉车的主要作用是高位拣货。操作台上的操作者可与装卸装置一起上下运动，并拣选储存在两侧货架内的货物，适用于多品种少量入出库的特选式高层货架仓库。起升高度一般 4~6 米，最高可达 13 米，大大提高仓库空间利用率。为保证安全，操作台起升时，只能微动运行。

### （二）叉车的特点

（1）有很强的通用性。在物流的各个领域都有所应用，如仓库、车站、码头和港口都要应用叉车进行作业。如果叉车与托盘配合，它的应用范围会更广，同时可以提高作业的效率。

（2）具有装卸和搬运的双重功能。实际上，叉车是装卸和搬运一体化的设备。它将装卸和搬运两种作业合二为一，提高了作业的效率。

（3）有很强的灵活性。叉车底盘与汽车相比较，它的轮距较小，这样叉车的转弯半径就很小，作业时灵活性加强。在许多机具难以使用的领域都可以采用叉车。

## 四、自动导引搬运车

自动导引搬运车是物流系统的重要搬运设备。随着工厂自动化、计算机集成系统技术的发展、柔性制造系统和物流业的发展，自动导引搬运车得到了广泛的应用。世界上第一台自动导引搬运车出现在美国，是由美国的 Barret 电子公司于 20 世纪 50 年代开发成功的，随后在欧洲、日本得到了发展。在我国，自动导引搬运车的应用较晚，但近几年也得到了很快的发展。

### （一）定义

自动导引搬运车（automated guided vehicle，AGV）：能够自动行驶到指定地点的无轨搬运车辆。

自动导引搬运车是一种能在某一位置自动进行货物的装载，自动行走到另一位置，自动完成货物卸载的全自动物料搬运设备。自动导引搬运车以电池为动力，装备有电磁或光学等自动导航装置，能够独立自动寻址，并通过计算机系统控制完成无人驾驶及作业。

### （二）分类

（1）按照导引方式不同，可分为：固定路径导引和自由路径导引。

①固定路径导引。固定路径导引是指在固定的路线上设置导引用的信息媒介物，自动导引搬运车通过检测出它的信息而得到导引的导引方式。如电磁导引、光学导引、磁带导引。

②自由路径导引。自由路径导引是指自动导引搬运车根据要求随意改变行驶路线。这种导引放式的原理是在自动导引搬运车上储存好作业环境的信息，通过识别车体当前的方位，与环境信息相对照，自主决定路径的导引方式。如推算识别、惯

性导引、环境影射法导引、激光导引。

(2) 按照运行的方向不同,可分为:向前运行、前后运行和万向运行。

(3) 按照移载方式不同,可分为:侧叉式移载、叉车式移载、推挽式移载、辊道输送机式移载、链式输送机移载、升降台移载和机械手移载等。

(4) 按照充电方式不同,可分为:交换电池式和自动充电式。

(5) 按照转向方式不同,可分为:前轮转向、差速转向和独立多轮转向。

### (三) 自动导引车搬运车的应用

(1) AGV在制造业中的应用。在制造业中,AGV应用最广泛的领域是装配作业,特别是汽车的装配作业。在西欧各国,用于汽车装配的AGV占整个AGV数量的57%,德国用于汽车装配的AGV占整个AGV数量的64%。近年来,电子工业是AGV的新兴用户,由于生产的多品种、小批量的要求,AGV比传统的带式输送机具有更大的柔性。

(2) AGV在重型机械中的应用。在重型机械行业中,AGV的主要用途是运送模具和原材料,由于运送物的重量较大,AGV需要配备功率较大的移载装置。

(3) 在非制造业中的应用。在非制造业中,AGV应用最广泛的行业是邮政业、图书馆、医院。在邮政部门广泛的采用AGV,如将进区台的邮件送到处理区,在将处理区的邮件送到出区台。为了加大一次运输量,使用了牵引式AGV系统,一次可以牵引多台邮件车。在图书馆用于图书的入库和出库,可以自动将图书送到指定的地点。

## 第四节 自动分拣系统

经济和生产的发展,流通趋于小批量、多品种和准时制,各种配送中心的货物分拣任务十分艰巨,分拣量的增加、分送点的增多、配货响应时间的缩短和服务质量的提高,必须需要高效的分拣系统才能保证准时完成配送订单。自动分拣系统由于分拣速度快、分拣点多、差错率极低、效率高和基本上实现无人化操作等优势,越来越受到人们的重视。世界上物流技术先进的国家,如美国、日本早在20世纪70年代就已使用自动分拣机来提高物流中心的效率。随着计算机技术的飞速发展,自动分拣系统中信息处理能力急剧增强,更提高了分拣系统的分拣规模和能力。一个高速分拣机能有520个分拣道口,分拣能力达到每小时3万件。自动分拣系统构成如图7.12所示。

**1. 收货输送机**

卡车送来的货物,放在收货输送机上,经检查验货后,送入分拣系统。为了满足物流中心吞吐量大的要求,提高自动分拣机的分拣量,往往采用多条输送带组成

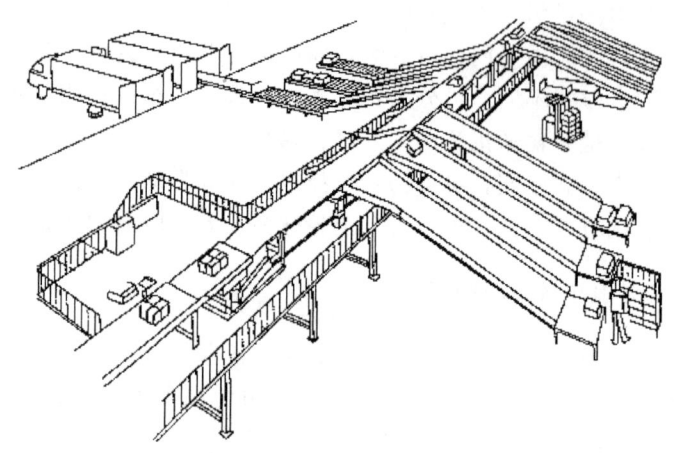

图 7.12　自动分拣系统

的收货输送机系统,以供几辆乃至百余辆卡车同时卸货。这些输送机多是辊子式和带式输送机,辊子输送机具有积放功能,即当前面的货物遇阻时,后端货物下面的辊道会自动停转,使货物得以在辊道输送机上暂存,解阻后自动继续前进。

有些配送中心使用了伸缩式输送机,它能通过该输送机伸入卡车车厢内,从而大大减轻卡车工人搬运作业的劳动强度。

2. 合流输送机

大规模的分拣系统因分拣数量较大,往往由 2~3 条传送带输入被拣商品,它们分别经过分拣信号设定装置后,必须经过合流装置。合流机械由辊柱式输送机组成,它能让到达汇合处的货物依次通过。

3. 送喂料输送机

货物在进入某些自动分拣机前,要经过送喂料机构。它的作用有两个:一是依靠光电管的作用,使前、后两货物之间保持一定的间距,均衡地进入分拣传送带;二是使货物逐渐加速到分拣机主输送机的速度。

其中,第一阶段输送机是间歇运转的,它的作用是保证货物上分拣机时,保证满足货物间的最小间距。由于该段输送机传送速度一般为 0.6 米/秒左右,而分拣机传送速度的驱动均采用直流电动机无级调速。由速度传感器将输送机的实际带速反馈到控制器,进行随机调整,保证货物在第三段输送机上的速度与分拣输送机完全一致。这是自动分拣机关键之一。

4. 分拣指令设定装置

自动分拣机上移动的货物,向哪个道口分拣,通常在待分拣的货物上贴上标有到达目的地标记的票签,或在包装箱上写上收货方的代号;并在进入分拣机前,先由信号设定装置把分拣信息(如配送目的地、客户户名等)输入计算机中央控制器。

在自动分拣系统中,分拣信息转变成分拣指令的设定方式有几种。

(1) 人工键盘输入。操作者一边看着货物包装箱上粘贴的标签或书写的号码,一边在键盘上将号码输入。键盘输入方式操作简单、费用低、限制条件少,但操作员必须注意力集中,劳动强度大、易出差错。人工输入的差错率为1/300,键入速度只能达到1000~1500件/小时。

(2) 声控方式。首先需将操作人员的声音预先输入控制器电脑中,当货物经过设定装置时,操作员将包装箱上的票签号码依次读出,计算机将声音接受并转为分拣信息,发出指令,传送到分拣系统的各执行机构。声音输入法与键盘输入法相比,速度要快,可达3000~4000件/小时,操作人员较省力。但由于需事先存储操作人员的声音,当出现操作人员声音因咳嗽变哑情况时,就会发生差错。因此,声音输入法经常出现故障,使用效果不理想。

(3) 利用激光自动阅读物流条码。在被拣商品包装上贴上代表物流信息的条码,在输送带上通过激光扫描器时,扫描器自动识别条码上的分拣信息,输送给控制器。由于激光扫描器的扫描速度极快,达100~120次/秒,来回对条形码扫描,能将输送机上高速移动货物上的条形码正确读出。激光扫描条形码方式费用较高,商品需要物流条码配合,但输入速度快,可与输送带的速度同步,达5000件/小时以上,差错率极低,规模较大的配送中心都采用这种方式。

5. 计算机程序控制

根据各客户需要商品品种和数量,预先编好合计程序,把全部分拣信息一次性输入计算机,控制器即按程序执行。

计算机程序控制是最先进的方式,它需要与条形码技术结合使用,而且还须置于整个企业计算机经营管理系统之中。一些大型的现代化配送中心把各个客户要货单一次输入计算机,在计算机的集中控制下,商品货箱从货架被拣选取入,在输送带上由条码喷印机喷印条码,然后进入分拣系统,全部配货过程实现自动化。

6. 分拣传送装置及分拣机构

它是自动分拣机的主体,包括两个部分:货物传送装置和分拣机构。前者的作用是把被拣货物送到设定的分拣道口位置;后者的作用是把被拣货物推入分拣道口。各种类型的分拣机,其主要区别就在于采用不同的传送工具(如钢带输送机、胶带输送机、托盘输送机、辊子输送机等)和不同的分拣机构(如推出器、浮出式导轮转向器等)。

7. 分拣卸货道口

卸货道口是用来接纳由分拣机构送来的被拣货物的装置,它的形式各种各样,主要取决于分拣方式和场地空间。一般采用斜滑道,其上部接口设置动力辊道,把被拣商品"拉"入斜滑道。

斜滑道可看作是暂存未被取走货物的场所。当滑道满载时,由光电管控制、阻止分拣货物再进入分拣道口。此时,该分拣道口上的"满载指示灯"会闪烁放光,通知操作人员赶快拾取滑道上的货物，消除积压现象。一般自动分拣系统还设有一条专用卸货道口，汇集"无法分拣"和因"满载"无法进入设定分拣道口的货物，以作另行处理。有些自动分拣系统使用的分拣斜滑道在不使用时可以向上吊起，以便充分利用分拣场地。

8. 计算机控制系统

计算机控制系统向分拣机的各个执行机构传递分拣信息，并控制整个分拣系统。自动分拣的实施主要靠它把分拣信号传送到相应的分拣道口，并指示启动分拣装置，把被拣货物推入道口。分拣机控制方式通常用脉冲信息跟踪法。

是否采用自动分拣系统要注意成本与分拣工作量的平衡，因为分拣系统设施复杂，投资及运营成本较高，还需要一个与之相适应的外部条件，如计算机信息系统、作业环境、配套设施等。但是对于分拣量大，如日分拣量超过 10 000 件，一次分拣单位较多，被分拣的货物适应自动分拣机的情况，采用自动分拣系统可充分发挥其准确、迅速、一次处理能力大的优点，能大幅度地提高分拣效率。

## 案例　货物分拣系统提高顶峰公司的物流速度

在传统的货物分拣系统中，一般是使用纸制书面文件来记录货物数据，包括货物名称、批号、存储位置等信息，等到货物提取时再根据书面的提货通知单，查找记录的货物数据，人工搜索、搬运货物来完成货物的提取。在这样的货物分拣系统中，制作书面文件、查找书面文件、人工搬运等浪费了巨大的人力物力，而且严重影响了物流的流动速度。随着竞争的加剧，人们对物流的流动速度要求越来越高，这样的货物分拣系统已经远远不能满足现代化物流管理的需要。今天，一个先进的货物分拣系统，对于系统集成商、仓储业、运输业、后勤管理业等都至关重要的，因为这意味着比竞争对手更快的物流速度，更快地满足顾客的需求，其潜在的回报是惊人的。建立一个先进的货物分拣系统，结合有效的吞吐量，不但可以节省数十、数百甚至数千万元的成本，而且可以大大提高工作效率，显著降低工人的劳动强度。使用这样的货物分拣系统，完全摒弃了使用书面文件完成货物分拣的传统方法，采用高效、准确的电子数据形式，提高效率，节省劳动力；使用这样的货物分拣系统，不但可以快速完成简单订货的存储提取，而且可以方便地根据货物的尺寸、提货的速度要求、装卸要求等实现复杂货物的存储和提取；使用这样的货物分拣系统，分拣工人只需简单的操作就可以实现货物的自动进库、出库、包装、装卸等作业，降低了工人的劳动强度，提高了效率；使用这样的货物分拣系统，结合必要的仓库管理条件，可以真正实现仓库的现代化管理，充分实现仓库空间的合理利用，显著提高企业的物流速度，为企业创造、保持市场竞争优势创造条件。

顶峰电子公司是位于美国亨茨维尔市的 160 000 平方英尺的仓库，采用自动识别系统技术改进货物分拣系统，从出货到装船，实现了全部自动化操作，显著改善了该公司的物流管理。这套系统在基于 UNIX 的 HP9000 上运行美国 ORACLE 公司的数据库，服务器由 4 个 9000MHz 的 Norand RF 工作站组成，它连接各个基本区域，每个区域支持 20 个带有扫描器的手持式无线射频终端。订单从配送中心的商务系统（在另一 HP9000 上运行的）下载到仓储管理系统（WMS），管理系统的服务器根据订单的大小、装船日期等信息对订单进行分类，实施根据订单分拣与零星分拣策略，并且指导分拣者选择最佳分拣路线。

根据订单分拣货物。如果订单订货数量比较大，可以根据订单，一个人一次提取大量订货。货物分拣者从他或她的无线射频终端进入服务器，选择订单上各种货物，系统会通过射频终端直接向货物分拣者发送货物位置信息，指导分拣者选择最佳路径。货物分拣者在分拣前扫描货柜箱上的条形码标签，如果与订单相符，直接分拣。完成货物选择后，所有选择的货物经由传送设备运到打包地点。扫描货物目的地条码，对分拣出来的货物进行包装前检查，然后打印包装清单。完成包装以后在包装箱外面打印订单号条码（使用 CODE-39 条码）。包装箱在 UPS 航运站称重，扫描条形码订单号，并且把它加入到 UPS 的跟踪号和重量信息条码中，这些数据，加上目的地数据，构成跟踪记录的一部分上报到 UPS。

零星分拣货物。小的订单（尤其是 5 磅以下定货）的分拣或者单一路线货物分拣，则采用"零星分拣货物"的策略来处理。信号系统直接将订单分组分派给货物分拣者，每个分拣人负责 3～4 个通道之间的区域。货物分拣者在他或她负责的区域内，携带取货小车进行货物分拣，取货小车上旋转多个货箱，一个货箱盛放一个订单的货物。如果货架上的货物与订单相符，就把货物放进小车上的货箱，并且扫描货箱上条形码序列号。在货物包装站，打印的包装清单既包括货物条码也包括包装箱序列号。

这一系统方案为顶峰电子公司遍及全美的服务区域提供了电视、录像装备，实现远程监控与订货，装船作业在接到订单 24～48 小时内完成，每日处理订单达到 2000 份。同时，应用这一系统，顶峰公司绕过了美国国内 60 个、国外 90 个中间商，把产品直接输送到个人服务中心，缩短了产品供应链，大大降低了产品的销售成本，显著提高顶峰公司企业的市场竞争能力。

新的货物分拣系统使装船准确率增长到 99.9%，详细目录准确率保持在 99.9%，货物分拣比例显著提高。以前，货物分拣者平均每小时分拣 16 次，现在是 120 次。由于这一系统的运用，劳动力减少到原来的 1/3，从事的业务量增加了 26%。尽管公司保证 48 小时内出货，实际上 99% 的 UPS 订货在 15 分钟内就能完成，当日发出。

**讨论题：**

1. 用图表示顶峰电子公司的"订单分拣货物"、"零星分拣货物"的作业流程图，说明这两种模式各有什么特点。

2. 顶峰电子公司在货物分拣系统中采用条码技术的作用是什么？条码技术的特点有哪些？

# 第八章

# 包　装

在社会再生产过程中，包装处于生产过程的末尾和流通过程的开头，既是生产的终点，又是流通的始点。在现代物流观念形成以前，包装被天经地义地看成生产的终点。因而一直是生产领域的活动，包装的设计往往主要从生产终结的要求出发，因而常常不能满足流通的要求。物流的研究认为，包装与物流的关系，比之与生产的关系要密切得多，其作为流通始点的意义比之作为生产终点的意义要大得多。因此，包装应进入物流系统之中，这是现代物流的一个新观念。

## 第一节　包装的基本知识

### 一、包装的概念

#### (一) 定义

包装（packaging）是指在物流过程中为保护产品、方便储运、促进销售，按一定技术方法，采用容器、材料及辅助物等将物品包封，并予以适当的包装标志的工作总称。也指为了达到上述目的而采用容器、材料和辅助物的过程中施加一定技术方法等的操作活动。简言之，包装是包装物及包装操作的总称。

具体来讲，包装包含了两方面的含义：①静态的含义，指能合理容纳商品、抵抗外力、保护宣传商品、促进商品销售的物体，如包装容器等；②动态的含义，指包裹、捆扎商品的工艺操作过程。人们对包装概念的理解应用，是随着社会生产的发展不断变化的。早期人们对商品进行包装，主要是为了保护商品；随着科学技术的进步和商品经济的发展，人们对包装的认识不断深化，对其赋予了新的内容，即要方便商品运输、装卸和保管，它是商品在生产领域的延续。现代包装，又向消费领域延伸，起到了对商品销售的促进作用。从物流的角度来看，包装是生产的终点，但却是物流的起点。

（二）分类

包装可以按照不同的标志进行分类。

1. 按包装在流通中的作用

按包装在流通中的作用，将包装分为运输包装和销售包装两大类。

（1）运输包装。运输包装又称工业包装或外包装，它是以保护商品安全输送、提高运输效率为目的的包装。物资的销售量较大，采用适合于大批量高效率的运输包装是十分必要的。商品流通中对运输包装有一些基本要求，首先，要确保商品运输安全，运输包装的外径尺寸和外部结构必须具有抵抗外界因素损害的能力，一般采用瓦楞纸箱、木箱、托盘集装箱等容器，其构成材料强度要高，容品的结构要坚固结实，外部进行捆扎包裹。在包装外形设计及包装材料的选择上，要考虑商品的物理化学性质、物态、外形、体积、重量、结构，流通过程中的冲击、振动负荷，装卸中的强度和次数，存储中的耐压、防雨、防潮等因素，确保商品在运输过程中不损坏、不变形、不变质、不变色、不污染，安全地到达消费者手中。其次，要有明确的包装标志。运输包装的外形上一般都由"小心轻放"、"切勿倒置"等储运标志以及易燃易爆等危险品标志，同时还标有如发送地、到达地以及商品品名、规格、件数、号码、重量、体积、生产厂家等标志，便于商品的识别，加速流转，使商品正确无误地运往目的地。最后，运输包装要采用先进的包装材料和包装技术。

（2）销售包装。销售包装是以促进销售为主要目的的包装，这种包装的特点是外形美观，有必要的装潢，包装单位适于顾客的购买量以及商店陈设的要求。在流动过程中，商品越接近顾客，越要求包装有促进销售的效果。为了发挥包装对商品销售的促进作用，对销售包装的基本要求如下：首先，包装的外形要美观大方、醒目新颖，要突出商品的形象和特点，并选择符合市场习惯和用户心理因素的造型、图案和色彩，以增强商品的感染力和吸引力；其次，要突出商标，商标是消费者选购商品的主要依据之一，商标应设计在包装容器最显眼的地方，并且要简单明了，便于用户识别商品；再次，要有简单和必要的文字说明，如实地介绍商品的性能和使用方法，方便用户携带和使用；最后，根据商品的特点，在包装材料的选用及设计上要尽量降低包装成本，减轻用户负担。

2. 按形态分类

按包装形态可以分为个包装、中包装和外包装。

（1）个包装是指一个商品为一个销售单位的包装形式。包装容器直接与产品接触，在生产中与商品装配成一个整体。它以销售为主要目的，一般随同商品销售给顾客，因而又称为小包装。个包装起着直接保护、美化、宣传和促进商品销售的作用。

（2）中包装是指若干个单体商品或包装组成一个小的整体包装。它是介于个包装与外包装的中间包装，属于商品的内层包装。中包装在销售过程中，一部分随同商品出售，一部分则在销售中被消耗掉，因此被列为销售包装。在商品流通过程中，中包装起着进一步保护商品、方便使用和销售的作用，方便商品分拨和销售过程中的点数和计量，方便包装组合等。

（3）外包装是指货物的外部标记，即将物品放入箱、袋、罐等容器中或直接捆扎，并作上标示、印记等。其目的是便于对物品的运输、装卸和保管，保护商品。

此外，按包装的保护技术可分为防潮包装、防锈包装、防虫包装、防腐包装、防震包装、危险品包装等。

二、包装的功能

一个好的包装必须具备以下几种功能：

（1）保护功能。商品包装的保护功能是其最重要和最基本的功能。主要指保护商品在流通过程中使其价值和使用价值不受外界因素的影响。其影响因素包括：包装的结构、材料与包装的保护功能有着直接的联系，如我们常见的电子产品包装，一般多采用较厚的纸板，结构以封闭式包装为主，内衬泡沫等填充物，以免电子产品受损坏，充分体现了包装的保护功能。

（2）销售功能。包装的销售功能是商品经济高度发展、市场竞争日益激烈的必然产物。在商品质量相同的条件下，精致、美观、大方的包装可以增强商品的美感，引起消费者注意，诱导消费者的购买欲望和购买动机，从而产生购买行为。因为消费者购买商品，首先看到的并不是商品本身，而是商品的包装，它往往给消费者形成"第一印象"，产品包装的好与坏直接影响着产品的销售。因此，我们说包装是产品的"无声的推销员"。

（3）方便功能。产品生来就是要流通的，一种产品，从工厂到商店要经历无数次的运输、搬运、仓储等环节，这就要求产品的包装适应这一过程。好的包装应该方便搬运、利于运输，在仓储时能够牢固地存放。

## 第二节 包装技术

一、常用的包装技术

包装技术（packaging techniques）是包装活动中所采用的硬技术与软技术的

总称，主要有如下几种。

### （一）防震保护技术

防震包装又称缓冲包装，在各种包装方法中占有重要的地位。产品从生产出来到开始使用要经过一系列的运输、保管、堆码和装卸过程，置于一定的环境之中。在任何环境中都会有力作用在产品之上，并使产品发生机械性损坏。为了防止产品遭受损坏，就要设法减少外力的影响，所谓防震包装就是指为减缓内装物受到冲击和振动，保护其免受损坏所采取的一定防护措施的包装。防震包装主要有以下三种方法：

（1）全面防震包装方法。全面防震包装方法是指内装物和外包装之间全部用防震材料填满进行防震的包装方法。

（2）部分防震包装方法。对于整体性好的产品和有内装容器的产品，仅在产品或内包装的拐角或局部地方使用防震材料进行衬垫即可。所用包装材料主要有泡沫塑料防震垫、充气型塑料薄膜防震垫和橡胶弹簧等。

（3）悬浮式防震包装方法。对于某些贵重易损的的物品，为了有效地保证在流通过程中不被损坏，外包装容器比较坚固，然后用绳、带、弹簧等将被装物悬吊在包装容器内。在物流中，无论是什么操作环节，内装物都被稳定悬吊而不与包装容器发生碰撞，从而减少损坏。

### （二）防破损保护技术

缓冲包装有较强的防破损能力，因而是防破损包装技术中有效的一类。此外还可以采取以下几种防破损保护技术：

（1）捆扎及裹紧技术。捆扎及裹紧技术的作用，是使杂货、散货形成一个牢固整体，以增加整体性，便于处理及防止散堆来减少破损。

（2）集装技术。利用集装，减少与货体的接触，从而防止破损。

（3）选择高强保护材料。通过外包装材料的高强度来防止内装物受外力作用破损。

### （三）防锈包装技术

（1）防锈油防锈蚀包装技术。大气锈蚀是空气中的氧、水蒸气及其他有害气体等作用于金属表面引起的化学作用的结果。如果使金属表面与引起大气锈蚀的各种因素隔绝（即将金属表面保护起来），就可以达到防止金属大气锈蚀的目的。防锈油包装技术就是根据这一原理将金属涂封防止锈蚀的。用防锈油封装金属制品，要求油层要有一定厚度，油层的连续性好，涂层完整。不同类型的防锈油要采用不同的方法进行涂。

（2）气相防锈包装技术。气相防锈包装技术就是用气相缓蚀剂（挥发性缓蚀剂），在密封包装容器中对金属制品进行防锈处理的技术。气相缓蚀剂是一种能减慢或完全停止金属在侵蚀性介质中的破坏过程的物质，它在常温下即具有挥发性，它在密封包装容器中，在很短的时间内挥发或升华出的缓蚀气体就能充满整个包装容器内的每个角落和缝隙，同时吸附在金属制品的表面上，从而起到抑制大气对金属锈蚀的作用。

### （四）防霉腐包装技术

在运输包装内装运食品和其他有机碳水化合物货物时，货物表面可能生长霉菌，在流通过程中如遇潮湿，霉菌生长繁殖极快，甚至伸延至货物内部，使其腐烂、发霉、变质，因此要采取特别防护措施。

包装防霉烂变质的措施，通常是采用冷冻包装、真空包装或高温灭菌方法。冷冻包装的原理是减慢细菌活动和化学变化的过程，以延长储存期，但不能完全消除食品的变质。高温杀菌法可消灭引起食品腐烂的微生物，可在包装过程中用高温处理防霉。有些经干燥处理的食品包装，应防止水汽浸入而引起霉腐，可选择防水汽和气密性好的包装材料，采取真空和充气包装。

真空包装法也称减压包装法或排气包装法。这种包装可阻挡外界的水汽进入包装容器内，也可防止在密闭着的防潮包装内部存有潮湿空气，在气温下降时结露。采用真空包装法，要注意避免过高的真空度。以防损伤包装材料。

防止运输包装内货物发霉，还可使用防霉剂。防霉剂的种类甚多，用于食品的必须选用无毒防霉剂。

机电产品的大型封闭箱，可酌情开设通风孔或通风窗等相应的防霉措施。

### （五）防虫包装技术

防虫包装技术，常用的是驱虫剂，即在包装中放入有一定毒性和嗅味的药物，利用药物在包装中挥发气体杀灭和驱除各种害虫。常用驱虫剂有萘、对位二氯化苯、樟脑精等。也可采用真空包装、充气包装、脱氧包装等技术，使害虫无生存环境，从而防止虫害。

### （六）危险品包装技术

危险品有上千种，按其危险性质，交通运输及公安消防部门规定分为十大类，即爆炸性物品、氧化剂、压缩气体和液化气体、自燃物品、遇水燃烧物品、易燃液体、易燃固体、毒害品、腐蚀性物品、放射性物品等，有些物品同时具有两种以上危险性能。

对有毒商品的包装要明显地标明有毒的标志。防毒的主要措施是包装严密不漏、不透气。例如重铬酸钾（红矾钾）和重铬酸钠（红矾钠）为红色带透明结晶，有毒，应用坚固桶包装，桶口要严密不漏，制桶的铁板厚度不能小于1.2毫米。对有机农药一类的商品，应装入沥青麻袋，缝口严密不漏。如用塑料袋或沥青纸袋包装的，外面应再用麻袋或布袋包装。用作杀鼠剂的磷化锌有剧毒，应用塑料袋严封后再装入木箱中，箱内用两层牛皮纸、防潮纸或塑料薄膜衬垫，使其与外界隔绝。

对有腐蚀性的商品，要注意商品和包装容器的材质发生化学变化。金属类的包装容器，要在容器壁涂上涂料，防止腐蚀性商品对容器的腐蚀。例如包装合成脂肪酸的铁桶内壁要涂有耐酸保护层，防止铁桶被商品腐蚀，从而商品也随之变质。再如氢氟酸是无机酸性腐蚀物品，有剧毒，能腐蚀玻璃，不能用玻璃瓶作包装容器，应装入金属桶或塑料桶，然后再装入木箱。甲酸易挥发，其气体有腐蚀性，应装入良好的耐酸坛、玻璃瓶或塑料桶中，严密封口，再装入坚固的木箱或金属桶中。

对黄磷等易自燃商品的包装，宜将其装入壁厚不少于 1 毫米的铁桶中，桶内壁须涂耐酸保护层，桶内盛水，并使水面浸没商品，桶口严密封闭，每桶净重不超过 50 公斤。再如遇水引起燃烧的物品如碳化钙，遇水即分解并产生易燃乙炔气，对其应用坚固的铁桶包装，桶内充入氮气。如果桶内不充氮气，则应装置放气活塞。

对于易燃、易爆商品，例如有强烈氧化性的、遇有微量不纯物或受热即急剧分解引起爆炸的产品，防爆炸包装的有效方法是采用塑料桶包装，然后将塑料桶装入铁桶或木箱中，每件净重不超过 50 公斤，并应有自动放气的安全阀，当桶内达到一定气体压力时，能自动放气。

### （七）特种包装技术

（1）充气包装。充气包装是采用二氧化碳气体或氮气等不活泼气体置换包装容器中空气的一种包装技术方法，因此也称为气体置换包装。这种包装方法是根据好氧性微生物需氧代谢的特性，在密封的包装容器中改变气体的组成成分，降低氧气的浓度，抑制微生物的生理活动、酶的活性和鲜活商品的呼吸强度，达到防霉、防腐和保鲜的目的。

（2）真空包装。真空包装是将物品装入气密性容器后，在容器封口之前抽真空，使密封后的容器内基本没有空气的一种包装方法。一般的肉类商品、谷物加工商品以及某些容易氧化变质的商品都可以采用真空包装，真空包装不但可以避免或减少脂肪氧化，而且抑制了某些霉菌和细菌的生长。同时在对其进行加热杀菌时，由于容器内部气体已排除，因此加速了热量的传导。提高了高温杀菌效率，也避免了加热杀菌时，由于气体的膨胀而使包装容器破裂。

（3）收缩包装。收缩包装就是用收缩薄膜裹包物品（或内包装件），然后对薄膜进行适当加热处理，使薄膜收缩而紧贴于物品（或内包装件）的包装技术方法。收缩薄膜是一种经过特殊拉伸和冷却处理的聚乙烯薄膜，由于薄膜在定向拉伸时产生残余收缩应力,这种应力受到一定热量后便会消除,从而使其横向和纵向均发生急剧收缩,同时使薄膜的厚度增加,收缩率通常为 30%~70%,收缩力在冷却阶段达到最大值,并能长期保持。

(4) 拉伸包装。拉伸包装是 20 世纪 70 年代开始采用的一种新包装技术,它是由收缩包装发展而来的,拉伸包装是依靠机械装置在常温下将弹性薄膜围绕被包装件拉伸、紧裹,并在其末端进行封合的一种包装方法。由于拉伸包装不需进行加热,所以消耗的能源只有收缩包装的二十分之一。拉伸包装可以捆包单件物品,也可用于托盘包装之类的集合包装。

(5) 脱氧包装。脱氧包装是继真空包装和充气包装之后出现的一种新型除氧包装方法。脱氧包装是在密封的包装容器中,使用能与氧气起化学作用的脱氧剂与之反应,从而除去包装容器中的氧气,以达到保护内装物的目的。脱氧包装方法适用于某些对氧气特别敏感的物品,使用于那些即使有微量氧气也会促使品质变坏的食品包装中。

二、包装材料及选用

包装材料是指构成包装实体主要物质。包装材料与包装功能存在着不可分割的关系,无论从物品包装材料的选择上还是从包装技术的实施,都是为了保证和实现物品包装的保护性、便利性等功能。由于包装材料的物理性能和化学性能千差万别,所以包装材料的选择对保护物品有着非常重要的作用。常用的包装材料如下:

(1) 纸制包装材料。在包装材料中,纸的应用最为广泛,它的品种最多,耗量最大。由于纸具有价格低、质地细腻均匀、耐摩擦、耐冲击、容易黏合、不受温度影响、无毒、无味、适于包装生产的机械化等优点,所以目前在世界范围内,纸制包装占包装材料的比重比其他包装材料都大。纸作为包装材料有纸袋、纸箱和瓦楞纸箱等,其中瓦楞纸箱是颇受欢迎的纸质包装材料。瓦楞纸具有成本低、重量轻、容易进行机械加工、容易回收复用等优点。用瓦楞纸做的纸箱具有一定的刚性,因此有较强的抗压、抗冲击能力,这为产品安全、完好地从生产者送到消费者所经历的储存、运输、装卸等活动提供了方便和可靠。但是纸的防潮、防湿性能较低,这是纸制包装材料的最大弱点。

(2) 木制包装材料。木材作为包装材料的历史是十分悠久的,几乎所有的木材都可以作为包装材料,特别是作为物品的外包装材料,更显示出其抗震、抗压等优点。木材至今在包装材料中仍占有十分重要的地位。但由于木材资源有限,且用途又比较广泛,作为包装材料前景不佳。同时,由于塑料、复合材料、胶合板等的发展,木材作为包装材料的比重在不断下降。木制的包装材料一般有木箱、木桶、木笼等。

(3) 草纸包装材料。这是比较落后的包装材料，原材料来源是各种天然生的草类植物，将这些草类植物经过梳理，编织成诸如草席、蒲包、草袋等包装物。草纸包装由于其防水、防潮能力较差、强度很低等原因，在物流中的作用逐渐下降，有被淘汰的趋势。

(4) 金属包装材料。把金属压制成薄片，用于物品包装的材料，通常有金属圆筒、白铁内罐、储气瓶、金属丝、网等。目前，在世界金属包装材料中，用量最大的是马口铁和金属箔两大品种。

(5) 纤维包装材料。用各种纤维制作的袋装包装材料，天然的纤维包装材料有黄麻、红麻、大麻、青麻、罗布麻、棉花等；轻工业加工提供的纤维材料有合成树脂、玻璃纤维等。

(6) 陶瓷与玻璃包装材料。玻璃具有耐风化、不变形、耐热、耐酸、耐磨等优点，尤其适合各种液体物品的包装。陶瓷、玻璃制造的包装容器，容易洗刷、消毒、灭菌，能保持良好的清洁状态。同时，它们可以回收复用，有利于包装成本的降低。然而，玻璃、陶瓷也有它们最大的弱点，即在超过一定的冲击力的作用下容易破碎。

此外还有合成树脂包装材料、复合包装材料等。

### 三、常用的包装机械

包装过去主要是依靠人力作业的人海战术，进入大量生产、大量消费时代以后，包装的机械化也就应运而生。包装机械化从逐个包装机械化开始，直到装箱、封口、捆扎等外包装作业完成。此外，还有使用托盘、堆码机进行的自动单元化包装，以及用塑料薄膜加固托盘的包装等。在超级市场，预先包装（原包装）业已普及，就是从保证卫生出发，食品包装机械化也是非常必要的。如上所述，包装机械化对于节省劳力、货物单元化、提高销售效率，以及采取无人售货方式等均是必要的、不可缺少的。

1. 包装机械的概念

包装机械指完成全部或部分包装过程的一类机器。它有两层含义：从狭义上讲，是指在机械化、自动化的批量生产中对产品进行包装的一种机械工具或设备；从广义上讲，包括各种自动化和半自动化的销售包装机械、运输包装机械、包装容器的加工机械、集合包装机械和搬运机械等，这些相互联系的机械设备联合组成现代化的包装机械体系。

2. 包装机械的分类

按照包装机械的功能，可分为以下几类：

(1) 裹装包装机械。裹装包装机械主要用于包装块状产品。按照不同的裹包工艺，裹装包装机械分为扭结式包装机、端折式包装机、枕式包装机、信封式包装机、拉伸式包装机等。

(2) 充填包装机械。充填包装机械主要用于包装粉状、颗粒状的固体物品。充填包装机械包括直接充填包装机和制袋充填包装机两类。直接充填包装机是利用预先成型的纸袋或塑料袋进行充填，也可直接充填于其他容器。制袋充填包装机是既要完成袋容器的成型，又要将产品充填入容器内两道工序的包装机械。

(3) 罐装包装机械。罐装包装机械主要用于罐装液体或半液体的商品。按照罐装产品的工艺，罐装包装机械分为常压罐装机、真空罐装机、加压罐装机等。罐装包装机械常与封口机、贴标机相连成一条机械化罐装流水线，如啤酒、饮料等的包装常采用这种包装机械。

(4) 封口机械。封口机械主要用于各种包装容器的封口。按封口工艺不同，封口机械一般分为玻璃瓶加盖机械（压盖、旋盖）、布袋口缝纫机械、封箱机械、纸袋封口机械等。

(5) 贴标机械。贴标机械是主要用于将商标纸或标签粘贴于包装容器上的包装机械。按自动化程度可分为半自动贴标机和全自动化贴标机；按容器的运行方式可分为立式贴标机和卧式贴标机。

(6) 捆扎机械。捆扎机械是主要用于对包装容器进行捆扎的各种机械，按自动化程度不同可分为全自动捆扎机、半自动捆扎机、手提式捆扎机；按捆扎带材料不同，可分为绳捆机、钢带捆扎机和塑料袋捆扎机。

(7) 热成型包装机械。根据包装容器成型工艺的不同，可分为泡罩包装机和贴体包装机。泡罩包装式目前广泛采用的包装，是一种将产品封合在定成型的泡罩与底板之间的一种包装方法。贴体包装是将贴体包装的产品做成模型，泡罩包装由专用模具成型。它可使产品固定，防止流通中的碰撞。

(8) 真空包装机械。主要用于抽取包装容器内的空气。一般分为真空包装机和充气包装机两种。

(9) 收缩包装机械。是一种用经过拉伸定向的热收缩薄膜包装物品，在对薄膜进行适当的加热处理，使薄膜收缩而紧裹物品的包装机械。

(10) 其他包装机械。除以上主要包装机械外，还有洗瓶机、烘干机、检测机、盖印机、计量机等，它们和其他机械共同组成包装机组。

3. 包装机械的作用

实现包装机械化，对于加速实现物流现代化具有十分重要的作用。主要表现在以下几个方面：

(1) 提高效率，保证包装质量，保护商品。传统手工包装，包装质量受劳动者熟练程度影响较大；而采用机械包装，能按照统一设计，机械操作，所以有利于提高效率，确保包装质量，更好地保护商品。

(2) 降低工人劳动强度，改善劳动环境条件。用机器操作代替人工包装，能够减轻包装工人的劳动强度，改善劳动条件，也有利于提高效率和质量。

(3) 降低包装成本，减少物流费用。对有些商品，如棉花、羽毛、针织品，采用压缩包装机顶压包装，可以缩小包装件体积，节省包装材料，降低包装成本；同时，也有利于节省仓储容积，减少保管费用，运输时缩小运输空间，节省运输成本。所以从整体上有利于减少物流费用。

(4) 提高出口商品的包装质量。采用机械包装，有利于实现包装的标准化、规格化，更适应集装箱、托盘等现代化运输方式，适应不同地区和国家港口装卸，提高商品在国际市场上的竞争能力。

(5) 有利于促进包装工业的发展。在发达国家，包装工业已成为一个独立的工业体系。在我国发展包装机械，有利于促进涉及包装工业的机械、电子、自动控制等工业的发展，促进科学技术转化为现实的生产力。

## 第三节 包装标准化

### 一、包装标准化定义

包装标准是对包装标志及包装所用材料的规格、质量和包装的技术要求、包装件的实验方法等的技术规定。包装标准化（packaging standardization）是指对产品包装的类型、规格、容量、使用的包装材料、包装容器和结构造型、印刷标志及产品的盛放、衬垫、封装方式、名词术语、检验要求等加以统一规定，并贯彻实施的政策和技术措施。

### 二、有关的包装标准

#### （一）商品包装标志

1. 包装标志的概念

包装标志是用来说明被包装商品的性质和物流活动安全以及理货分运需要的文字和图像的说明。

2. 商品包装标志的种类

（1）商品包装识别标志（也称运输包装收发标志，俗称唛头）。包括分类标志、供货号、货号、品名规格、数量、质量、生产日期、生产工厂、有效期限、体积、收货地点和单位、发货单位、运输号、件数等。

唛头通常是由一个简单的几何图形和一些字母、数字以及简单的文字组成，主要作用是便于在运输、装卸、仓储等工作中识别货物，防止错发错运。运输标志要贴、刷或喷写在货物包装的明显部分，色牢防褪。运输标志一般由以下三部分组成：目的港或目的地的名称；收货人或发货人的代号，多用简单的几何图形，如三角形、圆形等。图形内外刷以字母表示发货人和收货人名称的代号；件号、批号,指货主对每件包装货的编排的顺序号。它由顺序号和总件号组成,通常写成 1-200 或 1/200,前面的 1 代表该批货物的第一件,后面的 200 代表总件数。

此外,根据货物的特点和买卖双方的具体要求,运输包装还可以包括货物原产地、合同号、许可证号以及体积和重量等内容。

例如:

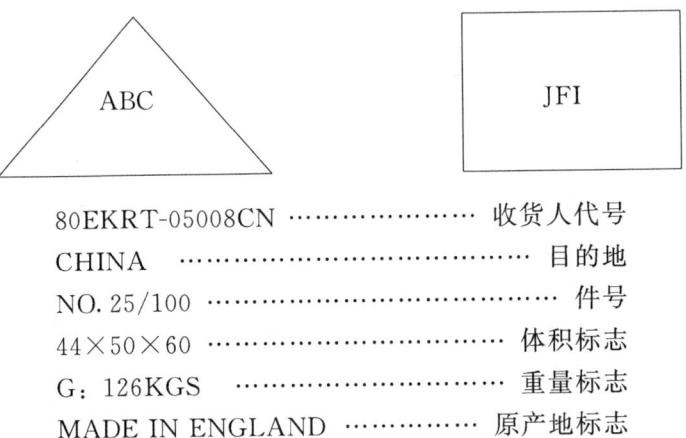

```
80EKRT-05008CN  …………… 收货人代号
CHINA           …………… 目的地
NO. 25/100      …………… 件号
44×50×60        …………… 体积标志
G:126KGS        …………… 重量标志
MADE IN ENGLAND …………… 原产地标志
```

为了适应货运量的变化、运输方式的变革以及电子技术网络技术的应用,国际标准化组织要求规范运输标志,将唛头简化为四项:收货人或买方名称的英文缩写字母或简称;参考号,如发票号、运单号;目的地;件号。列为四行,每行不超过 17 个印刷符号,并要求能用打字机一次做成,不宜采用几何图形。

例如:

```
80EKRT-05008CN  …………… 收货人代号
1234            …………… 参考号
NEW YORK        …………… 目的地
25/100          …………… 件数代号
```

(2) 商品包装指示标志(也称包装储运图示标志、安全标志或注意标志)。主要针对产品的某些特性提出的运输和保管过程中应注意的事项。包括:小心轻放、禁止手钩、向上、怕热、由此吊起、怕湿、重心点、禁止滚翻、堆码极限、温度极限等。此标志图形、颜色、形式、位置、尺寸等在《包装储运图示标志》(GB 191—1985) 中,有明确规定。

(3) 商品包装警告性标志(也称危险货物包装标志)。主要指包装上用图形和文字表示化学危险品的标志。这类标志为能引起人们特别警惕,采用特殊的色彩或黑白菱形图形。危险货物包装标志必须指出危险货物的类别及危险等级。主要有爆炸品、易燃气体、易燃压缩气体、有毒气体、易燃液体、易燃固体、自燃物品、遇湿危险、氧化剂、有机过氧化物、腐蚀性物品、有毒品感染性物品、剧毒品、放射性物品等。此标志的图形、颜色、标志形式、位置尺寸等,在国家标准《危险货物标志》(GB 190—1985)均有明确的规定。

(4) 国际通用装卸货指示标志和国际海运危险品标志。联合国政府海事协商组织对国际海运货物规定了国际通用装卸货指示标志和国际海运危险品标志。我国出口商品包装可以同时使用两套标志。

### (二) 运输包装标准系列尺寸

国际标准化组织制定的物流基础模数尺寸是600mm×400mm,这是一个标准化的共同单位尺寸,系统各标准尺寸的最小公约尺寸,在制定各个具体的尺寸标准时,要以基础模式尺寸为依据,选取其整数倍为规定的标准,这样可以大大减少尺寸的复杂性,使物流系统各环节协调配合,并成为系统化的基础。由物流模数体系可以确定包装容器、运输装卸设备、保管器具等的系列尺寸。

根据物流模数可以推导出包装的系列尺寸,例如,日本工业标准(JIS)中,1100mm×1100mm集装尺寸可以分割出60个运输包装系列尺寸,1200mm×1000mm集装尺寸可以分割成40个运输包装系列尺寸。

## 第四节 集装化包装

### 一、集装化

#### (一) 集装化的概念

根据GB/T 18354—2001《物流术语》定义,集装化(containerization)是指"用集装器皿或采用捆扎方法,把物品组成标准规格的单元货件,以加快装卸、搬运、储存、运输等物流活动。"

集装化是将两个以上重量轻、体积小的同种或异种货物组成重量和外形都一致的组合体,也称单元化或成组化。

#### (二) 集装化的作用

产品集装化反映了一个国家或地区的生产、科学技术与管理水平。它以生产发展和较高的科技水平为基础,不仅要求运输装卸的高度机械化,还要有一套完整的科学管理方法,在现代商品物流系统中,日益显示出它的优越性,它的作用主要表现在以下几个方面:

(1) 有利于降低产品运输、装卸的劳动强度,减少重复操作,提高运输和装卸的效率。

(2) 缩短装卸时间,加速车船周转,提高物流效率。有利于实现海运、铁路和公路的联合运输，形成从发货人仓库直达收货人仓库的"门到门"运输，便于实施装卸机械化和自动化，从而加速了车船周转和产品运输速度，提高物流效率。

（3）保证产品的储运安全。集装后的产品被密封在箱内，集合包装起到一个强度很大的外包装的作用。在储运过程中，无论经过多少环节，都是整箱运输，自发货人处装箱铅封直至收货人处实行一票到底，从而避免货物倒装，防止货损、货差和丢失，提高产品储运的完整率，有效地保证了产品的储运安全。

（4）节省包装费用，降低物流成本。产品集装化所使用的容器（集装箱、托盘等）大多数可以反复周转使用，可以相应降低集合包装内产品外包装的用料标准，甚至有的产品可以简化包装或不包装，节省包装费用；产品集装化后可简化理货手续，提高运输工具的运载率，降低运输费用和成本；受环境气候影响较小，便于露天存放，节省仓容，减少存储费用。物流成本的降低可以增加产品在市场上的竞争力。

（5）促进产品包装标准化、规格化、系列化的实现。集装化要求集合包装具备一定的规格尺寸，要求每件商品外包装尺寸必须适合集装箱或托盘等的装放要求，不能出现集合包装的空位。集装化的产品要求单件杂货按标准系列尺寸组成统一规格的货组，才能保证运输、装卸的合理化。

二、集装箱包装

**（一）集装箱的定义**

在 GB/T 1992—1985 中集装箱是一种具有以下特点的运输设备：
（1）具有耐久性、其坚固程度足以能反复使用；
（2）为便于商品运送而专门设计的，在一种或多种运输方式中运输时，无须中途换装；
（3）设有便于装卸和搬运的装置，特别是从一种运输方式转移到另一种运输方式时；
（4）设计时注意到便于货物装满或卸空；
（5）内容积为 1 立方米或 1 立方米以上。

通用集装箱也可定义为用于运输和存储若干单元货物、包装货或散货的矩形箱体，它可以限制和防止发生货损、货差，可脱离运输工具，作为单元货物进行装卸和运输，无须倒装箱内货物。通用集装箱既可以承受货物重量和冲击外力，也可以防止货物日晒雨淋。集装箱不同于公路和铁路货车的车厢，也不同于反复使用的大型包装箱。其结构主要特点是有 8 个角件，依靠这 8 个构造简单，但结构尺寸和定位尺寸非常精确的角件，可以完成集装箱的装卸、栓固、堆码、支承等作业。集装箱的结构如图 8.1 所示。

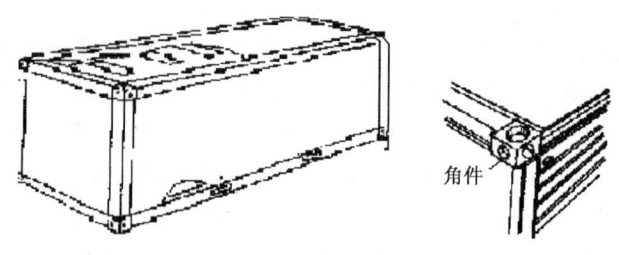

图 8.1 集装箱结构图

**(二) 使用集装箱包装的好处**

集装箱作为一种集合运输包装有着其他包装形式所无法比拟的优点,有着其他运输方式所无法比拟的优越性,主要表现在以下几个方面:

(1) 保护被包装物品。对被包装物品施以相当可靠的保护,对贵重、易碎、怕潮的高档商品尤为可贵,可有效防止货损、货差、偷盗,保证运输安全,可以最大限度地防止在流通中丧失生产中创造的价值。

(2) 节约包装材料和包装费用。据调查,使用集装箱后易碎物品的破损率大大降低,平板玻璃自 8% 降到 1%,铁锅由 33% 降到 0.5%,暖水瓶由 2.5% 降到零。

(3) 大大提高劳动生产率。尤其是杂货的运输,用机械搬运取代了人工搬运,为装卸运输和管理的自动化提供了必要条件。

(4) 加快周转。加快了汽船和货物的周转,减少了船码头的需要量。

(5) 降低费用。减少理货手续,降低了运输费用,降低了物流的总成本。

### 三、柔性集装

利用柔性集装箱(又称集装袋)将货物集成包装在一起,配以叉车、吊车或其他运输工具,也可实现集装单元化运输。

集装袋适用于粉粒状物料,例如,石墨、膨润土、纯碱、水泥、合成树脂、化肥、粮食、饲料、砂糖、盐等。其特点是结构简单、制造容易、重量轻、空回可以折叠、所占空间小、价格低廉,在某些条件下比使用托盘和集装箱更为经济实用。

与传统的麻袋、纸袋搬运散装物料相比,集装袋有较大的优势:

(1) 可以减少搬运次数,提高装卸效率 2~4 倍;

(2) 减轻了搬运工人的劳动强度,节省人力;

(3) 可节省包装材料费用 15%~30% 左右;

(4) 减少运输中的损耗,保证货物的安全。

据有关资料显示,我国目前化肥包装使用塑料薄膜袋,破包率高达 30%,进口化肥采用编织袋包装,破损率为千分之几,如果采用集装袋,破损率不会超过

0.5%。另外由于集装袋的密封性能好,水分和杂质不易混入袋内,从而保证了货物的质量。

集装袋的分类一般可按适用的型式、形状、材料与制袋方法等进行区分。常用的集装袋一般都可重复使用,由于方形集装袋具有较高的装载效率,能保证运输的稳定性,同容量的方形集装袋较圆形集装袋的高度可降低20%左右,所以方形集装袋发展非常迅速。一次性使用集装袋多为圆筒形,其构造强度比重复使用型差得多,但能保证一次使用的强度要求。在实际使用中往往不止用1次,大多数可用5次左右。它适用于装载各种散装物料,可是,在作业过程中一次使用型的操作应较重复使用型的操作谨慎,应在袋体醒目位置注明"一次使用"标识,以便操作者注意。

# 第九章

# 运输管理

## 第一节 运输概述

一、运输概述

(一) 运输的定义

运输 (transportation) 是人和物的载运及输送。本书中专指"物"的载运及输送，指用设备和工具，将物品从一地点向另一地点运送的物流活动。其中包括集货、分配、搬运、中转、装入、卸下、分散等一系列操作。它是在不同地域范围间（如两个城市、两个工厂之间，或一个大企业内相距较远的两车间之间），以改变"物"的空间位置为目的的活动，对"物"进行空间位移。对大多数企业来讲，运输通常代表物流成本中最大的单项成本，因此，物流管理者需要对运输问题有很好的认识。

(二) 运输的意义

运输是社会物质生产的必要条件之一，是国民经济的基础，在整个国民经济中，运输是加速社会再生产和促进社会再生产连续不断进行的前提条件，同时也是连接产销、沟通城乡的纽带。运输是生产过程的继续，这个"继续"虽然以生产过程为前提，但如果没有它，生产过程则不能最后完成。运输这种生产活动和一般的生产活动不同，它不创造新的物质产品，不增加社会产品数量，不赋予产品以新的使用价值，而只变动其所在的空间位置，但这一变动能使生产继续，使社会再生产不断推进，并且是一个价值增值的过程。

1. 运输是物流的主要功能之一

物流是物品实体的物理性运动，运输承担了改变物品空间状态的主要任务，是实现物流的空间效用的主要手段；运输再配以装卸搬运等活动，应能圆满完成改变空间状态的全部任务。

运输系统落后，市场就可能局限在生产地点附近的周边地区。随着运输系统的改进，运到远距离市场的产品的运达成本降低，运达的产品就可以与在同一市场销售的其他产品进行价格竞争，因此，廉价、高质量的运输可以起到鼓励竞争的作用。它使得许多产品进入市场，甚至能够渗透到其原本无法进入的市场，从而导致销售额的实际增长，外来商品对市场上所有类似商品的价格也起到平抑作用。

2. 运输是"第三个利润源"的主要源泉

在物流过程中，直接耗费活劳动和物化劳动，它所支付的直接费用主要有运输费、保管费和物流过程中的损耗等，其中，运输费用所占的比重最大，是影响物流费用的一项重要因素，特别在我国交通运输业还不发达的情况下更是如此。一般综合分析计算社会物流费用，运输费在其中占近50%的比例，有些产品运费甚至高于其生产成本，因此，廉价的运输也有助于降低产品的价格。例如原油在有些国家既可以从国内产地获得，也可以进口。中东的石油资源丰富，石油的生产成本低。随着超级油轮的使用，石油能以很低的价格运到世界各地的市场，即便当地有石油资源，来自国外的原油价格可能比当地生产的还低。

3. 运输可以创造"场所效用"

场所效用的含义是：同种"物"由于空间场所不同，其使用价值的实现程度则不同，其效益的实现也不同。由于改变场所而最大限度地发挥"物"的使用价值，最大限度提高其产出投入比，这就称之为"场所效用"。通过运输，将"物"运到场所效用最高的地方，就能发挥"物"的潜力，实现资源的优化配置。从这个意义来讲，也相当于通过运输提高了物的使用价值。

二、各种运输方式

物质产品运输有五种基本方式，即铁路运输、公路运输、水路运输、航空运输和管道运输（表9.1）。另外，为了提高运输效果，在五种基本运输方式的基础上，还形成了联合运输、一贯托盘化运输等具有特殊功能的运输方式。

表 9.1　五种基本运输方式的类型和特点

| 运输方式 | 长处 | 短处 |
| --- | --- | --- |
| 铁路 | (1) 可以满足大量货物一次性高效率运输；<br>(2) 运输运费负担较小的货物的时候，单位运费低廉，比较经济；<br>(3) 由于采用轨道运输，事故相对较少，安全性高；<br>(4) 铁路运输网完善，可以将货物运往各地；<br>(5) 运输中受天气影响小 | (1) 近距离运输费用较高；<br>(2) 不适合紧急运输的要求；<br>(3) 长距离运输的情况下，由于需要进行货车配车，路途停留时间较长 |
| 公路 | (1) 可以进行门到门的连续运输；<br>(2) 适合于近距离运输，比较经济；<br>(3) 使用上灵活，可以满足用户的多种需求 | (1) 运输单位小，不适合大量运输；<br>(2) 长距离运输运费较高 |
| 船舶 | (1) 适合于运费负担能力较小的大量货物的运输；<br>(2) 适合于宽大、重量大的货物运输 | (1) 运输速度较慢；<br>(2) 港口的装卸费用较高；<br>(3) 航行受天气影响较大；<br>(4) 运输的正确性和安全性较差 |
| 航空 | (1) 运输速度快；<br>(2) 适合于运费负担能力大的少量货物的长距离运输 | (1) 运费高，不适合低价值货物和大量货物的运输；<br>(2) 重量受到限制；<br>(3) 机场所在地以外的声调在利用上受到限制 |
| 管道 | (1) 运输效率高；<br>(2) 适合于气体、液体货物的运输；<br>(3) 占用土地少；<br>(4) 运输效率高，适合于自动化管理 | 运输对象受到限制 |

## （一）五种基本运输方式

1. 铁路运输

使用铁路设备、设施运送旅客和物品的一种运输方式。其特点是运输能力大、连续性强，在长距离运输中，送达速度仅次于航空运输（但在过短距离，则又不及公路运输）。

2. 公路运输

使用公路设备、设施运送物品的一种运输方式。其特点是机动、灵活，投资少，受自然条件限制小，能够取货到家，为铁路、水运、空运起集散作用。

公路运输主要承担近距离、小批量的货运和水运、铁路运输难以到达地区的长途、大批量货运及铁路、水运优势难以发挥的短途运输。由于公路运输有很强的灵活性，近年来，随着我国高速公路的快速建设，在有铁路、水运的地区，较长途的大批量运输也开始使用公路运输。

公路运输的主要优点是灵活性强，公路建设期短，投资较低，易于因地制宜。可以采取"门到门"运输形式，即从发货者门口直到收货者门口，而不需转运或反复装卸搬运。

同时公路运输也可作为其他运输方式的衔接手段，由于汽车的适应性和灵活性，在开展联合运输中，汽车既可开展公铁、公水、公航等的联合运输，又可开展铁、公、水等"挑两头"的多种运输方式的联合运输；在汽车运输本身，还可开展干支线连接运输、区域联运、跨省联运等，这种广泛性的联运条件也是汽车货运的一大特点。

3. 船舶运输

使用船舶运送客货的一种运输方式。水运主要承担大数量、长距离的运输，是在干线运输中起主力作用的运输形式。在内河及沿海，水运也常作为小型运输工具使用，担任补充及衔接大批量干线运输的任务。

水运的主要优点是成本低，能进行低成本、大批量、远距离的运输。但是水运也有显而易见的缺点，主要是运输速度慢，受港口、水位、季节、气候影响较大，因而一年中中断运输的时间较长。

4. 航空运输

简称空运，使用飞机运送客货的运输方式。具有航线直、速度快、可以飞越各种天然障碍、作长距离不着陆的优点，能保证贵重、急需或时间性要求很强的小批物品的运输；缺点是运载量小、运输成本高。

航空运输的单位成本高，因而主要运载的物品有两类：一是价值高、运费承担能力很强的物品，如贵重设备的零部件、高档产品等；另一类是紧急需要的物品，如救灾抢险物品等。

5. 管道运输

利用管道输送气体、液体和粉状固体的一种运输方式。其运输功能是靠物体在管道内顺着压力方向循序移动实现的；与其他运输方式相比，最主要的在于管道设备是静止不动的。

管道运输的主要优点是，由于采用密封设备，在运输过程中可避免散失、丢失等损耗，也不存在其他运输设备本身在运输过程中消耗动力所形成的无效运输问题。此外，它具有运输量大、连续作业的特点，适合批量大且连续不断运送的物品。

(二) 联合运输

1. 联合运输

这是各种运输方式在运输过程中遵照统一的规章或协议，使用同一运输凭证或通过代办中转业务，将各种运输方式紧密协调衔接起来，共同完成运输任务。联合运输吸取铁路、汽车、船舶、飞机等基本运输方式的长处，把它们有机地结合起来，实行多环节、多区段、多工具相互衔接进行商品运输。

联合运输按其对象，可以分为货物联运和旅客联运；按其各种运输工具的组合，又可以分为水陆联运（包括：铁路、水路联运及公路、水路联运）、铁公联运、水陆空联运等等；联运从地域概念来分类，可以分为国内联运和国际联运。在同一运输方式中，由于各运输企业分散与独立经营的特点，也可以组织江海联运、江河联运、江海河联运等。

2. 联合运输的主要特点

联合运输的优势一方面表现在它克服了单个运输方式或手段所固有的缺陷，从而在整体上保证了运输全过程的最优化和效率化；从流通渠道来看，联合运输有效解决了由于地理、气候、基础设施建设等各种市场环境的差异而造成的商品在产销空间、时间上的分离，从而促进了生产与销售的紧密结合以及企业生产经营的有效循环运转，与一般运输相比，联合运输在组织生产活动中的特点表现如下：

（1）代理性：联合运输行业主要是以提供服务的方式为承运、托运双方提供代办中转和代理承托业务的，具有"一手托两家"的代办代理的双重身份，即对运输企业而言，它代表货主；对货主而言，又代理运输业务，所以从事联合运输的企业一般都具有代理性。

（2）协同性：联合运输不仅要求运输过程涉及的各部门和各环节在运输组织上协作配合，建立统一计划、统一技术作业标准、统一考核标准等规章制度；在技术装备上，也必须相互配套，实现运输设施的协同性。

（3）通用性：联合运输涉及两种以上运输方式或一种运输方式两程以上的衔接配合，以及产、供、运、销各企业间的运输协作，所使用的商务及货运规章、协议、合同规定，必须具有两种运输方式或两个以上企业共同遵循的通用性。

（4）全程性：在联运过程中，货物从受理、承运、交付直到运后服务、财务结算等环节，无论经过几程运输、几个中转环节，均可一票贯通全程，具有组织完成运输任务的全程性。

（5）简便性：联运实行"一次托运、一次起票、一次结算、一票到底、全程负责"的运输代理，与一般运输相比，手续非常简便，大大节省了货主运输的人力和时间，从而提高了运输效率和社会综合经济效益。

## 第二节 运输管理

### 一、运输合理化

**(一) 合理运输**

1. 合理运输的意义

由于运输是物流中最重要的功能要素之一，物流合理化在很大程度上依赖于运输合理化。具体来说，物流过程的合理运输，是从物流系统的总体目标出发，运用系统理论和系统工程原理和方法，充分利用各种运输方式，选择合理的运输路线和运输工具，以最短的路径、最少的环节、最快的速度和最少的劳动消耗，组织好物质产品的运输活动。

合理运输的直接效果是节省运力、减少运费，除此之外，合理运输还可以促进生产部门和中转机构布局的进一步合理化，充分利用各种交通工具，大大节约货物的运输时间。所以，组织合理运输，对于加速物资流通、降低商品的生产和流通费用、提高运输效率和运力运用效率、降低运输成本、减少能源消耗、提高社会效益和经济效益都有重要作用。

（1）合理组织物品的运输，有利于加速社会再生产的进程，国民经济持续、稳定、协调地发展。

（2）物品的合理运输，能节约运输费用，降低物流成本。

（3）合理的运输，缩短了运输时间，加快了物流速度。

（4）运输合理化，可以节约运力，缓解运力紧张的状况，还能节约能源。

2. 运输合理化的影响因素

运输合理化的影响因素很多，起决定性作用的有五方面的因素，称作合理运输的"五要素"。

（1）运输距离。在运输时，运输时间、运输货损、运费、车辆或船舶周转等运输的若干技术经济指标，都与运输距离有一定比例关系，运距长短是运输是否合理的一个最基本因素。缩短运输距离从宏观、微观者都会带来好处。

（2）运输环节。每增加一次运输，不但会增加起运的运费和总运费，而且必须要增加运输的附属活动，如装卸、包装等，各项技术经济指标也会因此下降。所以，减少运输环节，尤其是同类运输工具的环节，对合理运输有促进作用。

（3）运输工具。各种运输工具都有其使用的优势领域，对运输工具进行优化选择，按运输工具特点进行装卸运输作业，最大限度地发挥所用运输工具的作用，是运输合理化的重要一环。

（4）运输时间。运输是物流过程中需要花费较多时间的环节，尤其是远程运输，在全部物流时间中，运输时间占绝大部分，所以，运输时间的缩短对整个流通时间的缩短有决定性的作用。此外，运输时间短，有利于运输工具的加速周转，充分发挥运力的作用，有利于货主资金的周转，有利于运输线路通过能力的提高，对运输合理化有很大贡献。

(5) 运输费用。前文已言及运费在全部物流费用中占很大比例，运费高低在很大程度决定整个物流系统的竞争能力。实际上，运输费用的降低，无论对货主企业来讲还是对物流经营企业来讲，都是运输合理化的一个重要目标。运费的判断，也是各种合理化实施是否行之有效的最终判断依据之一。

（二）不合理运输

合理运输与不合理运输是同一货流布局问题的两个对立方面，合理运输是基于不合理运输的存在而提出的，组织合理的运输，重点在于克服不合理的运输现象，使货物运输达到及时、准确、经济、安全的要求。

不合理运输指不考虑经济效果，违反货物合理流向和各种运输方式的合理分工，不充分利用运输工具的装载有力，不顾运输过程中环节的多寡导致浪费运力，增加货物损失和运输费用，延缓货物流转速度等不良结果的运输。其主要表现为：

(1) 相向运输，也叫对流运输，它是指同类货物或可相互代用的物品，在同一运输线上的相向运输。

(2) 过远运输，它是指一种舍近求远的运输，即有可能由距离较近的产地（或供应地）的物品，却从距离较远的地区采购后运来。或者同一物品有两个产地，不是分别供应邻近的销地，而是调运供应给较远的销地。

(3) 迂回运输，它是指不是通过最短运输路线而绕道的运输；在交通网发达，特别是拥有环状交通线时，迂回运输最容易出现。

(4) 重复运输，它就是货物由发点运达收点之前，经过了不必要的中转站的装卸转运，使原本可直达的货流经过不必要的周折。

(5) 无效运输，它是指运输中包括无使用价值的物品，如部分杂质或水分等的运输。

二、合理的运输方法

物质产品从生产所在地向消费所在地的物理性转移，是通过不同的运输方式来实现的。在物流过程中，对运输方式和运输路线等的选择，成为合理运输研究的重要内容。

（一）自营运输与外包运输的选择

对于大多数企业，不具备铁路、航空、水路和管道运输的能力，但是卡车运输投资少，而且不需要企业自己建设道路，因此，企业往往可以承担部分或全部卡车运输。在"大而全、小而全"的传统经营模式下,企业以"自给自足"的方式开展运输和其他物流活动的现象比较普遍。随着企业经营方式的变化和物流意识的增强,将物流活动以对外委托的方式外包专业运输公司的做法开始受到重视,这对于物流合理化、社会化具有重要意义。

自营运输与外包运输各有长短,主要表现在以下方面:

(1) 企业运用外包运输可以减少车辆设备的投资,减少相关运输管理工作,节约劳动力的使用,降低成本,回避因投资带来的风险。

(2) 运输外包会削减企业对运输的控制能力,如果出现运输承担者不能按照货主企业的要求进行货物运输,必然影响货主企业物流正常运作程序。而自营运输则可避免这种问题,因为企业完全可以根据自己的物流实际情况安排运输计划、配置运输资源、完成运输任务,积极促进企业商流活动的开展。

(3) 企业自营运输最大的缺陷在于运输效益问题,一般而言,企业运输效率相对较差、装载率低下、回程空载等现象难以避免,运输运作费用高。

从企业物流管理的发展来看,外包运输成为一种趋势。特别是对于中小企业而言,外包运输是实现物流效率化,同时实现物流运作效益化的有效途径。

**(二) 选择运输方式**

各种运输方式和运输工具都有各自的特点,不同类物品对运输的要求也不尽相同,合理选择运输方式,是合理组织运输、保证运输质量、提高运输效益的一项重要内容。

运输方式的选择就是从铁路、公路、航空、水路、管道运输等方式或联合运输中作出选择,通过对不同方式的运价和服务水平进行评价而作出决定。

由于运输成本在总物流成本中占有重要比例,而且,不同运输方式的运价相差很大,因此,运价是选择运输方式的五个非常重要的因素。但是,运输成本最低的运输方式通常会导致物流系统中其他部分成本的上升,因此难以保证整个物流系统的成本最低。所以,尽管运价是影响决策的一个因素,但它绝不是唯一的因素,企业必须考虑运输服务的质量以及这种服务带来的对整个物流系统运作成本的影响。运输服务质量通常包括运输时间、运输可靠性、运输安全性、服务容易性等。

不同运输方式下的运输时间将对物流系统各结点所要求的存货水平造成不同的影响,即较长的运输时间需要较高的存货水平。运输方式的可靠性和安全交货的程度也会影响各结点的存货水平、物料搬运设备和劳动力的使用、货损赔偿以及通信的时间与成本。

由此可见,运输方式的选择要根据物流系统的总体要求、结合不同方式的成本与服务特点,选择适合的运输方式。运输方式的选择是在综合考虑运输价格、运输时间、运输服务可靠性、安全性和容易性等因素基础上做出的决定。

## 第三节 线路规划

### 一、运输路线的类型

车辆在运输生产活动中,按预定计划在道路上的运行路线,即是车辆运输路线。车辆运输路线从不同的角度可划分为不同的类型。

#### (一)按出发地和目的地数目划分

(1)单一出发地和单一目的地,这可以视为网络规划问题,可以用运筹学的方法解决,其中最简单、最直接的方法是最短路线法。

(2)单起点和多终点,一般采用节约法来规划。

(3)多起点、多终点,实际运输中常常碰到有多个供应商供给多个工厂的情形,或者把不同工厂生产的同一产品分配到不同客户的情形,其起点和终点都不是单一的。在这类情形中,各供应商的供应量往往有所限制。

(4)起点和终点为同一地点,自有车辆运输时,车辆往往要回到起点。

#### (二)按运输路线的几何形状划分

(1)往复式运输路线。车辆在两个装卸作业点之间的路线上,作一次或多次重复运行的运输路线。这种运输路线的几何形状可近似看作是直线型。这种运输路线可分为单程有载往复式、回程部分有载往复式和双程有载往复式三种。这三种路线类型,以双程有载往复式路线的里程路线利用率最高,而单程有载往复式路线的里程利用率最底,在实际的运输组织工作中应尽量避免选择单程有载往复式运输路线。

(2)环行式运输路线。环行式运输是指车辆在若干个装卸作业点组成的封闭回路上,作连续单向运行的运输路线。在环行式运输路线的选择中,以里程利用率最高为原则。

(3)汇集式运输路线。汇集式运输路线是指车辆沿分布于运行路线上各装卸作业点,依次完成相应的装卸作业,且每次货物装卸量均少于该车额定载质量,直到整个车辆装满(卸空)后返回出发点的行驶路线。这种形式的运输路线其组织工作较为复杂,但有利于做到"取货上门、送货到家",能为客户提供良好的服务。这种线路在配送运输中被广泛运用。在汇集式运输路线的选择中,以运输费用最低为原则。

### 二、运输路线选择的目标

运输路线选择的目标就是运输路线的合理化。所谓运输路线合理化就是按照货物流通规律组织货物运输，力求用最少的劳动消耗得到最高的经济效益，即在完成货运任务，满足客户需求的前提下，使货物运输经过最短的里程、最少的环节，用最快的时间、最低的成本。运输路线合理化是物流中心进行运输管理的最基本的要求，合理化的运输路线可以节省运力、缩短运输时间，最终表现为节约运输成本和提高运输质量，增强物流中心的竞争优势。在确定运输路线选择目标时，可根据物流中心具体情况，选择如下的某一个具体目标。

（1）以效益最高或成本最低为目标；
（2）以里程最短为目标；
（3）以配送服务水准为最优；
（4）以运输周期量最小为目标。

## 三、运输线路规划方法

### （一）运输优化的基本问题

运输路线的选择影响到运输设备和人员的利用，正确地确定合理的运输路线可以降低运费，因此运输路线的确定是运输决策的一个重要领域。尽管路线选择问题种类繁多，但我们可以将其归纳为几个基本类型。

1. 起讫点不同的单一问题

对分离的、单个始发点和终点的网络运输路线选择问题，最简单和直观的方法是最短路线法。网络由节点和线组成。点与点之间由线连接，线代表点与点之间运行的成本（距离、时间和距离加权的组合）。初始，除始发点外，所有节点都被认为是未解的，即均未确定是否在选定的运输路线上。始发点作为已解的点，计算从原点开始。

2. 单起多讫点问题

在运输过程中，经常遇到单起点多终点问题，要指定同一个货源地到各个不同目的地的最佳路线，其实就是起讫点不同的单一问题的特殊情况，可以看成是几个起讫点不同的单一问题的集合，针对这一问题，最有效的方法就是节约法。

3. 多起讫点问题

如果有多个货源地可以服务多个目的地，那么我们面临的问题是，要指定各目的地的供货地，同时要找到供货地、目的地之间的最佳路径。该问题经常发生在多个供应商、工厂或仓库服务于多个客户的情况下。如果各供货地能够满足的需求数据有限，则问题会更复杂。解决这类问题常常可以运用一类特殊的线性规划算法，即表上作业法求解。

4. 起讫点重合的问题

物流管理人员经常遇到的一个路线选择问题是始发点就是终点的路线选择。这类问题通常在运输工具是私人所有的情况下发生，例如，配送车辆从仓库送货至零售点,然后返回仓库,再重新装货;当地的配送车辆从零售店送货至顾客,再返回;接送孩子上学的学校巴士的运行路线;送报车辆的运行路线;垃圾收集车辆的运行路线等。这类问题求解的目标是寻求访问各点的次序,以求运行时间或距离最小化。始点和终点相重合的路线选择问题通常被称为"旅行推销点"问题,对这类问题应用经验探试法比较有效。

**(二) 运输优化的优化模型**

1. 点点间运输——最短路径求解方法

最短路径问题是线路优化模型理论中最为基础的问题中一些线路优化问题的有效工具。

最短路径法就是求连通图的最短路径问题,即求两个顶点间长度最短的路径。最短路径的主要算法有:Dijkstra算法、逐次逼近算法、Floyd算法等等。

2. 一点到多点运输——节约法

近年来,由于小批量、多批次的及时配送方式的发展,运输费用正在逐年提升,许多企业的运输费用已经超越了库存费用。选择有效的配送路线,已成为控制物流成本的主要措施。那么如何选择有效的配送路线呢?现代企业已经普遍接受了一种观点,即有效的配送路线实际上是在保证商品准时到达客户指定点的前提下,尽可能地减少运输的车次和运输的总路程。在这种思想的指导下,节约法已成为选择配送路线的主要方法,并受到国内外物流界的青睐。

(1) 节约法的基本原理。假如由一家配送中心(DC)向两个用户 A,B 送货,配送中心到两客户的最短距离分别是 $L_A$ 和 $L_B$,A 和 B 间的最短距离为 $L_{AB}$,A,B 的货物需求量分别是 $Q_A$ 和 $Q_B$,且 ($Q_A+Q_B$) 小于运输装载量 $Q$,如图 9.1 所示,

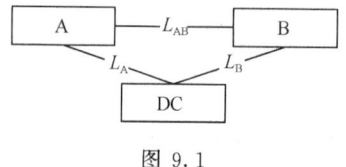

图 9.1

如果配送中心分别送货,那么需要两个车次,总路程为:$L_1=2(L_A+L_B)$,如果改用一辆车对两客户进行巡回送货,则只需一个车次,行走的总路程为:

$$L_2=L_A+L_B+L_{AB}$$

由三角形的性质我们知道:

$$L_{AB}<(L_A+L_B)$$

所以第二次配送方案明显优于第一种,且行走总路程节约:

$$\Delta L=(L_A+L_B)-L_{AB}$$

如果配送中心的供货范围内还存在着 3,4,5,…,n 个用户,在运载车辆载重和体积都允许的情况下,可将它们按着节约路程的大小依次连入巡回路线,直至

满载为止，余下的用户用同样方法确定巡回路线，另外派车。

（2）利用节约法的实例分析　设一配送中心向 13 个客户配送商品，配送中心及客户间的最短距离及需求量如表 9.2，如果配送的车辆最大载重为 200 t，那么利用节约法求解的配送路线的步骤如下。

表 9.2　最短距离及需求量表

| 序号 | DC | 1 | 2 | 3 | 4 | 5 | 6 | 7 | 8 | 9 | 10 | 11 | 12 | 13 |
|---|---|---|---|---|---|---|---|---|---|---|---|---|---|---|
| 1 | 12 | 0 | | | | | | | | | | | | |
| 2 | 8 | 9 | 0 | | | | | | | | | | | |
| 3 | 17 | 8 | 10 | 0 | | | | | | | | | | |
| 4 | 15 | 9 | 8 | 4 | 0 | | | | | | | | | |
| 5 | 15 | 17 | 9 | 14 | 11 | 0 | | | | | | | | |
| 6 | 20 | 23 | 15 | 20 | 16 | 6 | 0 | | | | | | | |
| 7 | 17 | 22 | 13 | 20 | 16 | 5 | 4 | 0 | | | | | | |
| 8 | 8 | 17 | 9 | 19 | 16 | 11 | 14 | 10 | 0 | | | | | |
| 9 | 6 | 18 | 12 | 22 | 20 | 17 | 20 | 16 | 6 | 0 | | | | |
| 10 | 16 | 23 | 14 | 22 | 19 | 9 | 8 | 8 | 14 | 0 | | | | |
| 11 | 21 | 28 | 18 | 26 | 22 | 11 | 7 | 6 | 13 | 19 | 5 | 0 | | |
| 12 | 11 | 22 | 14 | 24 | 21 | 14 | 16 | 12 | 5 | 7 | 9 | 13 | 0 | |
| 13 | 15 | 27 | 20 | 30 | 28 | 22 | 23 | 20 | 12 | 9 | 16 | 20 | 8 | 0 |
| 需求量 | | 48 | 36 | 43 | 92 | 57 | 16 | 56 | 30 | 57 | 47 | 91 | 55 | 38 |

第一步，计算配送中心到客户间的最短距离，画出距离表。因为本例已经给出，所以可直接进行第二步。

第二步，根据最短距离表，利用节约法计算出用户间的节约里程，并由大到小排列，编制节约里程顺序表，如表 9.3。

表 9.3　节约里程顺序表

| 序号 | 路程 | 节约里程 $\Delta L$ | 序号 | 路程 | 节约里程 $\Delta L$ | 序号 | 路程 | 节约里程 $\Delta L$ | 序号 | 路程 | 节约里程 $\Delta L$ |
|---|---|---|---|---|---|---|---|---|---|---|---|
| 1 | 6—11 | 34 | 9 | 5—7 | 27 | 17 | 3—5 | 18 | 25 | 8—11 | 16 |
| 2 | 6—7 | 33 | 10 | 5—11 | 25 | 18 | 12—13 | 18 | 26 | 2—3 | 15 |
| 3 | 71—1 | 32 | 11 | 5—10 | 22 | 19 | 10—12 | 18 | 27 | 2—4 | 15 |
| 4 | 10—11 | 32 | 12 | 1—3 | 21 | 20 | 3—6 | 17 | 28 | 7—8 | 15 |
| 5 | 7—10 | 29 | 13 | 11—12 | 19 | 21 | 11—13 | 16 | 29 | 6—12 | 15 |
| 6 | 5—6 | 29 | 14 | 4—5 | 19 | 22 | 8—10 | 16 | ⋮ | ⋮ | ⋮ |
| 7 | 3—4 | 28 | 15 | 4—6 | 19 | 23 | 7—12 | 16 | | | |
| 8 | 6—10 | 28 | 16 | 1—4 | 18 | 24 | 4—7 | 47 | | | |

第三步，根据节约里程顺序表和配送中心的约束条件，绘制配送路线，其具体

步骤如下：首先选择最节约里程的路段（6—11），然后是（6—7），由于配送路线必须包含DC，且每条循环路线上的客户需求量之和要小于200吨，在接下的选择中满足条件的只有路段（11—8），此时载重总量为193吨，因为在余下选择中没有满足条件的客户，所以，第一回合的配送路线为（DC—7—6—11—8—DC）。按此方法类推，其余的配送路线分别是（DC—1—3—4—DC）、（DC—5—10—12—13—DC）、（DC—2—9—DC）。

3. 多点间的运输——表上作业法

运输管理中常常碰到多个产地运输到多个销地的情形，为了达到运输费用最少，最经济，一般采用表上作业法来分析此类问题。

（1）物资调运的数学模型。假设某种物资有 $m$ 个产地，$A_1$，$A_2$，…，$A_m$，其产量分别为 $a_i$（$i=1, 2, …, m$），联合供应 $n$ 个销地，$B_1$，$B_2$，…，$B_n$，其销量分别为 $b_j$（$j=1, 2, …, n$），从 $A_i$ 到 $B_j$ 运输单位物资的运价为 $C_{ij}$，将这些数据汇总可以得到表9.4，求怎样调运物资，才能使总的运费最少。

表9.4

| 销地<br>产地 | $B_1$ | $B_2$ | … | $B_n$ | 产量 |
| --- | --- | --- | --- | --- | --- |
| $A_1$ | $C_{11}$ | $C_{12}$ | … | $C_{1n}$ | $a_1$ |
| $A_2$ | $C_{21}$ | $C_{22}$ | … | $C_{2n}$ | $a_2$ |
| … | … | … | … | … | … |
| $A_m$ | $C_{m1}$ | $C_{m2}$ | … | $C_{mn}$ | $a_m$ |
| 销量 | $b_1$ | $b_2$ | … | $b_n$ | |

设 $X_{ij}$ 表示由产地 $A_i$ 供应销地 $B_j$ 的物资数量，则运输问题的线性规划模型如下：在 $\sum_{i=1}^{m} a_i = \sum_{j=1}^{n} b_j$ 的情况下，求 $\min S = \sum_{j=1}^{n} \sum_{i=1}^{m} C_{ij} X_{ij}$（总费用最少）。

满足约束条件：

$$\begin{cases} \sum_{i=1}^{m} X_{ij} = b_j (j=1,2,…,n)（满足各销地的需要量）\\ \sum_{j=1}^{n} X_{ij} = a_i (i=1,2,…,m)（各产地的发出量等于各地产量）\\ X_{ij} \geqslant 0 (i=1,2,…,m; j=1,2,…,n)（调运量不能为负数）\end{cases}$$

（2）物资调运问题的表上作业法。物资调运的表上作业法，是把物资调运最优方案的确定过程在物资调运平衡表上进行的一种调运方法。物资调运平衡表如表9.5所示。

表 9.5　物资调用平衡表

| 产地＼销地 | $B_1$ | $B_2$ | ... | $B_n$ | 供应量 |
|---|---|---|---|---|---|
| $A_1$ | $X_{11}$ | $X_{12}$ | ... | $X_{1n}$ | $a_1$ |
| $A_2$ | $X_{21}$ | $X_{22}$ | ... | $X_{2n}$ | $a_2$ |
| ... | ... | ... | ... | ... | ... |
| $A_m$ | $X_{m1}$ | $X_{m2}$ | ... | $X_{mn}$ | $a_m$ |
| 需求量 | $b_1$ | $b_2$ | ... | $b_n$ | $\sum_{i=1}^{m} a_i = \sum_{j=1}^{n} b_j$ |

表上作业法是单纯形法在求解运输问题时的一种简化方法，其实质仍是单纯形法，只是其具体计算过程和使用的有关术语有所不同。这一方法的计算步骤可以归纳如下：

①找出初始基可行解，即在产销平衡表上给出 $m+n-1$ 个数字格。

②求各非基变量的检验数，即在表上计算空格的检验数，判别是否达到最优解。如果已是最优解，则停止计算，否则转入下一步。

③确定换入变量和换出变量，找出新的基可行解（即在表上用闭回路法进行调整）。

④重复②、③两步，经过有限次调整，即可得到最优解。

（3）表上作业法实例。我们通过具体例子来说明表上作业法的计算步骤。

假设某种物资共有三个产地，其日产量分别是：$A_1$ 为 7 吨，$A_2$ 为 4 吨，$A_3$ 为 9 吨，该种物资的四个销售地，其日销售量分别是：$B_1$ 为 3 吨，$B_2$ 为 6 吨，$B_3$ 为 5 吨，$B_4$ 为 6 吨；以及各产地到销售地的单位物资的运价如表 9.6 所示。试问在满足各销售点需要量的前提下，如何调运该种物资，才能使总运费达到最少？

表 9.6　单位物资运价表

| 产地＼销地 | $B_1$ | $B_2$ | $B_3$ | $B_4$ | 供应量 |
|---|---|---|---|---|---|
| $A_1$ | 3 | 11 | 3 | 10 | 7 |
| $A_2$ | 1 | 9 | 2 | 8 | 4 |
| $A_3$ | 7 | 4 | 10 | 6 | 9 |
| 需要量 | 3 | 6 | 5 | 6 | 20 |

①确定初始基可行解。确定初始基可行解的方法很多，一般而言，人们所希望的方法是既简便，又尽可能地接近最优解。在用表上作业法求解运输问题时，确定初始基可行解的最常用的方法有最小元素法。

最小元素法的基本思想是就近供应，即从单位运价表中最小的运价开始确定供销关系，然后考虑运价次小的，一直到给出初始基可行解为止。以上例为例，这一方法可由以下几个步骤来完成。

第一步：从表 9.4 中找出最小运价为 1，表示应先将 $A_2$ 的产品供应 $B_1$。因为 $a_2=4>b_1=3$，故 $A_2$ 除满足 $B_1$ 的全部需要外，还可多余 1 吨物资。

第二步：在表中再找出最小运价 2，确定 $A_2$ 多余的 1 吨物资供应 $B_3$。

第三步：在表的元素中再找出最小运价 3，这表示应将 $A_1$ 的产品供应给 $B_3$，因为 $b_3=5$，而 $A_2$ 已供应给 $B_3$ 1 吨的产品，故 $A_1$ 应供应 $B_3$ 4 吨产品，……这样一直下去，直到单位运价表上的所有元素被划去为止。最后在产销平衡表上得到一个调运方案，即初始基可行解，见表 9.7。

表 9.7

| 产地＼销地 | $B_1$ | $B_2$ | $B_3$ | $B_4$ | 供应量 |
| --- | --- | --- | --- | --- | --- |
| $A_1$ |  |  | 4 | 3 | 7 |
| $A_2$ | 3 |  | 1 |  | 4 |
| $A_3$ |  | 6 |  | 3 | 9 |
| 需要量 | 3 | 6 | 5 | 6 | 20 |

② 最优解的判别。运输问题表上作业法，判定调运方案是否为最优解，有两种方法：一种叫做闭回路法，另一种是位势法，在这里介绍一下闭回路法。

闭回路法是优化物资调运方案中的一个常用方法，即在任一可靠的调运平衡表中，可以从任一空格（没有调运量的格）出发，作一个闭回路，除这个空格外，闭回路的其他顶点都是有数字的格构成，可以证明，从每一个空格出发一定存在并且可以找到唯一的闭回路。如表 9.5 中，$(A_1B_1)$ 为一空格，如果从 $(A_1B_1)$ 空格出发，沿 $(A_1B_3)$、$(A_2B_3)$、$(A_2B_1)$ 三个有数字的格，又回到 $(A_1B_1)$ 空格，从而形成 $(A_1B_1)$、$(A_1B_3)$、$(A_2B_3)$、$(A_2B_1)$、$(A_1B_1)$ 回路。以此类推，可以作出所有空格的闭回路。有了闭回路，就可以求出检验数。检验数的求法，就是在闭回路上，从空格出发，沿闭回路，将各顶点的运输成本依次设置"+"、"—"交替正负符号，然后求其代数和。这个代数和数字称为检验数，例如，上述空格的检验数为 $3-3+2-1=1$，用同样的方法可以求其他各空格的检验数。根据检验数，就可以对调运方案作出判断，即如果全部检验数非负，则调运方案一定为最优方案；如果检验数中存在负数，则调运方案不是最优方案。可以验证，上述方案是不是最优解。$(A_2B_4)$ 为一空格，以它为起点，可作闭合回路，$(A_2B_4) \rightarrow (A_1B_4) \rightarrow (A_1B_3) \rightarrow (A_2B_3) \rightarrow (A_2B_4)$，检验数为：$8-10+3-2=-1$，由于存在检验数为负，因此，此方案不是最优解，必须调整。

③ 当检验数出现负数时，需进行闭回路调整。具体步骤如下：

（ⅰ）选择最负的检验数所对应的非基变量为换入变量。因为检验数愈负，总成本改善愈显著。在此例中，空格($A_2B_4$)为调入格。

（ⅱ）在换入变量对应的以基变量为顶点的闭回路上，选择偶数顶点上基变量值最小者为换出变量。因为在闭回路上，自换入变量开始，奇数顶点增加一个单位，偶数顶点便要减少一个单位，才能达到新的平衡，为了保证可行性，必须取偶数顶点中最小者，否则基本解不可行。此例中，($A_1B_4$)、($A_2B_3$)为偶数点，其数值为3、1，因此取1为调入数。

（ⅲ）使换出的变量值为零，进行闭回路调整。即偶数点都减去换出变量值，奇数点都增加同样大小的值。调整后，换出变量变成空格，其值转换到换入变量格中。

④再求检验数，重新判断。如此反复，直到求出最优解。现以上述实例完成求解的全过程。最后得到如表9.8所示的最优物资调运方案。

表 9.8　最优物资调运方案

| 销地<br>产地 | $B_1$ | $B_2$ | $B_3$ | $B_4$ | 供应量 |
|---|---|---|---|---|---|
| $A_1$ |  |  | 5 | 2 | 7 |
| $A_2$ | 3 |  |  | 1 | 4 |
| $A_3$ |  | 6 |  | 3 | 9 |
| 需要量 | 3 | 6 | 5 | 6 | 20 |

表9.8为最优物资调运方案，对应最低成本为
$$S = 5\times3 + 2\times10 + 3\times1 + 1\times8 + 6\times4 + 3\times5 = 85。$$

### （三）产销不平衡的运输问题

实际情况下，常存在产销不平衡情况，我们也可以将产销不平衡问题化成产销平衡的问题，利用前面的表上作业法求出调运方案。当产大于销时，运输问题的数学模型可写成

$\sum_{i=1}^{m} a_i > \sum_{j=1}^{n} b_j$ 的情况下，求 $\min S = \sum_{j=1}^{n}\sum_{i=1}^{m} C_{ij} X_{ij}$（总费用最少）。

满足约束条件：

$$\begin{cases} \sum_{i=1}^{m} X_{ij} = b_j (j=1,2,\cdots,n)（满足各销地的需要量）\\ \sum_{j=1}^{n} X_{ij} < a_i (i=1,2,\cdots,m)（各产地的发出量小于各地产量）\\ X_{ij} \geqslant 0 (i=1,2,\cdots,m; j=1,2,\cdots,n)（调运量不能为负数）\end{cases}$$

由于总产量大于销量，我们可以假定一个产地来存储多余的产品或物资，设$X_{i,n+1}$是产地$A_i$的储存量，于是有

$$\sum_{j=1}^{n} X_{ij} + X_{i,n+1} = \sum_{j=1}^{n+1} X_{ij} = a_i (i=1,\cdots,m)$$

$$\sum_{i=1}^{m} X_{ij} = b_j (j=1,\cdots,n)$$

$$\sum_{i=1}^{m} X_{i,n+1} = \sum_{i=1}^{m} a_i - \sum_{j=1}^{n} b_j = b_{n+2}$$

令

$C'_{ij} = C_{ij}$,当 $i=1,\cdots,n, j=1,\cdots,n$ 时,

$C'_{ij} = 0$,当 $i=1,\cdots,m, j=n+1$ 时,

将其分别代入,得到

满足 $\begin{cases} \sum_{j=1}^{n+1} X_{ij} = a_i \\ \sum_{i=1}^{m} X_{ij} = b_j \\ X_{ij} \geqslant 0 \end{cases}$

在这个模型中,$\sum_{i=1}^{m} a_i = \sum_{i=1}^{n} b_i + b_{n+1} = \sum_{j=1}^{n+1} b_i$,转化成产销平衡的运输问题。若当产大于销时,只要增加一个假定的销地 $j=n+1$,该销地总需要量为

$$\left(\sum_{i=1}^{m} a_i - \sum_{j=1}^{n} b_i\right)$$

而在单位运价表中从各产地到假定销地的单位运价为 $C'_{i,n+1} = 0$,就转化成一个产销平衡的运输问题。当销大于产时,可以在产销平衡表中增加一个假定的产地 $i=m+1$,该地产量为 $\left(\sum_{j=1}^{n} b_i - \sum_{i=1}^{m} a_i\right)$,在单位运价表上令从假定产地到各销地的运价 $C'_{m+1,j} = 0$,同样可以转化为一个产销平衡的运输问题。

# 第十章

# 物流信息管理

## 第一节 物流信息

### 一、物流信息概念

#### (一) 物流信息定义

物流信息 (logistics information)，是反映物流各种活动内容的知识、资料、图像、数据、文件的总称。物流信息是物流活动中各个环节生成的信息，一般是随着从生产到消费的物流活动而产生的信息流，与物流过程中的运输、保管、装卸、包装等各种职能有机结合在一起，是整个物流活动顺利进行所不可缺少的。从信息的产生来看，企业物流信息可分为狭义和广义两种。狭义的物流信息指的是与企业物流活动直接相关的信息，如库存量、采购量、生产线物料发送量、运输计划等；广义的物流信息除了上述企业内部的物流信息，还包括外部顾客和供应商的部分物流信息，如顾客的订货要求、服务要求、供应商的物料生产情况、送货信息等，广义的物流信息实际上是我们常讲的整合生产厂家、供应商、批发商、零售商到最终消费者的整个供应链的信息。

物流信息是物流系统的基础，无论是对物流活动进行管理，制定相关决策，还是物流活动效率化都需要详细、准确、直接的物流信息。因此在开发物流信息系统时，必须对物流信息有一个清晰的了解。

### （二）物流信息分类

物流信息有不同的分类方法，弄清其不同的分类方法，对搞好企业物流管理，实现其价值有很大的关系，以下从不同的侧面对物流信息进行分析。

1. 按信息载体的类型分类

在企业中，物流信息载体通常分为单据（凭证）、台账、报表、计划、文件等多种类型。

物流单据（凭证）发生在企业的操作层，一般记载物流工作实际发生情况，根据单据的制订者，单据分为企业内部单据和外部的单据，凡是由企业外部制订和开出的单据属于外部单据，而由企业自身制订的单据则为内部单据，例如货物采购时由供应厂商开出的发票是外部单据，企业为客户开出的销售发票则为内部单据。

物流单据按照一定的要求（如时间次序、某种分类等）积累则形成物流台账。物资管理工作中的商品明细台账就是按物资类别，将某种物资的入库、出库按时间次序记载的流水账。

物流报表是按照一定的统计要求，将一定周期内的物流单据或者物流台账进行计算、汇总、排序、分类汇总等形成的信息载体。其作用是通过对一定时期生产经营的统计，检查生产经营情况，发现存在的问题，为制定相关决策提供信息。

物流计划对于企业物流管理的一种非常重要的信息，它是企业物流管理决策的具体体现。从管理职能来说，企业有不同计划，例如需求计划、采购计划、项目预算计划、财务计划等，企业的领导靠它向下传达企业下一个计划期企业生产经营的意图，用以统一指挥各部门的行动，而企业的下级通过报表反映计划的实际实施情况。

文件分为企业内部文件和外部文件，外部文件的制定者是企业的外部单位、组织，而内部文件又可分为企业级的文件、企业各部门的文件。文件多为非数值型数据。

单据（凭证）、台账和报表则是有确定性的，是对现实的反映，而计划具有可变性，是实现过程控制和评价的标准之一。

2. 按管理层次分类

根据管理层次的划分，物流信息分为战略管理信息、战术管理信息、知识管理信息、操作管理信息。

（1）操作管理信息产生于操作管理层，反映和控制企业的日常生产和经营工作，它是管理信息中的最底层，是信息源，来自于基层，例如每天的产品质量指标、用户订货合同、供应厂商原材料信息等。这类信息通常具有量大、且发生频率高等特点。

（2）知识管理信息是知识管理部门相关人员对企业自己的知识进行搜集、分类、存储和查询，并进行知识分析得到的信息。例如专家决策知识、物流企业相关业务知识、工人的技术和经验形成的知识信息等。这类信息一般隐藏在企业内部，需要挖掘和提炼。知识管理信息贯穿企业的各个部门、各个层次。

（3）战术管理信息是部门负责人进行关系局部或中期的决策所涉及的信息，例如月销售计划完成情况、单位产品的制造成本、库存费用，市场商情信息等。这类信息一般来自于本单位所属各部门。

（4）战略管理信息是企业高层管理决策者制定企业年经营目标、企业战略决策所需要的信息，例如企业全年经营业绩综合报表、消费者收入动向和市场动态、国家有关政策法规等。这类信息一部分来自企业内部，多为报表类型，另一部分来自企业外部，且数据量较少、不确定性程度高、内容较抽象。

3. 按信息来源分类

按信息来源的不同，管理信息分为内部信息和外部信息。

外部信息是在物流活动以外发生，但提供给物流活动使用的信息，包括物流知识层、物流战术层信息、物流战略层信息。具体表现为供货人信息、顾客信息、订货合同信息、交通运输信息、市场信息、政策信息，还有来自企业内部运作、财务等部门与物流有关的信息，例如消费者收入动向和市场动态、国家有关政策法规、国家各种统计资料等均为企业外部信息。企业全年生产经营指标完成情况、生产计划完成情况等为企业内部信息。一般外部信息与内部信息相比，其不确定程度比不准确程度高、信息搜集困难、不可控制。物流企业经常遇到不确定的信息，导致物流企业的经营成本增加，计划赶不上变化，无法很好的安排采购、运输。在市场竞争趋于白热化的今天，谁能更快更及时全面地掌握用户信息，谁就能更好地占有市场。

企业外部信息的搜集、加工和利用是实现危机管理、风险管理的基础和保证，1998年波及全球范围的东南亚金融危机向企业管理决策者敲起了危机管理的警钟。通常对企业来说，重要的外部信息有许多，例如市场情况的监测信息、竞争对手的情况、与本企业涉及相关领域的最新科技成果信息、国家的政策法规等宏观信息、国际国内资本市场信息等。这些信息又是企业制定战略决策的集成和保证。通常外部信息处理的关键环节是数据的搜集，国际互联网的建立为企业搜集外部信息提供非常便利的渠道，但是由于国际互联网的信息量太大、太分散，因此其中的识别成为关键的一环，信息服务提供者（ISP）也由此产生。全部的外部信息其实构成了企业从事生产经营活动的信息世界，无论哪一信息发生变化，都有可能导致这个信息世界发生较大的变化，因此对外部信息的搜集，并加以充分的利用，对企业来说越来越重要。

4. 按稳定程度分类

按信息的稳定程度，物流信息分为静态信息和动态信息，例如国家的政策法规、物流运送周期、供应商信息等是静态信息，国际国内市场报价信息、物流配送、销售情况等为动态信息。大多数企业外部信息的稳定程度较低。静态信息是相对的，随着企业生产经营的变化、管理水平和职工技能的提高、技术的进步等，也会发生变化，只是其更新频率较低而已。例如企业要定期地修改物流运送周期、增加供应商信息等。因此对于静态信息的数据处理关键是信息的利用，动态信息的处理关键是信息的搜集、存储、加工等。

5. 按物流活动分类

按物流活动划分，物流信息一般由物流系统内信息和物流系统外信息两部分组成。物流系统内信息包括物料流转信息、物流操作层信息，具体为运输信息、存储信息、物流加工信息、配送信息、定价信息等，物流系统外信息主要包括用户物品信息、配送信息、社会可用运输资源信息、交通和地理信息等。按照这类方法分析物流信息，其优势在于它是按信息产生源头划分，容易保证信息的搜集以及信息的正确性，但是要注意容易产生"信息孤岛"，使不同活动共享信息不易。

## 二、物流信息的特点

与其他信息比较，物流信息具有如下特点：

（1）物流信息量大、分布广，信息的产生、加工、传播和应用在时间、空间上不一致，方式也不同。

（2）物流信息动态性强、实时性高，信息价值衰减速度快、时效性强。因而对信息管理的及时性和灵活性提出了很高的要求。

（3）物流信息种类多，不仅本系统内部各个环节有不同种类的信息，而且由于物流系统与其他系统（如生产系统、供应系统）关系密切，因而还必须搜集这些物流系统中的有关信息。使得物流信息的搜集、分类、筛选、统计、研究等工作的难度增加。

（4）物流信息趋于标准化。由于物流是一个大范围的活动，物流信息源也分布于一个大范围内，信息源点多、信息量大。如果这个大范围中未能实现统一管理或标准化，则信息便缺乏通用性。

# 第二节 物流信息系统的总体构成

## 一、物流信息系统的定义及特点

### （一）定义

物流信息系统（logistics information system，LIS），把物流和物流信息结合成一个有机的系统，用各种方式选择收集输入物流计划的、业务的、统计的各种有关数据，经过有针对性目的的计算机处理，即根据管理工作的要求，采用特定的计算机技术，对原始数据处理后输出对管理工作有用的信息的一种系统。

从物流信息系统来说，信息和物流是同时进行的，其关键是两者内容相一致。为此，必须信息先行，信息跟不上，就什么都谈不上。物流信息系统是企业信息系统中的一类，是企业按照现代管理思想、理念，以信息技术为支撑所开发的信息系统。该系统充分利用数据、信息、知识等资源，实施物流业务、控制物流业务、支持物流决策、实现物流信息共享，以提高物流企业业务的效率、决策的科学性，其最终目的是提高企业的核心竞争力。

（二）特点

物流信息系统具有集成化、模块化、实时化、网络化和智能化等主要特点。随着社会经济的发展和科技的进步，物流信息系统正在向信息分类的集成化、系统功能的模块化、信息采集的实时化、信息传输的网络化、信息处理的智能化方向发展。

（1）集成化。集成化指物流信息系统将业务逻辑上相互关联的部分连接在一起，为企业物流活动中的集成化信息处理工作提供基础。在系统开发过程中，数据库的设计、系统结构以及功能的设计等都应该遵循统一的标准、规范和规程（即集成化），以避免出现"信息孤岛"现象。

（2）模块化。模块化指把物流信息系统划分为各个功能模块的子系统，各子系统通过统一的标准来进行功能模块开发，然后再集成，组合起来使用，这样就能既满足物流企业的不同管理部门的需要，也保证了各个子系统的使用和访问权限。

（3）实时化。实时化借助于编码技术、自动识别技术、GPS 技术、GIS 技术等现代物流技术，对物流活动进行准确实时的信息采集；并采用先进的计算机与通信技术，实时地进行数据处理和传送物流信息；通过 Internet/Intranet 的应用将供应商、分销商和客户按业务关系连接起来，使整个物流信息系统能够即时地掌握和分享属于供应商、分销商或客户的信息。

（4）网络化。网络化通过 Internet 将分散在不同地理位置的物流分支机构、供应商、客户等连接起来，形成一个复杂但有密切联系的信息网络，从而通过物流信息系统这个联系方式实时地了解各地业务的运作情况。物流信息中心将对各地传来的物流信息进行汇总、分类，以及综合分析，并通过网络把结果反馈传达下去，以指导、协调、综合各个地区的业务工作。

（5）智能化。智能化物流信息系统现在虽然尚缺乏十分成功的案例，但物流信息系统正在往这个发展方向努力。比如在物流企业决策支持系统中的知识子系统，它就负责搜集、存储和智能化处理在决策过程中所需要的物流领域知识、专家的决策知识和经验知识。

## 二、物流信息系统的总体结构

### （一）物流信息系统的组成要素

根据系统的观点，构成物流企业信息系统的主要组成要素有硬件、软件、数据库和数据仓库、相关人员以及企业管理制度与规范等，物流信息系统将这些结合在一起，对物流活动进行管理、控制和衡量。

（1）硬件。包括计算机、必要的通信设施等，例如计算机主机、外存、打印机、服务器、通信电缆、通信设施，它是物流信息系统的物理设备、硬件资源，是实现物流信息系统的基础，它构成系统运行的硬件平台。

（2）软件。在物流信息系统中，软件一般包括系统软件、实用软件和应用软件。系统软件是指那些管理和支持计算机资源及其信息处理活动的程序，这些程序是计算机硬件和应用程序之间重要的软件接口。系统软件主要有操作系统、网络操作系统等。实用软件主要有数据库管理系统、计算机语言、各种开发工具、浏览器等，主要用于开发应用软件、管理数据资源、实现通信等。应用软件指为了用户处理信息的需求，具有特定功能的程序。对于物流信息系统而言，它是为了企业进行相关的物流管理活动开发的程序，应用软件一般面向的是具体问题，不同的企业有不同的物流活动，因此其物流应用软件，甚至物流信息系统也是千差万别的。

（3）数据库与数据仓库。数据库和数据仓库用来存放与应用相关的数据，是实现辅助企业管理和支持决策的数据基础。随着国际互联网的深入应用以及计算机安全技术、网络技术、通信技术等发展，以及市场专业化分工与协作的深入，企业和企业之间数据交换趋势日益增强，企业许多物流信息来源于外部，因此企业数据库的设计将面临采取集中、部分集中或分布式管理的选择。同时，随着物流信息系统应用的深入，采用数据挖掘技术的数据仓库也应运而生。

（4）相关人员。无论是物流信息系统的开发、运行和维护，都离不开各级人员的参与。这些人员既有专业人员、终端用户，还有管理人员、业务人员等，不同的人员在物流信息系统开发、运行和维护中起着不同的作用。对于企业而言，不仅要考虑开发、选择合适的物流信息系统，还要注意员工计算机系统使用能力的培养。

（5）企业的管理思想、制度和规范。企业本身的决策者和管理者的管理思想和理念决定的物流信息系统的结构；同时管理制度与规范，如组织机构、部门职责、业务规范和流程、岗位制度等，都是物流信息系统成型开发和运行的管理基础和保障，它是构造物流信息系统模型的主要参考依据，制约着系统硬件平台的结构、系统计算模式、应用软件的功能。

### （二）物流信息系统的计算模式

物流信息系统计算模式说明了系统中相关软、硬件的组成、联系、作用以及存储中的相关逻辑结构。随着计算机技术和网络技术的发展,信息系统结构从单机发展到了计算机网络结构,但从完成数据处理工作的过程来分析,根据系统中各部件所起的不同作用,目前较常使用的有以下两种模式。

1. 客户/数据库服务结构

客户/数据库服务器结构(client/server,C/S)由服务器和若干台工作站组成,但大多数的应用程序驻留在客户端,只有少量的公共程序、数据库和数据库管理系统驻留在服务器上,这里的工作站称为客户机,服务器称为数据库服务器。

在这种结构中,服务器同时担负数据存储、数据管理和数据处理工作,要求服务器具有很高的配置(包括大容量的存储器和很高处理速度的主机)。由于应用程序分散在不同的客户端,每当应用程序发生修改,就需对每个客户端的应用程序进行复制,从而使得应用程序的维护和升级极为不便。

2. 客户/业务逻辑服务器/数据库服务器

在物流信息系统中,用户的应用其实也可分为三层,即用户服务、业务逻辑服务和数据服务。

用户服务提供用户与系统的交互界面,包括浏览定位、输入/显示/打印信息等;业务逻辑服务提供与系统控制规则或控制逻辑有关的功能(如企业共同的业务政策、规则、计算方法等),它们具有保证处理一致性的共同特点;数据服务则完成数据的定义、存储与检索服务,以保证数据的一致性。这样就让不同的服务可分别驻留在不同的机器上——应用服务驻留在客户端,业务逻辑服务驻留在业务逻辑服务器中,数据服务由数据库服务器完成,从而形成了"客户/业务逻辑服务器/数据库服务器"计算模式,实际也就是一种三层的C/S结构模型。在这种结构中,业务逻辑服务器和数据库服务器为多个客户提供服务,当由于企业规则、计算方法等发生变化时,只需要修改事务服务器中的程序,而不需要修改客户端,从而减少了系统的维护量。随着Internet应用的推广,现在常用于信息查询的三层C/S结构的有浏览器/Web服务器/数据库服务器结构(browse/web/database,B/W/D)(图10.1)。该结构利用Internet的Web技术,为用户提供了统一的界面。

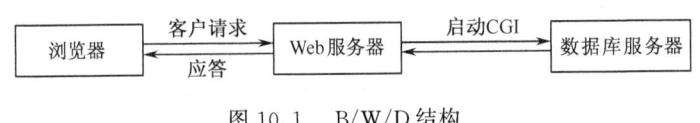

图 10.1  B/W/D 结构

### 三、物流信息系统的主要作用

从本质来看,物流信息系统(logistics management information system,LMIS)是利用信息技术,通过信息流,将各种物流活动与某个一体化过程连接在一起的通道。物流系统中的相互衔接是通过信息予以沟通的,基本资源的调度也是通过信息共享来实现的，因此，组织物流活动必须以信息为基础。为了使物流活动正常有序地进行，必须保证物流信息畅通。物流信息的网络化就是要将物流信息通过现代信息技术使其在企业内，企业间乃至全球达到共享的一种方式。

物流信息网络化不仅指企业内部物流信息实现交换、共享，为了提高全社会的效率，更需要以网络方式将企业的各部门、生产企业、商业企业等连在一起，实现社会性的各部门、各企业之间低成本的数据高速共享。

企业物流信息系统至少包括以下三个主要方面的作用：

（1）仓储管理。使用仓储管理系统管理存储业务的收发、分拣、摆放、补货、配送等，同时仓储管理系统可以进行库存分析与财务系统集成。先进的系统还能帮助企业实现"回收物流"的管理。

（2）加快供应链的物流响应速度。通过建立物流信息系统，达到全局库存、订单和运输状态的共享和可见性，以降低供应链中的需求订单信息畸变现象。

（3）物流整合。即采用最优化理论，将企业物流上的各个环节综合考虑，制定全局优化的物流策略。

## 四、物流信息系统的开发

### （一）系统开发过程

根据结构化开发方法的思想，信息系统开发过程包括系统规划、系统分析、系统设计、系统实施、系统运行和维护等阶段。在整个开发过程中，贯穿用户至上、严格管理、自上而下分析、自底而上设计的思想，开发过程中的每一步都按标准规范化、标准化。

（1）物流信息系统的规划。系统规划阶段是按用户的系统开发请求，进行初步调查，明确问题，确定系统目标和总体结构，确定分阶段实施进度，然后进行可行性研究。建立企业物流信息系统，不是单项数据处理的简单组合，必须要有系统地规划。因为它涉及传统管理思想的转变、管理基础工作的整顿提高，以及现代化物流管理方法的应用等许多方面，是一项范围广、协调性强、人机紧密结合的系统工程。系统规划实际是上信息系统工程的决策，它关系到企业的利益、工程的成败。

（2）物流信息系统的分析。在系统可行性报告基础上，就可以进行物流信息系统分析工作。系统分析阶段的任务是分析业务流程、分析数据与数据流程、分析功能与数据之间的关系，最后提出分析处理方式和新系统逻辑方案。在这个阶段，最主要的工作之一就是对企业的物流业务过程进行调查和客观分析，确定与之相符的数据流程，只有建立与企业物流过程相符的信息系统，才能与企业的运行过程有机结合，发挥计算机技术的优点。但是，建立信息系统不能局限于对原有人工系统的照搬照抄，还要考虑系统规划阶段确定的企业的未来发展和总体目标，这样才能使建立的信息系统能改善现有的运行机制，促进企业的发展。

（3）物流信息系统的设计。系统设计工作主要有总体结构设计、代码设计、数据库/文体设计、输入/输出设计、模块结构与功能设计。系统设计主要目的是在各种技术和实施方法中权衡利弊，合理使用各种资源，最终勾画出新系统的详细方案。由于企业物流信息来源渠道多，涉及部门广，因此进行物流信息系统的设计时必须注意处理信息收集的问题。现在许多企业还不具备将物流业务从各个部门独立出来的条件，这样物流活动实际是上分散在不同的部门中进行，如何设计出符合企业现有物流运行状态，又有利于物流资源整合的信息系统是设计工作的难点。

（4）物流信息系统的实施。系统实施阶段的任务是编程、人员培训、试运行和系统转换。物流信息系统是按照人们预先编写的程序工作的，程序是在序的计算机指令的集合。进行编程时，我们可以选择适应的工具，这些工具一般为编程语言、数据库系统、程序生成工具、专用系统开发工具、客户/服务器型工具等。

程序完成编写后，就要进行调试和试运行。一般程序调试的过程是模块调试，主要确定模块内部功能；然后是分调，指对与子系统有关的各模块实行联调，以考查各模块外部功能、接口以及各模块之间调用关系的正确性；最后是联调，各模块、各子系统均经调试准确无误后，就可进行系统联调，联调是实施阶段的最后一道检验工序。联调通过后，就可投入程序的试运行阶段和转换。

（5）物流信息系统的运行。运行阶段的任务是进行系统的日常运行管理、评价、监理审计三部分工作。评价信息系统运行效果有利于了解系统的状态、识别系统问题，根据识别的问题进行系统修改、维护或者局部调整。如果出现了不可调和的大问题，或系统无法适应企业运行的要求时，则标志着老系统生命结束，需要进行新系统的开发。

## （二）物流信息系统的功能

企业的物流启动于顾客订货活动，根据价值链的思想，只有根据顾客订单信息分解出各种企业内部的物流需求并进行相关的物流活动，企业的物流业务过程才是具有价值的。企业内部的物流活动包括库存、配送、运输、采购及相关的管理工作。根据企业的物流活动组成，我们可以得出物流信息系统的功能结构图（见图10.2）。

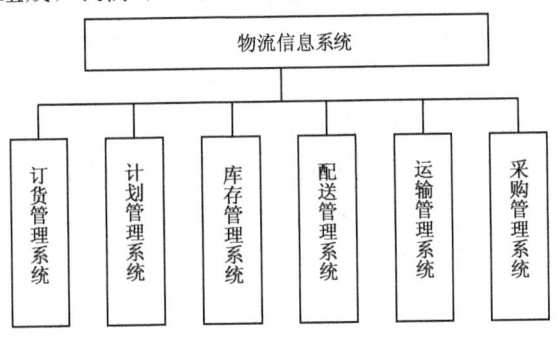

图10.2 物流信息系统功能结构图

订货管理系统主要处理顾客订货信息，从接收订货信息开始，对订货信息的完整程度、准确程度进行检查，然后对客户的相关制约条件进行检查，如货款缴纳情况、信息情况等。在确定可以接受订货要求后，按照订单进行库存确认。在接受订货过程中，如果客户订货信息发生变化要及时进行信息的修正，最后对货物的价格进行确定。在接受订单处理业务完成后，要将处理后的订货信息付给客户确认。订货信息处理要在下一步物流活动启动之前结束，因为具体的物流作业活动都是基于订货信息处理结果之上来完成的。

计划管理系统指的是根据汇总后的订货信息，制定企业相关的物流作业计划，如物流配送计划、运输计划、物料需求计划等。这些计划安排了物流活动的时间、数量等要求，功能完善的计划管理系统不仅根据订货信息制定物流计划，还具有一定的预测功能，根据生产经营的需要来预测下一时间段的物料需求作业数量。

库存管理系统对于制造企业而言极其重要。库存管理系统能实现预测库存量、管理存货信息、补充订货以及各种存货货位分配、库存日常作业的管理工作。有时还要对现有存货进行核算，并将有关的核算信息传送给财务部门，进行财务处理。由于库存涉及金额管理，是企业管理中的敏感部分，在程序中对该模块必须进行权限设置，只有库存管理人员和相关人员才能进行该模块操作。

配送管理系统能实现备货管理、配送加工管理、分拣配货管理、送达服务等工作。有时将订货拣选活动也划归为配送管理的范围。企业的配送管理不仅有产成品的配送处理，还有内部生产的物料上线处理。

运输管理系统主要包括运输计划、车辆计划、人员计划、货物追踪、运输调度等。在现代物流环境下，客户对货物的流动过程信息要求极高，希望能随时查询货物的流动范围，迫使企业增强了对运输货物的追踪能力。全球卫星定位系统和全球地理信息系统为企业提供了随时随地的货物追踪能力。货物追踪系统信息处理的原理是，在货物装车时，通过货物中转站时，读取货物单据上的条形码，可得知货物的编号，就可以清楚地知道编号为××××××的货物通过什么地方、处于什么状态。当客户查询货物时，只要提供货物编号，就可以获知所运送货物的有关的启运、在途、配送、配送完毕等信息。利用这个系统，对于尚未配送完的货物也可以及时把握，在防止配送延误方面也能起到重要作用。

采购管理系统能提供原材料、零配件等方面的采购信息，并能对供应商进行管理。企业物流活动越来越谋求供应商、企业、客户的协作运行。供应商的物流活动组织，对于企业的总体物流效率至关重要，如何及时处理和反应供应商信息是企业物流信息的重要组成部分。许多企业都在寻找最方便快捷的信息交换模式，加快有经营联系的企业间的信息传递和处理速度，Internet 是较实用的途径之一。

## 第三节 条形码技术

### 一、条形码概述

条形码技术属于自动识别技术范畴，它是随着电子技术的进步，尤其是计算机技术在现代化生产和管理领域中的广泛应用而发展起来的一门实用的数据输入技术，是实现物流信息自动采集与输入的重要技术。从系统看，条形码技术涉及编码技术、光传感技术、条形码印刷技术以及计算机识别应用技术等。在流通和物流活动中，为了能迅速准确地识别商品、自动读取有关商品的信息，条形码技术被广泛应用。条形码是有关生产厂商、批发商、零售商、运输业者等经济实体进行订货和接受订货、销售、运输、保管、出入库检验等活动的信息源。由于在活动发生时点能及时读取信息，因此便于及时捕捉到消费者的需要，提高商品的销售效果，也有利于促进物流系统提高效率。另外，条形码与其他辨识商品的方法比较，具有印刷成本低和读取精度高等特点。

#### (一) 定义

条形码（bar code）：由一组规则排列的条、空及字符组成的，用以表示一定信息的代码。

条形码隐含着数字信息、字母信息、标志信息、符号信息，主要用以表示商品的名称、产地、价格、种类等，是全世界通用的商品代码的表示方法。条形技术是研究如何把计算机所需要的数据用一种条形码来表示，以及如何将条形码表示的数据转变为计算机可以自动采集的数据。因而，条形码技术主要包括：条形码编码原理及规则标准、条形码译码技术、光电技术、印刷技术、扫描技术、通信技术、计算机技术等。具体来说条形码是一种可印制的机器语言，它采用二进制数的概念，经 1 和 0 表示编码的特定组合单元。直观看来，常用的条形码是由一组字符组成，如数字 0~9，字母 A~E 或一些专用符号。

#### (二) 条形码结构

一个完整的条形码符号是由两侧空白区、起始字符、数据字符、校验字符（可选）和终止字符组成。图 10.3 给出了一个条形码符号的完整结构。

其中，空白区没有任何印刷符或条形码信息，它通常是白的，位于条形码符号的两侧，空白区的作用是提示阅读器即扫描器准备扫描条形码符号。起始字符是条形码符号的第一位字符，它的特殊条、空结构用于识别一个条形码符号的开始。阅读器首先确认此字符的存在，然后处理由扫描器获得的一系列脉冲。数据字符由条

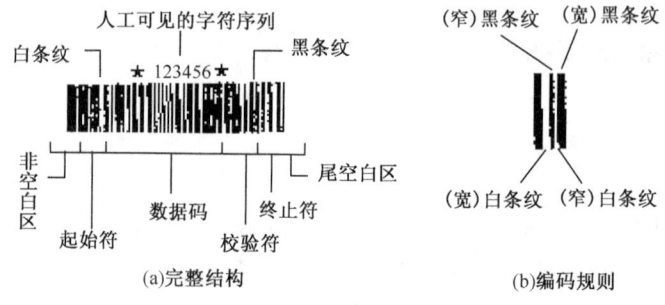

图 10.3　条形码结构

形码字符组成，用于代表一定的原始数据信息。终止字符是条形码字符的最后一位字符，它的特殊条、空结构用于识别一个条形码符号的结束。阅读器识别终止字符，便可知道条形码符号已扫描完毕。若条形符号有效，阅读器就向计算机传送数据并向操作者提供"有效读入"的反馈。终止字符的使用，避免了不完整信息的输入。当采用校验字符时，终止字符还指示阅读器对数据字符实施校验计算。

起始、终止字符的条、空结构通常是不对称的二进制序列。这一非对称允许扫描器进行双向扫描。当条形码符号被反向扫描时，阅读器会在进行校验计算和传送信息前把条形码各字符重新排列成正确的顺序。检验字符是通过对数据字符进行一种算术运算而确定的。有些码制的校验字符是必须的，有些码制的校验字符则是可选的。

### （三）条形码分类

**1. 按条形码码制分类**

可分为九类：

（1）UPC 码。1973 年，美国率先在其商业系统中应用 UPC 码，之后加拿大也在商业系统中采用 UPC 码。UPC 码是一种长度固定的连续性数字式码制，其字符集为数字 0～9。它采用四种元素宽度，每个条或空是 1、2、3 或 4 倍单位元素宽度。UPC 码有两种类型，即 UPC 码和 UPC-E 码。

（2）EAN 码。1977 年，欧洲经济共同体各国按照 UPC 码的标准制定了欧洲物品编码 EAN 码，与 UPC 码兼容，而且两者具有相同的符号体系。EAN 码的字符编号结构与 UPC 码相同，也是长度固定的、连续性的数字式码制，其字符集为数字 0～9。它采用四种元素宽度，每个条或空是 1、2、3 或 4 倍单位元素宽度。EAN 码有两种类型，即 EAN-13 码和 EAN-8 码。EAN 条形码组成如下：

①前缀码：由三位数字组成，是国家的代码，我国为 690、691、692，是国际物品编码会统一决定的。

②造厂商代码：由四位数字组成，我国物品编码中心统一分配并统一注册，一厂一码。

③品代码:由五位数字组成,表示每个制造商的商品,由厂商确定,可标识十万种商品。

④校验码:由一位数字组成,用以校验前面各码的正误。

(3) 交叉 25 码。交叉 25 码是一种长度可变的连续性自校验数字式码制,其字符集为数字 0~9。采用两种元素宽度,每个条和空是宽或窄元素。编码字符个数为偶数,所有奇数位置上的数据以条编码,偶数位置上的数据以空编码。如果为奇数个数据编码,则在数据前补一位 0,以使数据为偶然个数位。

(4) 39 码。39 码是第一个字符数字式码制。1974 年由 Intermec 公司推出。它是长度可变的离散性自校验字母数字式码制。其字符集为数字 0~9、26 个大写字母和七个特殊字符(-、。、Space、/、+、%、$),共 43 个字符。每个字符由九个元素组成,其中有 5 个条(2 个宽条,3 个窄条)和 4 个空(1 个宽空,3 个窄空),是一种离散码。

(5) 库德巴码。库德巴码(code Bar)出现于 1972 年,是一种长度可变的连续性自校验数字式码制。其字符集为数字 0~9 和 6 个特殊字符(-、:、/、。、+、$),共 16 个字符。常用于仓库、血库和航空快递包裹中。

(6) 128 码。128 码出现于 1981 年,是一种长度可变的连续性自校验数字式码制。它采用四种元素宽度,每个字符由 3 个条和 3 个空,共 11 个单元元素宽度,又称(11,3)码。它有 106 个不同条形码字符,分别为 A、B、C。它使用这 3 个交替的字符集可将 128 个 ASCII 码编码。

(7) 93 码。93 码是一种长度可变的连续性字母数字式码制。其字符集为数字 0~9、26 个大写字母和 7 个特殊字符(-、。、空间、/、+、%、$)以及 4 个控制字符。每个字符有 3 个条和 3 个空,共 9 个元素宽度。

(8) 49 码。49 码是一种多行的连续性、长度可变的字母数字式码制。出现于 1987 年,主要用于小物品标签上的符号。采用多种元素宽度。其字符集为 0~9、26 个大写字母和 7 个特殊字符(-、。、空间、/、+、%、$),3 个功能键(F1、F2、F3)和 3 个变换字符,共 49 个字符。

(9) 其他码制。除上述码制外,还有其他的码制。例如 25 码出现于 20 世纪 60 年代后期,主要用于航空系统的机票的顺序编号;11 码出现于 1977 年,主要用于电子元器件标签;矩阵 25 码是 11 码的变形;Nixdorf 码已被 EAN 码所取代;Plessey 码出现于 1971 年 5 月,主要用于图书馆等。

2. 按维数分类

(1) 普通的一维条码(图 10.4)。普通的一维条码自问世以来,很快就得到了普及并广泛应用。但是由于一维条码的信息容量小,如商品上的条码仅能容纳 13 位的阿拉伯数字,

图 10.4 一维条码

更多的描述商品的信息只能依赖数据库的支持，离开了预先建立的数据库，这种条码就成了无源之水、无本之木，因而条形码的应用范围受到了一定的限制。

（2）二维条码（图 10.5）。二维条码是一种由点、空组成的点阵形条码，它不需要数据库的支持就可使用，实际上是一种高密度、高信息量的便携式数据文件，具有信息容量大、编码范围广、纠错能力强、译码可靠性高、防伪能力强等技术特点，而且制作成本低，可广泛应用于各个领域。一维条形码的符号是沿垂直方向印刷标示，作为水平方向的"线"存储信息。而二维码的符号是在水平和垂直两个方向印刷标示，以"面"来存储信息，而且阅读也是以识别"面"为特征。二维条形码储存的信息量远远超过一维条码。一维条码一般只能容纳 20 个文字的信息，而二维条码可以容纳 2000 个文字左右的信息。信息的表达形式不仅仅局限于英文字母和数字，还可以是汉字等。

图 10.5　二维条码

美国 Symbol 公司于 1991 年正式推出名为 PDF417 的二维条码，简称为 PDF417 条码，即"便携式数据文件"。PDF417 条码是一种高密度、高信息含量的便携式数据文件，是实现证件及卡片等大容量、高可靠性信息自动存储、携带并可用机器自动识读的理想手段。

图 10.6　三维条码

随着经济社会对信息储存及收集需求的增长，人们已开始进行三维条码的研制与初步使用，以提高条码的存储量及灵活性。如图 10.6 所示三维条形码，能够承载的信息是 0.6MB 到 1.8MB。

3. 按使用目的分类

（1）商品条形码。以直接向消费者销售的商品为对象，以单个商品为单位使用的条形码。它由 13 位数字组成，最前面的两个数字表示国家或地区的代码，中国的代码是 69，接着的五个数字表示生产厂商的代码，其后的五个数字表示商品的品种代码，最后一个数字用来防止机器发生误读错误。

（2）物流条形码。物流过程中的以商品为对象、以包装商品为单位使用的条形码。标准物流条形码由 14 位数字组成，除了第一位外，其他 13 位数字代表的意义与商品条形码相同。物流条形码第一位数字表示物流识别代码，在物流识别代码中，1 代表集合包装容器装 6 瓶酒；2 代表装 24 瓶酒。

## 二、条形码阅读器

条形码阅读器包括光电扫描器与译码器。选择什么样的条形码阅读器是一个综合问题。目前，厂家很多，提供给用户的条形码阅读器种类也很多。

(1) 光笔条形码扫描器。光笔条形码扫描器是一种轻便的条形码读入装置。在光笔内部有扫描光束发生器及反射光接收器。目前市场上出售的这类扫描器有很多种，它们主要在发光的波长、光学系统结构、电子电路结构、分辨率、操作方法等方面存在不同。光笔类条形码扫描器不论采用何种工作方式，从使用上都存在一个共同点，即阅读条形码信息时，要求扫描器与待识别的条码接触或离开一个极短的距离（一般是0.2～1mm左右）。

(2) 手持式枪型条形码扫描器。手持式枪型条形码扫描器内一般都装有控制扫描光束的自动扫描装置。阅读条形码时不需与条码符号接触，因此，对条形码标签没有损伤。扫描头与条形码标签的距离短的在0～20mm范围内，而距离长的可达到500mm左右。枪型条形码扫描器具有扫描光电迅速扫描的优点，因此，阅读效果比光笔扫描器要好，扫描速度快。

(3) 台式条形码自动扫描器。台式条形码自动扫描器适合于不便使用手持式扫描方式阅读条形码信息的场合。如果工作环境不允许操作者一只手处理标附有条形码信息的物体、而另一只手操纵手持式条形码扫描器进行操作，就可以选用台式条形码扫描器进行扫描。这种扫描器也可以安装在生产流水线传送带旁的某一固定位置，等待标附有条形码标签的待测物体以平稳、缓慢的速度进入扫描范围，对自动或生产流水线进行控制。

(4) 激光自动扫描器。激光自动扫描器最大优点是扫描光照强，可以远距离扫描。激光扫描器的扫描速度快，有的扫描产品可以达到1200次/秒，这种扫描器可以在百分之一秒时间内对某一条形码标签扫描阅读多次，而且可以做到每一次扫描不重复上一次扫描的轨迹。扫描器内部光学系统可以单束光转变成十字光或米字光，从而保证被测条形码从各个不同角度进入扫描范围时都可以被识读。

(5) 卡式条形码阅读器。卡式条形码阅读器可以用于医院病案管理、身份验证、考勤和生产管理等领域。这种阅读器内部的机械结构能保证标有条形代码的卡式证件或文件在插入滑槽后自动沿轨道做直线运动，在卡片前进过程中，扫描光点将条形码信息读入。卡式条形码阅读器一般都具有与计算机传送数据的能力，同时具有声光提示以证明识别正确与否。

(6) 便携式条形码阅读器。一般来讲，便携式条形码阅读器配接光笔式或轻便的枪型条形码扫描器，但有的也配接激光扫描器。便携式条形码阅读器本身就是一台专用计算机，有的甚至就是一台通用微型计算机。这种阅读器本身具有对条形码信号的译解能力。条形码译解后，可直接存入机器内存或机内磁带存储器的磁带中。这种条形码阅读器具有与计算机主机通信的能力，通常它本身带有显示屏、键盘、条形码识别结果声响指示及用户编程功能。使用时这种阅读器可以与计算机主机分别安装在两个地点，通过线路连成网络，也可以脱机使用，利用电池供电。这种设备特别适用于流动性数据采集环境。收集到的数据可以定时送到主机内存储。有些场合，标有条形码信息或代号的载体体积大、比较笨重、不适合搬运到统一数据采集中心处理，在这种情况下，使用便携式条形码阅读器十分方便。

## 三、条形码在物流管理中的应用

条形码在物流中有较为广泛的应用，主要表现在以下几方面：

（1）销售信息系统（POS系统）。在商品上贴上条码就能快速、准确地利用计算机进行销售和配送管理。其过程为，对销售商品进行结算时，通过光电扫描读取并将信息输入计算机，然后输进收款机，收款后开出收据，同时，通过计算机处理，掌握进、销、存的数据。

（2）库存系统。在库存物资上应用条码技术，尤其是规格包装、集装、托盘货物上，入库时自动扫描并输入计算机，由计算机处理后形成库存的信息，并输出入库区位、货架、货位的指令，出库程序则和POS系统条码应用一样。

（3）分货拣选系统。在配送方式和仓库出货时，采用分货、拣选方式，需要快速处理大量的货物，利用条码技术便可自动进行分货拣选，并实现有关的管理。其过程如下：一个配送中心接到若干个配送订货要求，将若干订货汇总，每一品种汇总成批后，按批发出所在条码的拣货标签，拣货人员到库中将标签贴于每件商品上并取出用自动分拣机分货，分货机始端的扫描器对处于运动状态分货机上货物扫描：一是确认所拣出货物是否正确，二是识读条码上用户标记，指令商品在确定的分支分流，到达各用户的配送货位，完成分货拣选作业。

条形码功能强大，输入方式速度快、准确率高、可靠性强，在商品流通、工业生产上、仓储标证管理、信息服务等领域获得了广泛的应用。目前在我国推广应用条形码技术已具有一定的物质基础，条形码技术的应用对开发我国物品标识系统，使其规范化、标准化，并实现与国际标准兼容，以推进我国的计算机应用和现代化管理，促进国内商品经济的繁荣，增强中国产品在国际市场的竞争力，推进生产自动化、管理现代化具有深远的意义。条形码技术在我国的发展道路仍是漫长的，它的应用推广将逐步显示其社会经济效益。

## 第四节 无线射频识别技术

### 一、无线射频识别技术概述

#### (一) 定义

无线射频识别技术（radio frequency identification，RFID）是一种非接触的自动识别技术。其基本原理是利用射频信号和空间耦合（电感或电磁耦合）传输特性，实现对被识别物体的自动识别。

RFID 射频识别是一种非接触式的自动识别技术，它通过射频信号自动识别目标对象并获取相关数据，识别工作无须人工干预，可工作于各种恶劣环境。RFID 技术可识别高速运动物体并可同时识别多个标签，操作快捷方便。RFID 是一种突破性的技术：第一，RFID 技术可以识别单个的非常具体的物体，而不是像条形码那样只能识别一类物体；第二，RFID 技术采用无线电射频，可以透过外部材料读取数据，而条形码必须靠激光来读取信息；第三，RFID 技术可以同时对多个物体进行识读，而条形码只能一个一个地读。此外，储存的信息量也非常大。

最基本的 RFID 系统由三部分组成：标签（tag）：由耦合元件及芯片组成，每个标签具有唯一的电子编码，附着在物体上标识目标对象；阅读器（reader）：读取（有时还可以写入）标签信息的设备，可设计为手持式或固定式；天线（antenna）：在标签和读取器间传递射频信号。

RFID 系统的工作原理：RFID 标签进入磁场后，接收解读器发出的射频信号，凭借感应电流所获得的能量发送出存储在芯片中的产品信息（passive tag，无源标签或被动标签），或者主动发送某一频率的信号（active tag，有源标签或主动标签）；解读器读取信息并解码后，送至中央信息系统进行有关数据处理。

#### (二) RFID 的优势及特点

RFID 的优势及特点主要表现在：

1. 快速扫描

条形码一次只能有一个条形码受到扫描；RFID 辨识器可同时辨识、读取数个 RFID 标签。

2. 体积小型化、形状多样化

RFID 在读取上并不受尺寸大小与形状限制，不需为了读取精确度而配合纸张的固定尺寸和印刷品质。此外，RFID 标签更可往小型化与多样形态发展，以应用于不同产品。

### 3. 抗污染能力和耐久性

传统条形码的载体是纸张，因此容易受到污染，但 RFID 对水、油和化学药品等物质具有很强抵抗性。此外，由于条形码是附于塑料袋或外包装纸箱上，所以特别容易受到折损：

RFID 卷标是将数据储存在芯片中，因此可以免受污损。

### 4. 可重复使用

现今的条形码印刷上去之后就无法更改，RFID 标签则可以重复地新增、修改、删除。RFID 卷标内储存的数据，方便信息的更新。

### 5. 穿透性和无屏障阅读

在被覆盖的情况下，RFID 能穿透纸张、木材和塑料等非金属或非透明的材质，并能进行穿透性通信。而条形码扫描机必须在近距离而且没有物体阻挡的情况下，才可辨读条形码。

### 6. 数据的记忆容量大

一维条形码的容量是 50 字节，二维条形码最大的容量可储存 2～3000 字符，RFID 最大的容量则有数兆字节。随着记忆载体的发展，数据容量也有不断扩大的趋势。未来物品所需携带的资料量会越来越大，对卷标所能扩充容量的需求也相应增加。

### 7. 安全性

RFID 承载的是电子式信息，其数据内容可经由密码保护，使其内容不易被伪造及变造。

近年来，RFID 因其所具备的远距离读取、高储存量等特性而备受瞩目。它不仅可以帮助一个企业大幅提高货物、信息管理的效率，还可以让销售企业和制造企业互联，从而更加准确地接收反馈信息，控制需求信息，优化整个供应链。

在统一的标准平台上，KFID 标签在整条供应链内任何时候都可提供产品的流向信息，让每个产品信息有了共同的沟通语言。通过计算机互联网就能实现物品的自动识别和信息交换与共享，进而实现对物品的透明化管理，就能实现真正意义上的"物联网"。

### （三）无线射频识别技术分类

#### 1. 根据标签的供电形式分类

（1）有源射频标签。它使用标签内电他的能量，识别距离较长，可达几十米甚至上百米，但是它的寿命有限并且价格较高；存源射频标签由于带有电池，其体积比较大，无法制作成薄卡（比如信用卡标签）。

（2）无源射频标签。它不含有电池，利用耦合的读写器发射的电磁场能量作为自己的能量，它的重量轻、体积小，寿命可以非常长，很便宜，可以制成各种各样的薄卡或挂扣卡；但它的发射距离受限制，一般是几十厘米到几十米，且读写器需要有较大的发射功率。

2. 根据标签的数据调制方式分类

（1）主动式。一般来讲，有源系统为主动式。主动式的射频系统用自身的射频能量主动地发送数据给读写器（读头），调制方式可为调幅、调频或调相；主动方式的射频标签发射的信号仅穿过障碍物一次，因此主动方式制作的射频标签主要用于有障碍物的应用中，距离更远！

主动式标签内部自带电池进行供电，它的电能充足，工作可靠性高，信号传送的距离远。另外，主动式标签可以通过设计电池的不同寿命，对标签的使用时间或使用次数进行限制，它可以用在需要限制数据传输量或者使用数据有限制的地方。主动式标签的缺点主要是标签的使用寿命受到限制，而且随着标签内电池电力的消耗，数据传输的距离会越来越短，从而影响系统的正常工作？

（2）被动式。一般来讲，无源系统为被动式。被动式的射频系统，使用调制散射方式发射数据，它必须利用速写器的载波来调制自己的信号，在门禁或交通的应用中适宜，因为读写器可以确保只激活一定范围内的射频系统，在有障碍物的情况下，采用调制散射方式，读写器的能量必须来去穿过障碍物两次；

被动式标签内部不带电池，要靠外界提供能量才能正常工作。被动式标签产生电能的典型装置是天线与线圈。当标签进入系统的工作区域时，天线接收到特定的电磁波，线圈就会产生感应电流，在经过整流电路时，激活电路上的微型开关，给标签供电。被动式标签具有永久的使用期，常常用在标签信息需要每天读写或频繁多次读写的地方，而且被动式标签支持长时间的数据传输和永久性的数据存储。被动式标签的缺点主要是数据传输的距离要比主动式标签短，因为被动式标签依靠外部的电磁感应供电，它的电能就比较弱，数据传输的距离和信号强度就受到限制，需要敏感性比较高的信号接收器（阅读器）才能可靠识读。

（3）半主动标签系统。也称为电池支援式反向散射调制系统。半主动标签本身也带有电池，只起到对标签内部数字电路供电的作用，但是标签并不通过自身能量主动发送数据，只有被阅读器的能量场"激活"时，才通过反向散射调制方式传送自身的数据。

半主动射频标签的电池相当于汽车发动机的马达，汽车利用马达来启动发动机，发动机一旦启动，就不再需要马达提供的动力。

3. 根据标签的可读写性分为只读、读写和一次写入多次读出卡

根据射频标签内部使用存储器类型的不同可分成三种：可读写卡（RW）、一次写入多次读出卡（WORM）和只读卡（RO）。RW卡一般比WORM卡和RO卡贵，如信用卡等。WORM卡是用户可以一次性写入的卡，写入后数据不能改变，WORM卡比RW卡要便宜。RO卡存有一个唯一的号码ID，不能修改，这样具有较高的安全性，RO卡最便宜。

只读标签内部只有只读存储器（read only memory，ROM）和随机存储器（random access memory，RAM）。RAM用于存储发射器操作系统程序和安全性要求较高的数据，它与内部的处理器或逻辑处理单元完成内部的操作控制功能，如响应延迟时间控制、数据流控制、电源开关控制等。另外，只读标签的RGM中还存储有标签的标识信息，这些信息可以在标签制造过程中由制造商写入ROM中，也可以在标签开始使用时由使用者根据特定的应用目的写入特殊的编码信息。这种信息可以只简单地代表二进制中的"0"或"1"，也可以像二维条码那样，包含复杂的相当丰富的信息。但这种信息只能是一次写入、多次读出。只读标签中的RAM用于存储标签反应和数据传输过程中临时产生的数据。另外，只读标签中除了ROM和RAM外，一般还有缓冲存储器。均于暂时存储调制后等待天线发送的信息。

可读可写标签内部的存储器除了ROM、RAM和缓冲存储器之外，还有非活动可编程记忆存储器；这种存储器除了存储数据功能外，还具有在适当的条件下允许多次写入数据的功能。非活动可编程记忆存储器有许多种，EEPROM（电可擦除可编程只读存储器）是比较常见的一种，这种存储器在加电的情况下，可以实现对原有数据的擦除以及数据的重新写入。

**4. 根据标签中存储器数据存储能力分**

（1）标识性标签。对于标识标签来说，一个数字或多个数字、字母字符串存储在标签中，是为了识别的目的。也可能是进入信息管理系统中数据库的钥匙（key）。条码技术中标准码制的号码，如EAN/UPC码、混合编码，或者标签使用者按照特别的方法编的号码，都可以存储在标识标签中。标识标签中存储的只是标志号码，用于对特定的标志项目，如人、物、地点进行标识，关于被标识项目的详细信息，只能在与系统相连接的数据库中进行查找。

（2）便携式数据文件。它的标签中存储的数据非常大，足以看做是一个数据文件。这种标签一般都是用户可编程的，标签中除了存储标识码外，还存储有大量的被标识项目中其他的相关信息，如包装说明、工艺过程说明等。在实际应用中，关于被标识项目的所有信息都存储在标签中，读标签就可以得到关于被标识项目的所有信息，而不用再连接到数据库进行信息读取。另外，随着标签存储能力的提高，可以提供组织数据的能力，在该标签的过程中，可以根据特定的应用目的控制数据的读出，实现在不同情况下读出不同的数据。

## 二、在物流管理中的应用实例

**1. RFID在集装箱跟踪管理上的应用**

超高频RFID技术具有识别距离长、识别物体速度高、系统成本低等特点，因此成为利用集装箱和托盘跟踪的最理想的手段。

对于大宗货物的运输来讲，最理想的运输方式当然是集装箱运输。集装箱运输具有运输私密性好、包装不破损、运输成本低、环境适应性强、装载密度高、码垛规范等特点。

一般情况下，集装箱由专门的集装箱运输公司提供给需要运输的企业使用。货物运到后，经过掏箱．然后由集装箱公司回收使用。在集装箱的运输和使用过程中，最关键的环节就是集装箱的跟踪管理，以及如何防止集装箱的丢失、被盗和损坏，提高集装箱的周转率，从而提高资源的使用数率。

为了实现以上目的，集装箱运营公司需要在整个物流过程中对其集装箱进行跟踪，以减少丢失、被盗和损坏，从而最大限度地利用其资源，提高企业的效益。

RFID 识别系统在集装箱管理上的应用是将标签粘贴或者镶嵌在集装箱或者托盘上，伴随集装箱或者托盘走过集装箱的整个生命周期。

通过入口处的悬空读头、安装在叉车上的读头或者手持机来读取标签，实时信息在显示器上被显示出来或者直接进入数据库。集装箱 RFID 识别系统可以同时识别 40 个托盘和 80 个塑料集装箱。

2. 运用 RFID 进行水果等食品的跟踪

在鲜果的供应上，从鲜果产地到最终消费者之间的物流全过程也可以采用 RFID 来进行跟踪管理，以保证鲜果的品质和鲜度。

将标签贴在或者镶嵌在水果箱上，直到水果箱最终被消费。标签可以通过入口处的悬空读头、叉车读头或者手持机来识别，读取的信息将被实时送到显示器或者数据库中。

不久的将来，家用冰箱将能够识别冷冻（藏）物的 RFID 标签：新鲜的牛奶，剔除过期的食品，减少高胆固醇食物的消费等。

3. 仓库管理

将 RFID 系统用于智能仓库货物管理，RFID 完全有效地解决了仓库里与货物流动有关的信息管理，它不但大大提高了仓库的货物处理能力，也大大提高了处理货物的信息量。

读头和天线设置在货物所通过的仓库大门边上，每个货物单元都贴有 RFID 标签，所有标签的信息都被存储在仓库的中心计算机里，该货物的有关信息都能在计算机里查到。当进行货物作业时，比如出库或者搬运，由读头识别并告知计算中心它被放在哪个拖车上。这样管理中心可以实时地了解到已经生产了多少产品和发送了多少产品，并可自动识别货物，确定货物的位置，从而对货物进行跟踪管理。

在物流管理中，最关键的技术是货物的跟踪，应用 RFID 技术进行物流管理，在国外已经比较普遍。我们相信，随着技术的发展和成本的下降，RFID 物流管理系统在国内也会得到越来越广泛的应用。

## 第五节 电子数据交换技术

### 一、电子数据交换概述

#### (一) 定义

电子数据交换 (electronic data interchange, EDI)：通过标准化的格式，利用计算机网络进行结构化数据的传输和交换。

EDI 按照统一规定的一套通用标准格式，将标准的经济信息，通过通信网络传输，在贸易伙伴的电子计算机系统之间进行数据交换和自动处理，俗称"无纸贸易"。

#### (二) EDI 分类

电子数据交换的应用已经有近 40 年的历史了，20 世纪 60 年代至 90 年代，电子数据交换一直是借助于专用增值网络来运行的。然而 90 年代以后，随着国际互联网的出现，以国际互联网为基础的电子数据交换也就诞生了。因此，电子数据交换大体上可以分为如下两类。

1. 以增值网络为基础的 EDI

在目前的 EDI 实践中，大多采用增值网作为与贸易伙伴进行计算机连接的中介。增值网络的最大功能是通过转换数据标准，从而使不同组织的计算机之间能够实现数据传送、数据文件转移，以及进行远程数据库访问等。增值网为每一个用户设立一个电子信箱，用户通常用电话拨号的方式通过电话线与增值网取得联系，向网络发送数据。增值网收到数据后对它进行翻译处理，并根据电子数据的接收者把电文进行分类，分别把它们储存到接收方的电子信箱里。接收方通过与增值网联系，就可以了解自己的电子信箱里存放的电文的内容和信息，并将它取回到自己的计算机中。在整个电子通信过程中，增值网起到了存储转发的作用，好似一个电子邮政系统，向用户提供电子信箱和电子通信服务。

增值网除了向用户提供通信服务外，还能够提供一系列的所谓增值服务，以满足用户多方面的需求。不同的增值网的增值服务项目或范围并不完全相同。用户通常以增值服务项目的多少来作为选择增值网的标准，增值网的经营者总是尽自己的最大努力去增加自己所能提供的增值服务项目，以吸引更多的 EDI 用户。

2. 以 Internet 为基础的 EDI

Internet 的迅速发展极大地方便了中小型企业上网进行经贸活动，使传统的基于增值网的 EDI 贸易方式受到了极大的冲击。在这种情况下，EDI 嫁接和融合 Internet 技术，成了 EDI 在 21 世纪的主要发展趋势。EDI 进入 Internet 始于 1995 年 8 月。当时劳伦斯利莫尔实验室开始试验用电子邮件的方式在 Internet 上传输 EDI 交易信息。EDI 交易信息经过加密压缩后作为电子邮件的附件在网上传输，在加密压缩过程中，使用了一种称作 MIME 格式的传输协议，Internet 标准 RFC1767 将 MIME 格式定义为传输 EDI 报文的格式。EDIFACT 也制定了相应的标准。

美国宇航局曾是以 Internet 为基础的 EDI 的最早使用者，它们运用这种开放式 EDI 传输航天飞机零部件的设计规格，并实现与供应商之间的订单传输。美孚(Mobile)石油公司目前也广泛使用以 Internet 为基础的 EDI，该公司让其遍布全球的 230 个分销商使用这种 EDI 方式进入公司的内联网，查看库存情况，并开展在线交易。

### (三) 特点

(1) EDI 是企业之间传输商业文件数据的一种形式，EDI 的使用对象是有经常性业务联系的单位。

(2) EDI 所传送的资料是一般业务资料，如发票、订单等，而不是指一般性的通知。

(3) 传输的文件数据是采用共同的标准并具有固定格式，例如联合国 EDI-FACT 标准，这也是与一般 E-mail 的区别。

(4) 通过数据通信网络一般是增值网和专用网来传输，由收送双方的计算机系统直接传送，交换资料，尽量避免人工的介入操作。

(5) 与传真或电子邮件的区别是：传真与电子邮件需要人工的阅读判断处理才能进入计算机系统，需要人工将资料重复输入计算机系统中，浪费人力资源，也容易发生错误。

### (四) EDI 构成要素

EDI 数据标准、EDI 软件及硬件和通信网络是构成 EDI 系统的三要素。

1. 数据标准

数据标准是由各企业、各地区代表共同讨论制定的电子数据交换通用标准，可以使各组织之间的不同文件格式通过共同的标准，获得彼此之间文件交换的目的。

2. 软件及硬件

实现 EDI，需要配备相应的 EDI 软件和硬件。EDI 软件具有将用户数据库系统中的信息，译成 EDI 的标准格式，以供传输和交换的能力。由于 EDI 标准具有足够的灵活性，可以适应不同行业的众多需求，然而，每个公司有其自己规定的信息格式，因此，当需要发送EDI电文时，必须用某些方法从公司的专有数据库中提取信息，并把它翻译成EDI标准格式，进行传输，这就需要EDI相关软件的帮助。EDI软件可分为转换软件、翻译软件和通信软件三大类，其软件构成包括：

（1）转换软件（mapper）。转换软件可以帮助用户将原有计算机系统的文件或数据库中的数据，转换成翻译软件能够理解的平面文件，或是将从翻译软件接受来的平面文件，转换成原计算机系统中的文件。

（2）翻译软件。将平面文件翻译成EDI标准格式，或将接收到EDI标准格式翻译成平面文件。

（3）通信软件。将EDI标准格式的文件外层加上通信信封，再送到EDI系统交换中心的邮箱，或由EDI系统交换中心内，将接收到的文件取回。

EDI所需要的硬件设备大致有：计算机、调制解调器及通信线路。

（1）计算机。目前使用的计算机，无论是PC、工作站、小型机、主机等，均可使用。

（2）调制解调器。由于使用EDI来进行电子数据交换，需通过通信网络，目前采用电话网络进行通信是很普遍的方法，因此调制解调器是必备硬件设备。其功能与传输速度应根据实际需求来决定选择。

（3）通信线路。一般最常用的是电话线路，如果在传输时效及资料传输量上有较高要求，可以考虑租用专线（leased line）。

**（五）EDI应用实例**

日本花王公司在进行供应链管理时，成功地应用了EDI来进行与供应链上企业间的集成。花王公司在认识到靠单一企业无法最大程度地实现商品附加价值之后，考虑积极推动供应链管理，利用自身在物流管理上的先进经验和方法，帮助和加强关联企业的物流变革，这种供应链管理最为突出的就是共同EDI系统的发展，可以说，综合EDI系统已经成为花王公司的供应链管理的核心。

1993年10月，花王公司开始与杰斯克合作，共同推动EDI系统。借助于EDI系统，不仅订货、进货、支付账款请求、支付等交易业务实现了无纸化，而且由于省略了复杂的商品验货手续，大大节约了相应的时间和成本，并且做到了业务各环节之间顺畅地连接，弥合了各环节之间可能存在的各种问题和冲突。花王与杰斯克的合作，还有一个很明显的成效就是借助于EDI系统，使双方的核心能力得到了集成，这种能力集成表现为一方面花王公司能根据市场的需求动态生产、配送最有竞争力的商品给杰斯克，另一方面杰斯克利用自己对店铺经营的娴熟，通过在计算机上及时展示有效的商品货架管理，来提高单品的销售力。

花王与杰斯克通过EDI系统开展经营合作的举措取得了巨大的成功，起到了很好的示范作用，也为花王探索供应链管理提供了有益的经验。在此基础上，花王进一步利用 EDI 系统来推动供应链管理的全面形成和发展。目前，该系统囊括的企业除了零售企业外，还包括合作生产企业、批发企业、专业物流企业、金融业等。

二、EDI 标准与 EDI 单证

（一）**EDI 标准种类**

标准化工作是实现 EDI 互通和互联的前提和基础。EDI 的标准包括 EDI 网络通信标准、EDI 处理标准、EDI 联系标准和 EDI 语义语法标准等。

EDI 网络通信标准是要解决 EDI 通信网络应该建立在何种通信网络协议之上，以保证各类 EDI 用户系统的互联。目前国际上主要采用 MHX（X.400）作为 EDI 通信网络协议，以解决 EDI 的支撑环境。

EDI 处理标准是研究不同地域、不同行业的各种 EDI 报文相互共有的"公共元素报文"的处理标准，它与数据库、管理信息系统等接口有关。

EDI 联系标准解决 EDI 用户所属的管理信息系统或数据库与 EDI 系统之间的接口。

EDI 语义语法标准是要解决各种报文类型格式、数据元编码、字符集和语法规则以及报表生成应用程序设计语言等，这里的 EDI 语义语法标准是 EDI 技术的核心。EDI 语义语法标准实际上就是报文在国际网络和各系统之间传递的标准协议。根据联合国及 WP4 组织在 1990 年 3 月对 UN/EDIFACT 给出的定义：EDIFACT 是"适用于行政、行业、运输等部门的电子数据交换的联合国规则。它包括一套国际协定标准、手册和结构化数据的电子交换指南，特别是那些在独立的、计算机化的信息系统之间所进行的交易和服务有关的其他规定。"

通常所说的 EDI 标准是指以联合国有关组织颁布的联合国贸易数据交换目录 UNTDID、UNCID 以电子传递方式进行贸易数据交换的统一规则和适用于行政、商业、运输的电子数据交换的联合国规则 UN/EDIFACT 等文件的统称。有时也直接称其为 UN/EDIFACT。

通俗地说，EDI 标准就是国际社会共同制定的一种用于在电子邮件中书写商业报文的规范和国际标准。制定这个标准的主要目的是消除各国语言、商务规定以及表达与理解上的歧义性，为国际贸易实务操作中的各种单证数据交换搭起一座电子通信的桥梁。

（二）**EDI 实现过程**

为了理解 EDI 如何工作，我们不妨来跟踪一个简单的 EDI 应用过程。以订单与订单回复为例作以简单介绍。

第一步，制作订单。

购买方根据自己的需求在计算机上操作，在订单处理系统上制作出一份订单来，并将所有必要的信息以电子传输的格式存储下来，同时生成一份电子订单。

第二步，发送订单。

购买方将此电子订单通过 EDI 系统传送给供货商，此订单实际上是发向供货商的电子信箱的，它先存放在 EDI 交换中心上，等待来自供货商的接收指令。

第三步，接收订单。

供货商使用邮箱接收指令，从 EDI 交换中心自己的电子邮箱中收取全部邮件，其中包括来自购买方的订单。

第四步，签发回执。

供货商在收妥订单后，使用自己计算机上的订单处理系统，为来自购买方的电子订单自动产生一份回执，经供货商确认后，此电子订单回执被发送到网络，再经由 EDI 交换中心存放到购买方的电子信箱中。

第五步，接收回执。

购买方使用邮箱接收指令，从 EDI 交换中心自己的电子信箱中收取全部邮件，其中包括供货商发来的订单回执。整个订货过程至此完成，供货商收到订单，客户（购买方）则收到了订单回执。

EDI 实现过程就是用户将相关数据从自己的计算机信息系统传送到有关交易方的计算机信息系统的过程，该过程因用户应用系统以及外部通信环境的差异而不同。在有 EDI 增值服务的条件下，这个过程分为以下几个步骤：

（1）发送方将要发送的数据从信息系统数据库提出，转换成平面文件（亦称中间文件）。

（2）将平面文件翻译成 EDI 报文，并组成 EDI 信件。接收方从 EDI 信箱收取信件。

（3）将 EDI 信件拆开并翻译成平面文件。

（4）将平面文件转换并送到接收方信息系统中进行处理。

由于 EDI 服务方式不同，平面转换和 EDI 翻译可在不同位置（用户端，EDI 增值中心或其他网络服务点）进行，但基本步骤是相同的。可用图 10.7 描述 EDI 系统的工作原理。

（三）EDI 单证构造步骤

单证是 EDI 的核心和各种标准的最终表现形式。单证工作是外贸业务中一项十分重要的工作，它涉及贸易合同的条款内容。在传统的贸易条件下，这些单证和文件的处理完全凭手工作业，一笔国际贸易中涉及 30 多种不同的单证，连同副本一共有 360 份以上，劳动强度大、效率低、出错率高、费用高，再加上这些单证处理过程中所涉及的有关政府部门、海关、商检、银行、外汇管理等机构办理相应单

# 第十章 物流信息管理

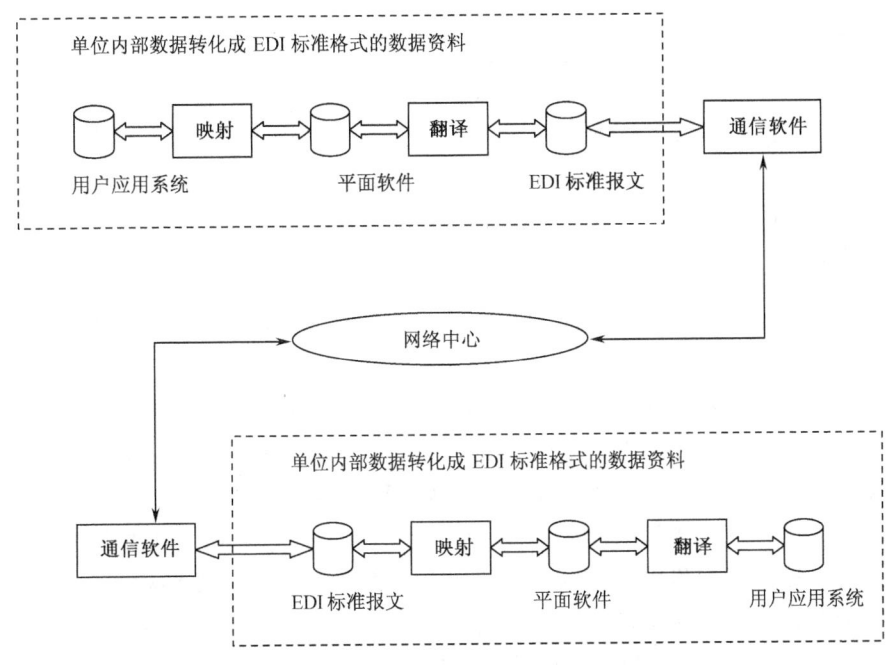

图 10.7　EDI 系统工作流程

证所需要等待的时间,越来越不能适应现代国际贸易的发展需求。国际贸易的电子化发展是大势所趋,EDI 的运用使得单证和文件处理的劳动强度、出错率和费用大为降低,效率大为提高,极大地推动了国际贸易的发展,显示出了巨大的优势和强大的生命力。

构造一个符合 EDIFACT 标准的报文及电子单证,应遵循以下步骤:

(1) 决定需要构造的具体报文中哪些数据段。这项工作可以通过查阅 EDIFACT 的报文目录(UN/EDMD)来完成,该目录中列有各种符合 EDIFACT 标准的目录,并说明每个报文是由哪些数据段组成的。

(2) 建立这些数据段的结构。这项工作可以通过查阅数据段目录(UN/EDSD)来完成。

(3) 利用基本数据元目录(UN/EDED)和复合数据元目录(UN/EDCD)来确定各数据段中的数据元以及这些数据元的特点。

(4) 查阅代码目录(UN/EDCL)来确定具体数据元中的值。

目前这一系列工作可以由软件来完成。

## 第六节　空间数据管理技术

### 一、地理信息系统

#### (一) 定义

地理信息系统（geographical information system，GIS）：以地理空间数据为基础，采用地理模型分析方法，适时地提供多种动态的空间地理信息的计算机技术系统。

地理信息系统是多种学科交叉的产物，其基本功能是将表格性数据（无论其来自数据库、电子表格文件或直接在程序中输入）转换为地理图形显示，然后对显示结果浏览、操作和分析。其显示范围可以从洲际地图到非常详细的街区地图，显示对象包括人口、销售情况、运输路线以及其他内容。一般来说，地理信息系统由计算机系统、地理数据和用户组成，通过对地理数据的集成、存储检索、操作和分析，生成并输入各种地理信息，从而为地理利用、资源管理、环境监测、交通运输、经济建设、城市规划以及政府各部门行政管理提供新的知识，为工程设计和规划、管理决策服务。

#### (二) 特点

与一般的管理信息系统相比，地理信息系统有如下特征：

(1) GIS 使用了空间数据与非空间数据，并通过 DBMS 将两者联系起来共同管理、分析和应用；而 MIS 只有非空间数据库的管理，即使存储了图形，也往往以文件形式等机械形式存储，不能进行有关空间数据的操作，如空间查询、检索、相邻分析等，不能进行复杂的空间分析。

(2) GIS 强调空间分析，通过利用空间解析式模型来分析空间数据，GIS 的成功应用依赖于空间分析模型的研究和设计。

(3) GIS 的成功应用不仅取决于技术体系，而且依靠一定的组织体系（包括实施组成、系统管理员、技术操作员、系统开发设计者等）。

#### (三) 组成

一个典型的 GIS 应包括三个基本部分：计算机系统（硬件及软件）、地理数据库系统、使用者（指使用 GIS 的个人或组织）。

##### 1. 计算机系统

计算机系统可分为硬件系统和软件系统。GIS 的硬件系统包括主机、保存数据和程序的存储设备、用于数据输入显示和输出的外围设备等。其中大多数硬件是计算机技术的通用设备，在 GIS 中数字化仪、扫描仪等得到了广泛的应用。

GIS 的软件系统由核心软件和应用软件组成。其中核心软件包括数据处理、管理、地图模拟和空间分析等部分，而特殊的应用软件包组紧紧的与核心模块相连，并面向一些特殊的应用问题，如网络分析、数字地形模拟分析等。虽然 GIS 软件有些是通用的 DBMS，但大部分软件是专用的，仅限于地理信息领域，有些软件是面向特定硬件的，但大多数软件独立于特定硬件，为开放系统。

2. 地理数据系统

GIS 的地理数据分为空间数据和非空间数据。

空间数据（几何数据）由点、线、面组成，它的数据表达可采用栅格及矢量两种形式，表现了地理空间实体的位置、大小、形状、方向以及拓扑几何关系。

地理数据库系统由数据库和地理数据库管理系统组成。地理 DBMS 主要用于数据维护、操作和查询检索。地理数据库是 GIS 应用项目重要的资源和基础，它们的建立和维护是一项非常复杂的工作，涉及许多步骤，需要技术和经验，需要投入高强度的人力和开发资金，是 GIS 应用项目开展的"瓶颈"技术之一。

另外，从系统中数据处理看，地理信息处理系统是由数据输入子系统、数据存储与检索子系统、数据处理与分析子系统和输出子系统组成。数据输入子系统，负责数据的搜集、预处理和数据转换等。数据存储与检索子系统，负责组织和管理数据库中的数据，以便于数据查询、更新与编辑处理。数据处理与分析子系统，负责对系统中所存储的数据进行各种分析计算，如数据的集成和分析、参数估计、空间拓扑叠加、网络分析等。输出子系统，以表格、图形或地图的形式将数据库中的内容或系统分析的结果以屏幕显示或硬件拷贝方式输出。

（四）基本功能

由于 GIS 发展的多源性，其功能具有可扩充性以及应用的广泛性。其基本功能可以分为：

（1）数据采集、检验及编辑。主要用于获取数据，保证 GIS 数据库中的数据在内容与空间上的完整性、数据值逻辑一致无错等。一般而论，GIS 数据库的建设占整个系统建设投资的 70% 或更多，并且这种比例在最近不会有明显的改变。为此，信息共享与自动化数据输入成为地理信息研究的重要内容。目前可用于 GIS 数据采集的方法和技术很多，有些仅用于 GIS，如手扶跟踪数字化仪，而自动化扫描输入与遥感技术的集成最为人们所关注。扫描技术的应用与改进是一个富有挑战性的问题，扫描数据的自动化编辑与处理仍是 GIS 主要研究的技术关键。

（2）数字格式化、转换、概化，通常称为数据操作。数据的格式化是指不同数据结构的数据间转换，是一种耗时、易错、需要大量计算机量的工作，应尽量避免。数据转换包括数据格式转化、数据比例尺的变换。数据比例尺的变换涉及数据比例尺缩放、平移、旋转等方面，其中最为重要的是投影变换。许多软件系统都对常见的投影进行了定义。数据概化包括数据平滑、特征集结等。目前 GIS 提供的数据概化功能极弱，与地图综合的要求还有很大差距，需要进一步发展。

(3) 数据的存储与组织。这是一个数据集成的过程，也是建立 GIS 数据库的关键步骤，涉及空间数据和非空间数据的组织。栅格模型、矢量模型或栅格/矢量混合模型是常用的空间数据组织方法。空间数据结构的选择在一定程度上决定了系统所能执行的数据与分析的方法。混合型数据结构利用了矢量与栅格数据结构的优点，为许多成功的地理信息软件所采用。目前，非空间数据的组织方式有层次结构、网络结构与关系型数据库管理系统等，其中关系型数据库是目前最为广泛应用的数据库系统。在地理数据组织与管理中，最为关键的是如何将空间数据与非空间数据融合为一体。大多现行系统都是将两者分开存储，通过公共项来连接。这种组织方式的缺点是无法有效地记录数据在时间与空间上的变化属性，数据的定义与数据操作相分离。

(4) 查询、检索、统计、计算功能。查询、统计、计算是 GIS 以及许多其他自动化地理数据处理系统所应具备的最基本的分析功能。

(5) 空间分析是 GIS 的核心功能。也是 GIS 与其他计算机系统的根本区别。模型分析是在 GIS 支持下，分析和解决问题的方法体现，它是 GIS 应用深化的重要标志。

(6) 显示功能。GIS 为用户提供了许多用于显示地理数据的工具，其表达形式既可以是计算机屏幕显示，也可以是诸如报告、表格、地图等硬拷贝图件。

**(五) 地理信息系统在物流信息系统中的作用**

GIS 应用于物理信息系统，可通过客户邮编和详细地址字符串，自动确定客户的地理位置（经纬度）和客户所在的中心站和分站。

通过基于 GIS 的查询、地图表现的辅助决策，实现对物流配送、投递路线的合理调度和安排客户投递排序，用地图符号在地图上表示客户的地理位置，不同类型的客户采用不同的标志。通过 GIS 能在地图上点击地图上的客户符号，显示客户的属性信息和知识。通过业务系统调用 GIS 以图形的方式显示业务系统的各种相关操作结果的数值信息。通过基于综合评估模型和 GIS 的查询，实现对下级机构区域的拆分、合并。

空间地理技术应用的另一个重要领域是客户端应用。它能够实现可视化功能，如地图或图表显示，还可实现查询和分析功能。例如，当用户运行一个查询功能时，客户端应用利用 SQL 将其写入，并传递给数据库以执行查询过程。数据库将查询结果发送回客户端，该客户端能够理解如何表示或显示数据。客户端可以用红线绘制高速公路，用灰线绘制辅助路线，并将其他地点类型以图表显示出来。客户端还可以执行分析功能，如计算两点之间的距离。在基于 Web 的 GIS 实施过程中，许多客户端功能都可以由位于应用服务器上的中间件处理。若第三方物流的汽车安装了 GIS，客户更可以随时查询货物的动态情况。否则，只能要求司机每隔一定的时间用手机向总部汇报目前的所在位置。最典型的应用是美国的沃尔玛在开设新分店的时候，利用 MapInfo 的技术，对这个地区的人口分布及收入进行分析，然后确定新店的位置。

物流地理信息系统主要应用包括以下几个功能：

(1) 客户地址定位：地址定位就是系统由一个地理点的地址字符串确定其地理位置，包括自动定位、交互定位两类。自动定位由业务系统调用，通过业务系统传来的业务点的地址字符串确定其地理位置，并传回业务系统。地理信息系统通过接口接收由业务系统提供的客户邮编和详细地址字符串，自动确定客户的地址位置（经纬度）和客户所在的区站、分站和投递段，再通过接口将定位结果传回业务系统。自动定位主要用于用户（调度）非实时地处理大量客户的地址。自动定位结果获得客户的地理位置（经纬度）和客户所在的区站、分站和投递段。交互定位是指通过地理信息系统交互，在地图上漫游查找，直到确定地理位置（经纬度）为止，首先由业务系统调用此功能，用户先在业务系统录入界面上点击按钮，启动交互定位地图界面，找到地址后，再通过接口将定位结果传回业务系统录入界面。用户输入由客户提供的粗略地址，通过地理信息系统交互，在地图上漫游查找，直到确定客户准确的地理位置和客户所在的区站、分站和投递段，再通过接口将定位结果传回业务系统。

(2) 机构区域划分：用户基于综合评估模型和地理信息系统的查询、地图表现，实现对机构区域编辑。先在地图上对要编辑的区域进行临时编辑，然后提交，由综合评估模型给出编辑后的区域评估值，并可对编辑后的区域进行查询和地图表现。判断编辑是否满意，若不满意则进行临时编辑，若正确则正式提交为编辑方案存档。当业务需要进行编辑时，则从编辑方案存档中选择一种方案执行。当编辑区域时，首先需要对其下属的分站进行编辑，先执行编辑投递段，再编辑分站，最后执行编辑区站。

(3) 站点选址：由用户基于分站综合评估模型和地理信息系统的查询、地图表现，实现对业务机构的站点选址。先在地图上标出要选择的几个分站站点候选方案，然后提交，由综合评估模型给出各分站站点评估值，并可对各站点选址后的分站进行查询和地图表现。选择最优的站址正式提交为站点选址方案存档生效。

(4) 投递顺序、路线编辑：通过地理信息系统的地图表现，实现对送货投递路线的合理编辑（如：创建、删除、修改）和客户投递排序。

二、全球定位系统

(一) 定义

全球定位系统（global positioning system，GPS）：具有在海、陆、空进行全

方位实施三位导航与定位能力的系统。

GPS 利用卫星星座、地面控制部分和信号接收机对对象进行动态定位，能对静态、动态对象进行动态空间信息的获取，快速、精度均匀、不受天气和时间的限制反馈空间信息。

### （二）分类

GPS 接收机的分类有多种分类方法。

1. 按接收机的用途分类

（1）导航型接收机：此类接收机主要用于运动载体的导航，它可以实时给出载体的位置和速度。此类接收机一般采用 C/A 码伪距测量，单点实时定位精度较低，一般为正负 25 米，有 SA 影响时为正负 100 米。这类接收机价格便宜，应用广泛。根据应用领域的不同，此类接收机还可以进一步分为车载型、航海型、航空型和星载型。

（2）测地形接收机：测地形接收机主要用于精密大地测量和精密工程测量。这类机器主要采用载波相位观测值进行相应定位，定位精度高。仪器结构复杂，价格较贵。

（3）授时型接收机：这类接收机主要利用 GPS 卫星提供的高精度时间标准进行授时，常用于天文台及无线电通线中的时间同步。

2. 按接收机的载波频率分类

（1）单频接收机：单频接收机只能接受 $L_1$ 载波信号，测定载波相位观测值进行定位。由于不能有效地消除电离层延迟影响，单频接收机只适用于短基线的精密定位。

（2）双频接收机：双频接收机可以同时接收 $L_1$、$L_2$ 载波信号，利用双频对电离层延迟不一样的特性，可以消除电离层对电磁波信号延迟的影响，因此双频接收机可用于长达几千千米的精密定位。

3. 按接收机通道数分类

GPS 接收机能同时接收多颗 GPS 卫星的信号，为了分离接收到的不同卫星信号，以实现对卫星信号的跟踪、处理和量测，具有这样功能的器件称为天线信号通道。根据接收机所具有的通道种类可分为：多能道接收机、序贯通道接收机、多路多用通道接收机。

4. 按接收机工作原理分类

（1）码相关型接收机：是利用码相关技术得到伪距观测值。

（2）平方型接收机：平方型接收机利用载波信号的平方技术去掉调制信号，来恢复完整的载波信号，通过相位计测定接收机内产生的载波信号与接收到的载波信号之间的相位差，测定伪距观测值。

（3）混合型接收机：这种仪器是综合上述两种接收机的优点，既可以得到码相位伪距,也可以得到载波相位观测值。

(4) 干涉型接收机:这种接收机是将 GPS 卫星作为射电源,采用干涉测量方法,测定两个测站间距离。

### (三) GPS 在物流信息系统中的作用

美国已成立 GPS 产业协会,1994 年美国车载 GPS 系统销量为 1.8 亿美元,1995 年为 3.1 亿美元。日本在 1994 年的车载导航也有 12 万套,1995 年为 47 万套,1996 年为 70 万套。中国目前也有一些单位生产车载 GPS 系统。

GPS 具有实现准确定位、进行精确导航的作用,而且还可以监视事物移动,可以用于运输的控制方面。据研究表明,第三方物流在提供的服务中,有 2/3 的是基本的运输服务。移动数据库技术配合 GPS 技术,可以用于智能交通管理、大宗货物运输管理。GPS 车辆监控调度系统采用了 GPS 全球卫星定位技术和无线数据通信技术,可对移动中的车辆进行实时监控和调度。

安装在车辆上的 GPS 定位仪可以实时获取车辆的位置信息,包括经纬度、速度、方向等。通过车辆无线数据通信系统,将车辆的定位信息以短消息的方式发送到指挥监控中心,并显示在电子地图上。同样,无线车载终端也可以将指挥中心的命令传送到移动的车辆上。在运输方面,利用移动计算机与 GPS/GIS 车辆信息系统相连,使得整个运输车队的运行受到中央调度系统的控制,中央调度系统可以对车辆的位置、状况等进行实时监控。利用这些信息可以对运输车辆进行优化配置和调遣,极大地提高运输工作的效率,同时能够加强成本控制。另外,通过将车辆载货情况以及到达目的地的时间预先通知下游单位配送中心或仓库等,有利于下游单位合理的配置资源、安排作业,从而提高运营效率,节约物流成本。

## 第七节 ERP 技术

### 一、ERP 概述

#### (一) 定义

ERP (enterprise resource planning,企业资源规划),是指建立在信息技术基础上,以系统化的管理思想,为企业决策层及员工提供决策运行手段的管理平台。ERP 系统是建立和规范企业管理的工具。简单地说,ERP 是将企业的信息流、物流、资金流、价值流和业务流进行全面一体化管理的管理信息系统。

ERP 是一种以市场和客户需求为导向,以实行企业内外资源优化配置,消除生产经营过程中一切无效劳动和资源,提高企业竞争力为目的,以网络和信息技术为平台，集客户、市场、销售、计划、采购、生产、财务、质量、服务、信息集成和业务流程重组等功能为一体。

我们可以从管理思想、软件产品、管理系统三个层次，给出 ERP 的定义：

（1）ERP 由美国著名的计算机技术咨询和评估集团 Gartner Group Inc. 提出的一整套企业管理体系标准，其实质是在 MRPII（manufacturing resource planning，制造资源规划）的基础上，通过前馈的物流和反馈的信息流、资金流，把客户需求和企业内部的生产经营活动以及供应商的资源整合在一起，体现完全按客户需求进行经营的一种供应链管理思想的功能网链的结构模式。

（2）ERP 是综合应用了客户机/服务器体系、关系数据库结构、面向对象技术、图形用户界面、第四代语言（4GL）、网络通信等信息产业成果，以 ERP 管理思想为灵魂的软件产品。

（3）ERP 是整合了企业管理理念、业务流程、基础数据、人力物力、计算机硬件和软件于一体的企业资源管理系统。

### （二）ERP 的发展历程

ERP 管理思想与技术经历了三十多年的发展变革，从 MRP 到 MRPII，再进一步发展到 ERP，逐渐成熟。

ERP 技术大致经历了以下几个阶段（表 10.1）。

（1）20 世纪 60 年代，早期的 MRP 是基于物料库存计划管理的生产管理系统。MRP 系统的目标是：围绕所要生产的产品，应当在正确的时候、正确的地点、按照规定的数量得到需要的物料；通过按照各种物料真正需要的时间来确定订货与生产日期，以避免造成库存积压。

（2）20 世纪 70 年代，MRP 经过发展形成了闭环的 MRP 生产计划与控制系统。MRP 基本原理是：将企业产品中的各种物料分为独立物料和相关物料，并按时间段确定不同时期的物料需求；基于产品结构的物料需求组织生产，根据产品完工日期和产品结构规定生产计划，从而解决库存物料订货与组织生产问题。MRP 以物料为中心的组织生产模式体现了为顾客服务、按需定产的宗旨，计划统一且可行，并且借助计算机系统实现了对生产的闭环控制。

（3）20 世纪 70 年代末和 80 年代初，MRP 经过发展和扩充逐步形成了制造资源计划 MRPII 的生产管理方式。在 MRPII 中，包括人工、物料、设备、能源、市场、资金、技术、空间、时间等制造资源都被考虑进来。MRPII 的基本思想是：基于企业经营目标制定生产计划，围绕物料转化组织制造资源，实现按需要按时进行生产。MRPII 主要环节涉及：经营规划、销售与运作计划、主生产计划、物料生产与物料需求计划、能力需求计划、车间作业管理、物料管理（库存管理与采购管理）、产品成本管理、财务管理等。从一定意义上讲，MRPII 系统实现了物流、信息流与资金流在企业管理方面的集成。由于 MRPII 系统能为企业生产经营提供一个完整而详尽的计划,可使企业各部门的活动协调一致,形成一个整体,它能提高企业的整体效率和效益。

(4) 20世纪90年代以来,MRPII经过进一步发展完善,形成了ERP系统。与MRPII相比,ERP除了包括和加强了MRPII各种功能之外,还面向全球市场,功能更为强大,所管理的企业资源更多,支持混合式生产方式,管理覆盖面更宽,并涉及企业供需链管理,从企业全局角度进行经营与生产计划,是制造企业的综合的集成经营系统。ERP所采用的计算机技术也更加先进,形成了集成化的企业管理软件系统。

表10.1 ERP的大致发展阶段

|  | MRP（物料需求计划） | MRPII（制造资源计划） | ERP（企业资源计划） |
| --- | --- | --- | --- |
| 时间 | 1965年 | 1980年 | 1990年 |
| 发起人 | 美国生产与库存管理协会 | 美国生产与库存管理协会 | 美国Gartner Group |
| 管理思想 | 独立需求与相关需求、物料需求时段的 | 管理会计,JIT | 供应链管理、价值链敏捷制造等 |
| 计算机技术 | 概念计算机体积不断缩小,功能不断增强 | 技术键入辉煌,可扩充内存等 | EDI、Internet技术等企业内外供需链合作 |
| 信息集成 | 物流与信息流集成伙伴之间的信息集成 | 物流、资金和信息流 | 伙伴之间的信息集成 |
| 解决问题 | 无短缺,无积压 | 财务信息滞后生产信息 | 合作竞争,协同商务 |

### (三) ERP的内容及作用

1. ERP的内容

ERP系统是物流企业长期以来一直在寻找的现代企业管理模式。其内容包括以下功能模块:

(1) 销售管理、分销管理。

(2) 采购管理、库存管理。

(3) 生产管理:主生产计划、物料需求计划、能力需求计划、车间作业管理。

(4) 质量管理。

(5) 财务管理、总账管理、现金管理、应收/付管理、成本管理、固定资产管理、工资管理。

(6) 人力资源管理。

(7) 设备管理。

(8) 系统管理。

随着信息技术和现代管理思想的发展,ERP的内容还会在不断扩展。

2. ERP的作用

ERP的作用就是调整运用企业资源。企业发展的重要标志便是合理调整和运用上述的资源，在没有 ERP 这样的现代化管理工具时，企业资源状况及调整方向不清楚，要做调整安排是相当困难的，调整过程会相当漫长，企业的组织结构只能是金字塔形的，部门间的协作交流相对较弱，资源的利用难以比较并做出调整。

信息技术的发展，特别是针对企业资源进行管理而设计的 ERP 系统正是针对这些问题设计的，成功推行的结果必使企业能更好地运用资源。

## 二、ERP 的功能及管理思想

### (一) ERP 具备的标准功能

ERP 具备的标准功能应包括以下四个方面：

1. 超越 MRPII 范围的集成功能

包括质量管理、试验室管理、流程作业管理、配方管理、产品数据管理、管制报告和仓库管理。

2. 支持混合方式的制造环境

包括既可支持离散，又可支持流程的制造环境，按照面向对象的业务模型组合业务过程的能力和国际范围内的应用。

3. 支持能动的监控能力，提高业务绩效

包括在整个企业内采用控制和工程方法、模拟功能、决策支持和用于生产及分析的图形能力。

4. 支持开放的客户机/服务器计算环境

包括客户机/服务器体系结构、图形用户界面（GUI）、计算机辅助设计工程（CASE）和面向对象技术、使用 SQL 对关系数据库查询，以及内部集成的工程系统、商业系统、数据采集和外部集成。

### (二) ERP 的管理思想

ERP 是信息时代的现代企业向国际化发展的更高层管理模式。ERP 管理思想主要体现了供需链管理（supply chain management，SCM）的思想，还吸纳了准时制生产（just in time，JIT）、精良生产、并行工程、敏捷制造等先进管理思想。

ERP 既继承了 MRPII 管理模式的精华，又在许多方面对 MRPII 进行了补充。

1. 在资源管理范围方面

ERP 扩展了管理范围，把客户需求与企业内部的制造活动，以及供应商的制造资源整合在一起，形成企业完整的供需链，并对供需链上所有环节进行有效管理。

2. 在生产方式管理方面

在 20 世纪 90 年代初，许多企业为了紧跟市场的变化，主要采用多品种、小批量生产以及 JIT 等生产方式，并由单一生产方式向混合型生产发展，ERP 能很好地支持和管理混合型制造环境，满足企业多元化经营需求。

3. 在管理功能方面

ERP 除了 MRPII 系统的制造、分销、财务管理功能外，还增加了支持供需链上供、产、需各环节之间的运输管理和仓库管理，并支持生产保障体系的质量管理、实验室管理、设备维修和备品备件管理等。

4. 在事务处理控制方面

ERP 通过再现分析处理（on-line analysis process，OLAP）、售后服务及质量反馈，可将设计、制造、销售、运输等集成起来，并行处理各种相关作业，为企业提供对质量、适应变化、客户满意、绩效等关键问题的实时分析能力。

5. 在财务管理方面

ERP 系统将财务计划和价值控制功能集成到了整个供需链上。

6. 在跨国（或地区）经营事务处理方面

ERP 还可以满足跨国经营的多国家地区、多工厂、多语种、多币制应用需求。

### （三）ERP 系统的核心管理思想

ERP 的核心管理思想就是实现对整个供应链的有效管理．主要体现在以下三个方面。

1. 体现对整个供应链资源进行管理的思想

在知识经济时代，仅靠自己企业的资源不可能有效地参与市场竞争，还必须把经营过程中的有关各方，如供应商、制造工厂、分销网络、客户等纳入一个紧密的供应链中，才能有效地安排企业的产、供、销活动，满足企业利用全社会一切市场资源快速高效地进行生产经营的需求，以期进一步提高效率和在市场上获得竞争优势。换句话说，现代企业竞争不是单一企业与单一企业间的竞争，而是一个企业供应链与另一个企业供应链之间的竞争。ERP 系统实现了对整个企业供应链的管理，适应了企业在知识经济时代市场竞争的需要。

2. 体现精益生产、同步工程和敏捷制造的思想

ERP 系统支持对混合型生产方式的管理，其管理思想表现在两个方面：其一是"精益生产（lean production，LP）"的思想，它是由美国麻省理工学院（MIT）提出的一种企业经营战略体系。即企业按大批量生产方式组织生产时，把客户、销售代理商、供应商、协作单位纳入生产体系，企业同其销售代理、客户和供应商的关系，已不再简单地是业务往来关系，而是利益共享的合作伙伴关系，这种合作伙伴关系组成了一个企业的供应链，这即是精益生产的核心思想。其二是"敏捷制造（agile manufacturing）"的思想。当市场发生变化，企业遇有特定的市场和产品需求时，企业的基本合作伙伴不一定能满足新产品开发生产的要求，这时，企业会组织一个由特定的供应商和销售渠道组成的短期或一次性供应链，形成"虚拟工厂"，

把供应和协作单位看成是企业的一个组成部分，运用"同步工程（SE）"，组织生产，用最短的时间将新产品打入市场，时刻保持产品的高质量、多样化和灵活性，这即是"敏捷制造"的核心思想。

3. 体现事先计划与事中控制的思想

ERP系统中的计划体系主要包括：生产计划、物料需求计划、能力计划、采购计划、销售执行计划、利润计划、财务预算和人力资源计划等，而且这些计划功能与价值控制功能已完全集成到整个供应链系统中。

另一方面，ERP系统通过定义事务处理（transaction）相关的会计核算科目与核算方式，以便在事务处理发生的同时自动生成会计核算分录，保证了资金流与物流的同步记录和数据的一致性。从而根据财务资金现状，可以追溯资金的来龙去脉，并进一步追溯所发生的相关业务活动，改变了资金信息滞后于物料信息的状况，便于实现事中控制和实时做出决策。

此外，计划、事务处理、控制与决策功能都在整个供应链的业务处理流程中实现，要求在每个流程业务处理过程中最大限度地发挥每个人的工作潜能与责任心，流程与流程之间则强调人与人之间的合作精神，以便在有机组织中充分发挥每个人的主观能动性与潜能。实现企业管理从"高耸式"组织结构向"扁平式"组织机构的转变，提高企业对市场动态变化的响应速度。

## 三、ERP在物流管理中的作用

ERP能解决物流企业中五个普遍性的具体问题。

1. 销售问题

随着市场竞争的加剧，现在的客户给的往往不是订单，而是直接要求提货。如果物流企业遇到了这样的问题，那么需要ERP通过合理的调配机制和信息反馈机制，来帮助你很好地处理这些问题，实现对订单和计划执行的动态跟踪，全面准确地掌握销售情况，提高资金回笼的时效性。

2. 生产管理问题

企业在生产过程中，由于信息不畅，容易出现资源的闲置和浪费，增加生产成本和管理成本的开支。而ERP可以通过相应的管理模块，使生产流程、业务流程成为高效的"流水线"，减少生产中个别物料短缺造成的生产中断，提高生产线的劳动效率，同时又可减少办公文档的传递工作，提高办公效率，减少职工加班时间；即使在处理紧急任务时也预先设计出最合理的生产流程，降低无效劳动。

3. 采购管理问题

在企业的采购过程中，可能会产生一些损害公司利益的情况，如采购员的"灰色交易"、由于采购员造成的"随意性采购"、"采购渠道不稳定"等问题。面对这些情况，通过 ERP，可以实现采购信息的发布和搜集，及时把握和分析供货商的相关信息（包括信誉、生产能力），同时进行供货商的延续性管理、客户关系管理以及采购过程的公开公正化管理，最终通过准确的采购计划，保证物料供应，为采购人员节省大量精力，降低采购管理成本。

4. 库存管理问题

每个物流企业都会遇到市场需求旺盛期和平淡期，通常物流企业只能通过经验上的判断来规划库存保有量。ERP 可以对库存进行合理的规划，能及时设定准确地需求计划，可在恰当的时间得到恰当的物料，大大降低了库存及相应的成本和风险。

对于拥有多个生产基地的集团物流企业，还可以实现多个生产厂的库存和在途物料的信息共享，由系统自动生成准确的批次物料需求计划，减少库存资金占用，提高库存资金周转次数。

5. 财务管理问题

ERP 的财务系统能更好地实现整合性的功能化财务数据的搜集和整理，采用滚动成本核算法，实物账和资金账同时产生，将物流和资金流进行无缝管理，极大地降低财务管理人员的工作量，提高财务数据处理的及时性、准确性，为实现财务管理的事前预算、事中控制、事后分析提供第一手资料。

最终 ERP 还可以自动化形成直观的财务分析报告，便于决策层随时了解真实准确的物流企业运营状况。

## 实　例

海尔在对其物流过程改进的过程中，首先根据其发展战略的需要，改变了传统的按库存生产（MTS）的模式，转而采用按订单生产（MTO）的管理模式，消除了对需求预测的盲目性和误差。为了保证按单生产模式的成功，海尔集团实施了现代物流同步的模式，全球供需链网络得到了全面优化整合，国际化供应商的比例大幅度上升，保证了产品质量和 JIT 交货。

海尔集团每个月平均接到 6000 多个销售订单，定制的产品品种达 7000 多个，通过整合物流，库存资金减少了 67%。海尔物流中心货区面积只有 7000 平方米，但其吞吐量却相当于普遍仓库的 30 万平方米。

海尔在流程再造的过程中形成的三大网络系统如图 10.8 所示。

A. 供应网络

供应网络是指供需链上游环节各个供应商企业结成的网络，为核心企业提供各种生产产品（提供服务）所需的物料，也可以成为流入物流。

B. 制造网络

制造网络在这里狭义地指制造商生产环节结成的网络，而不是整个制造网络。

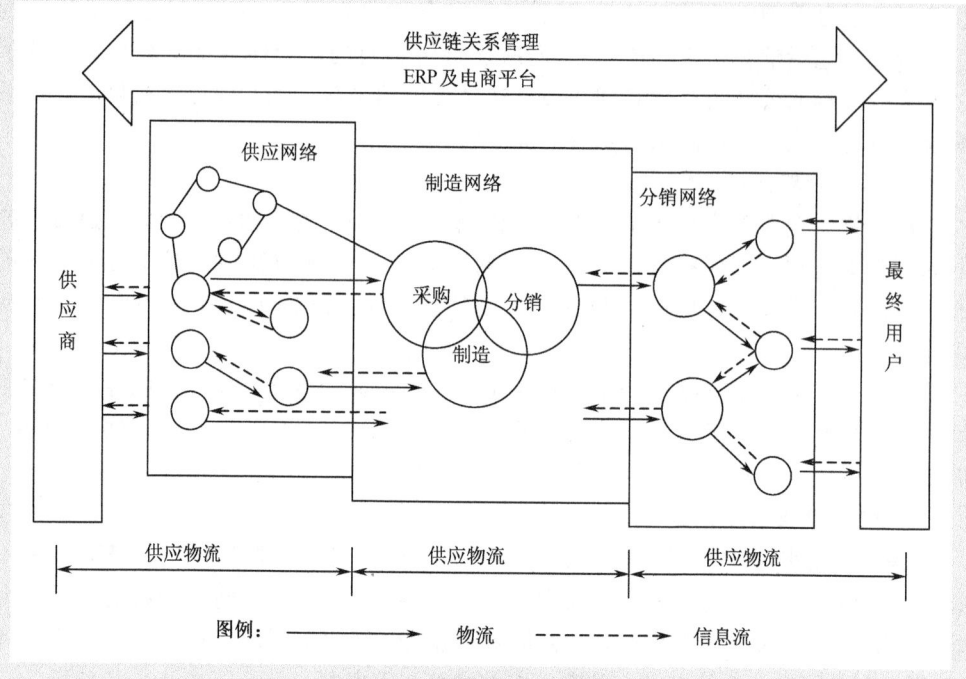

图 10.8　供应链物流示意图

C. 分销网络

分销网络则是指产成品从制造商分拨到各个地区配送中心以及从地区配送中心再到最终用户的网络，也可以成为流出物流。

相应的，可以认为与三个网络匹配存在有三种物流形态：供应物流、生产物流、分销物流。

在海尔的流程再造中，建立现代物流体系是其关键工程。重整物流，就要以时间消灭空间，用速度、时间消灭库存空间。海尔的物流中心不是为了仓储而存在，而是为了配送暂存的。如果把传统企业的仓库比作水库的话，很多企业的问题就是水库把水蓄死了、蓄臭了。海尔就是把所有水库的闸门都打开，让水流动起来，变成一条畅通的河流。

海尔物流的成功在于 JIT 采购、JIT 送料和 JIT 分拨的关键环节。而在这三个 JIT 中，JIT 采购和 JIT 送料这两个环节对于提高制造型企业的竞争力来讲有着不可估量的影响。像海尔这样生产类型的企业，其流入物流（种类和数量）远大于流出物流。海尔流出的有 58 个门类、13 000 多个品种，而流入的却高达 26 万种各类物料。流入与流出的种类比例达到了约 25∶1。可想而知，流入物流的管理难度要远大于对流出物流的管理。要想实现按单生产，关键是要抓好流入物流。这里面不仅有物料种类繁多、数量庞大的原因，还有因物流整合而触及各方利益的深层次的原因，因此，海尔人付出了艰苦的努力，终于掌控了流入物流这条巨龙。

海尔在整合物流过程中,牢牢地抓住了流入物流管理这个七寸之处。

通过优化供应商组合,与供应商建立了动态优化的战略合作关系,并在采购过程与供应一起推进准时制采购,通过信息网络和 SAPIR3 软件系统,成功地与供应商一起建立了 JIT 运行机制和需求拉动式的送料方式。根据装配线上的消耗及生产订单,向配送中心发出拉料指令,配送中心根据拉料需求组织配货,并准时配送到所需要的工位,建立了有效的五定(订单、定点、定时、定量、定人)管理模式,最大限度地保证了生产计划的执行,同时降低了在制品的占用量。

## 案例 联合速递公司的技术

联合速递公司(United Parcel Service)是世界上最大的配送公司。1992 年,UPS 公司的收入拉近 160 亿美元,其包裹和单证流量大约为 29 亿件,平均每天向一百多万的老顾客递送 1100 万件包裹。公司向制造商、批发商、零售商和服务公司提供各种范围的陆路和空运的包裹和单证的递送服务,以及大量的增值服务。

1986 年以前,UPS 公司并不依赖信息技术来推动其配送业务。为了提高公司的竞争能力,UPS 制定了从根本上对其技术进行彻底变革的计划,将之变成一个精通现代化技术的公司。UPS 制定了一个 5 年计划和 15 亿美元的预算,但是,在不到 5 年的时间,UPS 已花完了所有的预算,后来不断追加投资。到 1991 年,UPS 公司的通信网络已连接了 6 台大型计算机、250 台小型计算机、4 万台个人电脑,以及全世界 1300 个配送点之间的 7.5 万个手提计算机。

公司对信息技术的要求是,对未来市场需求和顾客需求作出高度精确的描述。整个 20 世纪 80 年代,UPS 公司以其大型的棕色卡车车队和及时的递送服务,控制了路面和陆路的包裹速递市场。然而,到了 80 年代后期,随着竞争对手利用不同的定价策略以及跟踪和开单的创新技术对 UPS 的市场进行蚕食,公司的收入开始下滑。为了提供可靠的、明确规定时间的递送服务,路面运输和航空运输展开了激烈的竞争。航空运输企业利用延迟装运方式既缩短了运输时间又降低了成本。

UPS 公司致力于信息技术的升级和利用,提供除通宵装运之外的各种服务。此外,信息技术还提高了预测需求的精度。许多大型的托运顾客希望通过单一服务商实现全程的配送服务。随着竞争越演越烈,顾客服务需求变得愈来愈苛刻,顾客们不仅要求托运的货物准时送达,还要求获得更多的信息,要求控制成本和提高效率。UPS 认识到,要在竞争中取得胜利,必须满足重要顾客的服务要求,提供信息服务已是包裹递送业务中的一个至关重要的竞争要素。

UPS公司已通过广泛应用三项以信息为基础的技术来提高其服务能力。

第一，条形码和扫描仪使UPS公司能够有选择地每周7天、每天24小时地跟踪和报告装运状况，顾客只需拨个免费的电话号码，即可获得"地面跟踪"和航空递送这样的增值服务。

第二，UPS公司的递送驾驶员现在携带着笔记本电脑到排好顺序的线路上收集递送信息。这种笔记本电脑使驾驶员能够用数字记录包裹托运人的签字，以提供收货核实。计算机化的笔记本协调驾驶员信息，减少了差错，加快了递送速度。

第三，UPS公司最先进的信息技术应用，是1993年创建的一个全国无线通信网络，使用了55个蜂窝状载波电脑。蜂窝状载波电话技术使驾驶员能够把实时跟踪的信息从卡车上传送到UPS公司的中央电脑。通过新泽西州Mahwah数据中心提供的无线移动技术和系统，使UPS能够进行大量的电子数据储存，并能跟踪公司在全球范围内每天上百万笔递送业务。为了支持公司在欧洲增长的业务，UPS还在Mahwah基地安装了卫星地面站，提供美国与德国之间的直接链接。

UPS公司致力于信息技术的升级与利用，公司准备再投资30亿美元用于扩大系统，以达到实时包裹跟踪。

**讨论题：**

1. UPS公司使用了哪些信息技术？为公司的物流服务提供何种支持？
2. 在进行物流信息系统建设的时候要考虑哪些因素？

# 第十一章

# 企业物流外包

## 第一节 企业物流业务外包

一、企业物流业务外包的现状

业务外包（outsourcing）是指企业为了获得比单纯利用内部资源更多的竞争优势，将其非核心的业务交由合作企业完成。传统企业是通过"纵向一体化"实现对资源的直接控制，而外包是对企业"五脏俱全"的传统组织模式的一种突破，自从20世纪80年代以来，外包已成为商业领域中的一大趋势。企业越来越重视集中自己的主要资源与主业，而把辅助性功能外包给其他企业。因为物流一般被工商企业视为支持与辅助功能，所以它常被认为是企业候选的外部化业务。

多年来，欧美发达国家的物流已不再作为工商企业直接管理活动，而常常从外部物流专业公司中采购物流服务。有些公司还保留着物流作业功能，但越来越多地开始由外部合同服务来补充。这些服务采购的方式对物流系统的质量和效率具有很大的影响。

在供应链管理环境下，企业如何做好资源配置是至关重要的，如果企业能以更低的成本获得比自制更高价值的资源，那么企业就选择业务外包。

二、外包的原因

业务外包推崇的理念是，如果在企业经营的某一环节不是最好的，如果这又不是我们的核心竞争优势,如果这种活动不至于与客户分开,那么可以把它外包给专业的公司去做。也就是说,首先确定企业的核心竞争力,并把企业内部的智能和资源集中在那些有核心竞争优势的活动上,然后将剩余的其他企业活动外包出去。供应链环境下的资源配置决策是一个增值的决策过程,如果企业能以更低的成本获得比自制更高价值的资源,那么企业选择业务外包。以下是促使企业实施业务外包的原因:

（1）集中精力发展核心业务。在供应链管理环境下,企业成功与否不再由"纵向一体化"的程度高低来衡量,而是由企业积聚和使用的知识为产品或服务增值的程度来衡量。任何企业的资源都是有限的,很难成为业务上面面俱到的专家。为此,企业欲获得竞争优势,必须从企业与环境特点出发,把自己的主要资源集中于自己擅长的主业,企业只掌握核心功能,即把企业知识和技术依赖性强的高增值部分掌握在自己手里,而把其他低增值部门虚拟化。通过借助外部力量进行组合,其目的就是在竞争中最大效率地利用企业资源。如可口可乐,长盛不衰的饮料品牌,公司却不从事饮料生产,只掌握可口可乐原液配方以及品牌的营销工作。耐克,世界著名的运动产品品牌,没有自己的工厂,只专攻附加值最高的设计和营销。

（2）分担风险。企业可以通过外向资源配置分散由政府、经济、市场、财务等因素产生的风险。因为企业本身的资源是有限的,通过资源外向配置,与外部合作伙伴分担风险,企业可以变得更有柔性,更能适应外部变化的环境。

（3）加速企业重组。企业重组需要花费很长的时间,而且获得效益也需要很长的时间,而业务外包是企业重构的重要策略,可以帮助企业很快解决业务方面的重构问题。

（4）使用企业不拥有的资源。如果企业没有有效完成业务所需的资源（包括所需现金、技术、设备）,而且不能赢利时,企业也会将业务外包。这是业务临时外包的原因之一,但是企业必须同时进行成本/利润分析,确认在长期情况下这种外包是否有利,由此决定是否应该采取外包策略。

（5）降低和控制成本。外部资源配置服务提供者都拥有比本企业更有效、更便宜的完成业务的技术和知识,因而可以实现规模效益,并且愿意通过这种方式获利。企业可以通过外向资源配置避免在设备、技术开发上的大额投资。

外包是社会生产进一步细化、竞争加剧的产物。外包的实质是资源的外部引用,其核心是提高企业整体生产效率,以达到增加企业赢利和实现资源的最佳配置的目的。这种发展模式使公司在成本控制、资源配置、量化管理等方面更具有弹性与可操作性,尤其在经济迅速发展的今天,以外包的形式可以变相引入企业急需的人才和技术。由于物流业务物流管理对于大多数企业,特别是对于那些财力、物力有限的小企业而言,在资源和管理能力上都有欠缺之处,通过将物流外包,更容易获得企业所需要的能力。

### 三、外包易出现的问题

成功的物流业务外包可以帮助企业降低成本、提高业务能力、提高利润率和生产率,可以使企业集中精力做好自己的核心业务,但也存在一系列问题。

(1) 业务外包一般可以减少企业对业务的监控,但同时可使企业责任外移,令企业对货物控制具有潜在风险。企业不能直接控制物流职能,导致服务水平可能和顾客的要求之间存在差异,有时不能保证顾客服务的质量和维护与顾客的长期关系;从长期来看,由于对物流活动的失控可能阻碍核心业务与物流活动之间的联系而降低用户满意度。在很多情况下,物流公司的顾客满意度甚至低于企业自办物流运作的满意度。

(2) 另一个问题来自企业职工本身,随着物流业务的外包,他们会担心失去工作。如果他们知道自己的工作外包只是时间问题的话,就可能会使剩下职工的职业道德和业绩下降,因为他们会对企业失去信心,失去努力工作的动力,从而导致更低的业绩水平和生产率。

许多业务外包的失败是因为忽略了以上问题,再一个原因就是没有选择好合作伙伴,遇到不可预知情况,过分强调短期效益。因此,企业在选择合作伙伴时,要对其进行全面的评价,确保建立稳定长期的合作关系。选择好合作伙伴后,必须不断监控其行为。

中国仓储协会秘书处在 2000 年 3～4 月,组织了全国范围的物流供求状况调查,调查范围覆盖了生产、商业和储运及物流企业。调查显示,企业采用第三方物流不满意的原因主要是作业速度慢、没有网络化服务、运作成本高、物流信息及时性和准确性差、服务内容残缺、不能满足需求的波动等。而且从企业对自理物流和外包物流的满意比例来看,由于我国物流专业公司的水平问题,使许多企业对自理物流的满意度高于外包物流的满意度。

## 第二节 第三方物流与第三方物流选择

### 一、第三方物流的概念:定义、功能、特点

#### (一) 定义

中国国家标准《物流术语》中对第三方物流 (third party logistics,简称 TPL 或 3PL) 的表述是:"由供方与需方以外的物流企业提供物流服务的业务模式"。第三方物流的概念源自于管理学中的业务外包 (outsourcing),意指企业动态地配置自身和其他企业的功能和服务,利用外部的资源为企业内部的生产经营服务。将业务外包 (outsourcing) 引入物流管理领域,就产生了第三方物流的概念。

1. 广义的第三方物流

广义的第三方物流是相对于自营物流而言，凡是由社会化的专业物流企业按照货主要求，所从事的物流活动都可以包含在第三方物流范围内。至于第三方物流是从事的哪一个阶段的物流、物流服务的深度和服务的水平，这要看货主的要求。

2. 狭义的第三方物流

狭义的第三方物流主要是指能够提供现代的、系统的物流服务的第三方物流活动。其具体标志是：

(1) 有提供现代化的、系统物流服务的企业素质；

(2) 可以向货主提供包括供应链物流在内的全程物流服务和特定的、定制化服务的物流活动；

(3) 不是货主向物流服务商偶然的、一次性的物流服务购销活动，而是采取委托-承包形式的业务外包的长期活动；

(4) 不是向货主提供的一般性服务，而是提供增值物流服务的现代物流活动。

一般而言，我们在研究和建立现代物流系统时，第三方物流不是按照自营物流与否来进行区分，尤其在我国，小生产式的物流服务活动还相当多，并且还不能在很短的时间内解决这个问题，如果把这些企业都包括在第三方物流企业之中，显然会混淆人们对第三方物流的认识。所以，我们在讲第三方物流时，应当从狭义的角度来理解，把它看成是一种高水平、现代化的物流服务方式，看成是网络经济时代社会物流服务发展方向。

### (二) 功能

第三方物流的功能即是企业所需的物流业务活动功能，包括以下 16 项内容：

(1) 客户服务管理：掌握客户的需求动态，根据客户的要求和企业营销战略，确定顾客服务水准，及时提供物流服务。

(2) 需求预测：需求预测是对生产、装运、销售等方面有可能产生的流量的一种预示或估计。

(3) 物流信息交换：物流信息在相关部门及物流承运方和物流委托方之间的流动传递，是提高物流作业效率、实现物流系统化的关键环节。

(4) 库存控制：在保障供应的前提下，使库存物品的数量最少所进行的有效管理的技术经济措施。库存控制是建立在对市场的科学预测基础之上的。库存控制是物流管理的核心。

(5) 物料装卸搬运：在物流的过程中，于保管和运输两端场所对物料进行的装车、卸车、移动、取货、分拣等作业活动。

(6) 订单处理：接受订货信息，按照订单组织进货。

(7) 售后服务：为已售出产品提供配件服务以及维修服务。

(8) 工厂和仓库布局：根据物流合理化的要求，确定物流节点的数量和位置。

工厂（包括商店等）和仓库（包括配送中心等）的位置及其数量直接关系到物流网络的基本格局，影响到物流的走向和物流的流量等。

（9）物资采购：主要是指根据生产经营计划和库存状况，向供应商下单补充库存。

（10）工业包装：为保证物流过程中货物不发生损坏，便于运输和保管进行的包装活动，也称之为运输包装和物流包装。

（11）退货处理：将不合格货物和多余货物退还给供货部门的活动。

（12）废弃物处理：物流过程中的废弃物的回收活动。

（13）运输：运输是物流的主要功能，是实现物资空间位移。合理安排运输，充分利用各种运输方式的优势，实现门到门的多式联运，对运输过程进行实时控制（GPS、货物跟踪系统、往返货物配载系统等），开展集装运输等是现代物流在运输领域的重要特征。

（14）仓库管理和保管：对仓库内的入出库、装卸等作业活动实施的管理活动以及对库内物料进行妥善保管的相关作业活动。

（15）流通加工：流通加工是在流通领域从事的简单生产活动，流通加工不改变商品的基本形态和功能，只是完善商品的使用功能，提高商品的附加价值。

（16）配送：配送属于由末端物流节点向最终用户的进行货物运输活动，具有小批量、多品种特点。

从对欧洲制造企业第三方物流采用情况调查可知，最常采用的第三方物流服务和采用比例如表 11.1 所示。

表 11.1　第三方物流服务需求内容

| 业务种类 | 百分比/% |
| --- | --- |
| 联运 | 60 |
| 仓库管理 | 52 |
| 车队管理 | 52 |
| 产品回收 | 44 |
| 搬运选择 | 43 |
| 再包装/贴标签 | 39 |
| 物流信息系统 | 30 |
| 订单履行 | 24 |
| 产品装配/安装 | 23 |
| 估价谈判 | 19 |
| 库存补充 | 15 |
| 订单处理 | 13 |
| 客户备用零件 | 12 |
| 其他 | 9 |

对美国 51 家领先的第三方物流服务者的调查，最常见的第三方物流服务内容如表 11.2 所示。

表 11.2　美国第三方物流服务内容

| 业务种类 | 百分比/% |
| --- | --- |
| 开发物流系统 | 97.3 |
| 电子数据交换能力 | 91.9 |
| 管理表现汇报 | 89.2 |
| 货物集运 | 86.5 |
| 选择承运人、货物代理、海关代理 | 86.5 |
| 信息管理 | 81.1 |
| 仓储 | 81.1 |
| 咨询 | 78.4 |

从以上的数据可以看出，无论是第三方物流服务的需求方还是供应方，服务的主要内容比较集中于传统意义上的运输服务和仓储服务。物流公司对单项服务的内容都有一定的经验，如何将这种单项服务的内容有机地组合起来，提供物流服务的整体方案，这是第三方物流发展的关键。

作为国际物流领域上新兴的产业,第三方物流业指向货主提供物流代理服务的各种行业。过去很少能由一个企业代理货主的全部环节的物流服务,往往局限于仓库存货代理、运输代理、托运代办、通关代理等局部业务,而完善的第三方物流则是全部物流活动系统的全程代理。

### (三) 特点

由于现代物流管理的需要,能承担企业外包物流业务的物流服务提供者,其提供的物流服务应具备以下特点。

(1) 信息网络化。信息流服务于物流,信息技术是第三方物流发展的基础,现代信息技术实现了数据的快速、准确传递和信息实时共享,促进了物流管理的科学化,只有具备信息的优势,在物流服务过程中,第三方物流才可以比货主(外包物流服务人和收货人)在了解市场、了解物流平台的情况、了解灵活运用物流资源、了解价格、了解制度和政策方面更有优势。

(2) 关系合同化。首先,第三方物流是通过合同的形式来规范物流经营和物流消费者之间的关系的。物流经营者根据合同的要求,提供多功能全方位一体化的物流服务,并以合同来管理所有提供的物流服务活动及其过程;其次,第三方发展物流联盟也是通过合同形式来明确各物流联盟参与者之间的关系。

(3) 功能专业化。当企业的核心业务迅猛发展时,也需要企业的物流系统跟上核心业务发展的步伐,但这时企业原来的自理物流系统往往因为技术和信息系统的局限而相对滞后。第三方物流的核心竞争力,除了信息之外,就是物流领域的专业化运作,专业化运作是降低成本、提高物流水平的运作方式。第三方物流公司所提供的服务是专业化的服务,对于专门从事物流服务的企业,它的物流设计、物流操作过程、物流管理都应该是专业化的,物流设备和设施都应该是标准化的。

(4) 服务个性化。在社会化大生产更加扩大、专业化分工愈加细化的今天,服务成为企业竞争的关键因素。服务水平的提高会提高顾客满意度,增强企业信誉,促进企业的销售,提高利润率,进而提高企业市场占有率。第三方物流在帮助企业提高自身顾客服务水平上有其独到之处,根据不同的物流消费者的要求,第三方物流企业从消费者的角度考虑,通过"量体裁衣"式的设计,制定出以顾客为导向、低成本高效率的物流方案,为企业在竞争中取胜创造有利条件。

### 二、企业选择第三方物流的原因

在专业化分工越来越细的时代,再有实力的企业也不可能面面俱到,什么都做得很好。把自己较不擅长的部分,或者说不是自己核心能力的部分给第三方来承担,扬长避短,实际上就使得企业和第三方物流各自的优势得到强化,既能促使企业专注于提高自身核心竞争力,有助于企业的长远发展,又有利于带动物流行业整体的发展。

第三方物流企业具有如下优势：

(1) 具有专业水平和相应物流网络。通过专业化的发展，第三方物流公司已经开发了信息网络并且积累了针对不同物流市场的专业知识，包括运输、仓储和其他增值服务。许多关键信息，如卡车运量、国际通关文件、空运报价和其他信息等，通常是由第三方物流公司收集和处理。对于第三方物流公司来说，获得这些信息更为经济，因为它们的投资可以分摊到很多的客户头上。对于非物流专业公司来讲，获得这些专长的费用就会非常昂贵。

(2) 拥有规模经济效益。由于拥有较强大的购买力和货物配载能力，一家第三方物流公司可以从运输公司或者其他物流服务商那里得到比他的客户更为低廉的运输报价，可以从运输商那里大批量购买运输能力，然后集中配载很多客户的货物，大幅度地降低单位运输成本。

(3) 有助于减少资本投入。通过物流外包，制造企业可以降低因拥有运输设备、仓库和其他物流过程中所必需的投资，从而改善公司的赢利状况，把更多的资金投在公司的核心业务上。许多第三方物流公司在国内外都有良好的和分销网络。希望拓展国际市场或其他地区市场以寻求发展的公司，可以借助这些网络进入新的市场。

(4) 资源优化配置。第三方物流企业还能使企业实现资源优化配置，将有限的人力、财力集中于核心业务，进行重点研究，发展基本技术，努力开发出新产品参与世界竞争；节省费用，减少资本积压，减少库存，提升企业形象；第三方物流提供者与顾客，不是竞争对手，而是战略伙伴，它们为顾客着想，通过全球性的信息网络使顾客的供应链完全透明化，顾客随时可通过 Internet 了解供应链的情况；第三方物流提供者是物流专家，它们利用完备的设施和训练有素的员工对整个供应链实现完全的控制，减少物流的复杂性；它们通过遍布全球的运送网络和服务提供者（分承包方）大大缩短了交货期，帮助顾客改进服务，树立自己的品牌形象。第三方物流提供者通过"量体裁衣"式的设计，制定出以顾客为导向、低成本高效率的物流方案，为企业在竞争中取胜创造有利备件条件。

(5) 第三方物流公司信息技术优势。许多第三方物流公司与独立的软件供应商结盟或者开发了内部的信息系统，这使得它们能够最大限度地利用运输和分销网络，有效地进行货物追踪，进行电子交易，生成提高供应链管理效率所必需的报表和进行其他相关的增值服务。因为许多第三方物流已在信息技术方面进行了大量的投入，可以做到帮助其客户搞清楚哪种技术最有用处、如何实施及如何跟得上日新月异的物流管理技术发展。与合适的第三方物流公司合作可以使得企业以最低的投入充分分享更好的信息技术。

## 三、第三方物流的评价、选择与实施

### (一) 分析企业的物流系统

首先看企业是否有自营物流的能力,如果没有,就将物流外包,如果有自营物流的能力,就要考虑企业物流系统的战略地位、物流总成本和服务水平。

1. 企业物流系统的战略地位

企业的自营物流能力是指企业自己经营物流的能力,即企业具备的物流设施和技术。

企业物流系统的战略地位一般可以从以下几方面进行判断:
(1) 它们是否高度影响企业业务流程?
(2) 它们是否需要相对先进的技术,采用此种技术能否使公司在行业中领先?
(3) 它们在短期内是否不能为其他企业所模仿?

如能得到肯定的回答,那么就可以断定物流子系统在战略上处于重要地位。一般来说,越是竞争激烈的产业,企业越是要强化对供应和分销渠道的控制,此时企业应该自营物流。如主机厂或最终产品制造商对渠道或供应链过程的控制力比较强,往往选择自营物流,即作为龙头企业来组织全过程的物流活动和制定物流服务标准。

2. 企业物流系统的总成本

如果物流总成本用数学公式表示如下:

$$D=T+S+L+F_w+V_w+P+C$$

式中,$D$ 为物流系统总成本;$T$ 为该系统的总运输成本;$S$ 为库存维持费用,包括库存管理费用、包装费用以及返工费;$L$ 为批量成本,包括物料加工费和采购费;$F_w$ 为该系统的总固定仓储费用;$V_w$ 为该系统的总变动仓储费用;$P$ 为订单处理和信息费用,指订单处理和物流活动中广泛交流等问题所发生的费用;$C$ 为顾客服务费用,包括缺货损失费用、降价损失费用和丧失潜在顾客的机会成本。

这些成本之间存在着二律背反的现象。例如,在考虑减少仓库数量时,虽然是为了降低保管费用,但是在减少仓库数量的同时,就会带来运输距离变长、运输次数增加等后果,从而导致运输费用增大;如果运输费用的增加部分超过了保管费用的减少部分,总的物流成本反而增大了,这样减少仓库数量的措施就没有了意义。在选择和设计物流系统时,要对系统的总成本加以检验,最后选择成本最小的物流系统。

3. 物流服务水平

物流服务水平是物流能力的综合体现,它指消费者对物流服务的满意度。工商企业重视物流不仅仅是为了节约成本,而是越来越认识到物流对提高顾客服务水平的重要性。

## (二) 第三方物流企业进行评价

当企业不具备自营物流的能力时，就要将物流业务外包出去。企业可以将物流业务外包给一家第三方物流企业，也可以外包给多家第三方物流企业。要想选择好第三方物流企业，就必须对第三方物流企业进行合理的评价。

(1) 第三方物流供应商的核心竞争力。在挑选第三方物流供应商时，应首先考虑第三方物流供应商的核心竞争力是什么，例如，美国联邦快递和联合包裹服务公司最擅长的服务是包裹的限时速递，中国储运总公司的核心竞争力在于其有大型的仓库。

(2) 第三方物流供应商是自拥资产还是非自拥资产。使用一家自拥资产还是非向自拥资产的第三方物流供应商都各有优缺点。自拥资产的公司具备较大的规模，有丰富的人力资源、雄厚的客户基础和先进的系统；但是它们的工作倾向于自己决定，存在官僚作风，需要较长的决策周期。非自拥资产的公司在运作上更加灵活，对于企业所提出的服务内容可以自由组合，调配第三方物流供应商；但是因为其资源有限，物流服务价格会偏高。

(3) 第三方物流供应商服务的地理范围。第三方物流供应商按照其服务的地理范围可分为：全球性、国际性、地区性和地方性。选择第三方物流供应商时要与本企业的业务范围相一致。

(4) 第三方物流服务的成本。在计算第三方物流服务的成本时，首先要弄清自营物流的成本，然后两者对应起来进行比较，对于物流服务的成本计算，与分析企业的物流系统的成本计算相同。

(5) 第三方物流的服务水平。在评价第三方物流的服务水平时，评价方法与分析企业的物流系统中的评价方法相同。对于第三方物流评价的主要指标是物流服务水平和物流成本。这在前面均有阐述。值得提出的是，中国仓储协会于2001年2~4月，组织了第三次全国范围内的物流供求状况调查，调查范围覆盖全国的生产、商业和储运及物流企业，通过邮寄问卷的形式，调查企业2000家，回收230份，有效问卷219份，调查表明：在采用第三方物流的需求企业中，有67%的生产企业和54%的商业企业对第三方物流服务感到满意，有23%的生产企业和7%的商业企业对第三方的物流服务不满意。不满意的原因中，首先是因为作业速度慢和物流信息不及时准确，其次是作业差错率高、运作成本高，从中可看出生产企业和商业企业对第三方物流服务首先关心的是运作质量和包含物流信息在内的运作能力问题，其次才是成本。企业在选择物流模式时，考虑成本尽管很重要，但第三方物流为本企业及企业顾客提供服务的能力是选择物流服务至关重要的。也就是说，第三方物流在满足对物流服务及时需求的能力和可靠性，对企业的零售商和最终顾客不断变化的需求的反应能力等方面应该作为首要的因素来考虑。

### (三) 第三方物流的实施

企业物流外包决策是一个复杂的过程,在选定了第三方物流供应商后,通过合同的形式双方达成协议。企业与第三方物流服务商的合作也是一个长期磨合的过程,企业与第三方物流供应商想成功地合作,应该注意以下几个问题。

**1. 处理好双方的关系**

企业与第三方物流供应商之间的关系应该是合作伙伴关系。

(1) 企业与第三方物流供应商合作后,刚开始时,要投入足够的时间,无论对于哪一方来说,在最初的六个月至一年的时间内有效地开展合作是最困难的,也是最关键的。企业必须明确成功的关键需要什么,并能够向第三方物流供应商提供所需的信息和需求。第三方物流供应商必须彻底、认真地考虑和讨论这些需求,并制定出具体的解决方案。双方都必须投入足够的时间和精力确保合作成功。

(2) 企业与第三方物流供应商之间的关系,不是竞争关系,而是合作关系,是共同利益的关系。双方应该牢记,这是一个长期的、战略的、相互渗透的、共担风险、共享收益的合作联盟。企业应该考虑如何将第三方物流供应商融入自己的物流战略规划。本质上说,就是通过"双赢"(win-win,即合作双方均受益),力图使作为整体的系统产生更高的效率。

**2. 有效地沟通**

有效地沟通对于任何一个外包项目走向成功都是非常必要的。首先,对于企业来说,各个部门的管理者之间、管理者与员工之间必须相互沟通,明确为什么进行物流业务外包,从外包中期望得到什么。这样,所有的相关部门才能与第三方物流供应商密切配合,员工也不会产生抵触的心理。其次,企业与第三方物流供应商也要进行有效的沟通,确保合作的顺利进行。

**3. 其他**

(1) 第三方物流供应商必须为企业所提供的数据保密。

(2) 对绩效衡量的方式必须一致。

(3) 讨论附属合同的特定标准。

(4) 在达成合同前要考虑争议仲裁问题。

(5) 协商合同中的免责条款。

(6) 确保通过物流供应商的定期报告来实现绩效目标。

## 第三节 第四方物流

### 一、第四方物流的概念

**1. 第四方物流的定义**

信息技术以及电子商务的飞速发展,带来了物流模式的不断变革,当第三方物流刚刚被世界物流界普遍认同时,一种全新的物流理念——第四方物流又在物流界备受瞩目。第四方物流(fourth party logistics,简称 FPL 或 4PL)的首要倡议者是安盛咨询公司,并定义其为"一个调配和管理组织自身的及具有互补性服务提供商的资源、能力与技术,来提供全面的供应链解决方案的供应链集成商"。

第四方物流作为供应链管理的一种新的模式,它的出现是市场对物流外包的必然产物。第四方物流在复杂的供应链管理中担负着主要的任务,是供应链外部协作的重要组成部分。它对供应链的物流进行整体上的计划和规划,并监督和评估物流的具体行为和活动的效果。对于供应链的管理来说,第四方物流是对包括第四方物流服务商及其客户在内的一切与交易有关的伙伴的资源和能力的统一。

2. 第四方物流的产生及发展

随着科技的进步和市场的统一,供应链中很多供应商和大的企业为了满足市场需求,将物流业务外包给第三方物流服务商,以降低存货的成本,提高配送的效率和准确率。但是,由于第三方物流缺乏较综合的、系统性的技能和整合应用技术的局限性以及全球化网络和供应链战略的局部化,使得企业在将业务外包时不得不将业务外包给多个单独的第三方物流服务商,增加了供应链的复杂性和管理难度。市场的这些变化给物流和供应链管理提出了更高的期望,这在客观上要求将现代科技(如 Internet 技术)、电子商务和传统的商业运营模式结合起来,以在供应链中构造一个将供应链的外包行为链接的统一单位,而不是像以前的单独的行为。

从管理的效率和效益来看,对于将物流业务外包的企业来说,为获得整体效益的最大化,它们更愿意与一家公司合作,将业务统一交给能提供综合物流服务和供应链解决方案的企业。而且,由于在供应链中信息管理变得越来越重要,也有必要将物流管理活动统一起来,以充分提高信息的利用率和共享机制,提高外包的效率和效益。

供应链管理中外包行为的这些变化促使很多第三方物流服务商与咨询机构和技术开发商开展协作,以增强竞争能力,由此而产生了第四方物流。由于第四方物流服务商是供应链物流的一个统一的链接单位。它将供应链的资源和潜能以及所应用的技术组织起来外包给一个单位,进行统一的管理,并提供综合性的、能满足不同需要的有特色的供应链解决方案。所以,第四方物流在供应链中作为一个独立的机构代表业主(即将物流业务外包的单位)管理物流和供应链活动。

可以看出,按照统一的外包合同,通过总体的安排,第四方物流服务商能控制第三方物流服务商的竞争机制、管理业务流程,为服务对象提供一个供应链解决方案。同时,由于第四方物流服务商面对的是多个客户,它改变了传统的外包行为,开创了一条能够多次降低运营成本和进行资产转移的途径,所以它能够充分提高规模经济,增加投资回报率。其实,第四方物流服务商在实际的业务操作中是业主和诸多物流服务商之间联系的纽带和管理的创新者,它根据业主的要求提供供应链的综合性解决方案。因此,第四方物流不是第三方物流的简单组合,它是在供应链外包的基础上发展和演变而来的，按照供应链的战略规划，从供应链的资源配置和组织机构上对供应链的整体发展进行全面管理的一种管理模式。它是建立在先进的信息技术和管理方法之上，以成熟和规范的市场为依托，增强供应链的整体效益，改善供应链的组织结构，提高了供应链的竞争力。

二、第四方物流的特征与运作模型

第三方物流和第四物流都是物流社会化的产物。第三方物流供应商为客户提供所有的或一部分供应链物流服务，以获取一定的利润。然而，在实际的运作中，由于供应链的复杂性和多元性，第三方物流可以以自己的资源进入供应链，作为一个横向的构筑者，但是由于利益的冲突及缺乏对整个供应链进行运作的战略性专长和真正整合供应链流程的相关技术，第三方物流难以对复杂的供应链，尤其是对全球供应链提供可信的构筑方案。这样就要求有更为"中立"的服务形态，这就是第四方物流服务得以诞生和发展的原因。

第四方物流同第三方物流相比，是在第三方物流的基础上对管理和技术等物流资源进一步整合，为用户提供全面意义上的供应链物流解决方案，能够克服第三方物流所产生的问题并使供应链得以改善的一种组织形态。第四方物流实际上是供应链的整合者、集成者和管理者，它集合、管理包括第三方物流在内的物流资源、物流技术和设施，依托现代信息技术和管理技术来提供完整的供应链解决方案。

1. 第四方物流的基本功能

（1）供应链管理功能，即管理从货主、托运人到用户、顾客的供应全过程。

（2）运输一体化功能，即负责管理运输公司、物流公司之间在业务操作上的衔接与协调问题。

（3）供应链再造功能，即根据货主/托运人在供应链战略上的要求，及时改变或调整战略战术，使其经常高效率地运作。

2. 第四方物流的特征

第四方物流是在第三方物流的基础上对管理和技术等物流资源进一步整合，为用户提供全面意义上的供应链物流解决方案。第四方物流的供应链解决方案共有四个层次——执行、实施、变革和再造（图11.1）。

（1）执行。主要是指由第四方物流负责具体供应链职能和流程的正常运作，这一范畴超过了传统的第三方物流的运输管理和仓库管理，具体包括制造、采购、库存管理、供应链信息技术、需求预测、网络管理，客户服务管理和行政管理等职能。通常的第四方物流只是负责供应链中功能和流程的一些关键部分，也存在一家公司外包所有的供应链活动给第四方物流的情况。

（2）实施。第四方物流的实施包括了流程的一体化、系统的集成和运作的衔

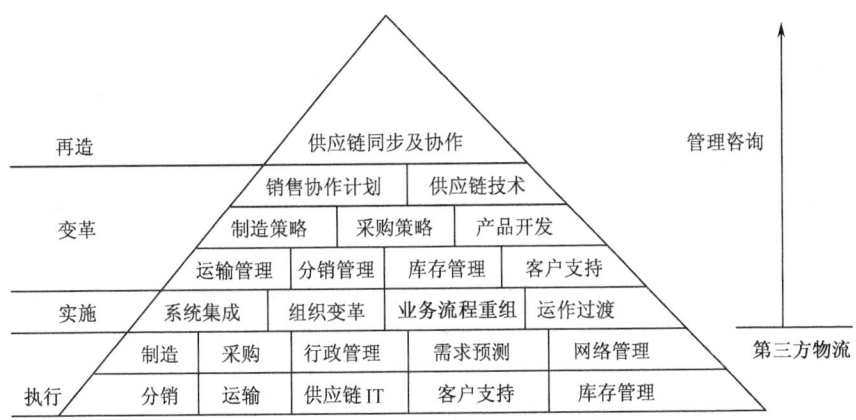

图 11.1 第四方物流特征

接。一个第四方物流服务商可以帮助客户实施新的业务方案,包括业务流程的优化、客户公司和服务供应商之间的系统集成。在这种模式下,客户通常可以将具体业务的运作转交给第四方物流的项目运作小组。在项目实施的过程中,要重视组织变革,因为"人"的因素往往是第四方物流管理具体业务时成败的关键,一定要避免优秀方案实施时因为人的因素而失败。

(3) 变革。通过新技术实现各个供应链职能的加强。变革主要是改善供应链中某一具体环节的职能,包括销售和运作计划、分销管理、采购策略和客户支持等。在这一层次上,技术对方案的成败至关重要,技术和先进的战略思想、流程再造,再加上卓越的组织变革管理,共同组成第四方物流的最佳方案。

(4) 再造。再造是指供应链过程的协作和供应链过程的再设计,第四方物流的最高层次的方案就是再造。供应链流程的真正改善要通过供应链中企业的通力合作,将各个环节的计划和运作协调一致来实现。再造过程就是基于传统的供应链管理咨询技巧,使得公司的业务策略和供应链策略协调一致;同时,技术在这一过程中又起到了催化剂的作用,整合和优化了供应链内部和与之交叉的供应链的运行。

第四方物流通过影响整个供应链来增加价值,即其能够为整条供应链的客户带来利益。为客户带来的利益包括:

(1) 利润增长。第四方物流的利润增长将取决于服务质量的提高、实用性的增加和物流成本的降低。由于第四方物流关注的是整条供应链,而非仓储或运输单方面的效益,因此其为客户及自身带来的综合效益会出现惊人的进展。

(2) 运营成本降低。即通过整条供应链外包功能过渡到提高运作效率、降低采购成本的目的。流程一体化、供应链规划的改善和实施将使运营成本和产品销售成本降低。

(3) 工作成本。采用现代信息技术、科学的管理流程和标准化管理,使存货和现金流转次数减少，工作成本大幅度降低。

（4）提高资产利用率。客户通过第四方物流减少了固定资产占用和提高了资产利用率，使得客户通过投资研究设计、产品开发、销售与市场拓展等获得经济效益的提高。

3. 第四方物流的运作模型

（1）协同运作模型（1+1>2）。即4PL为3PL工作，并提供3PL缺少的技术与战略技能。

第四方物流和第三方物流共同开发市场，第四方物流向第三方物流提供一系列的服务，包括：技术、供应链策略、进入市场的能力和项目管理的能力。第四方物流在第三方物流公司内部工作，其思想和策略通过第三方物流这样一个具体实施者来实现，以达到为客户服务的目的。第四方物流和第三方物流一般会采用商业合同的方式或者战略联盟的方式合作。

（2）方案集成商模型。即4PL为货主服务，是和所有3PL提供商及其他提供商联系的中心。

在这种模式中，第四方物流为客户提供运作和管理整个供应链的解决方案。第四方物流对本身和第三方物流的资源、能力和技术进行综合管理，借助第三方物流为客户提供全面的、集成的供应链方案。第三方物流通过第四方物流的方案为客户提供服务，第四方物流作为一个枢纽，可以集成多个服务供应商的能力和客户的能力。

（3）行业创新者模型。4PL通过对同步与协作的关注，为众多的产业成员运作着供应链。

在行业创新者模型中，第四方物流为多个行业的客户开发和提供供应链解决方案，以整合整个供应链的职能为重点，第四方物流将第三方物流加以集成，向下游的客户提供解决方案。在这里，第四方物流的责任非常重要，因为它是上游第三方物流的集群和下游客户集群的纽带。第四方物流会通过卓越的运作策略、技术和供应链运作实施来提高整个行业的效率。

## 案例　通用汽车转变其全球物流战略

世界上最大的汽车制造商——通用汽车公司准备在未来三年内将其主要的物流运作工作转交给新成立的专业物流公司——航道供应链管理公司（Vector SCM）。

Vector SCM是由通用汽车和CNF公司的合资控股企业。CNF公司是一家资产达到6亿美元的专业管理集团公司，其下设多个组织，包括Con-Way运输服务公司、金刚砂公司、Menlo物流公司。CNF是Vector SCM的主要股东，但是通用汽车在主要的战略问题上有极大的发言权。

通用汽车和 CNF 认为 Vector SCM 是"第四方物流公司",它将利用其全球供应链为通用汽车提供综合的、所有生产物料点到点的传送及最终汽车产品的运送服务,它将成为 GM 公司主要的物流服务商。开始阶段它承担北美地区往返的生产物料、汽车配送、运输优化和进出口运作等物流管理活动。为了实现这样的运作,通用汽车公司和 CNF 公司将共享统一的信息系统。通用汽车公司使用的是由 CNF 公司开发的基于 Web 的软件,包括供应链可视化和综合系统,称为 Vector Vision,此系统可让制造商能在其渠道上管理所有的物料和制成品汽车。

但是 Vector SCM 面临一个巨大的管理挑战,公司副总裁 Harold R. Kutner 说:"我们每天要处理 1 亿 8 千万磅的物料"。通用汽车公司是一个全球经营的企业,其采购网络、生产线和物流网遍布世界各地。根据所发布的交易协议,Vector SCM "与 12 000 位供应商打交道,我们将这些供应商的产品运输到 70 多个最终产品装配生产地,每天还要运送 35 000 辆汽车。综合地管理这样的活动是一项巨大的工作。"

而且 Vector SCM 的工作才刚刚开始,其长期计划是管理 GM 在全球范围内的业务。Kutner 介绍道:"公司将负责通用汽车公司在世界各地的物流业务。"同时通用汽车将保留部分物流活动,主要是规划和核定基准活动。通用汽车在北美有 300 员工从事物流活动,在全球共有 800 名员工从事物流活动。通用汽车全球物流执行总裁说,他认为没有必要解雇员工,但提议通过正常的离职来缩减人员。

Vector SCM 既面临巨大的挑战又有远大的前景。当通用汽车进入急剧变化的时代,其供应链也承受考验。世界汽车巨人通用汽车已失去很大的市场份额,公司被迫削减成本,同时加快输送产品的过程以便更具竞争力。因此,通用汽车决定废除汽车行业最老的品牌之一的 Oldsmobile 生产线,同时它宣布将解雇 15 000 名员工并在欧洲削减 15% 的生产力。

因而 Vector SCM 当前最紧迫的问题是帮助通用汽车改进顾客服务并且减少库存,通用汽车需要减少至少 50% 的库存。分析家 Dominic D. Martilotti 认为,对 GM 而言,减少库存是最紧迫的问题,但这样的削减量难以想象。

通用汽车公司致力于客户订单生产,快速、可靠的物流过程对通用也是至关重要的。Martilotti 认为物流的可靠性比速度更为重要,他说:"目的是获得时间准确的网上传递的订单。"这里并不是指即时性。

但这并不意味时间不重要,通用汽车已启动了订单传送计划(OTD),其目的是提供准确和可靠的传送,将通用汽车的订单周期时间从目前的 60 多天减少到 15 至 20 天。作为这个计划的一部分,Vector SCM 将在 2 至 3 年内将汽车产品传送时间从目前的 11 天减少到 4~5 天。与此同时,福特公司基于同样的目的,去年已经将其产品配送外包给联邦快递公司。

Vector SCM 公司将逐步接管通用汽车的物流业务。目前 CNF 和通用汽车的管理人员正在进行各种物流活动的业务合作计划，一旦通用汽车批准这些计划，Vector SCM 将接管这些业务。Vector SCM 总裁 Gary D. Kowalski 认为目标有两个，一是任何影响供应链管理的 OTD 的设计都能被物流过程支持，二是紧跟通用汽车的步伐，研究和改进目前的物流过程使之更加有效。

CNF 和通用汽车公司都不会公布创办 Vector SCM 的财务细节，但估计通用汽车每年将花费近 50 亿美元在物流运作上。分析家 Edward W. Wolfe 估算这个交易将在第一年为 CNF 公司带来近 10 亿美元的收益。

# 第十二章

# 供应链管理

供应链管理作为一种新的管理理念与模式，受到了国内外管理学术界和企业界的逐步重视。供应链管理的研究是从物流管理开始的，起初人们并没有把它与企业的整体管理联系起来，主要是进行供应链管理的局部性研究，如研究多级库存控制问题、物资供应问题等，其中较多的是关于分销运作问题，例如分销需求计划的研究就是典型的供应链中的物资配送问题。随着经济全球化和知识经济时代的到来，以及全球制造的出现，供应链在制造业管理中得到了普遍应用。在21世纪，企业面临的是一个复杂的竞争环境：市场竞争日益激烈，用户需求的不确定性和个性化增加，高新技术迅猛发展，产品寿命周期缩短和产品结构越来越复杂。在这种新的竞争环境中，企业要赢得竞争优势，提升自己在行业的位置，就需要引入供应链，整合上下游企业的优势共同赢得市场，创造价值。

## 第一节 供应链管理概述

### 一、供应链基本知识

#### （一）供应链概念

供应链（supply chain，SC）：生产及流通过程中，涉及将产品或服务提供给最终用户活动的上游与下游企业，所形成的网链结构。

具体地说，供应链就是指产品生产和流通过程中所涉及的原材料供应商、制造商、批发商、零售商以及最终消费者组成的供需网络，即由物料获取、物料加工并将成品送到用户手中这一过程所涉及的企业和企业部门组成的一个网络。

供应链是社会化大生产的产物,是重要的流通组织形式和市场营销方式。它以市场组织化程度高、规模化经营的优势,有机地连接生产和消费,对生产和流通有着直接的导向作用。供应链一般分为内部供应链和外部供应链,内部供应链是指企业内部产品生产和流通过程中所涉及的采购部门、生产部门、仓储部门、销售部门等组成的供需网络;而外部供应链则是指企业外部与企业相关的产品生产和流通过程中所涉及的原材料供应商、生产厂商、储运商、零售商以及最终消费者组成的供需网络。内部供应链和外部供应链共同组成了企业产品从原材料到成品到消费者的供应链,可以说,内部供应链是外部供应链的缩小化。

**(二) 供应链结构**

根据以上供应链的定义,可以将供应链的结构描述为如图 12.1 所示的模型。

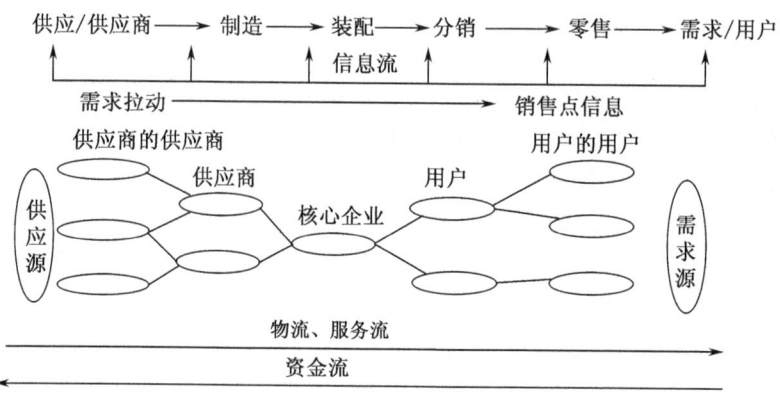

图 12.1 供应链结构图

从图 12.1 中可以看出,供应链由所有加盟的节点企业组成,其中一般有一个核心企业(可以是产品制造企业,也可以是大型零售企业),节点企业在需求信息的驱动下,通过供应链的职能分工与合作(生产、分销、零售等),以资金流、物流、服务流为媒介实现整个供应链的不断增值。

**(三) 供应链特征**

从供应链的结构模型可以看出,供应链是一个网链结构,由围绕核心企业的供应商、供应商的供应商和客户、客户的客户组成。一个企业是一个节点,节点企业和节点企业之间是一种需求与供应关系。供应链主要具有以下特征:

(1) 复杂性。因为供应链节点企业组成的层次不同,供应链往往由多个、多类型甚至多国企业构成,涉及不同的组织文化或民族文化背景,所以供应链结构模式比一般单个企业的结构模式更为复杂。

（2）动态型。因企业战略和适应市场需求变化的需要，节点企业需要动态的更新，这就使得供应链具有明显的动态型。

（3）面向用户需求。供应链的形成、存在、重构，都是基于一定的市场需求而发生，并且在供应链的运作过程中，用户的需求拉动是供应链中物流、信息流、资金流运作的驱动源。

（4）交叉性。节点企业可以是这个供应链的成员，同时又是另一个供应链上的成员，众多的供应链形成交叉结构，增加了协调管理的难度。尤其是在信息系统的建设和使用上，会产生接口的协调问题，需要有信息技术的支持使之标准化，才能满足节点企业处在多条供应链上交叉点的现实需求。

## 二、供应链管理

### （一）定义

供应链管理（supply chain management，SCM）：利用计算机网络技术全面规划供应链中的商流、物流、信息流、资金流等，并进行计划、组织、协调与控制。

供应链管理术语的出现已有 20 年左右的时间，但关于它的定义由于出发点不同，每个理论研究者或企业实践者都不完全一样。一般认为，供应链管理是指人们在认识和掌握了供应链各环节的内在规律和相互联系的基础上，利用管理的计划、组织、指挥、协调、控制和激励职能，对产品生产和流通过程中各个环节所涉及的物流、信息流、资金流、价值流以及业务流进行的合理调控，以期达到最佳组合，发挥最大的效率，迅速以最小的成本为客户提供最大附加值的产品或服务。其目的是从整体的观点出发，寻求建立供、产、销企业以及客户间的战略合作伙伴关系，最大限度地减少内耗和浪费，实现供应链整体效率的最优化。供应链管理是在现代科技促使产品极其丰富的条件下发展起来的管理理念，它涉及各种企业及企业管理的方方面面，是一种跨行业的管理，并且企业之间作为贸易伙伴，为追求共同经济利益的最大化而共同努力。

### （二）供应链管理的特点

与传统的企业管理相比，供应链管理更强调供应链整体的集成和协调，要求各连接企业围绕物流、信息流、资金流以及工作流进行信息共享与经营协调，实现柔性的与稳定的供需关系。其本质特点是：

1. 基于流程的集成化管理模式

传统的管理以职能部门为基础，往往由于职能矛盾、利益目标冲突、信息分散等原因，各职能部门无法完全发挥其潜在效能，因而很难实现整体目标最优。供应链管理则是以流程为基础，物流、信息流、价值流、资金流、工作流贯穿于供应链的全过程。通过业务流程再造，消除各职能部门以及供应链企业成员的自我保护主义，实现供应链组织的集成和优化；通过核心企业管理思想在整个供应链上的扩散和移植，实现管理思想的集成；通过准时制管理、企业资源计划、快速反应、全面质量管理等管理技术方法的综合运用，实现供应链管理方法的集成；通过现代信息技术手段的运用，信息共享，实现供应链管理手段的集成；通过资源整体优化配置，有效运用价值链激励机制，寻求非增值活动及相应结构的最小化，实现供应链管理效益的优化与集成。

2. 强调全过程的战略管理

供应链上的各个环节是不可分割的、环环相扣的一个有机整体。因此，从总体上考虑，如果只依赖部分环节的信息，则由于信息的局限或失真，可能导致决策失误、计划失控、管理失败。在供应链管理过程中，高层管理者必须从战略的高度统筹安排，协调资源及可能存在的冲突，这样才能实现供应链管理的目标。

3. 全新的库存观

传统的库存思想认为，库存是维系生产和销售的必要措施，因而企业与其上下游企业之间在不同的市场环境下只是实现了库存的转移，整个社会库存总量并不减少。供应链的形成是链上各个成员建立了战略合作伙伴关系，通过快速反应致力于总体库存的大幅度降低，库存是供应链管理的平衡机制。

4. 以客户为中心

不管供应链的节点企业有多少类型，也无论供应链的节点企业的数量多少，供应链都是由最终客户驱动的，正是最终客户的需求使得供应链存在。

5. 注重核心竞争力

核心竞争力是指企业内部经过整合的知识和技能，尤其是协调各方面资源的知识和技能。只有企业本身具有核心竞争能力，供应链业务伙伴关系才能持久。

## 第二节 供应链管理环境下的库存管理

供应链管理环境下的库存管理与传统的库存管理有许多不同的地方。传统的企业库存管理是站在单一企业的立场上，以企业物流成本最小化为原则，而供应链管理环境下的库存管理则是以整个供应链整体物流效果为追求目标的。在传统的库存管理方式下，企业库存控制的依据是来自于下游企业的订货信息，根据客户的订货数量补充库存。在这种情况下，订货信息是否可以充分反映市场需求的状况，就成为直接影响库存控制准确性的重要因素。如果下游企业提交的订货数据在反映市场需求方面带有一定的虚假性，那么，在此基础上做出的库存补充计划本身就会成为产生众多库存的起因。

一、供应链中的需求变异放大原理

需求变异加速放大原理是美国著名的供应链管理专家 Hau L. Lee 教授对需求信息扭曲在供应链中传递的一种形象描述。其基本思想是：当供应链的各节点企业只根据来自其相邻的下级企业的需求信息进行生产或供应决策时，需求信息的不真实性会沿着供应链逆流而上，产生逐级放大的现象，达到最源头的供应商时，其获得的需求信息和实际消费市场中的顾客需求信息发生了很大的偏差，需求变异系数比分销商和零售商的需求变异系数大得多。由于这种需求放大效应的影响，上游供应商往往维持比下游供应商更高的库存水平。这种现象反映出供应链上需求的不同步现象，它说明供应链库存管理中的一个普遍现象："看到的是非实际的"。

需求放大效应最先由宝洁公司发现。宝洁公司在一次考察该公司最畅销的产品一次性尿布的订货规律时，发现零售商销售的波动并不大，但当它们考察分销中心向宝洁公司的订货时，吃惊地发现波动性明显增大了，有趣的是，它们进一步考察宝洁公司向其供应商，如 3M 公司的订货时，他们发现其订货的变化更大。除了宝洁公司，其他公司如惠普公司在考察其打印机的销售状况时也曾发现这一现象。

需求放大效应是需求信息扭曲的结果，实际的销售量与订货量不同步。在供应链中，每一个供应链的节点企业的信息都有一个信息的扭曲，这样逐级而上，即产生信息扭曲的放大。

二、供应链中的不确定性与库存

(一) 供应链中的不确定性

由于存在需求放大现象，库存与供应链的不确定性有很密切的关系。从供应链整体的角度看，供应链上的库存无非有两种：一种是生产制造过程中的库存，另一种是物流过程中的库存。库存存在的客观原因是为了应付各种各样的不确定性，保持供应链系统的正常性和稳定性，但是库存另一方面也同时产生和掩盖了管理上的问题。

供应链上的不确定性表现形式有两种：衔接不确定性和运作不确定性。为了消除衔接不确定性，需要增加企业之间或部门之间的合作性。系统运行不稳定是组织内部缺乏有效的控制机制所致，控制失效是组织管理不稳定和不确定性的根源。为了消除运行中的不确定性需要增加组织的控制，提高系统的可靠性。

供应链中的不确定性的来源主要有三个方面：供应商的不确定性、生产者不确定性和顾客不确定性。不同的原因造成的不确定性表现形式各不相同。

(1) 供应商的不确定性主要表现在提前期的不确定性、订货量的不确定性等。供应不确定的原因是多方面的，供应商的生产系统发生故障延迟生产、供应商的供应商的延迟、意外的交通事故导致的运输延迟等。

（2）生产者不确定性主要缘于制造商本身的生产系统的可靠性、机器的故障、计划执行的偏差等。生产计划是一种根据当前的生产系统的状态和未来情况做出的对生产过程的模拟，用计划的形式表达模拟的结果，用计划来驱动生产的管理方法。但是生产过程的复杂性使生产计划并不能精确地反映企业的实际生产条件和预测生产环境的改变，不可避免地造成计划与实际执行的偏差。生产控制的有效措施能够对生产的偏差给以一定的修补，但是生产控制必须建立在对生产信息的实施采集与处理上，使信息及时、准确、快速地转化为生产控制的有效信息。

（3）顾客不确定性主要原因有：需求预测的偏差、购买力的波动、从众心理和个性特征等。通常的需求预测的方法都有一定的模式或假设条件，假设需求按照一定的规律运行或表现一定的规律特征，但是任何需求预测方法都存在这样或那样的缺陷，而无法确切地预测需求的波动和顾客心理性反应，在供应链中，不同的节点企业相互之间的需求预测的偏差进一步加剧了供应链的放大效应及信息的扭曲。

本质上讲，供应链上的不确定性，不管其来源出自哪个方面，根本上讲是三个方面原因造成的：①需求预测水平造成的不确定性。预测水平与预测时间的长度有关，预测时间长，预测精度则差，另外还有使用的预测方法对预测精度的影响。②决策信息的可获得性、透明性、可靠性。信息的准确性对预测同样造成影响，下游企业与顾客接触的机会多，可获得的有用信息多；远离顾客需求，信息可获性和准确性差，因而预测的可靠性差。③决策过程的影响，特别是决策人心理的影响。需求计划的取舍与修订，对信息的要求与共享，无不反映个人的心理偏好。

## （二）供应链的不确定性与库存的关系

我们来分析供应链运行中的两种不确定性对供应链库存的影响：衔接不确定性与运作不确定性对库存的影响。

### 1. 衔接不确定性对库存的影响

传统的供应链环境下衔接不确定性普遍存在，集中表现在企业之间的独立信息现象。为了竞争，企业总是为了各自的利益而进行资源的自我封闭（包括信息资源和物质资源），企业之间的合作仅仅是贸易上的短时性合作，人为地增加了企业之间的信息壁垒和沟通的障碍，企业不得不为应付不测而建立库存。库存的存在实际就是信息的堵塞与封闭的结果。虽然企业各个部门和企业之间都有信息的交流与沟通，但这远远不够。企业的信息交流更多的是在企业内部而非企业之间进行交流。信息共享程度差是传统的供应链不确定性增加的一个主要原因。

传统的供应链中信息是逐级传递的，即上游供应链企业依据下游供应链企业的需求信息做生产或供应的决策。而在集成的供应链系统中，每个供应链企业都能共享顾客的需求信息，信息不再是线性的传递过程而是网络的传递过程和多信息源的反馈过程。建立合作伙伴关系的企业合作模式，以及跨组织的信息系统为供应链的各个合作企业提供了共同的需求信息，有利于推动企业之间的信息交流与沟通。企业有了确定的需求信息，在制定生产计划时，就可以减少为了吸收需求波动而设立的库存，使生产计划更加准确可行。对于下游企业而言，合作性伙伴关系的供应链或供应链联盟可为企业提供综合的、稳定的供应信息，无论上游企业能否按时交货，下游企业都能预先得到相关信息而采取措施，这样企业无需过多设立库存。

2. 运作不确定性对库存的影响

供应链企业之间的衔接不确定性通过建立战略伙伴关系的供应链联盟或供应链协作体而得以削减，同样，这种合作关系可以消除运作不确定性对库存的影响。当企业之间的合作关系得以改善时，企业的内部生产管理也大大得以改善。因为企业之间的衔接不确定性因素减少时，企业的生产控制系统就能摆脱这种不确定性因素的影响，使生产系统的控制达到实时、准确，也只有在供应链的条件下，企业才能获得对生产系统有效控制的有利条件，消除生产过程中不必要的库存现象。

在传统的企业生产决策过程中，供应商或分销商的信息是生产决策的外生变量，因而其无法预见到外在需求或供应的变化信息，至少是延迟的信息；同时，库存管理的策略也是考虑独立的库存点而不是采用共享的信息，因而库存成了维系生产正常运行的必要条件。当生产系统形成网络时，不确定性就像瘟疫一样在生产网络中传播，几乎所有的生产者都希望拥有库存来应付生产系统内外的不测变化，因为无法预测不确定性的大小和影响程度，人们只好按照保守的方法设立库存来对付不确定性。

在不确定性较大情况下，为了维护一定的用户服务水平，企业也常常维持一定的库存，以提高服务水平。在不确定性存在的情形下，高服务水平必然带来高库存水平。

三、供应链管理环境下的库存管理策略

供应链中存在着需求放大现象和诸多不确定性，所以对供应链中的库存进行管理就显得很有必要，为了适应供应链管理的要求，供应链下的库存管理方法必须做相应的改变，在这里我们将介绍三种库存管理方法：VMI 管理系统、联合库存管理和多级库存优化。

(一) VMI 管理系统

1. 定义

供应商管理库存（vendor managed inventory）：供应商等上游企业基于下游客户的生产经营和库存信息，对下游客户的库存进行管理和控制。

长期以来，流通中的库存是各自为政的。流通环节中的每一个部门都是自己管理自己的库存，零售商、批发商、供应商都有各自的库存，各个供应链环节都有自己的库存控制策略。由于各自的库存控制策略不同，因此不可避免地产生需求的扭曲现象，即所谓的需求放大现象，也称作"牛鞭效应"，无法快速地响应用户的需求。在供应链管理环境下，供应链的各个环节的活动都应是同步进行的，而传统的库存控制方法无法满足这一要求。近年来，国外出现了一种新的供应链库存管理方法——供应商管理库存。这种库存管理策略打破了传统的各自为政的库存管理模式，体现了供应链的集成化管理思想。

2. VMI 的基本思想

关于 VMI 的定义，国内外有很多不同的定义，但归纳起来，该策略的关键措施主要体现在如下几个原则之中：

（1）合作性原则。在实施该策略中，相互信任与信息透明是很重要的，供需双方都要有很好的合作精神，才能够相互保持较好的合作。

（2）互惠原则。VMI 不是关于成本如何分配或由谁来支付的问题，而是关于减少成本的问题，要通过该策略使双方的成本都获得减少。

（3）目标一致性原则。双方都明白各自的责任，观念上达成一致的目标。如库存放在哪里、什么时候支付、是否要管理费、要花费多少等问题都要回答，并且体现在框架协议中。

（4）连续改进原则。使供需双方能共享利益和消除浪费。

VMI 的主要思想是供应商在用户的允许下设立库存，确定库存水平和补给策略，拥有库存控制权。精心设计与开发的 VMI 系统，不仅可以降低供应链的库存水平，降低成本；而且，用户还可获得高水平的服务，改善资金流，与供应商共享需求变化的透明性和获得更高的用户信任度。

3. VMI 的实施方法

实施 VMI 策略，首先要改变订单的处理方式，建立基于标准的托付订单处理模式。首先，供应商和批发商一起确定供应商的订单业务处理过程所需的信息和库存控制参数，然后建立一种订单的处理标准模式，如 EDI 标准报文，最后把订货、交货和票据处理各个业务功能集成在供应商一边。

库存状态透明性（对供应商）实施是供应商管理用户库存的关键。供应商能够随时跟踪和检查到销售商的库存状态，从而快速地响应市场的需求变化，对企业的生产（供应）状态做出相应的调整。为此需要建立一种能够使供应商和用户的库存信息系统透明连接的方法。

供应商管理库存的策略可以分如下几个步骤实施：

（1）建立顾客情报信息系统。要有效地管理销售库存，供应商必须能够获得顾客的有关信息。通过建立顾客的信息库，供应商能够掌握需求变化的有关情况，把由批发商进行的需求预测与分析功能集成到供应商的系统中来。

（2）建立销售网络管理系统。供应商要很好地管理库存，必须建立完善的销售网络管理系统，保证自己的产品需求信息和物流畅通。为此，必须保证自己产品条码的可读性和唯一性，解决产品分类、编码的标准化问题，解决商品存储运输过程中的识别问题。

(3) 建立供应商与分销商（批发商）的合作框架协议。供应商和销售商（批发商）一起通过协商，确定处理订单的业务流程以及控制库存的有关参数（如再订货点、最低库存水平等）、库存信息的传递方式（如 EDI 或 Internet）等。

(4) 组织机构的变革。这一点也很重要，因为 EMI 策略改变了供应商的组织模式。过去一般由会计经理处理与用户有关的事情，引入 VMI 策略后，在订货部门产生了一个新的职能负责用户库存的控制、库存补给和服务水平。

一般来说，在以下的情况下，适合实施 VMI 策略：零售商或批发商没有 IT 系统或基础设施来有效管理其库存；制造商实力雄厚并且比零售商市场信息量大；有较高的直接存储交货水平，因而制造商能够有效规划运输。

4. VMI 的支持技术

VMI 的支持技术主要包括：EDI/Internet、ID 代码、条形码、条形码应用标识符、连续补给程序等。

## (二) 联合库存管理思想

1. 基本思想

联合库存管理的思想可以从分销中心的联合库存功能谈起。地区分销中心体现了一种简单的联合库存管理思想。传统的分销模式是分销商根据市场需求直接向工厂订货，比如汽车分销商（或批发商），根据用户对车型、款式、颜色、价格等的不同需求，向汽车制造厂订的货，需要经过一段较长时间才能够达到，而顾客不想等待这么久的时间，因此各个推销商不得不进行库存备货，这样大量的库存使推销商难以承受，以至于破产。据估计，在美国，通用汽车公司销售 500 万辆轿车和卡车，平均价格是 18 500 美元，推销商维持 60 天的库存，库存费是车价值的 22%，一年总的库存费用达到 3.4 亿美元，而采用地区分销中心，各个供应商只需要少量的库存，大量的库存由地区分销中心储备，也就是各个供应商把其库存的一部分交给地区分销中心负责，从而减轻了供应商的库存压力，也就大大减缓了库存浪费的现象。分销中心就起到了联合库存管理的功能，分销中心既是一个商品的联合库存中心，也是需求信息的交流和传递枢纽。

从分销中心的功能得到启发，人们对现有的供应链库存管理模式进行新的拓展和重构，提出了联合库存管理新模式——基于协调中心的联合库存管理系统。联合库存管理和供应商管理用户库存不同，它强调双方同时参与，共同制定库存计划，使供应链过程中的每个库存管理者（供应商、制造商、分销商）都从相互之间的协调性考虑，保持供应链相邻的两个节点之间的库存管理者对需求的预期保持一致，从而消除了需求放大现象。任何相邻节点需求的确定都是供需双方协调的结果，库存管理不再是各自为政的独立运作过程，而是供需连接的纽带和协调中心。

同传统的库存模式相比,基于协调中心的库存管理有如下优点:

(1) 为实现供应链的同步化运作提供了条件和保证。

(2) 减少了供应链中的需求扭曲现象,降低了库存的不确定性,提高了供应链的稳定性。

(3) 库存作为供需双方的信息交流和协调的纽带,可以暴露供应链管理中的缺陷,为改进供应链管理水平提供依据。

(4) 为实现零库存管理、准时采购以及精细供应链管理创造了条件。

(5) 进一步体现了供应链管理的资源共享和风险分担的原则。

联合库存管理系统把供应链系统管理进一步集成为上游和下游两个协调管理中心,从而部分地消除了由于供应链环节之间的不确定和需求信息扭曲现象导致的供应链的库存波动。通过协调管理中心,供需双方共享需求信息,因而起到了提高供应链的运作稳定性的作用。

2. 实施策略

(1) 建立供需协调机制。为了充分发挥联合库存管理的作用,供需双方应从合作的精神出发,建立供需协调管理的机制,明确各自的目标和责任,建立合作沟通的渠道,为供应链的联合库存管理提供有效的机制。建立一个协调管理机制,要从以下几个方面入手:

① 建立共同合作目标。要建立联合库存管理模式,首先供需双方必须本着互惠互利的原则,建立共同的合作目标。为此,要理解供需双方在市场目标上的共同之处和冲突点,通过协调形成共同的目标,如用户满意度、利润的共同增长和风险的减少等。

② 建立联合库存的协调控制方法。联合库存管理中心扮演着协调供需双方利益的角色,起协调控制器的作用。因此,需要对库存优化的方法进行明确确定。这些内容包括库存如何在多个需求商之间调节与分配、库存的最大量和最低库存水平、安全库存的确定、需求的预测等。

③ 建立一种信息沟通的渠道或系统。信息共享是供应链管理的特色之一。为了提高整个供应链的需求信息的一致性和稳定性,减少由于多重预测导致的需求信息扭曲,应增加供应链各方对需求信息获得的及时性和透明性。为此应建立一种信息沟通的渠道或系统,以保证需求信息在供应链中的畅通和准确性。要将条码技术、扫描技术、POS 系统和 EDI 集成起来,并且要充分利用 Internet 的优势,在供需双方之间建立一个畅通的信息沟通桥梁和联系纽带。

④ 建立利益的分配和激励机制。要有效运行基于协调中心的库存管理,必须建立一种公平的利益分配制度,并对参与协调库存管理中心的各个企业(供应商、制造商、分销商或批发商)进行有效的激励,防止机会主义行为,增加协作性和协调性。

(2) 发挥两种资源计划系统的作用。为了发挥联合库存管理的作用,在供应链库存管理中应充分发挥目前比较成熟的两种资源管理系统：MRPⅡ和DRP。原材料库存协调管理中心应采用制造资源计划MRPⅡ，而在产品联合库存协调管理中心则应采用物资资源配送计划DRP。这样在供应链系统中把两种资源计划系统很好地结合起来。

（3）建立快速响应系统。快速响应系统是在20世纪80年代末由美国服装行业发展起来的一种供应链管理策略，目的在于减少供应链中从原材料到用户过程的时间和库存，最大限度地提高供应链的运作效率。

物流企业面对多品种、小批量的买方市场，不是储备了"产品"，而是准备了各种要素，在客户提出要求时，能以最快速度抽取要素，及时"组装"，提供所需服务或产品。快速反应的基本思想是为了在以时间为基础的竞争中占据优势，必须建立一套对环境能够反应敏捷和迅速的系统。

（4）发挥第三方物流的作用。第三方物流是指由供方和需方以外的物流企业提供物流服务的业务模式。第三方物流是社会化、专业化的物流。它有利于实现规模化经营，提高规模效益；有利于物流设施资源优化配置，减少不必要的投资。第三方物流与供应链是一种相互补充、相互需求的关系，采用第三方物流运作方式，供应链上的各个企业可以得到由第三方物流经营者提供的长期、互惠互利的专业性物流服务，而且可以省去由自己组建物流系统的成本，投入到企业核心竞争力的建设。

### （三）多级库存优化与控制

多级库存优化与控制是在单级库存控制的基础上形成的。多级库存系统根据不同的配置方式，有串行系统、并行系统、纯组装系统、树形系统、无回路系统和一般系统。供应链管理的目的是使整个供应链各个阶段的库存最小，但是线性的企业库存管理模式是从单一企业内部的角度去考虑库存问题，因而并不能使供应链整体达到最优。

多级库存控制的方法有两种：一种是非中心化策略，另一种是中心化策略。非中心化策略是各个库存点独立的采取各自的库存策略，这种策略在管理上比较简单，但是并不能保证产生整体的供应链优化；如果信息的共享度低，多数情况产生的是次优的结果，因此非中心化策略需要更多信息共享。中心化策略，所有库存点的控制参数是同时决定的，考虑了各个库存点的相互关系，通过协调的办法获得库存的优化。但是中心化策略在管理上协调的难度较大，特别是供应链的层次比较多时，更增加了协调的难度。

供应链的多级库存控制应考虑库存优化的目标、边界以及效率等问题。一般来说有基于成本的优化和基于时间的优化两种。目前已有许多学者对多级库存控制和优化进行研究，并提出了一些数学模型和数学方法，在进行多级库存控制的时候，应该借鉴这些优化方法。

供应商管理库存、联合库存管理和多级库存优化等对于改进供应链企业的库存管理以及供应链的整体优化是很有用的。但是这些方法的使用必须要有组织的变革与之匹配，也就是说企业要对业务流程进行改进以适应供应链环境下的企业间的合作关系。

---

**实例　沃尔玛公司与供应商的库存管理模式**

美国最大的零售商沃尔玛公司与供应商——Warner-Lambert 公司为提高组织速度进行了信息合作。以往企业间的信息合作常以 EDI 为中心，采用标准格式发送和接收采购订单并确认订单。沃尔玛与 Warner-Lambert 超越了 EDI 的合作方式，而运用 Internet 在合作伙伴之间相互交流对销售的预测。合作双方利用 IOS 系统共享各种可能会影响销售的信息，从商店布局规划的变换到有关花粉密度的气象数据，以及流感何时将会袭击某个地区等。然后，合作双方联合进行销售预测。IOS 系统需要比 EDI 更广泛的交流标准，这样合作伙伴就能分享更大范围的信息。合作的结果，沃尔玛公司和 Warner-Lambert 公司的产品花费在供应链上的时间减少了两个半星期。两个半星期就是从产品制造出来到卖出去的时间。而减少两个半星期意味着节省库存费用几百万美元。

---

## 第三节　基于 BPR 的供应链构建

### 一、BPR 的概念和重要理论

#### （一）BPR 概念的提出

美国麻省理工学院的哈默教授等人于 1993 年首先在其著作 "Reengineering the Corporation" 中提出了"业务流程再造"的思想，曾经轰动全世界，这几年成为各国研究和应用的热点。其中心思想是：长期以来建立在英国经济学家亚当·斯密的"劳动分工论"基础上的生产经营方式及组织管理模式已经不能适应当代急剧变化的商品市场需求，必须抛弃这种"分工越细、效率越高、经营效果越好"的观念，以及由此形成的金字塔式的层层递阶控制、部门繁多、分工巨细的组织结构，而必须在重新审视整个企业生产经营过程后，根据企业的工作流程包括物流和作业流，利用信息技术，对企业的组织结构和工作方法进行"彻底的、根本性的"重新设计，以适应当今市场发展和信息社会的需求。他们由此提出了企业的组织结构和工作设计应该从面向功能转变成为面向过程，强调要以作业流程为中心，依照跨部门的作业流程，将分散于各部门的职务重新组合等一系列企业重构的原则。这一思想正在对全世界制造业企业的管理产生深远的影响，值得引起我国企业高度关注。

## (二) BPR 的涵义

定义：企业再造就是从根本上考虑和彻底地设计企业的流程，使其在成本、质量、服务和速度等关键指标上取得显著的提高。

作为一种基于信息技术的、为更好地满足顾客需要服务的、系统化的、企业组织的工作流程的改进哲学及相关活动，业务流程再造突破了传统的劳动分工理论的思想体系，强调以"流程导向"替代原有的"职能导向"的企业组织形式，为企业经营管理提出了一个全新的思路。自从业务流程再造思想诞生以来，已经有非常多的学者对其作了不同的定义，他们都有自己的理解，那么 BPR 的基本内涵是什么呢？

1. BPR 的核心是面向顾客满意度的业务流程

作业流程是这样一系列活动：即进行一项或多项投入，以创造出顾客所认同的有价值的产出。在传统劳动分工的影响下，作业流程被分割成各种简单的任务，经理们将精力集中于个别任务效率的提高上，而忽略了最终目标，即满足顾客的需求。而实施 BPR，就是要有全局的思想，从整体上确认企业的作业流程，追求全局最优，而不是个别最优。企业的作业流程可分为核心流程和支持流程，核心流程包括物流作业活动、管理活动和信息系统；支持流程包括企业基础设施、人员、培训、技术开发、资金等，以支持和保证核心流程。

2. BPR 面向顾客和信息技术的实质

除了面向企业流程外，实施业务流程再造，还必须面向顾客，并合理利用信息技术。

(1) 面向顾客。BPR 诞生于美国，而不是日本，是有其必然性的。长期以来，美国企业以技术为推动，忽略了顾客的核心地位，故难以适应瞬息万变的市场环境。回顾历史，战后美国在世界经济格局中举足轻重，长期缺乏竞争对手，使之将精力投入学院式基础研究，走上了一条技术推动型道路。而日本则相反，科研为生产服务，到了20世纪80年代，日本的竞争力已经大大加强，并在机械、钢铁、汽车、化工等美国传统优势行业显示出明显的比较优势。进入20世纪90年代，顾客购买行为表现得不再像以前一样有整体的特性了，顾客要求产品和服务按照他们独特的需要设计，整体顾客的概念不再存在，取而代之的是个体顾客的概念。于是，针对变化了的顾客需求，美国企业开始转变思想，一切以市场、顾客为核心，逐步夺回了竞争优势。顾客的选择范围扩大，期望值提高，如何满足客户需求，解决"个性化提高"和"交货期缩短"之间的矛盾，已成为困扰企业发展的主要问题。实施 BPR 如同"白纸上作画"，这张白纸应是为顾客准备的，首先应当由顾客根据自己的需求填满，其中包括产品的品种、质量、款式、交货期、价格、办事程序、售后服务等，然后企业围绕顾客的意愿，开展重建工作，这是成功的关键。例如有的企业为了充分了解顾客和市场，甚至在其 BPR 小组中吸纳几名顾客，作为一个整体开展工作，通过这些顾客反馈信息，企业可以及时调整重建方向，以避免BPR的结果与意愿相违背。以顾客为导向必须使公司的各级人员都明确，企业存在的理由是为顾客提供价值，而价值是由流程创造的。只有改进为顾客创造价值的流程，企业的改革才有意义。顾客要的是流程的结果，过程与顾客无关。所以，任何流程的设计和实施都必须以顾客标准为标准，以顾客为中心，这是企业再造的成功保证。

（2）运用信息技术。BPR与信息技术有着紧密的关系，但也有区别，主要表现在BPR是一种思想，而信息技术是一种技术。BPR可以独立于信息技术而存在，但这种独立是相对的，在BPR由思想到现实的转变过程中，信息技术起到了一种良好的催化剂的作用。

实施BPR不是单纯的技术问题，更是一种思维方式的转变，而多数企业却将信息技术镶嵌于现有的经营过程中，它们想的是"如何运用信息技术来改善现有流程"，却没有从根本上考虑"我们要不要沿用现有流程"，而后者才是BPR的观点，它不是单纯地搞自动化，不是单纯地用技术解决问题，而是一种管理创新。

BPR的基本内涵是以作业为中心，摆脱传统的组织分工理论的束缚，提倡顾客导向、组织变通、员工授权及正确地运用信息技术，达到适应快速变动的环境的目的，其核心是过程观点和再造观点。过程观点，即集成从订单到交货或提供服务的一连串作业活动，使其建立在"超职能"基础上，跨越不同职能部门的分界线，以求管理作业过程的重建；再造观点，即打破旧有管理规范，再造新的管理程序，以回归原点和从头开始，从而获取管理理论和管理方式的重大突破。

## 二、价值链理论

### （一）价值链涵义

价值链一词最初是由美国哈佛大学商学院教授迈克尔·波特于1985年在其所著《竞争优势》中提出的。价值链作为一种对企业竞争优势进行强有力的战略分析的框架，多年来不断发展创新并被财务分析、成本管理、市场营销等专门领域所广泛融入和吸收。从企业经济活动的角度分析，可以这样来定义价值链：使企业为客户、股东、企业职员等利益集团创造价值所进行的一系列经济活动的总称。在价值链中，价值的概念可以从内外两个角度来理解。对外针对企业客户，指产品的使用价值；对内针对企业自身及其内部流程等，指产品能为企业带来销售收入的特性，其数量表现就是在特定时间、特定地点顾客支付的产品价款。企业创造价值的过程一般可分解为产品开发、设计、生产、营销以及对产品其辅助作用的一系列互不相同但又互相关联的经济活动，或称之为"增值作业"，其总和即构成企业的价值链。

在《竞争优势》中，将企业价值活动分为基本活动和辅助活动两类，基本活动是涉及产品物流过程中的各种活动，如产品制造及其销售、转移给买方和售后服务的各种活动。任何企业中,基本活动都可以划分为五种类别,即进货后勤、生产作业、发货后勤、经营网络和服务。辅助活动是辅助基本活动并通过提供外购投入、技术、人力资源以及各种公司范围的职能以相互支持。

## (二) 价值链分析法

价值链分析法是企业战略管理中比较流行的一种系统分析方法,该方法认为企业创造的价值产生于其自身的一系列活动,如采购、生产、服务、产品开发等,企业价值链是这些创造价值的总和。价值活动是企业竞争优势的资源。在进行价值链分析时,首先要确定企业的价值链构成,然后确定每一项活动对企业整体价值的贡献。如果对某项活动,企业在可能的市场范围内无法找到外部交易市场,则可以与竞争对手的成本进行比较,企业的成本低于对手的成本,则该项活动为企业提供正价值;反之,则提供负价值。总的来说,企业应该保留能为企业提供正价值的活动,对提供负价值的活动,则可以考虑出售,然后从市场上购入该项活动。对那些提供负价值,而又无法从市场购入的活动,就需要进一步分析这部分活动对企业整体价值的削弱情况。一旦从事该项活动是企业整个价值低于最低可接受水平,企业就需要果断地停止整个业务。

根据以上分析,可以看出价值链所包括的对象:一系列经济活动,也是流程的基本要素。流程是企业业务流程再造的根本对象,因此从企业内部视角看,运用价值链进行业务流程分析是可行的。从企业外部视角看,BPR 面向顾客的本质,决定了企业要进行业务流程再造,必须为客户创造更大的价值,因此,要从顾客满意度来评估业务流程再造。价值链理论认为,顾客是价值链的一部分,因此,在进行业务流程再造时,不仅要从企业内部组成价值链的各个流程、各项活动进行价值分析,同时还要站在企业外部视角,对企业的供应商、客户进行价值评估,也就是说,要从整个供应链的角度来分析和改进流程。

## (三) 对供应链的价值分析

对企业外部供应商和客户的价值分析包括两项内容,一项是分析企业价值链与为自己提供前项或后项活动的价值链的接口。另一项分析是将企业的价值链系统与竞争对手的价值链系统进行对比分析。对绝大部分企业来说,其竞争对手有着与自己相同的供应商和客户,企业与对手的竞争不但表现在自己的价值链功能与对手的价值链功能的竞争上,还表现在双方在与供应商和客户价值链连接的效果上,企业只有在价值链系统整体价值高于竞争对手时,才能在市场上表现出更高的竞争力。从这一点上看,企业不但要关心自身价值链的培养,而且要注重供应链整体竞争力的提高。

虽然价值活动是构筑竞争优势的基石,但是价值链并不是一些独立活动的集合,而是相互依存的活动构成的一个系统。价值活动是由价值链的内部联系连接起来的。这些联系是某一价值活动进行的方式与成本或与另一活动之间的关系。例如,购买高质量、预先剪切好的钢板可以使生产简化并减少废料。竞争优势经常来源于活动间的联系,如同它也来自个体活动本身一样。联系可以通过最优化和协调一致这两种方式带来竞争优势。在对内部供应链进行再造时,要充分考虑各活动之间的联系,以便于充分利用信息系统技术来从联系中获取优势。同时要注重考虑各种物流活动的价值,找出物流业务过程中正价值和负价值的部分,然后进行流程再造。联系不仅存在于一个企业价值链内部,而且存在与企业价值链与供应商和渠道的价值链之间。这些联系与价值链内部的各种联系类似,即供应商或渠道的各种活动进行的方式影响企业活动的成本或效益,反之亦然。

在供应链上,供应商生产某个企业用于其价值链的产品或服务,供应商的价值链也在其他接触点影响着企业。例如,一个企业的采购和后勤活动与供应商的订单处理系统互相作用,同时,供应商的应用工程人员与企业的技术开发与生产人员之间也是协同工作的。供应商的产品特点以及它与企业价值链的其他接触点,能够十分显著地影响企业的成本和标新立异。例如,供应商频繁的运输能降低企业库存的要求,供应商的产品的适当包装能减少包装费用,供应商对发货的检查能减少企业对产品进行检查的需要。

在供应链管理中,制造企业通过与供应商建立长期合作关系,使彼此互相信任,紧密合作,减少供应链上不增值的活动,使整个供应链的竞争力增强。通过整合供应商与销售渠道的资源,改变原来的竞争关系,使原来的一方受益、一方蒙损的零和游戏关系得到改善,变为双方受益的关系。通过企业之间的价值流动,形成了整个供应链上的价值。

## 三、供应链管理环境下的企业组织和业务流程

### (一) 供应链管理环境下的企业业务流程的主要特征

供应链管理环境下的业务流程的特征目前还是一个有待于进一步研究的问题。可以从企业内部业务的变化、制造商与供应商之间的业务关系的变化以及信息处理技术平台三个方面,讨论给企业业务流程带来的变化。

1. 制造商与供应商之间业务流程的变化

在供应链管理环境下,制造商与供应商或者制造商与分销商、供应商与供应商之间一般要借助于 Internet 或 EDI 进行业务联系,由于实施了电子化商务交易,因此许多过去依靠人工处理的环节在信息技术的支持下变得更加简捷了,有的环节甚至省去了,从而引起了业务流程的变化。例如,过去供应商企业总是在接到制造商的订货要求后,再进行生产准备等工作,等到零部件生产出来,已消耗很多的时间。这样一环一环地传递下去,导致产品生命周期很长。而在供应链管理环境下,合作企业间可以通过网络方便地获得需求方生产进度的实时信息,从而可以主动地

做好供应或出货工作。

2. 企业内部业务流程的变化

供应链管理的应用，提高了企业管理信息计算机化的程度。从国外成功经验看，实施供应链管理的企业一般都有良好的计算机辅助管理基础，不管其规模是大还是小。借助于先进的信息技术和供应链思想，企业内部的业务流程也发生了很大的变化。以生产部门和采购部门的业务流程关系为例，过去在人工处理条件下，生产管理人员制定出生产计划后，再由物资供应部门编制采购计划，还要经过层层审核，才能向供应商发出订货。这是一种顺序工作方式的代表。由于流程较长、流经的部门较多，因而不可避免地出现脱节、停顿、反复等现象，导致一项业务要花费较多的时间才能完成。在供应商管理环境下，有一定的信息技术作为支持平台，数据可以实现共享，并且可以实现并发处理，因而使原有的顺序工作的方式有可能发生变化。

3. 支持业务流程的手段的变化

为了更好地发挥出供应链管理的潜力，人们已经开发了很多管理软件，借助于强大的数据库和网络系统，供应链企业可以快速地交换各类信息，共享支持企业不同业务的管理系统并行处理的相关数据库信息，为实现同步运作提供了可能。信息技术的应用使得企业业务数据处理方式发生了很大变化，打破了原有的顺序处理方式，有利于实现并行工作，保证数据更新的同步化和数据传输的一致性。

### (二) 供应链管理环境下企业业务流程再造的几个问题

在供应链管理环境下，企业的业务流程发生了变化，也影响了企业的组织结构，自从 BPR 的概念提出以后，适应供应链管理组织的组织结构变化逐渐从过去的注重功能集合转向注重流程再造上来。传统组织改变的只是集权和分权的权重或是顾客、地区或产品之间的合作，而不对基本工作流程进行任何重大的重新设计。在新的环境下，对工作流程进行单纯的效率提高变革对企业获得优秀绩效的作用仍显不足，因为现在所处的经营环境和所依赖的信息技术都发生了变化，不彻底改变流程就不能实现新的目标。所以人们提出要将流程的整合作为新的工作重心。以流程再造的观点来指导企业供应链的构建要注意以下问题。

1. 从整体上把握工作流程的重新设计

过去企业在进行组织变革时，往往把注意力放在提高某个"瓶颈"环节的效率上，很少从整体上考虑整个流程是否合理。BPR 则不同，它一切从"零"开始，从企业整体来考虑流程的再设计。因此，以 BPR 为指导的企业组织变革设计策略强调首先在人们头脑中树立起对整体流程进行重新设计的概念。供应链管理理念的核心是将资源配置从一个企业扩展到多个企业，因此，在这种环境下的工作流程设计不仅要考虑企业内部的部门重组，而且要把流程的工作特征考虑到相关企业中去。

2. 确定首要的企业流程再造的项目

企业中有各种各样的作业流程,结构十分复杂。全面地进行重新设计必将分散精力,难以取得成功。应该首先选择一些关键性的作业流程作为实施BPR的项目,以关键流程带动一般流程的重构。

3. 分析和评价现行作业流程

分析现行流程是为了找出存在的问题,以免在将来的流程中重新出现,评价现行作业流程是为了对将来的改进找到一个"比较"的基准。例如,如果目标是缩短生产周期和降低成本,就要测出现行作业流程下生产周期和成本的准确值,作为将来评价供应链管理模式实施后在这两个目标上取得绩效的基准。

4. 选择合适的信息技术手段

现行的作业流程都是在传统的管理模式下设计出来的,因而企业在工作流程上并没有与供应链管理及其信息支持体系有多大的关系。现在,在引入信息技术时,首先要明确定义企业职能部门和作业流程的实体,明确企业在供应链管理模式下运作的要求,然后再选择计算机系统和管理软件的开发环境。BPR强调在作业流程设计的初始阶段就考虑信息技术的作用,根据信息技术的能力明确新的作业流程。当前许多人都认为电子商务是21世纪企业经营的一个理想信息平台,因此在对供应链管理企业的重新设计时也要考虑这一问题。

5. 取得合作伙伴的支持和配合

供应链管理环境下的企业业务流程再造不同于单个企业内部的流程再造,企业除了要对其内部流程改造外,还必须改造与合作伙伴共同进行的业务,如与供应商企业的业务联系、与分销商企业的业务联系等。因此,在理想的情况下,供应链管理业务流程再造应该从整个系统出发,所有节点企业同步进行再造。应该着重做好有接口关系的企业的协调工作,首先取得它们的配合,否则就难以保证整个供应链的整体协调性。

## 实例 耐克公司的全球化供应链

耐克公司作为全球最大的运动品公司,有着许多先进的经营之道。在技术上,耐克产品具有领先优势,而且它采用以品牌为导向的营销策略,成功地使用超级体育明星做广告,把这个品牌确立为年轻人中的偶像。然而,像任何一个全球化的组织一样,供应链的后勤和管理是耐克的一个关键的战略问题。

耐克公司总部位于美国俄勒冈州比弗顿市(Beaverton),运营着一个跨越全球的虚拟企业。它的核心部分是一套业务流程,流程的设计将它的高强的研发能力和低成本制造战略结合在一起。例如,耐克的"Air Max Penny"篮球鞋,是在俄勒冈和田纳西设计,由俄勒冈、中国台湾和韩国的亚洲和美国技术人员开发的。成人尺码的鞋在韩国制造,青少年尺码的鞋在印度尼西亚制造,52个部件由日本、韩国、中国台湾、印度尼西亚和美国的公司供应；而且，生产过程极为复杂，每双鞋经过了120多双手，制造期较长。

协调这一漫长流程的是信息系统，以及以物流为基础的组织结构，实现了在恰当的时刻把部件聚集到一起，同时管理全球市场的成品供应。重要的是，还能适应不断革新的产品、原材料和流程，使耐克公司每年有300多种新款鞋走向市场。

在美国和欧洲，耐克产品的主要分销活动越来越多包给专业化的第三方，它们和公司的全球销售和客户服务支持系统连接起来。这种连接使承包商能够优化发货次序和订单管理，提高效率，同时确保整个耐克虚拟企业的所有决策者都能很容易地获得产品可用信息。当供应链全球化后，产品也是面向全球市场，供应链的管理成为公司成败的一个关键决定因素。

## 案例　沃尔玛与宝洁公司的供应链构建

20世纪80年代以来，随着零售企业的规模和实力增强，同时零售企业形成了完备的流通信息网络，POS、EOS等现代零售管理系统开始进入零售店铺，使零售企业不仅经营绩效有了巨大提高，而且更由于它们准确、及时掌握了市场上的关键信息和顾客需求，从而相对于生产制造商，占据了信息上的优势地位。

与此同时，消费者的需求日益个性化，产品制造商们不从事销售，无法即时掌握市场动向，常造成生产和销售不协调，表现为：一是生产大于需求，库存积压；二是对市场急需的产品不了解而失去商机。在此背景下，产品制造商们必须寻找新的经营方式，否则，企业的发展面临挑战。

宝洁公司首先考虑的是对自己产品的销售环节进行变革，在研究其销售环节过程中，它们发现销售环节越长，流通费用和成本问题越大，更重要的是市场信息在通过销售环节传递给生产厂家的过程中被逐步放大，最后生产厂家得到的需求信息远远大于市场真正的需求数据，造成了生产与市场的脱节。以典型的产品传递过程来看，产品从生产到消费者手中，一般要经过如下过程：生产商—经销商—零售商—顾客。在这里，顾客需求信息就是市场需求信息，但是顾客信息要传递到生产商处，要经过零售商、经销商，有时在零售商和经销商之间还存在分销商环节。在通常情况下，零售商会考虑到市场风险设定安全库存，它将会把顾客需求数量和安全库存量相加后，传递给经销商；同样，经销商也会在零售商需求数量基础上增加自己所设定的安全库存，将之传递给制造商，最后，制造商得到的需求信息是一个在传递过程中被大大放大的信息，不能真实地反映市场。由此可见，要正确地确定市场需求，就必须尽可能地贴近市场。而减少流通环节，只有与经销商或零售商积极配合才有可能实现。宝洁公司意识到其发展的"瓶颈",就开始寻求与零售商的密切合作的方式。

同样,零售企业沃尔玛公司也需要与制造商们进行密切合作,因为单靠零售商自身的实力和规模,仍难以应对国际化的挑战。当时沃尔玛公司面临的最大问题是既从事商品的配送,又要进行商品销售,运行成本较高,而这些成本又不能转嫁给消费者,背负较高的运行成本不利于企业的长远发展。如果产销之间紧密结合、相互补充、相互促进,才能解决问题。

在共同利益的驱动下,两家企业开始合作,目的就是通过产销联盟,改革营销模式,通过单环节的直接交易形式,同时借助以信息共享为特征的经营和物流管理系统,使产销双方都能对应市场的变化做出及时响应,降低在库水准,遏止滞销品的产生,达到双赢。

为了合作的顺利进行,宝洁公司和沃尔玛双方组成由财务、流通、生产和其他各职能部门组成的专门合作团队,首先针对宝洁公司的纸尿裤产品实行供应链管理,构筑JIT型的自动订发货系统,其具体的形式是双方企业通过EDI和卫星通信实现联网,借助于这种信息系统,宝洁公司除了迅速知道沃尔玛物流中心内的纸尿裤库存情况外,还能及时了解纸尿裤在沃尔玛各店铺的销售量、库存量、价格等数据,这样不仅能使宝洁公司能及时制定出符合市场需求的生产和研发计划,同时也能对沃尔玛的库存实行具体的品种管理,做到连续补货。而沃尔玛则从原来繁重的物流作业中解放出来,专心于经营活动,同时在通过EDI从宝洁公司获得信息的基础上,及时决策商品的货架和进货数量,并由VMI系统实行自动进货。

具体作业流程如下图所示,沃尔玛的各店铺都制定了一个安全库存水平,同时各店铺的POS(销售时点系统)可以即时收集顾客的购买信息,并将此销售信息传递给库存管理系统实行即时的库存数据更新。一旦现有库存低于安全库存水平,设在沃尔玛的计算机通过通信卫星自动向宝洁公司的工厂订货,宝洁公司在接到订货后,将订购商品配送到各店铺,同时将发货信息传递给沃尔玛公司的库存系统实施下一循环在库管理。同时两个企业之间采用了EFT(电子资金传递)系统,通过这种系统企业之间的财务结算就不需要传统的支票等纸面形式来进行,而是通过计算机终端等电子设备来完成。EFT提高了企业的结算效率,加快了资金周转率。

商品供应链构建后使双方的效率和效益得到了大幅度的提高。对于宝洁公司来说,通过这种VMI系统使企业营销计划的制定和实现更加贴近市场,提高了工厂的生产率,增加了生产的柔性;同时减少了库存数量和风险,大大节省在库成本;由于流通环节的减少,降低了流通成本。对于沃尔玛公司而言,由于无纸贸易缩减了交易费用;在库成本和风险得到了压缩;由于使用VMI系

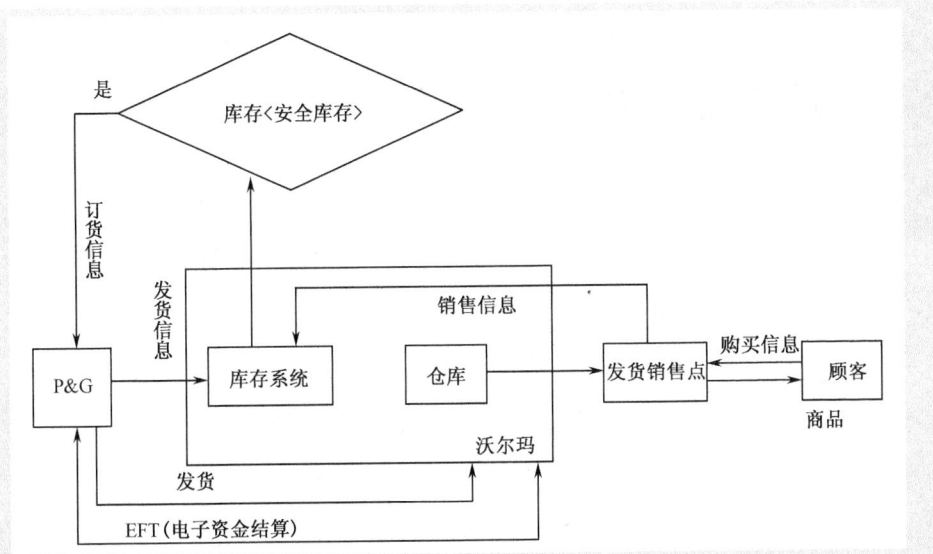

统,不再需要进行库存决策和订货决策,由商品供应商主动补货,缩减了订货业务流程,可以专注于商品销售业务,减少人力成本和业务成本,增加了公司效益。

由于两家公司通过构建供应链取得了巨大成功,深深地刺激了其他的企业,供应链管理思想开始在美国乃至世界迅速传播和发展。

**思考题:**

1. 为什么宝洁公司和沃尔玛要进行紧密的产销联盟?两家的目标相同和差异处有哪些?

2. 通过两家企业的供应链构建的过程和采用的技术,我们可以得到哪些启示?

3. 供应链是否适应所有具有供需关系的企业,在供应链构建和管理中应注意哪些问题?

# 第十三章

# 供应链构建方法

## 第一节 快速响应 QR

### 一、QR 概述

**(一) QR 的定义**

QR(quick response),即快速反应,是指物流企业面对多品种、小批量的客户,不是储备了"产品",而是准备了各种要素,在客户提出需求时,以最快的速度提供条件,及时完成配送,提供所需服务或产品。它是指在供应链中,为了实现共同的目标,至少在两个环节之间进行的紧密合作。目的是减少原材料到客户的时间和整个供应链的库存,最大限度地提高供应链管理的运作效率。这里所描述的供应链目标包括以下几方面:

(1)提高顾客服务水平,即在正确的时间、正确的地点用正确的商品来响应消费者的需求。

(2)降低供应链的总成本,增加零售商和厂商的销售额,从而提高零售商和厂商的获利能力。

显然,这种新的贸易方式意味着双方都要告别过去敌对的关系,建立起贸易伙伴关系来提高向最终消费者的供货能力,同时降低整个供应链的库存量和总成本。

**(二) QR 的涵义**

QR 实际上就是需求信息的获取尽量接近实时及最终客户,物流上的快速反应只是对需求信息反馈的结果。QR 系统的突出特点就是通过加速系统处理时间，减少累积提前期（total lead time），以降低库存，从而进一步减少反应时间，形成良性循环。

在快速反应的实施中，零售商和制造商紧密协调零售库存的分布和管理。QR 系统一般包括以下三个重要组成部分：

（1）零售商通过对条码商品的扫描，从 POS 系统得到及时、准确的销售数据。

（2）经由 EDI 传送，制造商每周或每日共享 SKU（库存单位）一级的销售与库存数据。

（3）针对预定的库存目标水准，制造商受委托进行自动或近于自动的补充供应活动。实验证明：在补货中实施 QR，可以将补货周期减少 75%。

许多公司采用 QR 技术都带来了可观的利益的提升，显然针对用来支持目前敌对的业务关系，许多公司都正确采用了对应的技术，但只有当贸易双方用技术来有效管理彼此间的商品流和信息流的时候，只有在管理中接受这种新的"开放式合作"关系的时候，快速反应才能真正发挥作用。

### (三) QR 的特点

快速反应关系到一个厂商是否能及时满足顾客的服务需求的能力。信息技术提高了在最近的可能时间内完成物流作业和尽快地交付所需存货的能力。这样就可减少传统上按预期的顾客需求过度储备存货的情况。快速反应的能力把作业的重点从根据预测和对存货储备的预期，转移到以装运的方式对顾客需求做出反应方面上来。不过，由于在还不知道货主需求和尚未承担任务之前，存货实际上并没有发生移动，因此，必须仔细安排作业，不能存在任何缺陷。

随着竞争的全球化和企业经营的全球化，QR 系统管理迅速在各国企业界扩展。航空运输为国际间的快速供应提供了保证。现在，QR 法成为零售商实现竞争优势的工具。同时随着零售商和供应商结成战略联盟，竞争方式也从企业与企业间的竞争转变为战略联盟与战略联盟之间的竞争。

QR 的核心是为了在以时间为基础的竞争中占据优势，建立一套对环境条件能够反应灵敏和快速的系统。QR 是物流信息系统和 JIT 物流系统结合在一起实现"快速时间内和指定地点将产品交付给客户"的产物。

QR 实现主要依靠 IT 技术的发展，特别是 EDI（电子数据交换）、条形码和带有激光扫描的电子 POS 的使用，客户和供应商之间通过 POS 系统共享，不断地预测产品的发展趋势、周期和开发新产品的机会，以便对最终用户或消费者的需求做出更迅速的反应。在系统运作方面，双方利用 EDI 信息流，使得整个供应链所需时间和费用最少。QR 的着重点是对用户做出快速反应，将时间和成本最小化。

### (四) QR 的策略

1. QR 的生产策略

随着供应链全体成员对 QR 要求的增加，制造业将承受更大的压力，以满足顾客越来越短时间内多样化的需求。解决这一问题的有效手段就是柔性化策略，如果能把生产和物流的提前期降为零，则意味着达到整体的柔性，也就是在技术上可行的情况下，企业能够对任何需求做出反应。当然，实际上零提前期根本无法实现，但柔性制造系统已经在此领域取得了实质性的进步。

生产的柔性化带来的营销优势是明显的，它意味着企业能够迎合众多顾客不同的需求。在今天顾客寻求个性化市场更加细分的情况下，把生产的柔性和顾客的需求的多样性相结合是获得竞争优势的一个重要来源。

QR 物流和 JIT 制造与交货相结合能为企业带来真正的竞争优势，在各个产业市场，对时间的敏感性渐增，因此，企业必须通过对信息和作业柔性的联动，实现对顾客个性化需求的快速反应。

2. QR 的市场策略

所谓 QR 市场快速反应能力，是指企业抓紧了解市场，搜集信息，把市场信息快速反映到决策者手中，经过认真、科学的论证，明确产品调整的具体目标并采取强有力的手段，快速组织实施，将适应消费需求和引导消费新潮流的产品快速投放市场的一整套相互连接、互为依存、又相互促进的企业经营的机制。纵观不少企业，之所以在产品滞销的情况下陷入绝境而一蹶不振，正是由于对市场缺乏快速反应能力。而不少企业迅速调整产品结构，适应市场需求，很快扭转经营上的被动，其诀窍恰恰在于它对变化了的市场能快速做出反应，真正做到了"适应市场如星火，引导消费先做鞭"。

## 二、QR 的实施

### （一）QR 实施阶段

QR 在物流中的实施可分为三个阶段。

第一阶段：商品单元条码化。

对所有商品实行条形码，条码技术为我们提供了一种在流通中的物品进行标识和识别的方法，企业可通过该技术及时了解有关产品在供应链中的位置，进而做出快速反应。

现在 ID（标签）附签技术发展相当快，记入的信息量不断扩大。由于一次可读容个 ID 附签，物流及其相关业务的处理效益得到/大幅度提高。ID 附签不仅记录条形码的商品信息，除了商品名称、数量、送货人、发货方等之外，还记录交货时间和供应商的发货时间。在一些发达国家，由于 ID 附签包含货单的全部内容，已经变成了电子货单，通过 ID 附签，可以随时检验货物，克服货物分拣错误及票据与货物不相符的现象，提高出库的准确度。由于 ID 标签不需直接接触就可读取的特点，可实现验货检查。

如果同 GPS（全球卫星定技系统）连接的话，可以随时跟踪掌握车辆货物动态，提高运输配送效率。

第二阶段：业务处理新策略。

在第一阶段基础上增加与内部业务处理有关的策略，如自动补货系统与商品即时出售等，并传输发收货双方的通知报文等。

在供应商，一般情况下、当接到订单后商品出库是通过人工操作的。为了提高作业效率和准确性，目前开始采用自动拣货系统（或自动补货系统）。自动拣货系统主要分为"数码拣货系统（DPS）"、"平板车拣货系统"、"纸签拣货系统"等。

DPS 是安装在实施分拣功能的货架上。其主要构成分为电脑监控、各色指示灯、显示屏等。可以简单方便地安装在货架上。补货员即使完全不知道某种商品或其摆放位置，也可按照显示屏指令和指示灯，准确地找到所补商品。

平板车拣货系统就是通过通信向等候在平板车旁的拣货员发送出库指令，拣货员看到显示屏上的指令后．按照显示的商品名称、数量从相应货架提取货物。所分拣的商品装箱前，首先用平板上装有的扫描仪器确认商品的条形码，确认无误后方可装箱。

纸签拣货系统就是在现场备有纸签印刷机，每当拣货时，按照所需数量，印刷出标有商品名称及条形码的标签之后，所拣商品逐一贴上纸签，最后如没有剩下标签，则可确认数量无误。

总之，通过定向分拣系统和条形码商品检验系统，可以实现高效率的供货作业。

第三阶段：建立合作伙伴关系。

与贸易伙伴密切合作．双方采用更高级的 QR 策略，以对客户的需求做出快速反应。一般而言，企业内部效率优化较为容易，但贸易双方往往遇到很多障碍。因此，每个企业必须把自己当作供应锭的一个环节，来保证全体供应链的利益。只有认识到这一点，才能不会因一己之利，影响整体利益。

在能够有效掌握节场销售信息的情况下，才能做到以下几点：

（1）物流中心——可以根据出库量来保持最佳库存量。

（2）厂家送货——实施有效补货。

（3）生产采购——原材料的有效补充。

根据市场情况来进行有效的商品生产、物资采购、商品配送，形成一个统一的供给系统。这种系统所带来的效益对于企业来说，是非常有诱惑力的。一体化系统直接影响到企业生产的有效性，最终影响到企业利益。

## (二) QR 的实施步骤

实施 QR，需要经过 6 个步骤。每一个步骤都需要以前一个步骤作为基础，并比前一个步骤有更高的回报，但是需要额外的投资。

### 1. 条形码和 EDI

零售商首先必须安装通用产品代码（UPC 码）、POS 扫描和 EDI 等技术设备，以加快 POS 机收款速度、获得更准确的销售数据并使信息沟通更加通畅。POS 扫描用于数据输入和数据采集，即在收款检查时用光学方式阅读条形码，然后将条形码转换成相应的商品代码。

通用产品代码（UPC 码）是行业标准的 12 位条形码，用做产品识别。正确的 UPC 产品标志对 POS 端的顾客服务和有效的操作是至关重要的。扫描条形码可以快速准确地检查价格并记录交易。EDI 是在计算机间交换商业单证，需遵从一定的标准，如 ANSIX.12。零售业的专用标准是"志愿跨行业通讯标准"委员会制定的，一食品类的专用标准是 UCC 制定的。EDI 要求公司将其业务单证转换成行业标准格式，并传输到某个增值网（VAN），贸易伙伴在 VAN 上接收到这些单证，然后将其从标准格式转到自己系统可识别的格式。EFT 可传输的单证包括订单、发票、订单确认、销售和存货数据及事先运输通知等。

### 2. 固定周期补货

QR 自动补货要求供货更快、更频繁地运输重新订购的商品，以保证店铺不缺货，从而提高销售额。通过对商品实施快速反应并保证这些商品能敞开供应，零售商的商品周转速度更快，消费者可以选择更多的花色品种。某些基本商品每年的销售模式实际上都是一样的，一般不会受流行趋势的影响。这些商品的销售量是可以预测的，所以不需要对商品进行考察来确定重新订货的数量。

自动补货是指基本商品销售预测的自动化。自动补货使用基于过去和目前销售数据及其可能变化的软件进行定期预测，同时考虑目前的存货情况和其他一些因素，以确定订货量。自动补货是由零售商、批发商在仓库或店内进行的。

### 3. 先进的补货联盟

这是为了保证补货业务的流畅。零售商和消费品制造商联合起来检查销售数据；制定关于未来需求的计划和预测，在保证有货和减少缺货的情况下降低库存水平；还可以进一步由消费品制造商管理零售商的存货和补货，以加快库存周转速度，提高投资毛利率。

### 4. 零售空间管理

这是指根据每个店铺的需求模式来规定其经营商品的花色品种和补货业务。一般来说，对于花色品种、数量、店内陈列及培训或激励售货员等决策，消费品制造商也可以参与甚至制定决策。

## 5. 联合产品开发

这一步的重点不再是一般商品和季节商品，而是像服装等生命周期很短的商品。厂商和零售商联合开发新产品，其关系的密切超过了购买与销售的业务关系。缩短从新产品概念到新产品上市的时间，而且经常在店内对新产品实时试销。

## 6. 快速反应的集成

通过重新设计业务流程，将前五步的工作和公司的整体业务集成起来，以支持公司的整体战略。快速反应前四步的实施，可以使零售商和消费品制造商重新设计产品补货、采购和销售业务流程。前五步使配送中心得以改进，可以适应频繁的小批量运输，使配送业务更加流畅。同样，由于库存量的增加，大部分消费品制造商也开始强调存货的管理，改进采购和制造业务，使他们能够做出正确的反应。

很显然，最后一步零售商及消费品制造商重新设计其整个组织、绩效评估系统、业务流程和信息系统，设计的重点围绕着消费者而不是传统的公司职能，这要求集成的信息技术。

## 三、企业实施的效益

QR的应用实践表明，QR从出现到现在，以给使用者带来了诸多的利益，虽然各使用企业的单位商品的采购成本会增加，但通过频繁地小批量采购商品，顾客服务水平就会提高，零售商就更能适应市场的变化；同时其他成本也会降低，如库存成本和清仓削价成本等，最终提高利润。我们可以从厂商及零售商两方面来理解QR的优点。

### （一）QR给厂商带来的利益

#### 1. 更好的顾客服务

快速反应零售商可为店铺提供更好的服务，最终为顾客提供更好的店内服务。由于厂商送来的货物与承诺的货物是相符的，厂商能够很好地协调与零售商间的关系。长期的良好顾客服务会增加市场份额。

#### 2. 降低了流通费用

由于集成了对顾客消费水平的预测和生产规划，就可以提高库存周转速度，需要处理和盘点的库存量减少了，从而降低了流通费用。

#### 3. 降低了管理费用

因为不需要手工输入订单，所以采购订单的准确率提高了。额外发货的减少，也降低了管理费用，货物发出之前，仓库对运输标签进行扫描并向零售商发出提前运输通知，这些措施都降低了管理费用。

### 4. 更好的生产计划

由于可以对销售进行预测并能够得到准确的销售信息，厂商可以准确地安排生产计划。

### (二) QR 给零售商带来的利益

1. 提高了销售额

条形码和 POS 扫描使零售商能够跟踪各种商品的销售和库存情况，这样零售商就能够准确地跟踪存货情况，在库存真正降低时才订货，降低订货周期；实施自动补货系统（也称厂商补货系统），使用库存模型来确定什么情况下需要采购，以保证在顾客需要商品时可以得到现货。

2. 减少了削价的损失

由于具有更准确的顾客需求信息，店铺可以更多地储存顾客需要的商品，减少顾客不需要商品的存货，这样就减少了削价的损失。

3. 降低了采购成本

商品采购成本是企业完成采购职能时发生的费用，这些职能包括订单准备、订单创建、订单发送及订单跟踪等。实施快速反应后，上述业务流程变得简化，由此采购成本也降低了。

4. 降低了流通费用

厂商使用物流条形码（SCM）标签后，零售商可以扫描这个标签，这样就减少了手工检查到货所发生的成本。SCM 商品的直接出货，即配送中心收到货物后不需要检查，可立即将货物送到零售商的店铺。另外厂商发来的预先发货清单（ASN）可使配送中心在货物到达前有效地调度人员和库存空间；而且不需进行异常情况处理，因为零售商准确掌握厂商发货信息。

5. 加快了库存周转

零售商能够根据顾客的需要频繁地小批量订货，也降低了库存投资和相应的运输成本。

6. 降低了管理成本

管理成本包括接收发票、发票输入和发票例外处理时所发生的费用，由于采用了电子发票及 ASN，管理费用大幅度降低了。

总之，采用快速反应方法后，虽然单位商品的成本会增加，但通过频繁地采用小批量采购商品，顾客服务水平会有所提高，零售商就更能快速地适应市场的变化，同时其他成本会相应的降低，如库存成本和清仓削价成本等，结果是零售商最终提高了自身的利润。

## 第二节 有效客户反应 ECR

### 一、ECR 概述

#### (一) ECR 的定义

ECR (efficient consumer response) 即"有效客户反应",是指以满足客户需求、最大限度地降低物流成本为原则,能及时做出快速、准确反应,使提供的物品供应或服务流程最佳化而组成的协作系统。

ECR 强调供应商和零售商的合作,尤其是企业间竞争加剧和需求多样化发展的今天,产销之间迫切需要建立相互信赖、相互促进的协作关系,以通过现代化的信息和手段,协调彼此的生产、经营和物流管理活动,进而在最短的时间内应对客户需求变化。

#### (二) ECR 的特点

1. 管理意识的创新

传统的产销双方的交易关系是一种此消彼长的对立型关系,即交易各方以对自己有利的买卖条件进行交易。简单地说,是一种输赢型关系。ECR 要求产销双方的交易关系是一种合作伙伴关系,即交易各方通过相互协调合作,实现以低的成本向消费者提供更高价值服务的目标,在此基础上追求双方的利益。简单地说,是一种双赢型关系。

2. 供应链整体协调

传统流通活动缺乏效率的主要原因在于厂家、批发商和零售商之间存在企业间联系的非效率性和企业内购、生产、销售和物流等部门或职能之间联系的非效率性。传统的组织是以部门为中心进行经营活动,以各个部门或职能的效益最大化为目标。这样虽然能够提高各个部门或职能的效率,但容易引起部门或职能间的摩擦。同样,传统的业务流程中各个企业以各自企业的效益最大化的目标,这样虽然能够提高各个企业的经营效率,但容易引起企业间的利益摩擦。ECR 要求对各部门、各职能以及各企业之间的隔阂,进行跨部门、跨职能和跨企业的管理和协调,使商品流和信息流在企业内和供应链内顺畅地流动。

3. 涉及范围广

ECR 所涉及的范围包括零售业、批发业和制造业等相关的多个行业。为了最大限度地发挥 ECR 所具有的作用,必须对关联的行业进行分析研究,对组成供应链的各类企业进行管理和协调。

#### (三) ECR 的战略

ECR 的战略框架主要有三个方面:一是从传统方式转移到以客户为中心的方

式,用客户中心型组织的 5C 取代传统的 4P;二是利用类别管理技术来实现商品的有效投放、促销、补货和分类布局,并建立一套标准来衡量主要职能的各项目标;三是利用组织的竞争能力来提高客户满意度或客户服务水平方面的效率水平。

1. 建立以客户为中心的运行方式

许多企业都有这样一种认识:"要想在 21 世纪生存下去,就不能再依靠产品中心型营销方式","采用客户中心型营销的公司将成为最成功的公司"。采用客户中心型营销并不那么简单。事实上,这需要实现三个关键领域的根本性转变,即组织、文化和技术及转变。即使是对最有头脑的组织来说,转变管理也是个不折不扣的难题,而采用客户中心型营销需要进行彻底转变,几乎影响到组织的每个角落。但如果遵循一种专注式和进化式的流程,就可以以最小的破坏程度转变到客户中心型营销。

2. 建立一套标准来衡量主要职能目标

ECR 有四大要素,分别是有效产品引进(efficient product introduction)、有效商品分类(efficient store assortment)、有效促销(efficient promotion)以及有效补充(efficient replenishment)。各要素的特性如表 13.1 所示:在实践当中,食品行业的厂商、批发商和零售商采用:有效的店内布局、有效的补货、有效的促销、有效的产品导入等战略,来实现大幅度的成本降低的目标。

表 13.1　ECR 的四种关键要素

| 有效产品引进 | 最有效地开发新产品,进行产品生产,以降低成本 |
| --- | --- |
| 有效商品分类 | 通过第二次包装(如为满足不同订单需求,将一个运输包装中的产品进行不同的包装,并赋予不同的包装标识)等手段,提高货物的分销效率,使库存和商店空间的使用率最优化 |
| 有效促销 | 提高仓库、运输、管理和生产效率,减少预先购买、供应商库存及仓储费用,使贸易和促销的整个系统效益最高 |
| 有效补充 | 包括电子交换(EDI)以需求为导向的自动连续补充和计算机辅助订货,使补充系统的时间和成本最优化 |

(1)有效的店内布局。实施这一战略,其目的是通过有效地利用店铺的空间和店内布局以使最大限度地提高商品的获利能力。利用计算机化的空间管理系统,零售商可以提高货架的利用率。有效的商品分类要求店铺储存消费者需要的商品。把商品范围限制在高销售率的商品上,从而提高所有商品的销售业绩。

企业应经常监测店内空间分配以确定产品的销售业绩。优秀的零售商至少每月检查一次商品的空间分配情况,甚至每周检查一次。这样能够使品种经理可以对新产品的导入、老产品的撤换、促销措施及季节性商品的摆放制定及时准确的决策。同时,通过分析各种商品的投资回报率,这种检查有助于企业了解商品的销售趋势,据此可以使企业对商品的空间分配进行适当的调整,从而保证商品的销售,实现事先确定的投资收益水平。

（2）有效的补货。该战略是通过努力降低系统的成本，从而降低商品的售价。其目的是将正确的产品在正确的时间和正确的地点以正确的数量和最有效的方式送给消费者。有效补货的构成要素主要包括：POS机扫描、店铺商品预测、店铺的电子收货系统、商品的价格和促销数据库、动态的计算机辅助订货系统、集成的采购订单管理、厂商订单履行系统、动态的配送系统、仓库电子收货、直接出货、自动化的会计系统、议付。

（3）有效的促销。有效的促销战略的主要内容是简化贸易关系，将经营重点从采购转移到销售。快速周转消费品行业现在把更多的时间和金钱用于对促销活动的影响进行评价。消费者则可以从这些新型的促销活动所带来的低成本中获利。

（4）有效的新产品导入。任何一个行业新产品导入都是一项重要的创造价值的业务，它们能够为消费者带来新的兴趣、快乐、为企业创造新的业务机会。特别是食品工业在这个方面表现得更加活跃，当然新产品的发放成本也是较高的，很多企业在导入新产品的年份，其销售收益是少的、甚至是负的。因此，能够降低导入新产品的成本、提高新产品的收益的做法，就是有效的新产品导入。

有效的新产品导入包括让消费者和零售商尽早接触到这种产品。首要的策略就是零售商和厂商要为了双方的共同利益而密切合作。这个业务包括把新产品放在一些店铺内进行试销，然后再按照消费者的类型分析试销的结果。根据这个信息决定怎样处理这种新产品，处理办法包括：淘汰该产品、改进该产品、改进营销技术、采用不同的分销策略。

3. 组织的竞争能力与更有效地实现客户满意/服务水平

有效边界有助于衡量和提高组织的绩效。管理人员从未停止对更高的效率的追求，因为他们一直处于提高组织绩效的压力中。如今，管理人员必须处理和理解大量与组织相关的信息。他们所面临的挑战在于如何从这些与提高组织绩效相关的数据中获得有价值的想法。所有的绩效衡量努力可能都无法提供完整清晰的状况，因为绩效指标的选择可以产生极大的影响。在这种情况下，有效边界能够通过将所有影响组织绩效的重要指标完全纳入考察范围来更加全面地衡量绩效。很少有企业只有一种投入和产出。组织运作效率通常是由许多因素决定，产出投入比越高，组织生产该产品的效率就越高。

二、ECR 的实施

（一）ECR 的应用范围

ECR 作为企业的一种有效响应客户需求的工具，鼓励不同的公司在以下三个范围内不断寻求改善的机会：

（1）需求方面：改善提供给顾客的产品种类、产品推广和推出新产品的效率，以及其他相关的需求管理工作的效率。通过 ECR 的实施，提高企业对市场的反应速度。

（2）供应方面：改善产品通过整条供应链的效率，包括原材料的供应和产品的生产、包装到批发商以及经销商，最后到达顾客的手中。ECR在供应领域的应用，改善了传统企业之间的供应与物流关系，加速了产品和半成品的流动，有效地提高了企业对顾客的反应速度。

（3）支援技术方面：通过利用快速、准确与全面的信息传递，如EDI技术，来支援提供活动所需要的技术。

在以上诸领域，公司可以利用几种概念来改善运作效率。ECR中的概念其实并不新颖，其创新之处在于利用这些旧的概念来贯穿整条供应链，以及把精力集中在那些需要不同的商业伙伴联合起来一起工作才能达到的效果，而不像以往专注于独立一家企业内部，靠自身力量便可以达到的效果。

## （二）实施ECR的条件

在ECR的整个过程中，信息技术的支持贯穿其中。据某企业透露，一整套ECR基本软件的价格在50万元左右，加上后期的维护升级费用，确实相当昂贵。目前提供这种软件的企业比较少，很难降低价格。为这些软件买单的主要是国内零售商和供应商，国际零售商和供应商如沃尔玛和宝洁在中国使用的都是"全球伙伴"提供的软件，价格非常便宜。要想有效实施ECR，企业应具备以下几个条件：

（1）改变原有的认知过程，为变革创造氛围。改变供应商、零售与用户之间的敌对态度为同盟关系。首先，企业内部实现管理、设施、设备的完善和思想认识的统一，采取新的工作模式，增强回报率，高层领导要强有力地组织实施。

（2）选择开始时期的战略伙伴，增强企业之间的信誉和信心。对于ECR实施，选择初期同盟很重要。每个伙伴应对ECR进行讨论，提高货物运输效率，减少破损，实现连续补货。增强各个战略同盟的凝聚力相信心，实施开放透明的环境，互相信任，同舟共济。

（3）发信息技术项目，支持ECR。业务伙伴之间力争实现无纸化的完全整合的商业信息系统。开发统一的信息平台，实现信息共享，降低成本，提高信息的效率，使企业专注内部管理、自身产品生产服务，开发新产品。这种IT环境对ECR的进一步发展具有深远意义。加利用CRP（连续捕获系统）可以实现出库预测、商品补货计划的确定，这样对于生产企业来讲，能够充分掌握批发商的运货信息，以及补货计划，可以有效地调整生产计划，避免产品的生产过剩。真正会使生产企业的商品生产更加接近市场的实际需求。

## （三）ECR系统的构建

ECR作为一个供应链管理系统，需要把市场营销、物流管理、信息技术和组织革新技术有机结合起来作为一个整体使用，以实现ECR的目标。ECR系统的结构如图 13.1 所示。构筑 ECR 系统的具体目标是实现低成本的流通、基础关联设施建设、消除组织间的隔阂、协调合作满足消费者需要。组成 ECR 系统的技术要素主要有信息技术、物流技术、营销技术和组织革新技术。

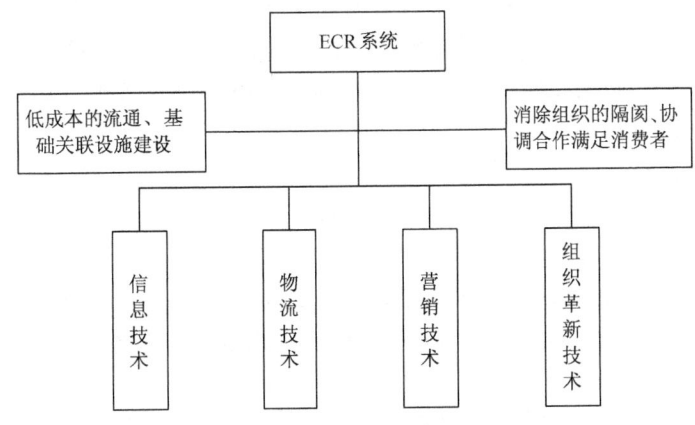

图 13.1　ECR 系统的构造图

**1. 营销技术**

在 ECR 系统中采用的营销技术主要是商品类别管理（CM）和店铺货架空间管理（SM）。

（1）商品类别管理（CM）。商品类别管理是以商品类别为管理单位，寻求整个商品类别全体收益最大化。具体来说，企业对经营的所有商品按类别进行分类，确定或评价每一个类别商品的功能、收益性、成长性等指标。在此基础上，结合考虑各类商品的库存水平和货架展示等因素，制定商品品种计划，对整个商品类别进行管理，以便在提高消费者服务水平的同时增加企业的销售额和收益水平。

（2）店铺货架空间管理（SM）。店铺货架空间管理是指店铺的空间安排、各类商品的展示比例、商品在货架上的布置等进行最优化管理。在 ECR 系统中，店铺空间管理和商品类别管理同时进行，相互作用。在综合店铺管理中，对于该店铺的所有类别的商品进行货架展示面积的分配，对于每个类别下的不同品种的商品进行货架展示面积分配和展示布置，以便提高单位营业面积的销售额和单位营业面积的收益率。

**2. 物流技术**

ECR 系统要求及时配送（JIT）和顺畅流动。实现这一要求的方法有连续库存补充计划（CRP）、自动订货（CAO）、预先发货通知（ASN）、供应商管理用户库存（VMI）、交叉配送、店铺直送（DSD）等。

（1）连续库存补充计划（CRP）。是利用及时准确的 POS 数据确定销售出去的商品数量，根据零售商或批发商的库存信息和预先规定的库存程序确定发货补充数量和发送时间。以小批量、高频率方式进行连续配送，补充零售店铺的库存，提高库存周转率，缩短交货周期。

（2）自动订货（CAO）。是基于库存和需求信息利用计算机进行自动订货系统。

（3）预先发货通知（ASN）。是生产厂家或者批发商在发货时利用电子通信网络提前向零售商传送货物的明细清单。这样零售商事前可以做好货物进货准备工作。同时可以省去货物数据的输入作业，使商品检验作业效率化。

（4）供应商管理用户库存（VMI）。是生产厂家等上游企业对零售商等下游企业的流通库存进行管理和控制，具体地说，生产厂家基于零售商的销售、库存等信息，判断零售商的库存是否需要补充。如果需要补充，自动地向本企业的物流中心发出发资指令，补充零售商的库存。VMI方法包括POS、CAO、ASN和CRP等技术。在采用VMI的情况下，虽然零售商的商品库存决策主导权由作为供应商的生产厂家把握，但是在店铺的空间安排、商品货架布置等店铺空间管理决策方面仍然由零售商主导。

（5）交叉配送。是在零售商的流通中心，把来自各个供应商的货物按发送店铺迅速进行分拣装车，向各个店铺发货。在交叉配送的情况下，流通中心便是一个具有分拣装运功能的中转型中心，有利于缩短交货周期、减少库存、提高库存周转率，从而能节约成本。

（6）店铺直送方式。是指商品不经过流通配送中心，直接由生产厂家运送到店铺的运送方式。采用店铺直送方式可以保持商品的新鲜度，减少商品运输破损，缩短交货周期。

3. 信息技术

ECR系统应用的信息技术主要有：电子数据交换EDI和POS销售时点信息。

（1）电子数据交换（EDI）。ECR系统的一个重要信息技术是EDI。信息技术最大的作用之一是实现事务作业无纸化或电子化，利用EDI在供应链企业间传送交换订货发货清单/价格变化信息。付款通知单等文书单据。例如，厂家在发货的同时预先将产品清单发送给零售商，这样零售商在商品到货时，用扫描仪自动读取商品包装上的物流条形码获得进货的实际数据，并自动地与预先到达的商品清单进行比较。因此，使用EDI可以提高事务作业效率。

另外，可以利用EDI在供应链节点企业间传送交换销售时点数据、库存信息、新产品开发信息和市场预测信息等直接与经营有关的信息。例如，生产厂家可利用销售时点信息把握消费者的动向，安排好生产计划；零售商可利用新产品开发信息预先做好销售计划，因此使用EDI可以提高整个企业，乃至整个供应链的效率。

（2）POS销售时点信息技术。ECR系统的另一个重要信息技术是POS。对零售商来说，通过对在店铺收银台自动读取的POS数据进行整理分析，可以掌握消费者的购买动向，找出畅销商品和滞销商品，做好商品类别管理。可以通过利用POS数据做好库存管理、订货管理等工作。对生产厂家来说，通过EDI利用及时准确的 POS 数据，可以把握消费者需要，制定生产计划，开发新产品；还可以把 POS 数据和 EOS 数据结合起来分析把握零售商的库存水平，进行供应商管理用户库存（VMT）的库存管理。

4. 组织革新技术

应用 ECR 系统不仅需要组成供应链的每一个成员紧密协调和合作。还需要每一个企业内部各个部门间紧密协调和合作，因此，成功地应用 ECR 需要对企业的组织体系进行革新。

（1）组织革新。在企业内部的组织革新方面，需要把采购、生产、物流、销售等按职能划分的组织形式改变为以商品流程为基本职能的横向组织形式。也就是把企业经营的所有商品按类别划分，对应于每一个商品类别设立一个管理团队，由这些管理团队为核心构成新的组织形式。在这种组织形式中，给每一个商品类别管理设定经营目标，同时在采购、品种选择、库存补充、价格设定、促销等方面赋予相应的权限。每个管理团队由一个负总责的商品类别管理人和几名负责各个职能领域的成员组成。由于商品类别管理团队规模小，内部容易交流，各职能间易于协调。

（2）合作伙伴关系建立。在组成供应链的企业间需要建立双赢型的合作伙伴关系。具体地讲，厂家和零售商都需要在各自企业内部建立以商品类别为管理单位的组织。这样双方相同商品类别的管理就可聚集在一起，讨论从材料采购、生产计划到销售状况、消费者动向的有关该商品类别的全盘管理问题。另外，需要在企业间进行信息交换和信息分享，当然，这种合作伙伴关系的建立有赖于企业最高决策层的支持。

（四）ECR 的实施步骤

企业在实施 ECR 时，最重要的是得到高层管理者的全力支持，并出面与准备合作的交易伙伴的高层管理者沟通，待合作双方达成合作共识之后，才可转交给后续的工作小组负责。实施的步骤可分成六个阶段：准备阶段、确认阶段、订立目标阶段、设计阶段、建设阶段与推广阶段。如图 13.2 所示。

三、实施 ECR 的效益

（一）ECR 对系统内部各方的效益

（1）实施 ECR，对于用户而言将增加商品的选择权，更加便利选购，货品更新鲜，价格更有利。

（2）对于分销商来说，可以提高可信度，使它们更加熟悉市场和用户情况，改善与供应商的关系。

（3）针对供应商，实施 ECR 可以减少缺货现象，加强商品的流动，改善与分销的关系。

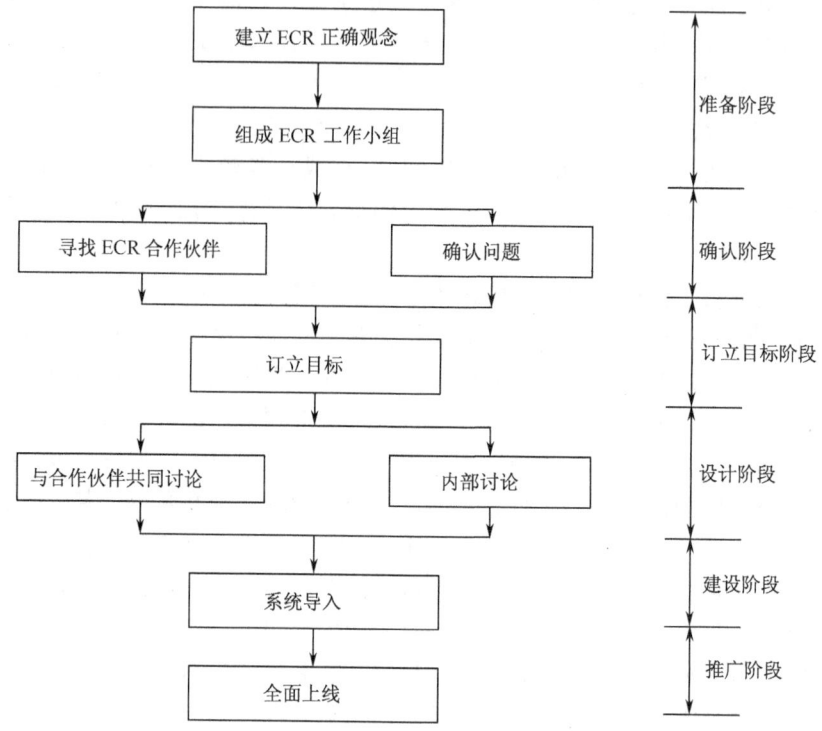

图 13.2  企业实施 ECR 的步骤

## (二) ECR 对整个系统带来的成本节约

ECR 一战略的实施,可以减少多余的活动和节约相应的成本。

(1) 节约直接成本,即通过减少额外活动和费用直接降低的成本。

(2) 节约财务成本,即间接的成本节约,主要是因为实现单位销售额的存货要求降低了。具体来说,节约的成本包括商品的成本、营销费用、销售和采购费用、管理费用和店铺的经营费用等。

(3) 商品成本的节约,主要包括损耗降低、制造费用降低、包装费用降低和更有效的材料采购。

(4) 营销费用的节约,主要包括贸易促销和消费促销的管理费用降低、产品导入失败的可能性减小。

(5) 销售和采购费用的节约,主要是指现场和总部的费用降低,简化了管理。

(6) 后勤费用的节约,主要是指更有效地利用了仓库和卡车、跨月台物流,仓库空间要求降低了。

(7) 管理费用的节约,主要是指减少了一般的办事员和财务人员。

(8) 店铺的经营费用的节约,主要是指采用了自动订货,使得单位面积的销售额变得更高。

### 四、QR 与 ECR 的区别

QR 的最初目的是提高零售业中的一般商品和纺织品的设计、制造和流通效率。QR 早期的成功使它得到了广泛的应用，当前许多大的零售商和供应商都在其经营业务中采用了 QR 的思想和技术。

QR 的成功引起了其他行业零售商的注意。1993 年 1 月食品和超市行业的零售商也提出了类似的战略，即 ECR（有效顾客响应），由于很多供应商既为普通店铺服务又为超市服务，所以 ECR 的采用会比 QR 快。

普通商品（QR）和干货食品（ECR）之间最重要的差别在于商品的特性，不仅是商品表面的物理差异，而且也包括商品在价值、周转率和品种上的本质差异（见表 13.2）。

表 13.2 不同商品特性的比较

| | 普通商品（QR） | 干货食品（ECR） |
| --- | --- | --- |
| 零售商形式 | 百货店/专业店 | 超市 |
| 每家店铺的单品数量 | 高（50～200 万）件 | 低（2.5 万～3 万）件 |
| 每家店铺的单品年均销售额 | 低（$50～100）万元 | 高（$400～500）万元 |
| 库存周转次数 | 低（2～5 次） | 高（10～25 次） |
| 单位重量/体积的价值 | 高 | 低 |
| 削价 | 高 | 低 |
| 毛利 | 高（35%～50%） | 低（20%～25%） |
| 产品生命周期 | 短 | 长 |
| 季节性 | 强 | 弱 |
| 产品的可替代性 | 低 | 高 |
| 购买效率 | 低 | 高 |

普通商品的单品数量非常多、产品生命周期短、季节性强、库存周转慢、存货削价幅度大、毛利高；而食品的单品数量少、商品单价低、周转快，所以超市可以低毛利有效地经营，它们也不得不如此，因为消费者更容易判断店铺的差异。在这两种不同的零售业中，如果某种单品缺货，带来的成本也不一样。对普通商品来说，如果消费者不能发现所期望的颜色和规格，就可能换一家店铺，店铺就会损失这件商品的销售额，同时会损失潜在的其他购买和未来的购买。对食品来说，如果消费者不能发现一种特定的商品，他会买另一种规格或一种替代品，采购也可能延期到下一次，除非这种情况频繁地发生，否则消费者不会换店铺。

由于所处的环境、不同，改革的重点也会有所不同。对于食品行业（ECR）来说，改革的重点是效率和成本；对于普通店铺（QR）来说，重点是补货和订货的速度，目的是最大限度地消除缺货，并且只在商品需求时才去采购。

## 第三节 CPFR 技术

### 一、CPFR 概述

#### (一) CPFR 含义

在快速变化的市场环境下，通过协同作业，企业实现了对上游供应商和下游客户在流程与信息上的整合。而 CPFR（collaborative planning, forecasting and replenishment，协同预测、计划与补货）正是实现供应链协同的有效模型。

CPFR 产生于 1995 年 9 月，美国著名连锁企业 Wal-Mart 和其供货商 Warner-Lambert、管理信息系统供应商 SAP、供应链软件商 Manu Gistics，以及咨询公司 Benchmarking Partners 五家公司共同成立了零售业供应链工作小组，该小组为了解决零售业供应链问题而发展了 CPFR 模型。随后美国 VICS（Voluntary Inter-industry Commerce standards，自愿跨行业标准）协会为了改进整个供应链的效率，提议由 26 个领导厂商成立 CPFR 分会来正式发展 CPFR 的相关指引，该指引在 1998 年正式发表。实践表明，CPFR 可以改善零售商的在库标准 2%～8%，并降低供应链库存水平 10%～40%。根据美国 VICS 协会 CPFR 分会的定义，协同预测、计划与补货（CPFR）既是一种理念，又是一系列活动和过程，它通过合作伙伴之间共同管理业务过程和共享信息来达到提高预测准确度、减少库存、提高供应链效率和消费者满意度的目的。

CPFR 只是一种哲理，它应用一系列的处理和技术模型，提供覆盖整个供应链的合作过程，通过共同管理业务过程和共享信息来改善零售商和供应商的伙伴关系，提高预测的准确度，最终达到提高供应链效率、减少库存和提高消费者满意程度的目的。

#### (二) CPFR 的特点

CPFR 相对于 QR、ECR、VMI 要发展了许多，虽然 CPFR 是建立在 QR、ECR、VMI 的最佳实践基础上，但它摒弃了其相应的缺陷，通过供应链企业共同建立的一个适合所有贸易伙伴的业务过程来实现供应链集成，将协同行为渗透到预测、作业层次等。具体地讲，CPFR 的本质特点有如下几个方面。

1. 协同

从 CPFR 的基本思想看，供应链上下游企业只有确立起共同的目标，才能使双方的绩效都得到提升，取得综合性的效益。CPFR 这种新型的合作关系要求双方长期承诺公开沟通、信息分享，从而确立其协同性的经营战略，尽管这种战略的实施必须建立在信任和承诺的基础上，但是这是买卖双方取得长远发展和良好绩效的唯一途径。正是因为如此,所以协同的第一步就是保密协议的签署、纠纷机制的建立、供应链计分卡的确立以及共同激励目标的形成(例如不仅包括销量,也同时确立双方的赢利率)。应当注意的是,在确立这种协同性目标时,不仅要建立起双方的效益目标,更要确立协同的赢利驱动性目标,只有这样,才能使协同性能体现在流程控制和价值创造的基础之上。

2. 计划

1995 年沃尔玛与 Warner-Lambert 的 CFAR 为消费品行业推动双赢的供应链管理奠定了基础,此后当 VICS 定义项目公共标准时,认为需要在已有的结构上增加"P",即合作规划(品类、品牌、分类、关键品种等)以及合作财务(销量、订单满足率、定价、库存、安全库存、毛利等)。此外,为了实现共同的目标,还需要双方协同制定促销计划、库存政策变化计划、产品导入和中止计划以及仓储分类计划。

3. 预测

任何一个企业或双方都能做出预测,但是 CPFR 强调买卖双方必须做出最终的协同预测,协同预测能大大减少整个价值链体系的低效率、死库存,促进更好的产品销售、节约使用整个供应链的资源。与此同时,最终实现协同促销计划是实现预测精度提高的关键。CPFR 所推动的协同预测,还有一个特点是它不仅关注供应链双方共同做出最终预测,同时也强调双方都应参与预测反馈信息的处理和预测模型的制定和修正,特别是如何处理预测数据的波动等问题,只有把数据集成、预测和处理的所有方面都考虑清楚,才有可能真正实现共同的目标,使协同预测落在实处。

4. 补货

销售预测必须利用时间序列预测和需求规划系统转化为订单预测,并且供应方约束条件,如订单处理周期、前置时间、订单最小量、商品单元以及零售方长期形成的购买习惯等都需要供应链双方加以协商解决。根据 VICS 的 CPFR 指导原则,协同运输计划也被认为是补货的主要因素,此外,例外状况的出现也需要转化为存货的百分比、预测精度、安全库存水准、订单实现的比例、前置时间以及订单批准的比例,所有这些都需要在双方公认的计分卡基础下定期协同审核。潜在的分歧,如基本供应量、过度承诺等双方事先应及时加以解决。

## 二、基于 CPFR 的合作关系

### (一) 基于 CPFR 的合作伙伴关系

基于 CPFR 的合作伙伴关系如图 13.3 所示,可分为三个职责层。第一层为决策层,主要职责是零售商和供应商领导层的关系管理,包括企业联盟的目标和战略的制定、跨企业的业务过程的建立、共享的领导层和执行、企业联盟的信息交换和共同决策。第二层为运作层，主要职责是 CPFR 的实施和运作，包括制定联合业务计划，建立单一共享需求预测，共担风险和平衡合作企业能力。第三层为内部管理层，主要职责是负责企业内部的运作和管理，在零售环境中，主要包括商品或分类管理、库存管理、商店运作和后勤等；在供应环境中，主要包括顾客服务、市场营销、制造、销售和分销等。

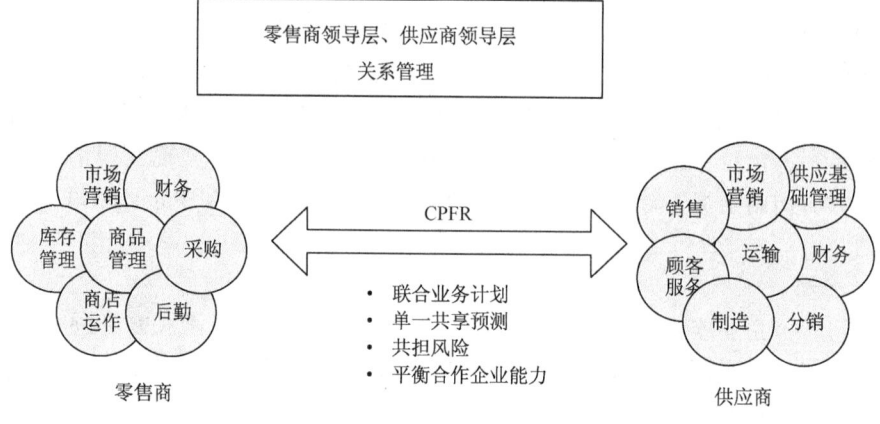

图 13.3 基于 CPFR 的供应链合作关系

## （二）合作企业的价值观

实施 CPFR 需要合作企业转变对自己、对顾客和供应商的观点。面向 CPFR 的合作企业价值观要素有：

（1）以"赢/赢"的态度看待合作伙伴和价值链相互作用。在传统的价值链中，许多合作伙伴存在着"赢/损"的观点，即一个企业的赢利需要向合作企业产生同样多或更多的成本转移。在 CPFR 方法下，企业必须了解整个价值链过程以发现自己的信息和能力所在、何处有助于价值链，进而有益于最终消费者和价值链合作伙伴。换句话说，CPFR 成功的一个关键是从"赢/损"到"赢/赢"价值链合作关系的转变。

（2）为价值链成功运作提供持续保证和共同承担责任。这是 CPFR 成功所必需的企业价值观。每个合作伙伴对价值链成功运作的保证、权限和能力有差别，在实施 CPFR 时，合作伙伴应能够调整其业务活动以适应这些差别。无论在哪个职责层，合作伙伴坚持其保证和责任将是决定 CPFR 实施过程成功的关键。

（3）承诺抵制转向的机会。由于转向产品会较大地抑制合作伙伴协调需求和供应计划的能力，因此它不能与 CPFR 共存。抵制转向机会的一个关键是了解其短期效益和建立一个良好计划、低库存价值链的长期效益之间的差别。这也是对 CPFR 必要的信心和承诺的检验。

(4) 承诺实现跨企业、面向团队的价值链。实施 CPFR 需要跨企业、面向团队的价值链。团队不是一个新概念，建立跨企业的团队造成一个新问题：

团队成员可能参与其他团队，并与其合作伙伴的竞争对手合作，如一个制造商可以与多个零售商合作，一个零售商也可能与多个竞争的制造商合作。这些竞争团队互相有"赢/损"关系。这种多重关系并非初次出现，而团队联合的深度和交换信息的类型可能造成多个 CPFR 团队中人员的冲突。在这种情况下，必须有效地构建支持完整团队和个体关系的公司价值系统。

(5) 承诺制定和维护行业标准。公司价值系统的另一个重要组成部分是对行业标准的支持。每个公司有一个单独开发的过程，这会影响公司与合作伙伴的联合。制定行业标准既便于实行的一致性，又允许公司间有差别，这样才能被有效应用。开发和评价这些标准，有利于合作伙伴的信息共享和合作。

### 三、CPFR 的实施

#### (一) CPFR 的指导性原则

CPFR 有三条指导性原则：

(1) 合作伙伴框架结构和运作过程以消费者为中心，面向价值链。

(2) 合作伙伴共同负责开发单一、共享的消费者需求预测系统，这个系统驱动整个价值链计划。

(3) 合作伙伴均承诺共享预测，并在消除供应过程约束上共担风险。

CPFR 针对合作伙伴的战略和投资能力不同、市场信息来源不同的特点，建成一个方案组。方案组通过确认合作伙伴从事关键业务的能力来决定哪家公司主持核心业务活动，合作伙伴可选用多种方案实现其业务过程。零售商和制造商从不同的角度收集不同层次的数据，通过反复交换数据和业务情报改善制定需求计划的能力，最后得到基于 POS（point of sale）的消费者需求的单一共享预测。这个单一共享需求计划可以作为零售商和制造商的与产品有关的所有内部计划活动的基础，换句话说，它能使价值链集成得以实现。以单一共享需求计划为基础能够发现和利用许多商业机会，优化供应链库存和改善客户服务，最终为供应链伙伴带来丰厚的收益。

#### (二) CPFR 的过程模型

CPFR 的过程模型，分为三个阶段，包括 9 个步骤（图 13.4）。第 1 个阶段为计划，包括步骤 (1) 和 (2)；第 2 个阶段为预测，包括步骤 (3)～步骤 (8)；第 3 个阶段为补给，包括步骤 (9)（详见 13.5 节）。

CPFR 过程模型的 9 个步骤为：

步骤 1：确定前端协定。

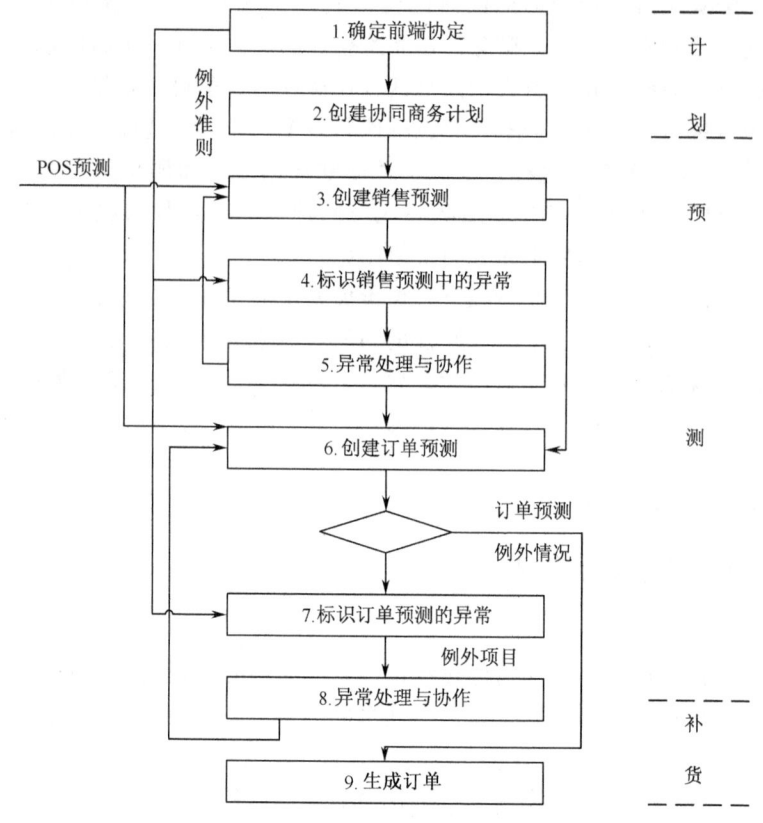

图 13.4　CPFR 实施 9 步骤

生产制造商、零售商与分销商共同确定合作的原则和指南。各业务合作伙伴提出他们的期望并确定需要的介入资源。在这一步要形成一个通用业务协定,包括合作的全面认识、合作目标、机密协议、资源授权、合作伙伴任务和成绩的检测。

步骤 2:创建协同商务计划。

在该步骤,生产制造商和零售商交换有关公司策略的信息并创建协同策略。该步骤的目标是减少异常情况的数量。这一阶段也会包括一些营销和促销的协议。合作伙伴首先建立合作伙伴关系战略,然后定义分类任务、目标和策略,并建立合作项目的管理简况(如订单最小批量、交货期、订单间隔等)。

步骤 3:创建销售预测。

该预测基于 POS 数据和源自步骤 2 的特殊因素及计划促销的信息。

步骤 4:标识销售预测中的异常情况。

该步骤确定了那些与实际需求相比偏差超过了一定阀值的预测(在步骤 1 中定义)。产生这些偏差的原因不仅在于预测的不准确,还有可能是因为一些外部干扰造成。

步骤 5：异常处理与协作。

该阶段可以采用现场、E-mail、电话、交谈及电子会议等解决销售预测例外情况，同时可以利用共享数据库的方法提供新事件对销售将会带来何种影响的信息。该步骤的结果是一个修正了的预测。产生的变化可以提交给销售预测（步骤 3）。

步骤 6：创建订单预测。

需求预测、因果关系信息和库存信息（实际库存、未执行订单和在途库存等）在本步骤中合并起来用于预计可能获得的实际订单，提出分时间段的实际需求量，并通过产品及接收地点反映库存目标。订单预测周期内的短期部分用于产生订单，在冻结预测周期外的长期部分用于计划。

步骤 7：标识订单预测的异常。

在本步骤中（与步骤 4 类似），实际到达的订单可能与生产制造商和零售商协定的数量不符。比如说，可能会出现因生产能力不足或物流不畅而无法满足需求的情况。

步骤 8：异常处理与协作。

与步骤 5 紧跟着步骤 4 相似，步骤 8 也是紧随步骤 7 而来。决策支持信息再一次从数据库中获得。它用于决定该异常是否能被忽略；如果不能，该如何反应，可能的解决方案有哪些。可通过查询共享数据、E-mail、电话、交谈会议等调查研究订单预测例外情况，并将产生的变化提交给订单预测（步骤 6）。

步骤 9：生成订单。

在该步骤中，预测订单将被转变成固定订单，订单确认必须送回客户处。订单产生可由制造厂或者分销商根据能力、系统和资源来完成。

经过以上 9 个步骤，CPFR 过程模型基本建成了。上面建立了一个贸易伙伴框架结构，可用于创建一个消费者需求的单一预测，协同制造厂和零售商的订单周期，最终建立一个企业间的价值链环境，在获得最大赢利和消费者满意度的同时减少浪费和成本。

## 四、EPFR 的作用

EPFR 的实施给供应链上各企业都带来了很大的效益，现在我们从需求方和供应方两方面对他的效益进行分析：

### （一）CPFR 对需求方带来的效益

1. 提升供应链节点企业间的关系

CPFR 模式通过节点企业在计划、预测、促销、补货等方面的合作将企业间的利益统一在一起，提升了企业间的关系。另外，节点企业间会经常召开 CPFR 会议来发现合作中存在的问题并进行解决。这也增强了这种合作关系。

## 2. 销售额的提高

实施 CPFR 后，供方和需方要能够紧密合作，来共同制定提高销售额的商业计划。这种战略上的合作优势也将最终转化为各种产品销售额的提高。

## 3. 分类管理

在开始 CPFR 前，供需双方会检查货架位置和每一个商品单元的陈列，以保证足够的产品供应周期和合适的产品陈列来满足消费者的需要。这样详细检查所带来的好处就是可以通过合理的分类管理来提高货架的利用率。

## 4. 提高产品供应

在实施 CPFR 前，买卖双方会共同合作制定产品配置方法，包括每个产品单元的价值评估和附加产品机会等，以提高产品供应水平。

## 5. 降低物流成本

在实施 CPFR 的过程中，企业的货架利用率提高，库存成本降低，从而也降低了企业整体的物流成本。

### （二）CPFR 对供应方带来的效益

## 1. 提高订单预测准确性

由于节点企业间共同制定计划、进行预测和补货，企业间需要共享预测信息，尤其是零售商的预测信息对上游制造商的预测准确性带来极为有利的影响；并且，这些共享的信息多是时点信息，这极大地提高了企业的预测准确性。

## 2. 库存降低

CPFR 降低了预测的不确定性，提高了供应链的运作效率。这就减少了企业用来应对预测失误或伙伴企业供货不及时的库存。采取 CPFR 后，企业可以按照订单生产而不是传统的基于库存的生产方式。

## 3. 提高资金回报率

由于提高了整体的运作效率，在 CPFR 上的投资会得到良好的回报，尤其是在技术上的投资。由于技术投资提高了内部的集成，可以获取高质量的预测信息，这使得企业能够通过准确、高质量的信息来优化内部流程。

## 4. 提高顾客满意度

通过准确的预测信息、良好的店铺服务降低了缺货水平，这将带来更高的顾客满意度。

## 5. 提高了利润

通过提高顾客服务满意度，提高了企业的销售额，同时企业的库存水平降低，企业的成本也大大降低，从而增加了企业的利润，提高了企业的经济效益。

## 案例 雀巢与家乐福的 ECR 管理

雀巢公司是世界最大的食品公司，总部位于瑞士沃韦市（Vevey），由亨利·雀巢（Henri Nestle）于1867年创立，目前在全球范围内拥有200多家子公司、500多家工厂，员工总数约有22万名，其产品行销80多个国家，主要产品涵盖幼儿食品、乳制品及营养品、饮料、冰淇淋、冷冻食品及厨房食品、巧克力及糖果、宠物食品类与药品等。雀巢公司自1983年进入中国台湾、1990年在中国内地第一家合资厂开始运营以来，业务发展迅速。

家乐福公司是世界第二大的连锁零售集团，于1959年在法国设立，全球有9061家店，245万名员工。截至2003年3月，在中国内地拥有33家店，台湾家乐福拥有28家店，业绩也在不断攀升。

雀巢公司和家乐福公司均在推动ECR方面下了很大的力气。从1999年开始，两家公司在ECR方面计划进行更密切的合作，于是在台湾等地的分公司开始进行供应商管理库存（VMI）示范计划，并希望将相关成果在各自的公司内推广。

VMI是ECR中的一项运作模式，主要指供应商依据销售及安全库存的需求，替零售商下订单或补货，而实际销售的需求则是供应商依据由零售商提供的每日库存与销售资料进行统计预估得来。通常供应商有一套管理系统来处理相关的事务。这样将大幅改进供应商面对市场的回应时间，从而能尽早得知市场确切的销售信息，降低供应商与零售商的库存，进一步提早安排生产，降低缺货率。

台湾雀巢从1999年10月开始，积极与家乐福公司合作，建立VMI示范计划的整体运作机制，总目标是增加商品的供应率，降低家乐福库存天数，缩短订货前置时间以及降低双方物流作业成本。具体指标包括：雀巢对家乐福物流中心的产品到货率达90%，家乐福物流中心对零售店面的产品到货率达95%，家乐福物流中心库存天数下降至预定标准，以及家乐福对雀巢的建议订货单修改率下降至10%等具体目标。另外，雀巢也希望将新建立的模式扩展至其他销售渠道上加以运用，以加强掌控能力并获得更大规模效益，而家乐福也会与更多的重点供应商进行相关合作。

整个计划是在一年之内，建立一套VMI的运作环境，并且可以循环执行。具体而言，分为两个阶段：

第一个阶段：包括确立双方投入资源、建立评估指标、就所需条件进行谈判、确定整个运作方式以及系统配置。时间约半年。

第二个阶段：为后续的半年，修正系统与运作方式，使之趋于稳定，并以评估指标不断进行问题寻找与改善，直至自动运行为止。

在人力投入方面，雀巢与家乐福双方均设置了一个协调机构，其他部门如物流、采购、信息等部门则是以协助的方式参与。在经费的投入上，家乐福公司主要是在 EDI 系统建设的花费，雀巢公司除了 EDI 系统建设外，还引进了一套 VMI 系统。

在计划的实际执行上，还可细分为五个子阶段：

评估双方的运作方式与系统在合作上的可行性；

一把手的推动与团队建立；

沟通协调系统的建立；

同步化系统与自动化流程；

持续性训练与改进。

在系统建设方面，雀巢与家乐福双方均采用 EDI 网络的方式来进行资料传输，而在雀巢公司的 VMI 管理系统部分，则采取外购产品的方式来建设。雀巢在家乐福、法国及其他国家雀巢公司的建议下，充分考虑系统需求特性后，最后选用了 Infule 的 EWR 产品。

经过近一年的推进实施，雀巢公司和家乐福公司整个 VMI 运作方式逐渐形成了如下五个步骤的运作模式：

每日 9：30 以前，家乐福用 EDI 方式传送结余库存与出货资料等信息到雀巢公司。

9：30～10：30，雀巢公司将收到的资料合并至 EWR 的销售资料库系统中，并产生预估的补货需求，系统将预估的需求量写入后端的 BPCSERP 系统，依实际库存量计算出可行的订货量，产生建议订单。

10：30 前，雀巢公司以 EDI 方式传送建议订单给家乐福公司。

10：30～11：00，家乐福公司在确认订单并进行必要的修改后回传至雀巢公司。

11：00～11：30，雀巢公司依据确认后的订单进行拣货与出货。

除了建设一套 VMI 运作系统与方式外，在具体目标方面也取得了显著成果：雀巢公司对家乐福物流中心的产品到货率由原来的 80% 左右提升到 95%；家乐福物流中心对零售店面的产品到货率也由 70% 左右提升至 90% 左右，而且仍在继续改善中；库存天数由原来的 25 天左右下降至目标值以下；在订单修改率方面也由 60%～70% 的修改率下降至 10% 以下。

而对雀巢公司来说最大的收获却是在与家乐福合作的关系上。过去与家乐福是单向的买卖关系，家乐福享受着大客户的种种优惠，雀巢公司则尽力推出自己的产品，这样，彼此都忽略了真正的市场需求，从而导致卖得好的商品经常缺货，而不畅销的商品却库存积压。经过这次合作，双方有了更多的相互了解，也有了共同解决问题的意愿，并使原本各项问题的症结点一一浮现，这对从根本上改进供应链的整体效率非常有利。而同时，雀巢公司也开始考虑将 VMI 系统运用到其他销售渠道。

**讨论题：**

1. 从此案例中可看出实施 VMI 对供应链上的企业带来哪些效益？
2. 实施 VMI 的主要步骤有哪些？
3. 推动 ECR 的落实需要把握几个关键点？

# 第十四章

# 物流成本管理

现代物流管理对企业而言，它并不直接创造新的使用价值，但从现代企业经营的环境和模式角度来看，它却是增值的服务过程。任何企业要实现经营目的，都不得不依赖或借助于物流运作。现代企业经营的范围与视野日益扩展，供应和分拨路线拉长，物流组织的效率决定了企业运营的整体速度，而现代企业一个最主要的核心竞争力就是其反应市场和服务市场的能力。所以，物流在企业中起着越来越重要的作用。物流成本，对那些有志于全球经营的企业而言，尤其是运输成本在企业总成本构成所占比重会越来越大。由于人们对物流活动研究还不完善，对物流成本的揭示不够，物流方面的浪费无法有效控制，因此物流成本管理还未进入科学管理阶段，进而也影响了现代物流管理的水平。根据世界货币基金组织的研究，物流成本平均约占全球国内生产总值的12%左右；而就企业而言，物流成本占销售额的比重从4%到超过30%不等，物流成本的降低有着极大的空间。随着企业界和研究界对现代物流的实践和探索不断深入，物流成本管理的空白点会逐渐填补，特别是现代物流管理的思想与现代成本管理模式的融合会给物流成本管理带来新的有效方法和思路，以实现物流成本的降低。

## 第一节 物流成本及管理

一、物流成本的概念

（一）物流成本

物流成本（logistics cost）指的是物流活动中所消耗的物化劳动和活劳动的货

币表现。从广义角度来看，物流成本是指生产、物流、消费全过程的物品实体与价值变换而发生的全部成本。具体包括了从生产企业内部原材料和协作件的采购、供应开始，经过生产制造过程中的半成品存放、搬运、装卸、成品包装及运送到流通领域，进入仓库验收、分类、储存、保管、配送、运输，最后到消费者手中的全过程发生的所有成本。狭义的物流成本是指由于物品实体的场所发生变化而引进的运输、包装、装卸等成本。从现代物流活动的构成及其对企业经营的作用来看，应对物流进行全过程管理，对物流全过程的所有成本进行核定、分析、计划、控制与优化以达到以合理的物流成本保证经营有效运行。

### （二）物流成本的构成

按实体的经营性质不同，可将物流成本分为制造企业物流成本和流通企业物流成本两大类型。

#### 1. 流通企业物流成本

流通企业物流成本是指物品的购进、运输、保管、销售等一系列活动中耗费的人力、物力和财力的货币表现，其基本构成应有：企业员工工资及福利费；支付给有关部门的服务费，如水电费等；经营过程中的合理消耗费，如物品合理损耗、固定资产折旧等；支付的贷款利息；经营过程中的各种管理成本，如差旅费、办公管理费等。对流通物流成本分类，可按以下几种方式来划分：

（1）按成本与商品流转额的不同划分，分为可变成本和固定成本。

①可变成本指物流成本中随商品流转额变动而变动的那一部分成本。这种成本开支的多少与商品流转额变化直接相关，即流转额增加，成本支出也随之增加，反之则减少，典型的有仓储管理费、运输费、采购成本等。

②固定成本指不随商品流转额变动而变动的那一部分成本。这种成本与商品的流转额没有直接关系。在一般情况下，商品流转额变动，它不一定发生变动，即便发生变动，也不与商品的流转额成比例变动。它受商品流转额增减变动的影响较小，开支的绝对金额相对是固定的，如固定资产折旧费、维护费、员工工资等。

（2）按成本发生的流转环节划分，可分为进货成本、商品存储成本和销售成本。

①进货成本指商品由供货单位到流通企业仓库所发生的运输费、装卸费以及损耗费、包装费、入库验收费和中转单位收取的成本。

②存储成本是指流通企业在商品保管过程中所开支的转库搬运、检验、分拣、维护保养、管理包装等方面的成本及商品的损耗费。

③销售成本是指流通企业从商品出库到销售过程中所发生的包装费、手续费、管理费等。

（3）按成本的经济性质划分，可以分为生产性流通成本和流通成本。

①生产性流通成本发生在物品在流通过程中还需进行简单的加工才算完成生产

的情况下发生的成本,是生产性成本在流通领域的继续,生产性流通成本需要追加到产品的价值中去。

②流通成本是流通企业在经营管理过程中,因组织产品交换而发生的成本。流通成本同商品的交换行为有关,是物品价值实现过程所必不可少的。

2. 制造企业物流成本

生产企业的生产的目的是为了将生产出来的物品通过销售环节转换成货币,因此制造企业正常的物流过程应包括生产要素的购进、产品生产和产品销售,同时还要进行产品的返修和废物的回收。因此制造企业物流成本是指企业在进行供应、生产、销售、回收等过程中所发生的运输、包装、保管、输送、回收方面的成本。而且制造企业物流成本大都体现在产品成本之中,在核定时,需要解决从产品成本中剥离的问题。制造企业的物流成本一般包括以下内容:供应、销售人员的工资及福利费;生产要素的采购要素,包括运输费、通信费、采购人员的差旅费等;产品的推销费,如广告宣传费等;企业内部仓库保管费,如维护费、搬运费等;有关设备、仓库的折旧费等;物流信息费;贷款利息;回收废弃物发生的物流费。

可按1977年日本运输省制定的《物流成本计算统一标准》对制造企业物流成本进行分类。

(1) 按物流过程划分,将物流费用分为:供应物流费、生产物流费、销售物流费、退货物流费和废弃物流费。

①供应物流费是指企业这生产产品购买各种原材料、燃料、外购件等所发生的运输、装卸、搬运等成本。

②生产物流费指企业在生产产品时,由于材料、半成品、成品的位置转移而发生的搬运、配料、发料、收料等方面的成本。

③销售物流费指企业为实现商品价值,在产品销售过程中所发生的存储运输、包装及服务成本。

④退货物流费指产品销售后因退货、换货所引起的物流成本。

⑤废品物流费指因废品、不合格产品的物流所形成的物流成本。

(2) 按支付形式划分为企业支付的物流成本和外企业支付的物流费。

①企业支付的物流费指企业在供应、销售、退货等阶段,因运输、包装、搬运、整理等发生的由企业自己支付的物流成本。它又可进一步分为自己支付和委托支付两种物流费。自己支付的物流成本包括材料费、人工费、燃料动力费、管理费、折旧费、利息支出费、维护保养费等;委托支付的物流成本包括运输费、手续费、保管费和包装费等。

②外企业支付的物流成本指由于企业采购材料、销售产品等业务发生的由有关供应者和购买者支付的各种包装、发送、运输、验收等物流成本。

(3) 按物流活动构成划分为物流环节费、信息流通费和物流管理费。

①物流环节费指产品实体在空间位置转移所流经环节而发生的成本,包括包装

费、运输费、保管费、装卸费及流通加工费等。

②信息流通费指为实现产品价值变换，处理各种物流信息而发生的成本，包括与库存管理、订货处理、为客户服务等有关的成本。

③物流管理费指为了组织、计划、控制、调配物资活动而发生的各种管理费，包括现场物流管理费和机构物流管理费。

## 二、物流成本管理

### (一) 物流成本管理的概念

物流成本管理（logistics cost management）指的是"对物流相关费用的计划、协调和控制"（引自《物流术语》）。实际上对物流成本管理的工作要建立在物流成本计算基础上，然后进行物流成本的计划与预算编制，对物流流动的运行进行实绩测定并用计划或预算目标去考核，即绩效评定，实现控制成本、改进物流活动经济效益的目的。

有关物流成本管理的研究是随着企业物流管理的深入发展而逐步建立的，它的整体发展速度落后于企业物流管理的其他方面，虽然物流管理历史可追溯到20世纪20～30年代，对物流成本的关注有据可查的却始于20世纪60年代。物流成本管理的历史可大致分为以下几个阶段。

1. 物流成本认识阶段

大约在20世纪60年代左右，随着人们对企业物流管理的认识不断深入，物流的价值和利润开始为人所了解。1962年美国管理学家彼得·德鲁克发表了《经济的黑大陆》一文，在此文中他认为，物流迄今为止仍不为企业界和研究界深入了解和研究，有许多可挖掘的地方。他将物流比作"未开垦的处女地"，提倡应高度重视流通以及流通过程中的物流管理，物流的价值和利润是企业的潜力所在，这种观念引起了人们的重视。

2. 物流成本计算建立阶段

20世纪70年代，由于石油危机引起的生产资料价格的上涨，企业压缩成本的压力日益增加，制定合理的成本目标，控制内部成本成为企业生存攸关的问题。由于长期以来，成本控制针对的是生产成本或其他运营成本，在这些方面进行成本再删减的空间较小，也较吃力，因此企业转向一直以来被忽视的物流成本，力求通过对物流成本的加强管理，来达到总成本的降低。

人们首先对不同部门、不同领域或不同产品的特定物流成本进行核算和研究，比较突出的是库存过程的成本核算。如1976年道格拉斯·M.兰伯特发表了《在库会计方法论的开发：在库维持费用研究》一文，指出了在库费用在物流活动总费用中占据了极大的比例。他对费用测定的研究，对物流费用的分析和经济价值的论述使人们进一步认识到了物流成本的重要性。但是，这个阶段由于物流管理未形成系统管理体系，物流活动分散在企业运营的不同过程、不同部门，所以对物流成本的计算或认识也是分散的、不全面的。

3. 物流预算管理制度建立阶段

从 20 世纪 80 年代开始，随着企业物流管理组织的建立和物流统一管理工作的开展，需要对物流成本进行统一、系统的把握，物流预算管理制度开始建立。通过对物流预算的编制，实际活动的测定与预算目标的比较对物流成本进行差异分析，实现对物流成本的有效调控。预算制度的建立不仅是提供了物流经济管理的工具或途径，也完善了物流管理，是现代物流管理经济性要求的具体体现。在物流预算管理制度建立过程中，有关国家还推出了物流费用的计算标准，这种国家级或区域性物流核算的统一依据，为不同企业、不同行业间的物流管理绩效评定奠定了基础，为宏观物流经济活动管理做出了贡献。

物流预算管理制度建立是物流成本发展的重要阶段，人们把新的现代管理技术应用到成本预算中去，如企业关键竞争因素、作业成本计算、约束理论、目标成本等，这标志着物流成本管理进入了现代管理阶段。

4. 物流管理绩效评价制度建立阶段

物流成本预算只是确定企业在未来预算期内为实现物流管理的目标所需资源和活动的数量计划，要对企业的成本控制发生作用，还要通过物流过程的费用测定，将测定结果与预算计划进行比较，对两者差异进行分析和调整。如果差异的原因是因为预算不合理，可进行计划调整，使之符合物流活动的需要；如果是执行计划的活动有误，则严控费用发生，使之与计划趋向。可以运用质量管理中的控制图来记录物流总成本或主要物流费用的发生，并设立上下控制界限，观察物流绩效水平或变化，找出趋势，同时并判断观察点是否超过控制范围。如果趋势出现异常，或超过控制界限，可进一步利用特性要因图来分析原因，并制定对策进行消除。

在某种情况下，绩效水平可能发生急剧变化，如物流管理信息系统的突然失灵导致库存管理系统无法运转、原材料的延时送达引起物流费用的提高等，对这种意想不到的特殊情况，还应有绩效控制的应急方案。

### （二）物流成本管理的作用

1. 物流成本管理的目的

（1）正确揭示物流成本的大小。物流成本管理的第一个步骤就是成本计算，通过成本计算获取物流费用数据，让管理者和员工了解物流的价值和成本，给大家算算物流活动的经济账。如果能真实地核算出全部物流费用，和它在企业总成本中的比例，就能形象、深刻地反映出降低物流费用、管好物流活动的重要性，是唤起人们物流意识的最为有效的方法。

（2）通过经济核算发现物流管理活动的薄弱环节。通过成本核算可以用统一的费用指标来判断物流活动中存在的问题或薄弱环节。比较常用的方法是，分析物流总成本的构成，即将物流费用按各个环节或活动进行归纳汇总，再将各物流项目费用与总成本相除，得出各种物流项目费用或活动费用在物流总成本中的比例，对费用比例较高的活动进行重点预防，或采取措施降低，这样可快速降低物流总成本。要注意的是，在进行成本控制项目的选择时，不仅要以费用比例指标作为标准，还要兼顾其他方面的标准。如虽然我们一直把库存成本控制作为物流成本控制的重点，但只要库存量符合生产或销售所需的服务水平，或库存周转率符合企业的实际需要，那么库存量或库存成本就不能进行简单的缩减。所以，运用物流数据查找问题时，要综合判断，不过经济核算为我们查找物流管理活动的"瓶颈"提供了一个有效的工具。

（3）利用成本指标控制物流活动，实现物流活动的合理化。物流成本管理主要有物流成本计算、物流预算编制和物流计划管理等内容，物流预算是通过编制成本预算和成本计划的控制来管理物流活动，以求最经济的物流活动达到预定的服务水平或目的。具体途径是利用会计方法确定物流成本的计划发生额或成本计划指标，根据预计的物流量，按照相关的项目分类设定，并在物流实际过程中，及时测定实际发生的费用，将之与计划指标比较，并采取多种措施将实际发生额向计划费用范围靠近，使物流活动以合适的成本进行。

2. 物流成本管理的作用

成本意味着浪费，进行物流成本管理的作用就在于它可能会给我们提供降低成本的途径，提高效益。

（1）改进企业的物流管理。企业物流管理水平的高低，直接影响着物流耗费的大小，企业要降低物流成本水平，就必须不断提高管理水平，改进物流管理的方法及技能。因此，加强物流成本管理、降低物流成本是企业提高物流管理水平的一个激励因素。

（2）降低产品价格。降低产品价格，提高企业的市场竞争能力。物流成本最后都要分解到产品成本中去，所以物流成本是产品成本的构成部分，它的大小对产品价格的高低具有重大影响。通过对物流成本进行管理，使得物流成本降至最低，企业便可能降低其产品价格，如果产品价格比竞争对手同类型产品的低，在市场上会具有相对多的竞争能力，可能取得更大的市场份额。

（3）为社会节约财富。作为流通环节的物流活动，一般不具备增值作用，从宏观管理角度来看，它是社会财富的消耗。实行物流成本管理可以减少社会财富的浪费，将节省的费用投入到其他增值过程，如生产领域，可以创造更多的物质财富。

（三）现代物流成本管理特征

企业管理人员对成本管理和控制越来越予以重视，而且由于持续改善的管理思想日益深入，人们对成本控制的界限的追求变得永无止境，企业成本降低的潜力无穷无尽。现代物流成本管理思想正是与这种现代管理思想相吻合，它对企业管理的作用具有不可低估的价值,具备的特征为:战略性、全面性、持续改善、信息化和智能化。

1. 战略性

物流成本管理的战略性特征可从两个方面论述,一是物流成本管理在企业管理中的战略地位;二是进行物流成本管理时,要考虑企业的战略发展目标。首先在现代竞争环境中,物流成本管理具有重要战略意义。企业战略是关系到企业未来发展目标、方向及途径,作为21世纪的企业,需要的是适应时代特征的发展战略。现代经济发展的明显特征就是信息技术革命与经济全球化,信息革命不仅急剧提高了搜集信息、传递信息和处理信息的速度,同时使信息处理、交易成本下降,对经济发展甚至社会生活都产生了巨大影响,使企业的发展和管理各个方面也发生了巨大变化。信息技术使企业组织内外的各种经营管理职能、机制有机地结合起来,网络技术的发展与成熟使企业内部与企业外部可实现信息共享空间,这种信息的开放性、交互性使原来企业那种"金字塔"式的管理组织、等级森严、缺乏沟通、管理层次多、信息逐层传递的企业结构已不合时宜。利用信息集成技术和管理集成技术将原来分散的业务过程重新构建,使之畅通性增强。业务流程再造是21世纪企业可能都要面对的一个过程,其中,物流再造和供应链构建以是业务流程再造的重要内容。

建立这样一套与企业发展战略相适应的物流体系,离不开物流经济活动管理体系的建立,甚至可以说它是物流体系建立的中心问题。为了使企业人、财、物得到合理的运用,取得最佳经济效果,就需要进行物流成本核算、物流费用分析、物流经济成果预测与控制。因此,物流成本管理是企业战略性发展的重点之一。

2. 全面性

由于物流活动贯穿企业运营中的供应、生产、销售等环节,无论成本核算、成本控制及降低成本的工作都要涉及上述的各个部门,通过物流成本管理的实施,易于形成全员式的物流成本管理局面,形成贯穿企业各部门的"组织化成本意识"。

如果要进行物流活动经济性的全面核算,首先应设立企业的总体物流成本目标。由于物流活动的结果是服务,综合而言,就是准确履行订单的能力、及时反应市场的能力等。物流服务水平与成本具有趋同趋向,即服务水平目标设立越高,物流成本越高;服务水平目标设立越低,物流成本相对就越少。而物流服务水平是保持客户忠诚度、提升市场份额、提高销售额和收入的主要变量。物流服务水平提高,销售额和收入增长;物流服务水平降低,销售额和收入降低。物流成本、物流服务水平和销售额三者之间关系如图 14.1 示。

由图 14.1 可知,由于这三种变量的相互关系,我们在设立企业物流成本目标时,一定要考虑物流服务水平和销售额这两个约束条件,才能确定符合企业利益的物流成本目标。

其次,通过合理分解物流成本目标,形成物流成本责任制。在确定了与物流有

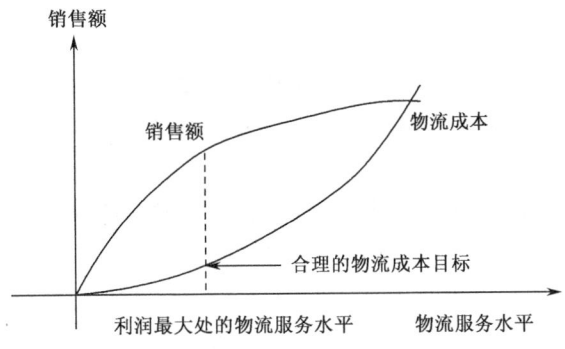

图 14.1 物流成本与物流服务水平关系

关的各项活动,包括对物流成本有影响的主要活动以及各种间接活动后,通过协调,将总成本按照一定的结构和方向不断细分,将其落实到相关活动、具体职能部门和岗位上,并明确规定各职能部门。各职能部门通过制定岗位责任制和各项物流活动的控制程序,明确规定从事各项物流活动的岗位或人员的职责和权限,使之按成本预算计划或成本目标来完成物流活动。

3. 持续改善

物流成本控制是企业成本控制的方向,而物流成本的持续改善也是物流管理的主要目的之一。

开展物流成本管理实际上是运用财务用语来评价和度量物流管理体系的有效性,并为识别无效活动和发起内部改进提供依据。企业不仅要制定合理的总体物流成本目标并有效地分解落实,也要利用物流成本分析的方法与技术,如物流成本构成分析,来分析企业运行的物流成本的项目构成是否合理,通过对成本比例过高的项目进行重点控制和改进,可以得到比较合理的物流成本水平。此外,通过物流成本与企业其他经济指标的比较分析,如相对于企业销售收入、产值、利润等指标的比率,有利于分析和评价物流管理的水平。

物流成本改善还要注意贯彻持续改善的思想。企业物流管理水平的提高是一个螺旋上升的过程,这种上升是通过管理的持续改善及创新突破来实现。同样,物流成本的管理也要以不断改进和创新突破为方向。

4. 信息化、智能化

物流成本管理的基础是费用信息,物流部门的管理人员通过相关报告掌握物流运行的费用信息,判断物流业绩并进行适当的修正措施。我们应该应用信息系统技术建立以计算机技术为基础的物流成本管理系统,它是物流管理系统的重要组成部分。物流成本管理系统应该能实现从其他物流管理子系统,如订货管理子系统、库存管理子系统、配送和运输管理子系统、采购管理子系统自动获取物流活动引起的相关数据,直接进行物流费用的计算。将数据处理的结果与物流总体计划子系统生成的物流成本预算计划或指标进行自动比较,判断物流费用控制是否正常。

### （四）物流成本管理的难点与对策

对于我国制造行业来说，物流管理包括物流成本管理都是崭新领域，因此在实施过程中会遇到许多困难。就物流成本管理方面而言，其难点如下。

1. 成本计算的准确性

现行的会计制度并无物流费用科目，进行物流成本核算时，能否从现有的会计项目中将有关物流费用分解出来进行汇总是首要问题。

2. 成本目标分解的困难

如果企业目前没有统一的物流管理部门，则需要将物流总成本在相互独立的不同职能部门之间进行分配和控制。即便设立了专门的物流管理部门，物流活动之间也有背离规律，某一部分物流效益的增长可能会引起另一部分物流活动效益的下降，最典型的是仓库与运输。如仓库数量多，则可能引起平均运输线路短，进而运输费用或成本降低，但保管费用或成本却上升。要在这种背离状况下进行物流成本计划或目标的合理分解困难较大，分配不合理则对物流成本控制带来难度。

3. 物流成本管理标准化问题

由于物流管理是一门新兴的学科，在许多方面处于逐步完善过程，累积的实践经验少，理论研究还滞后，目前还谈不上物流标准化管理。在我国，物流成本管理处于起步阶段，这体现在，一是进行物流成本核算的企业寥寥无几，无充足的案例和数据可查询，无法进行大规模的成本核算经验的总结与研究，无法找到适合行业特征或普遍性的规律或方法；二是实行核算的企业或组织根据自己常用的记账方式或会计制度进行简单的物流成本计算，而物流成本的计算或预算的目标和对象与现行的会计制度之间有差异，现行核算方式可能无法真实反映物流全过程的经济活动现象，更不能将这种核算方法作为物流成本核算的标准方法或制度；三是物流管理的研究在我国来说也是从20世纪90年代后期才被人们所关注，物流成本管理研究的成果很少，特别是物流成本管理实证研究更少，标准化工作不能建立在薄弱的理论基础之上，标准化必须具备推广和指导的作用，应有厚实的理论与实践基础。因此，迄今为止不能制定相关的物流成本管理标准制度。没有这些标准或制度，企业在计算物流费用时口径不一，可比性差，由于无法在同样的平台上进行物流成本统一计算、比较分析和控制，影响了物流成本管理的效果。

综上所述，物流成本管理正在成为企业成本管理的一个重点，它对企业的发展起着重要的推动作用；同时物流成本管理立足于新的管理思想和思维模式，应该采用一些传统的会计计量程序和方法，更要根据其特性去创新适应的方法。

## 第二节 物流成本的计算

物流成本计算是物流成本管理的第一步，是收集物流活动经济数据的主要渠道和途径，使物流过程透明化。这个透明度表现在：①通过物流成本计算程序为各个层次的经营管理者提供物流管理所需的成本资料，物流经济活动的透明化；②为后期物流预算编制和控制提供所需的基础数据，物流成本管理中计划的透明化；③提供了物流服务或相关产品价格计算的成本依据，定价的透明化。

一、物流成本计算表

1977年，日本运输省制定了《物流成本统一计算标准》，给出了物流计算表格。其表格设计与传统的会计项目保持了一致，有利于从传统会计项目中导出相关的物流费用。虽然这种核算方式是建立在传统会计核算基础之上的，在反映真实的物流费用方面有所欠缺，但对于处于物流核算起步的企业来说，这种方法易于理解掌握，具有一定的指导作用。主要核算方式有以下三种方式。

1. 按支付形态和物流过程进行物流费用计算

这种方法是将企业财务会计核算的相关科目中分解出物流成本，然后以表格形式逐步核算。具体图表见表14.1，步骤如下：

第一步：将物流费用从会计科目中分解。

(1) 材料费。材料费指核算期间内各种材料的实际消耗量的金额，应包括材料的购买费、进货运费、装卸费、保险费、关税、购进杂费等。

(2) 人工费：物流活动中消耗的劳务所支付的费用。包括员工所有报酬、按规定提取的福利基金的支出、员工教育培训费及其他。如果将物流人工费从企业人工总费用中分解时，可按从事物流活动的员工人数比例分摊。

(3) 水电费：物流设施的使用都会涉及水电费。可直接从物流设施发生的相关费用进行汇总，也可从整个企业支出的水电总费用中按物流设施的面积与企业设施的总面积比例分摊。

(4) 维持费：由于土地、建筑物、机械设备等固定资产的使用、运行、维护和保养而产生的维修费、大修理费、保险费、租赁费、土地使用税等费用的总和，也可按面积比例指数进行分摊。

(5) 一般经费：即一般管理费，其中包括差旅费、交通费、会议费、文件费等。如果使用人员和目的明确，由物流管理活动引进的，可直接计入物流成本；不能直接计入的，可根据员工人数比例分摊。

(6) 特别经费：包括折旧费和企业内利息等。企业内利息是指考虑到资金的时间价值引起资金成本，一般以企业内部利率来核算。企业内部利息的核算，对物流活动中使用的固定资产以征收固定资产占用税时的评估价额乘以企业内部利率，对存货账面价额乘以企业内利息来计算。

(7) 委托物流费：根据本期发生额计算，包括运费、装卸费、保管费、委托物流加工费等。

表 14.1  支付形态・领域类别

| 支付形态类别 | | | 领域类别 | 采购物流费 | 工厂内物流费 | 销售物流费 | 返品物流费 | 废弃物流费 | 合计 |
|---|---|---|---|---|---|---|---|---|---|
| 本企业物流费 | 企业支付物流费 | 自家物流费 | 材料费 | 燃料费<br>消耗工具、器具费<br>合计 | | | | | |
| | | | 人工费 | 工资、资金<br>福利费<br>其他<br>合计 | | | | | |
| | | | 水电费 | 电费<br>水费<br>燃气费<br>其他<br>合计 | | | | | |
| | | | 维持费 | 修理费<br>消耗材料费<br>保险费<br>合计其他 | | | | | |
| | | | 一般经费 | | | | | | |
| | | | 特别经费 | 折旧费<br>企业内利息<br>合计 | | | | | |
| | | 自家物流费合计 | | | | | | | |
| | | 委托物流费 | | | | | | | |
| | 本企业支付的物流费合计 | | | | | | | | |
| 外部企业支付的物流费 | | | | | | | | | |
| 企业物流费总计 | | | | | | | | | |

(8) 其他企业支付的物流费：以本期发生的其他企业应支付的物流实际费用。

第二步，把通过计算的以上数据填写在表 14.1 相关的项目上。

第三步，将费用按企业的物流过程分类，即供应物流、工厂内物流、销售物流、返品物流和废弃物流分类，然后再汇总。

第四步，通过对物流过程的费用汇总，可看出各个过程实际发生额和它们之间的比例关系，可以初步确定需要加强成本控制的重点过程。

2. 从物流功能分类和费用支付形态方面计算

这种方法的步骤与第一种方法相似，只是在核算完不同支付形态的物流费用后，不是按物流过程分类进行汇总，而是按物流功能分类来汇总，即包装、运输、保管、流通加工、物流信息、物流管理等方面进行汇总。功能分类方法可以让人们确定哪种功能更耗费成本，找出物流活动中的"瓶颈"，得到实现物流合理化的对策。其体格式见表14.2。

表14.2 支付形态·功能类别

| 支付形态类别 | | | 功能类别 | 物资流通费 | | | | 信息流通费 | 物流管理费 | 合计 |
|---|---|---|---|---|---|---|---|---|---|---|
| | | | | 包装费 | 运输费 | 保管费 | 流通加工费 | 合计 | | | |
| 本企业物流费 | 企业支付物流费 | 自家物流费 | 材料费 | 燃料费<br>消耗工具、器具费<br>合计 | | | | | | | |
| | | | 人工费 | 工资、资金<br>福利费<br>其他<br>合计 | | | | | | | |
| | | | 水电费 | 电费<br>水费<br>燃气费<br>其他<br>合计 | | | | | | | |
| | | | 维持费 | 修理费<br>消耗材料费<br>保险费<br>合计其他 | | | | | | | |
| | | | 一般经费 | | | | | | | | |
| | | | 特别经费 | 折旧费<br>企业内利息<br>合计 | | | | | | | |
| | | 自家物流费合计 | | | | | | | | | |
| | 委托物流费 | | | | | | | | | | |
| | 本企业支付的物流费合计 | | | | | | | | | | |
| 外部企业支付的物流费 | | | | | | | | | | | |
| 企业物流费总计 | | | | | | | | | | | |

## 3. 按物流功能与过程分类进行费用统计

制得表 14.1 后,可取得采购物流、企业内物流、销售物流、返品物流和废弃物流的总额,还可将这些费用按物流功能进行分类汇总,具体形式见表 14.3。表 14.3 还提供了物流费用与销售额、销售成本、销售数量的比值计算,这样可使物流成本与企业的销售成果关系确定起来。从物流系统的观点来看,一项物流活动或任务就是在一个具体的产品或市场环境中要实现一系列的顾客服务目标,从某种角度上说,这种服务目标可以通过销售绩效表现。企业销售的绩效是物流过程的目的或输出,只有在确定绩效基础上成本管理才更具意义。在积累了一定的绩效成本数据,可以提供制定合理成本的依据。

表 14.3 功能类别·领域类别

| 支付形态类别 \ 功能类别 | | 物资流通费 | | | | 信息流通费 | 物流管理费 | 合计 |
|---|---|---|---|---|---|---|---|---|
| | | 包装费 | 运输费 | 保管费 | 流通加工费 | 合计 | | | |
| 采购物流费 | | | | | | | | | |
| 企业内部物流费 | | | | | | | | | |
| 销售物流费 | | | | | | | | | |
| 返品物流费 | | | | | | | | | |
| 废弃物流费 | | | | | | | | | |
| 合计 | | | | | | | | | |
| 销售额 | 金额 | | | | | | | | |
| | 对销售额比 | | | | | | | | |
| 销售成本 | 金额 | | | | | | | | |
| | 对销售成本比 | | | | | | | | |
| 销售数量 | 数量 | | | | | | | | |
| | 单价 | | | | | | | | |

## 二、ABC 计算法

### (一) ABC 计算法概念

ABC(activity-based costing)是一种新的成本计算方法,意思是以活动为基准的成本计算,又称成本作业法。它是由于随着企业运营环境和方法发生了巨大变化,而产生的适应企业实际成本计算需要的方法。

20世纪80年代以来,西方发达国家的企业大力采用先进的制造技术参与全球竞争,企业的现代化提高了质量而降低了成本。伴随着这些变化,传统成本计算方法已逐渐表现出在真实反映间接成本方面的局限性,因此成本管理也需要完善、变革。在原来大规模、少品种生产模式下,按单个产品的产量等比例地计量资源消耗的传统成本计算系统是有用的,随着多品种、少批量生产模式的到来,以及大量现代化技术的采用,企业自动化、信息化程度越来越高,人工费用越来越少,生产成本中的很大比例并不一定是直接人工费用或直接材料费用,可能是组织管理方面的间接费用,如为生产准备及为作业或交易而处理材料所发生的成本等、自动化而引发的大部分开支(设备、技术改造等)、生产信息管理的费用等,物流成本也应属于这类间接成本。总之,与直接人工相关的制造成本的比例持续下降,固定性间接成本的比例不断提高。而传统成本计算系统立足于运用产品数量来分摊间接成本,但是不同品种的产品其价值不同、资源消耗存在着巨大差异,单个产品的成本基准不同,采用数量来进行间接成本的分解必然造成产品成本的扭曲。应该根据隶属于具体产品或具体业务的作业或活动发生的资源消耗来核算成本,其主要思想是:企业的产品或服务是由一系列作业或活动完成的,这些作业或活动会产生资源消耗导致成本,核算这些作业成本,再将相关作业分配给引起它们发生的对象上。

(二) 物流 ABC 的计算步骤

如果将物流中心承担的物流作业作为物流成本核算的对象,物流作业成本与具体的顾客需求有关。这里的顾客既有外部顾客,如各零售店或销售商;也有内部顾客,如各生产车间或生产线。不同的顾客服务需求就有不同的资源消耗,就有不同的成本。不同的物流需求其差别在于物流作业过程或环节之间的不同,因此进行 ABC 核算时,就要将这些作业过程的差异考虑全面,才能准确计算成本。计算步骤如下。

1. 分析和确定消耗的资源

首先对物流服务所要消耗的资源有个大概的观念,把与物流过程有关的企业费用项目进行大概汇总,剔除与物流活动无关的资源。

2. 分析和确定作业

物流作业分析指描述和识别组织中与研究对象相关的物流作业过程。不同层次的顾客,其物流作业过程是不同的,需要仔细区分。如为零售商提供产成品的销售物流作业过程与为生产线提供生产材料的供应物流过程有着明显的差别。能否准确地进行作业分析决定了而后物流费用计算的质量。

流程图是作业分析常用的工具。流程图常用的符号如表 14.4。

表 14.4　流程图常用符号

| 符号 | 意义 |
|---|---|
| ○ | 流程的起点或终点 |
| □ | 作业环节 |
| ◇ | 判断或决策 |
| → | 实物流 |
| --→ | 信息流 |

图 14.2 为某企业物流作业流程图，通过它可清楚地区别购货、验收、会计、制造的过程。

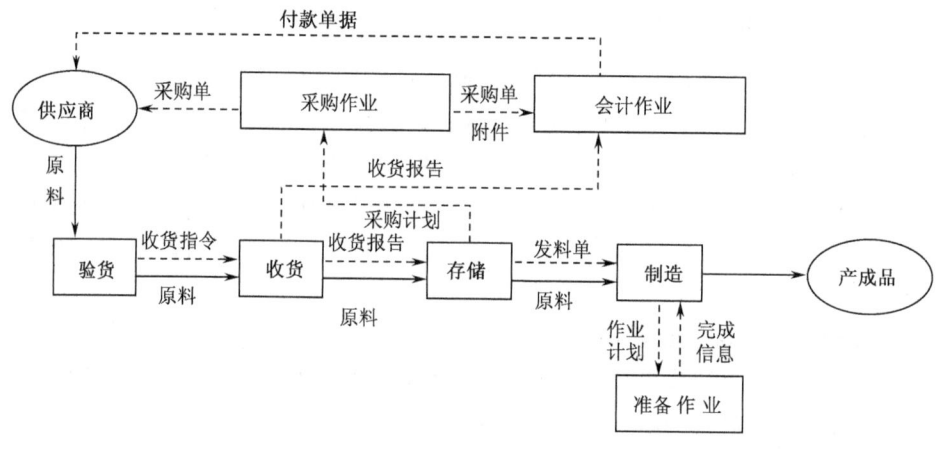

图 14.2　物流流程图

此流程图描述了一个企业从原料采购到产成品生产的过程。但要进行具体的物流过程作业成本计算，还需要将过程再细化，细化至不可再分环节，或可直接核算费用的环节。因此，ABC 计算成本时，可能要运用多层流程图。

**3. 将资源分配给作业**

确定物流作业环节的目的是为了确定这些作业所消耗的资源即费用，因此要将这些资源分配到作业上去，一般根据成本动因的资源动因分配。

所谓成本动因指的是导致某项作业的成本变动的因素，包括资源动因和作业动因两类。

资源动因指的是对一项作业所消耗资源数量的计量，典型的资源动因有：①用于物流部门的设施数或面积；②物流作业人员数量；③机器设备的数量等。

作业动因指成本对象对作业需求的频度和强度的计量。常见的作业动因有：①某项作业的次数，如采购订单份数或次数、验收作业次数或验收单份数；②作业的时间，如直接人工小时、机器运转小时；③数量，如产品数量、零部件储存数、周转次数等。

在将资源分配到作业中时，需要根据实际情况灵活选用资源动因。如将水电费在物流部门中分配时，可能要采用面积指数；分配人工费用时，则要采用人员数量指数。

4. 分配成本到成本对象

最后应将各物流作业成本再按不同的产品、顾客或服务项目进行分配及汇总，一般运用作业动因来分配。这样就把物流产出与物流费用直接联系起来，为物流成本管理提供了基础。

总之，ABC方法运用到物流成本计算上，提供了真实、丰富的物流成本信息，为准确确定物流服务的能力、物流成本或价格，为利用这些信息来进行产品定价、顾客服务及资本支出等战略决策打好良好基础。

# 第十五章

# 物流绩效管理

## 第一节 物流绩效管理及评价

### 一、物流绩效管理

#### (一) 物流绩效的概念

1. 物流绩效

物流绩效,通常是指物流活动中一定量的劳动消耗和劳动占用与符合社会需要的劳动成果的对比关系,即投入与产出的比较。结合企业物流管理的需要来认识,物流绩效的含义应该包括结果和行为两个方面。具体地说,就是指企业物流行为与行为过程及其所创造的物流价值和经营效益。企业物流绩效既是企业物流行为及其行为过程的表现,同时也是企业实现物流价值和经营效益的结果。

企业物流绩效是指企业依据客户的物流需求在组织物流运作过程中的劳动消耗和劳动占用与所创造的物流价值的对比关系,或者是物流运作过程中企业投入的物流资源与创造的物流价值的对比。

2. 物流绩效周期

物流绩效周期(logistical performance cycles, LPC)是物流整合分析的基本单位,物流活动是由许多 LPC 连接而成。每一 LPC 包含物流设施据点 (nodes) 及连接线 (links)。物流绩效周期是我们评价和研究物流活动的基本单位,只有合理地确定和分析物流绩效周期，才能为我们更好地进行物流管理和物流绩效评价提供依据。

**（二）物流绩效管理**

在满足客户服务要求条件下，在物流运作全过程中对物流成果与效用的产生、形成和评价所进行的计划、组织、协调与控制。换言之，物流绩效管理（logistics performance management）就是对物流活动中的结果和行为进行管理。在保证能够满足顾客服务、实现物流最终目标的前提下，争取使用最小的成本和投入来达到最大的产出。物流的绩效管理是从物流的采购、成本、财务、人力、生产等各方面的绩效进行管理和控制，是一个整体的、全方面的管理过程。

## 二、物流绩效评价

**（一）物流绩效评价的概念**

物流绩效评价是对物流价值的一种事前计划与控制以及事后分析与评价，以衡量企业物流运作系统和活动过程的投入与产出状况的分析技术与方法。依托现代信息技术和分析工具，物流绩效评价成为一个不断分析、控制和修正的动态过程。

**（二）物流绩效评价的理论发展**

物流绩效衡量最早出现在实物配送成本方面。在这一阶段，强调了衡量实物成本的困难性，因为人们捕捉实物配送行为时缺乏标准的成本会计体系。在逐步认识到实物配送成本的存在后，人们开始向更高的管理层呼吁，希望企业能像重视对制造与营销成本的衡量一样，强调对实物配送成本的衡量。这种关注出现的主要原因在于人们发现企业面临大量的实物配送成本却无法获取这些行为。当时这一特殊研究领域中对实物配送服务水平的衡量还很少。最近人们开始支持对成本的优先研究，认为在设计一个综合的物流绩效评价体系时企业必须能够在评价服务之前衡量他们自己的成本。

接着进入物流绩效衡量内容的完善研究阶段，当绩效衡量的观念得到关注时，首次是以绩效衡量为目的包含了效率与有效性来对物流活动进行分类的有意义的尝试。人们区分了对于衡量来说很重要的物流的五个主要领域：运输、仓库、存货控制、订单过程以及物流管理。所有的衡量均集中于效率与有效性，而没有涉及服务绩效。表 15.1 提供了最初物流过程中活动与任务的一些例子。

表 15.1  物流活动

| 预测 | 生产计划 |
|---|---|
| 订货过程 | 设备安置 |
| 完成商品的运输（面向顾客的仓库） | 生产材料控制 |
| 完成商品的库存控制 | 原材料存储 |
| 配送中心仓库 | 原材料运输 |
| 完成商品运输（面向工厂的仓库） | 原材料库存控制 |
| 包装 | 获取 |

然后进入物流绩效衡量指标与衡量体系研究阶段。最早人们试图以三个标准来进行物流绩效衡量，这三个标准是：对顾客的重要性、企业绩效、改进的成本/时间。这种衡量体系重点在于分析当顾客服务改进时对企业绩效、资源（改进成本/时间）所造成的影响，所有的物流绩效指标都是顾客导向的。而后，人们提出了物流绩效的可能指标，将这些指标分类，归于以下几个领域：质量、财务绩效、基于顾客的、基于时间的、成本、柔性、可靠性、创新、学习、内部与外部的商业视角以及许多其他的领域，典型的指标有：顾客满意度/质量、时间、成本与资产。另外，物流绩效的职能性评价可以分成以下几种：成本管理、客户服务、质量、生产率、资产管理。

随着供应链管理思想的深入，人们认为物流企业绩效应从内部和外部两方面来进行衡量。内部绩效衡量通常从以下五方面来评价：成本、客户服务、生产率指标、资产衡量、质量；外部绩效通常是从客户感觉衡量和最佳实施基准两方面来评价的。

**（三）企业物流绩效评价的目标**

从企业物流运作管理的需要出发，物流绩效评价的目标就是对物流运作管理过程的监督、控制和指挥。

（1）监督目标就是为了追踪现行物流系统绩效并不断与以往物流系统进行比较分析，同时向管理者和客户提供绩效评价报告。主要指标包括服务水平要素和物流成本要素。

（2）控制目标就是实时追踪现行物流系统运作绩效，用以改进物流运作程序，及时调整运作方式。主要依据物流系统标准体系进行实时控制。

（3）指挥目标就是通过物流绩效评价来评价物流组织和物流人员的工作绩效，达到激励物流人员、实现更优化物流运作效率的目的。

**（四）物流绩效评价的作用**

在企业进行物流管理的活动中，物流绩效管理发挥着一个导向作用，只有有效的物流绩效管理，才能保证企业各项物流活动的顺利进行。所以，物流绩效评价也

对企业有很重要的意义,主要作用如下:

(1) 提出和追踪物流运作目标以及完成状况,并进行不同层次和角度的分析和评价,实现对物流活动的事先控制。

(2) 通过物流绩效评价,判断物流目标的可行性和完成程度,调整物流目标。

(3) 进行物流绩效评价,按新的管理与控制目标进一步改善工作,提升物流绩效。

(4) 物流绩效评价是企业内部监控的有效工具和方法。

(5) 通过物流绩效评价,分析和评价企业资源素质与能力,确定物流发展战略。

### (五) 物流绩效评价的内容

物流绩效评价的内容很多,贯穿于整个物流活动:

(1) 评价物流技术方面的物流绩效。如对物流运作流程的评价、对物流设备设施配置的评价、对包装模数的评价等。

(2) 评价与成本、收入、利润等财务方面的物流绩效。如物流成本控制及控制水平、物流业务量、物流利润水平及利润趋势等。

(3) 评价与资源有关的物流绩效。如能源利用率、原材料利用率、回收率以及物流资源对环境的影响情况等。

## 三、物流绩效评价对象和评价标准

### (一) 评价对象

在企业实际工作中,要搞好物流管理,首先要认清本企业的物流的情况,即评价现在的物流。认清情况后,需要参考一些评价标准,并结合公司的情况对评价结果做出判断。

物流管理评价对象一般而言,包括如下几类:①专业物流人员素质、数量;②物流作业时间;③工程量;④使用场地面积;⑤物流车辆、工具数量;⑤经营的商品数量。

物流管理的评价标准,有如下四类:①成本;②效率;③生产率;④目标成果率。

物流管理评价工作,究其实质,也就是回答"评价什么,怎样评价,结果应该是怎样的"等问题。

### (二) 评价标准

在物流绩效评价过程中,需要依据一定的标准,以确保评价结果的有效性和准确性,主要依据以下标准:

（1）计划标准。计划标准是评价物流绩效的基本标准。以计划标准为尺度，可以将物流绩效实际达到的水平同计划指标进行对比，反映物流绩效计划的完成情况，并在一定的程度上表明企业的经营管理水平。

（2）历史标准。以历史标准为尺度，可以将物流绩效指标实际达到的水平同历史同期水平或历史最高水平进行对比，观察这种指标是否达到了最佳状态。这种纵向的对比，能够反映出物流绩效指标的发展动态及其方向，为进一步提升物流绩效提供决策依据。

（3）行业标准。用国际或国家同行业达到的先进水平作为评价物流绩效的尺度。这种横向的对比，便于观察和表明企业本身所处的位置，便于发现差距，作为企业制定物流发展战略基础。

（4）客户标准。用客户对企业物流运作服务的评价和满意程度来衡量企业的物流绩效。客户的满意程度是评价企业物流运作服务水平的关键要素，是企业改进和提高物流服务水平的依据。

（三）物流绩效指标

物流绩效指标分为定量指标和定性指标两大类。

1. 定量指标

衡量物流管理的工作效率，主要以一定时间内投入与产出的比例确定。各种不同商品配送可能有不同的运输工具、时间要求等，应根据不同企业的实际情况来自行设定不同的指标，但主要是从投入角度和产出角度进行分析。这一点可以从国家和地区所编制的投入产出表，或者某个具体企业的一些效率指标得到印证。

下面是日本流通系统开发中心《物流成本计算手册》中列出的几个重要的效率指标，仅供参考。

（1）配送效率指标：配送活动效率。

①配送每件商品所需时间＝行驶时间/配送件数；

②实车比率＝实车（装载）距离/行驶距离；

③运输率＝实载吨·千米/（能力吨·千米）；

④实载率＝实际装载量/装载能力。

（2）仓库效率指标：

①有关仓库活动对客户服务的状况：

可用缺货率＝因缺货而对外订货的件数/接受订货的件数（接受订货的传票流水）获得。

②关于仓库活动的效率性，主要有如下项目：

· 保管效率＝在库金额/仓库面积；

· 在库周转率＝总销售额/平均在库金额；

· 在库率（在库周转期间）＝30日用在库周转率。

- 表示相对于出货金额而言有几天时间的在库：
  
  在库费用比率＝在库维持费/在库金额

- 向不同的主要采购地订货的余额与主要商品的实际销售额进行对比：
  
  劳动生产率＝出货金额/投入劳动力（人口）

整个物流活动由若干个能够创造物流价值并独立进行评价的基本业务构成。企业将整个物流划分为若干个基本业务环节，这些基本环节是物流基本业务绩效评价的前提条件。对于一个完整的物流过程而言，某一环节或承担的某一项业务，都可以看成是基本业务；基本业务要根据企业资源条件、管理能力以及物流和技术等要素来确定，不同的企业会有不同的基本业务划分。

企业物流基本业务的绩效评价指标有：

（1）业务完成额。业务完成额是指在一定的时期内，企业物流运作中已经过财务核算的实际完成的各项业务额的总和。它反映了企业物流运作过程，在一定的时期中满足物流市场需求的程度。在保证物流服务质量的前提条件下，业务实际完成额越多，表明企业物流绩效越好。这是衡量企业物流绩效的基本指标。

（2）差错事故率。差错事故率指标是指一定的时期内，企业在物流运作过程中发生的差错事故项数与已执行业务总额项数的百分比。虽然造成事故的原因是多方面的，但也是对企业物流服务质量和物流运作绩效的反映。

（3）费用率。费用率指标是指在一定时期内，企业全部物流业务运作过程中支出的各项费用总额占物流业务收入总额的百分比。这是衡量企业物流绩效的一项综合性指标。

（4）全员劳动效率。全员劳动效率是指在一定时期内，企业实际完成的物流业务总额与平均人数的对比。这是企业活劳动在物流运作过程中的绩效反映。

（5）定额流动资金周转天数。定额流动资金周转天数是指企业在一定时期内物流运作过程中定额流动资金周转一次所需的时间，通常以天为单位，反映企业物流运作中资金的利用效果。

（6）利润总额。利润总额指标是指企业在一定时期内组织物流过程中收支相抵后的余额。这是衡量企业物流经营管理水平和物流绩效的综合性指标。

（7）资金利润率。资金利润率指标是指在一定时期内，实现的物流利润总额占固定资产平均总值和流动资金占用总额的百分比。这也是评价企业物流绩效的一项综合性指标。

2. 定性指标

物流工作是对公司生产、销售活动的辅助性活动，有一些指标难以量化处理。如物流对销售的贡献程度，对生产部门计划工作、对营销部门开展市场工作提供多大程度方便，这些指标称为"有效性"指标。

此外，物流工作是一种服务性工作，服务性评价指标包括：工作人员的工作热情、工作态度，企业在消费者中的形象等。这些定性指标方面，需要公司各部门一起讨论，对物流部门的工作形成正确的评价。

### (四) 物流绩效评价的原则和步骤

**1. 物流绩效评价的原则**

进行物流绩效评价应当遵循以下几个原则：

(1) 整体性原则。根据以往的会计数据对物流各个部门进行单独的评价已经不能适应现在的物流发展的需求，随着物流的整合和各个阶段的协调力度的加大，物流的绩效评价体系不应当只局限于对局部的成本的考察和控制，还应当从整体上对物流管理的绩效进行评价。

(2) 可比性原则。评价指标体系的建立，不但考虑数据在时间上纵向的可比性，还应当考虑与其他企业甚至是国外企业的物流绩效评价体系的兼容和横向的可比性，所以在建立体系的时候要参照国际和国内同行业的物流管理基准。

(3) 经济性原则。评价体系应当考虑到操作时的成本收益，因此建立指标体系时大小必须适宜，指标体系过小评价结果不全面，过大则会因所需采集的数据过多导致成本上升和操作过程的复杂结果得不偿失。因此，结合我国企业的实际应当在国内现有的评价体系和国际先进体系之间找到一个均衡点。

(4) 定量与定性结合的原则。由于物流管理的绩效涉及物流的风险和客户满意度等企业形象问题，而这两个方面很难进行量化，所以评价指标体系的建立除了要对物流管理的绩效进行量化外还应当使用一些定性的指标对定量指标进行修正。

**2. 物流绩效评价的步骤**

物流绩效评价体系的构建过程是保障评价体系合理性的关键，因此一个完整的物流绩效评价体系应包括8个步骤，即：

(1) 确定评价工作实施机构（选聘有关专家组成专家咨询组）；
(2) 制定评价工作方案（确定评价要素及制定具体的绩效量化指标）；
(3) 收集并整理基础资料和数据；
(4) 评价计分（运用计算机软件计算评价指标的实际分数，评价每一评价要素的实际绩效）；
(5) 评价分析（分析实际绩效与目标值之间的差异）；
(6) 评价结论（欲采取的必要的纠正措施）；
(7) 撰写评价报告（包括评价结果、评价分析、评价结论及相关附件）；
(8) 对评价工作进行总结。

### 四、物流绩效评价方法

企业的物流绩效评价，其实质是对企业物流服务能力、竞争能力、发展能力的评价企业应当从提高物流服务水平的角度对物流运作活动的总体绩效做出评价。物流活动总体绩效评价可以分成内部评价和外部评价。

### (一) 内部评价

内部评价是对企业本身物流资源与能力的一种基础性评价。根据内部评价可以确认物流的服务水平、服务能力和满足服务客户要求的最大限度。内部评价是建立在物流基本业务分析的基础上，将整个物流系统进行投入产出分析，从而可以确认物流系统总体的能力、水平和有效性。

### (二) 外部评价

物流服务的质量管理外部评价是对企业物流运作外部环境、物流服务形象与能力的系统评价，主要有两种评价方法：

(1) 客户满意评价。一般采用调查问卷、专家系统、客户座谈会等方式进行。

(2) "标杆"评价法。即通过选定先进标准作为参照系确定为"标杆"，进行全面比照分析和评价企业物流运作的总体绩效。

## 第二节 物流服务质量管理

物流绩效评价过程中，物流服务质量也是非常重要的方面。物流服务质量管理既是物流企业营销的基础，也是物流企业营销的核心。物流服务质量不仅衡量物流服务的结果，而且重视物流服务的过程。物流服务质量虽然不能直接影响企业收益，但是从长期来看，对于企业打造竞争优势、塑造核心竞争力具有重要的作用。因此，有必要探讨企业物流服务管理问题。

### 一、物流服务

#### (一) 物流服务的概念及特征

1. 物流服务的概念

从再生产的角度看，根据企业的性质，企业物流可以分为两大类：生产企业物流和流通企业物流。生产企业物流包括供应物流、生产物流、销售物流、回收物流和废旧物流。流通企业物流包括批发企业物流、零售业企业物流、仓储企业物流、配送中心物流和第三方物流企业的物流等。

无论是生产企业还是流通企业，企业物流都是供给向需求方提供的与实物时间和空间运动相关联的服务。按照服务的对象不同，企业物流服务也可以分为两部分，一部分是面向企业内部客户的内部物流服务，另一部分是面向企业外部客户的外部物流服务。另外，供应商对本企业的物流服务，本企业虽然是服务的接受者，但是这种服务将影响本企业的内部物流服务以及外部销售物流服务，所以本企业也要对供应物流中的服务进行主动管理,不能只是被动接受。因此,本书所讨论的企业物流服务,不仅仅是销售物流中所涉及的物流服务(主要是客户服务),而且还包含了企业供应物流服务和企业内部物流服务,是企业物流全过程的、完整的物流服务概念。

2. 物流服务的基本特征

企业的物流服务具有结构性、差异性、增值性和网络性四个主要特点。

(1) 物流服务的结构性。企业提供的物流服务表现出明确的结构性特征。

首先物流服务是由多种物流资源和多种物流功能要素通过合理配置形成的,必然反映出结构性要求;其次企业生产经营发展导致物流需求呈现多元化、综合化趋势,与之相适应的物流服务也就会体现结构性变化。提升物流服务水平,就需要重视物流服务的结构性。

(2) 物流服务的差异性。不同的物流系统提供的服务不可能完全相同,同一个物流系统也不可能始终如一地提供完全相同的服务。物流服务表现出差异性,主要受企业物流系统提供服务的能力和服务方式的影响,同时也受客户参与物流服务过程、对服务不同的评价和认识的影响。当然,物流需求的个性化和独特化发展需要有个性化、柔性化的物流服务。

(3) 物流服务的增值性。物流服务能够创造出时间效用和空间效用,通过节省成本费用为供应链提供增值利益,表现为突出的增值性。服务的增值性直接体现了物流服务作为价值创造活动的成果;同时,也反映了物流服务对企业生产经营过程中产品和服务价值的增值作用。在现代经济发展过程中物流服务的增值性引起了人们的广泛重视。

(4) 物流服务的网络性。任何物流服务都依赖于经营者和消费者的互相协作和共同努力。在物流资源和物流功能要素的组合中,现代网络理念和网络技术促进了物流服务的网络化发展。物流服务的网络性不仅表现在企业物流服务组织的网络化、企业物流服务技术的网络化,而且还表现在物流服务需求的网络化。

(二) 物流服务的主要内容

1. 以客户为核心的物流服务

以客户为核心的增值服务,包括向买卖双方提供利用第三方专业人员来配送产品的各种可供选择的方式。处理客户向制造商的订货、直接送货到商店或客户家中,以及按照零售店货架储备所需的明细货品规格持续提供递送服务。这类专门化的增值服务可以被有效地用来支持新产品的引入,以及基于当地市场的季节性配送。

2. 以促销为核心的物流服务

以促销为核心的增值服务,涉及独特的销售点和展销会的配置,以及旨在刺激销售的其他范围很广的各种服务。销售点展销可以包含来自不同供应商的多种产品,组合成一个多节点的展销单元,以便于适合特定的零售商店。在有选择的情况下，以促销为核心的增值服务还对储备产品的样品提供特别介绍，甚至进行直接邮寄促销。许多以促销为核心的增值服务包括了销售点广告宣传和促销材料的物流支持等。

3. 以制造为核心的物流服务

以制造为核心的增值服务，是通过独特的产品分类和递送来支持制造活动的。既然每一位客户的实际设施和制造装配都是独特的，那么，从理想上来说，递送和引入内向流动的材料和部件应进行客户定制化。以制造为核心的服务，与其说是在预测基础上生产独特的产品，还不如说是对基本产品进行了修正，以适应特定的客户需求，其结果改善了服务。

4. 以时间为核心的物流服务

以时间为核心的增值服务，涉及使用专业人员在递送以前对存货进行分类、组合和排序，主要采用准时化形式来最大限度地满足物流服务对象的各种时间需要。以时间为核心的服务，就是排除不必要的仓库设施和重复劳动，以期最大限度地提高服务速度。

### (三) 物流服务方式的选择

1. 以市场需求为导向

一般来说，以产品为导向的物流服务难以真正对应服务的需求，容易出现物流服务水准设定失误，也无法根据市场环境的变化和竞争格局及时加以调整。而以市场为导向的物流服务是根据企业经营信息和竞争服务水准相应制定的，与客户面谈、客户需求调查、第三方调查等是决定物流服务水准的基本方法。

2. 采取物流服务多元组合

随着客户、行业和业务多样化的发展，客户的需求不可能千篇一律。因此，制定物流服务多元组合十分必要。物流服务也要考虑有限经营资源的合理配置，应根据客户的不同类型采取相应的物流服务。

3. 发展特色物流服务

企业在制定物流服务要素和物流服务水准的同时。应当保证物流服务的差别化，形成物流服务的鲜明特色，这是保证高质量物流服务的基础，也是物流服务战略的重要特征。

4. 注重物流服务灵活性

物流服务的变化往往会产生新的物流服务机会，在物流服务管理中，应当充分重视研究物流服务的发展方向和趋势，根据发展变化的物流需求提供高效的物流服务。必须在规范化、标准化物流服务基础上注重物流服务的灵活性，以满足企业在物流服务经营竞争中的需要。

5. 建立能把握市场环境变化的物流服务管理体制

物流服务水准是根据市场环境形势、竞争企业的状况、商品特性以及季节的变化而变化，企业在物流服务部门确立能收集物流服务信息、把握市场环境变化，并不断发展提高的管理组织与责任体制十分必要。

6. 强化物流服务绩效评价

物流服务绩效评价，其实质是对企业物流服务能力、竞争能力、发展能力的评价。在物流基本业务分析的基础之上，对整个物流系统进行投入产出分析，可以确认物流系统总体的能力、水平和有效性。

## 二、物流服务质量

### （一）物流服务质量的含义

物流服务质量是指用精度、时间、顾客满意度等来表示的物流服务的品质。企业物流服务除了具有无形性的特点之外，由于物流服务直接作用于实物，所以企业物流服务还具有有形性的特点。因此，物流服务质量应该从两个方面进行研究：有形质量和无形质量。企业物流服务的有形质量，主要是指与实物相关的质量问题，主要体现在实物本身的质量、实物的正确性、数量等方面；企业物流服务的无形质量，主要是指能否有效地向需求方提供其所需要的物品，体现在交货及时性、安全性、可靠性等方面。

因此，企业物流服务质量就是企业向内部、外部需求方提供物流服务的时候，保证在适当的时间，提供适当数量的、达到实物质量要求的正确物品到适当地点的服务程度。

### （二）物流服务质量改善的方法

物流企业可借鉴现有服务质量管理理论中的已经成熟的方法来提高效率。蓝图技术和标杆学习是服务质量管理中两种常用的方法。

1. 蓝图技术

蓝图技术又称服务过程分析，是借助流程图的形式分析服务传递过程的各个方面，将包括从前台服务到后台服务的全过程所涉及的每一项工作，及各工作间的相互关系都画在蓝图上，从而使服务过程形象化，有助于管理人员发现现行服务体系中存在的问题，并采取必要的改进措施。蓝图一般由服务概念设计图和服务细节设计图两部分组成。服务概念设计图显示服务体系概况，表明各个职位或各个部门在整个服务体系中的作用和地位，表达本企业的服务概念，而服务细节设计图则显示服务概念设计图中未画出的服务工作步骤和具体工作任务。服务概念设计图和服务细节设计图相互作用，既表明企业组织结构，又显示服务过程，为管理人员做好服务质量管理提供极大的便利。

运用蓝图技术一般遵循四个步骤：

（1）第一步是描绘服务的各项内容，使服务过程能清楚、客观地展现出来；

(2) 其实是把那些容易导致服务失败的点找出来；

(3) 紧接着设立执行标准和规范，这代表了服务的主要质量目标。执行标准不仅限制了服务成本，而且限定了完成尺度和完成服务每一步骤的公差；

(4) 最后，找出顾客能看得见的有形证据，而每一个证据将被视为企业与顾客的服务接触点。在运用蓝图技术的过程中，甄别和管理这些服务接触点具有重要意义。因为在每个接触点，服务人员都要向顾客提供不同的功能质量和技术质量，而在这一点上，顾客对服务质量的感知好坏将影响到他们对企业服务整体质量的印象。

2. 标杆学习

标杆学习是以行业中的领先企业作为比较学习的对象，通过资料收集、分析比较、跟踪学习等一系列规范化的程序，改进绩效，逐步提升企业自身的水平。尽管标杆学习最初主要应用于生产性企业，但服务型企业也逐渐在制定战略、内部控制和业务管理方面运用这一方法了。

**(三) 物流服务质量管理的重要性**

企业物流服务质量的重要性不言而喻。简单来讲，具体表现在以下几个方面：

(1) 企业物流服务质量的差异化定位对于企业实施差异化战略具有重要作用。

(2) 较高的企业物流服务质量是企业在市场竞争中竞争优势的主要来源之一，构成企业核心竞争力。

(3) 较高的企业物流服务质量对于提高企业经营绩效具有积极的作用。

(4) 企业物流服务质量的理性选择对于企业降低成本具有重要意义。

(5) 较高的企业物流服务质量的稳定有助于巩固与供应商、经销商和消费者之间的关系，有助于提高客户的忠诚度。

企业物流服务质量管理，绝对不是可有可无的。高质量的物流服务，将从操作层面到战略层面，建立企业的竞争优势，对于企业的赢利、扩大企业赢利、扩大市场份额都具有非常重要的作用。

## 三、物流服务质量管理的理念

物流服务质量管理要遵循以下几种理念。

**(一) 树立客户服务理念**

企业物流服务就是要为了下游的客户提供物流相关的服务。一般来讲，企业已经树立了对外部客户服务的理念，但是企业内部客户的观念还是比较薄弱。而物流服务，尤其是供应物流和生产物流，其直接客户都是企业内的下游部门或工序，没有高质量的内部物流服务，就不可能向外部客户提供高质量的产品和服务。保持较高的内部服务质量是对外提供优质产品和优势服务的基础。所以，企业内外物流都要形成一种为客户服务的理念：下道工序是上一道工序的客户，下游部门是上游部门的客户，下游企业是上游企业的客户。因此，要用客户服务的理念处理物流服务问题。

树立客户服务理念的核心内容就是听取客户意见，按照客户的要求设定服务质量标准，并且随时与客户进行沟通，使客户可以随时对物流服务质量问题向企业进行反馈，并形成有效的物流服务质量信息循环。

### （二）寻找物流服务质量与成本之间的最佳结合点

物流服务质量管理，绝不是不计成本而追求完美服务质量的理想状态。企业物流服务质量水平的确定应该与物流成本进行权衡，以达到质量和成本的合理配置，这样对企业来讲，才是相对经济的行为。具体可以从以下几个方面进行考虑：

1. 根据不同客户特点和需求，设定不同的物流服务质量标准

这一点是物流服务质量管理的核心。既然物流服务质量是客户导向的，因此物流服务质量标准的确立一定要反映客户需求，而不能是企业的主观判断。不同客户对于同种实物的物流服务质量要求是不同的，企业应该根据客户的特点，有针对性地确定不同客户的物流服务质量。对于物流服务质量要求低的客户，提供高质量的服务是一种浪费，增加了企业成本，而这种高质量对客户并没有价值。相反，对那些对物流服务质量要求高的客户，就应该确定相应的质量标准，使客户满意，培养客户的忠诚度。

2. 根据产品的不同，设定不同的物流服务质量标准

由于产品本身的物理、化学特性或者价值属性等不同，对于物流服务质量的要求也不相同。例如，物流的对象是瓷器时，其服务质量标准肯定要比对象是木材的物流服务质量标准高很多，主要是运输条件、包装条件等。

3. 根据同类产品的不同生命周期阶段，设定不同的物流服务质量标准

同类产品在产品生命周期的不同阶段，对于企业的贡献是不同的，带给客户的价值也是不同的。处于成长期时的产品，在创造企业赢利和满足客户需求方面都具有非常大的潜力。因此，此时对该产品的物流服务质量要求就会很高。一旦产品走向衰退期，即使物流服务质量再高，也难以回避该产品的没落命运，客户也不愿意再关注这个产品，所以，就没有必要再保持较高的物流服务质量水平。

### （三）物流服务质量管理应遵循 PDCA 循环的思想

企业物流服务质量管理绝不是孤立的、一次性的工作，而是一种不断循环、不断上升的过程。企业物流服务质量管理应该开始于客户需求的调查，结合企业实际物流服务水平，确定当前企业物流服务质量应该达到的水平和需要衡量的指标，这些活动即是计划过程（plan）；然后，在计划的指导下，具体执行物流服务质量标

准,即实施过程(do);接下来是对实施结果进行检验,判断物流服务质量是否达到计划的要求,即检查过程(check);最后,就是要采取相应的措施,对检查出来的物流服务质量缺陷进行纠正,并且解决物流服务质量管理中的问题即行动过程(action)。企业物流服务质量管理就是要不断重复上述过程,保证物流服务质量的持续改善,以保证客户满意,培养企业的竞争优势。

### (四)全面质量管理思想

企业物流质量管理要遵循全面质量管理的思想。全体员工都要树立物流服务的观念,因为基本各个部门都会涉及与物流相关的活动和业务。尤其是企业内部物流服务,把企业内各个部门联系起来,企业所有人员都影响着物流服务质量的水平。因此,企业物流服务质量管理要求全员参与。物流服务质量管理是物流全过程的管理,包括供应物流、生产物流、销售物流、回收物流等,具体活动即对物资的包装、装卸、运转、保管、搬运、配送、流通加工等过程的全面质量管理。企业物流服务管理是一种全面性的管理,即包括对产品质量、业务质量、流转质量以及各物流环节服务质量的管理。

## 四、物流服务质量管理的定量研究

物流服务由于涉及具体的实物,所以一方面具有产品的有形性特征,另一方面又具有服务的无形性特征。因此,对于物流服务质量的研究要借鉴产品质量和服务质量两方面的成果。产品质量管理中的定量研究,主要是通过设定衡量产品质量的指标以及设定这些指标可以接受的变动范围,然后通过统计质量控制方法具体衡量产品的实际质量与设计质量之间的差距,进而判断产品的质量是否在受控范围之内。例如,螺母的直径是 5 毫米,可接受的变化范围在 0.05 毫米以内,这就是设计质量。在生产过程中,对该种螺母进行抽样检验,运用统计方法判断螺母的质量是否符合设计标准。对于服务质量的定量研究,一直是比较困难的。SERVQUAL 模型是比较成熟的服务质量定量研究模型。SERVQUAL 模型从保证性、可靠性、理解性、可感知性和反应性五个方面研究服务质量。在这五大方面之下,设置了 22 个细分指标。该模型就是收集客户期望的服务质量标准信息以及客户实际感知的服务质量信息,并且衡量客户期望的与客户感知的服务质量之间的差距,对上述所有 22 个指标分别求出这种差距,再求和得到的。但是这种研究侧重于客户的感受,是一种事后的测量和检验。

鉴于企业物流服务的特殊性,将物流服务质量衡量指标分为两大类,一类是像产品质量指标那样的可以具体测量的指标,包括产品数量正确率、产品质量正确率、物流时间正确率、地点正确率等方面。这类指标是从客户角度设定的,主要是客户关注的可衡量的物流服务质量要素。另一类是像服务指标那样,不可以精确衡量,但是可以比较客户期望的和客户感知的物流服务质量。第一类指标是用于物流服务质量控制，首先确定质量标准，然后运用统计方法进行物流服务质量控制，防止出现物流服务偏差。第二类指标一方面适用于设定物流服务质量标准，主要是了解客户需求；另一方面用来检验物流服务质量与客户期望之间的差距。

物流服务质量具体指标的涉及会根据企业的不同而有所不同。这里只介绍一些具有普遍意义的指标。

大多数情况下使用的物流服务质量的具体衡量指标与物流绩效评价指标相混淆，主要是用物流绩效指标。如，缺货率、供应比率、订单处理时间等指标，来衡量物流服务的质量。这些指标的设定是从物流服务供应者角度提出的，但是客户并不关心这些问题，客户只是关心从发出订单开始，要多长时间才能收到货物，因为这影响到他们的存货水平。客户还关注货到达时间是否准确，到达时货物的数量是否与订单一致，以及货物本身的质量、包装情况、有无破损等。简单来讲包括三个方面：

（1）得到订单所要求的产品；
（2）在期望的时间内传递产品；
（3）产品符合期望的质量标准。

因此，第一类指标主要包括：订货提前期、交货日期、交货数量、货物质量（货物本身的质量、包装、破损情况）。这类指标在设计上要尊重客户的意见，参考产品质量的指标，设计成为具有一定取值范围的指标。例如，订货提前期是10+0.5天。这是根据客户的需求企业主动设计物流服务质量的水平，并进行质量控制。当然上述指标仅仅是客户可以感受到的，物流服务提供方为了实现上述指标，还需要延伸的细分指标支持。比如，订货提前期是针对客户提出的指标，为了实现这个目标，物流服务供应方必须要控制订单传送时间、订单处理时间、订货装运时间等。只有控制好这些细分指标才能最终保证订货提前期的准确性。

第二类指标的设计参照SERVQUAL模型，但是并不完全相同。除了包括保证性、可靠性、反应性、理解性和可感知性之外，还包括灵活性、沟通的及时性。

前五个方面采用的是SERVQUAL模型的指标，细分指标可以根据各企业物流的不同特点而有所不同。灵活性主要是衡量物流服务供应方对于变化的客户需求的反应。例如，是否可以满足临时新增订单的需求。沟通的及时性是指供应方与客户信息沟通是否及时，主要是供应方能否将物流相关信息及时传送给需求方。即使物流运作过程中有一些偏差，但是如果需求方能够提早获得这些信息，也有利于他们及时做出调整，降低损失。因此，沟通的及时性也是物流服务质量中要考虑的重要内容。

表15.2 物流服务质量管理定量研究

| 具体控制指标 | 服务质量指标 |
| --- | --- |
| 订货提前期 | 保证性 |
| 交货日期 | 可靠性 |
| 交货数量 | 反应性 |
| 货物质量 | 理解性 |
| 货物包装质量 | 可感知性 |
| 货物破损率 | 灵活性 |
|  | 沟通的及时性 |

这两个方面具体的评价指标可以根据企业实际情况进行设计，如表15.2所示。

第二类指标主要有两个用途，第一是用来估计客户的物流服务质量需求水平，主要体现在客户期望与实际感受之间的差异；第二是用来检验物流服务质量的结果。一旦设定了物流服务质量水平，就要进行跟踪、反馈，以便做出修改或调整。

遵循上述物流服务质量思想，运用具体衡量指标，对企业物流服务质量进行有效的管理，就为企业打造物流方面的竞争优势奠定了质量保证的基础。

## 案例　绩效评价系统与企业激励机制——华通物流公司案例

### 一、公司背景

华通物流有限公司的前身是华通国际货运代理公司，是某市一家具有近三十年经营历史的国有外贸运输企业。1998年以前隶属于某市经贸委。该公司多年从事国际货运代理业务，在国内外建立了广泛的业务网络，树立了具有一定知名度的品牌。某市地处沿海开放地区，经济比较发达，多年来华通公司一直是当地规模最大、上缴利税最多的国有运输企业。1998年5月，根据国务院关于政企脱钩的精神，华通公司与市经贸委脱钩。

作为一家具有三十年经营历史，建立了网络与品牌的有实力的运输企业，华通公司曾有过辉煌的历史。1993年，华通公司在当地的市场占有率达到27.5%。但是近几年，随着货运市场的不断开放，国外运输企业纷纷抢滩中国市场，众多合资企业的崛起，国内许多国有和民营企业也迅速加入竞争。在激烈的市场竞争压力下，1994年以来，华通公司的市场占有率不断下降，客户大量流失。1997年底市场占有率下降到10.9%。企业利润急剧下降，严重影响了企业的正常发展。

1998年1月，市经贸委调整了华通公司的领导班子，62岁的老经理正式办理退休，尹智愚被任命为华通公司董事长兼总经理。尹智愚生于1957年，大学本科外贸英语专业毕业，此前历任经贸委主任秘书、经贸委企业发展处处长及原经贸委所属的一家外贸公司的常务副总经理、总经理，并曾在我国驻美使馆商务处工作两年。1996年7月，尹智愚参加经贸委组织的一项为期半年的培训与交流活动，赴英国和比利时学习企业管理的先进经验，实地考察了国际知名物流企业的生产运作情况。面对公司市场份额不断受到挤压、利润急剧下滑、员工人心涣散、优秀人才不断向竞争对手流失的被动局面，尹智愚敏锐地认识到，作为一家基础良好的传统货运代理企业，华通必须及时调整产业方向，制定新的企业发展战略，向现代物流企业转型。物流业作为新兴产业，其发展空间是不可限量的，只有积极参与物流业的竞争，企业才有可能摆脱困境，获得重生与发展的机会。

1999年2月,在尹智愚的推动下,公司经理办公会通过决议,决定进行重大战略调整,确定了"两年内向现代物流企业转型"的发展战略。为支持公司的经营战略,紧接着他调整了公司的领导班子和组织结构,领导班子成员由原来的八人减少到五人,除总经理外,设四名副总经理,一人分管作业、一人分管销售、一人分管党委、一人分管客户服务,并将原来由党委书记主管的人力资源部改为由总经理直接主管。1999年6月,华通国际货运代理公司正式更名为华通物流有限公司,注册资金22亿元,员工330人。

## 二、问题的由来

尹智愚相信,要实现公司的发展战略,必须依靠一支素质良好、激励水平高的员工队伍。没有人才,或者不能很好地使用人才,所谓"实施物流战略"只能是纸上谈兵、画饼充饥。他深知,不仅现有的竞争对手会使他难以招架,更多跨国公司将在较短的时间内抢夺中国物流市场这块蛋糕,物流的发展需要人才,没有人才企业根本没有资格参与竞争。

1999年7月,他首先提出在作业、销售、客服部门的关键岗位招聘一批素质好、有经验的员工。但招聘结果令他大失所望。原本以为凭借"华通"这块响当当的牌子,在人才济济的本地市场找到几个中意的人选不成太大问题,可几个回合面试之后,他看中的几个人由于对公司的待遇、发展机会等不满意,最终都另寻高就。

"招聘风波"引起了尹智愚对公司人力资源现状和人力资源管理政策的深思。公司的立足和发展将是新千年的主题;招聘既有专业知识,又有市场经验的人才是燃眉之急;作为公司的一把手,尹智愚还要考虑怎样实现各部门之间的密切沟通,发挥组织的最大效率,建立和完善组织,提高公司员工的工作热情和工作技能。想到这里,他列出了几个问题:怎样才能达到预期的营业额?怎样扩展市场份额和影响力?公司的服务怎样适应激烈变化的市场竞争环境需要什么样的人才才能做到这一点?问题似乎很多。但都离不开公司人力资源政策的支持。经过深思熟虑,他果断撤换了原来的人力资源部经理张萍。张萍47岁,初中文化水平,后取得一张大专文凭。在经贸委时,尹智愚就与她共事过,深知她是一个人品很好的人。但是以她的观念和水平,尹智愚认为她绝不可能成为他所需要的战略伙伴。他把张萍安排到党群工作部做工会工作,相信她可以在这个岗位上胜任。他把企业发展部的副科长林文夕提拔到了人力资源部经理这个关键的岗位上。因为,在一次经理办公会上,林文夕的工作汇报给他留下了深刻的印象。这个年轻人不到30岁,1998年才进入公司,现在正在攻读在职MBA。他敏锐的头脑使尹智愚相信他是一个合适的人选。林文夕深知总经理的期望。上任伊始,他与自己读MBA的大学教授合作设计了一套调查问卷,在公司进行了一次全面的员工士气调查。发出调查问卷330份，收回有效问卷228份。问卷统计分析结果表明，员工们普遍认为公司的目前主要存在以下问题：

(1) 员工服务态度差，服务质量低，事故率高，报价高，造成成本增加，竞争力明显不如对手；

(2) 优秀业务人才流失严重，带走了许多有价值的客户；

(3) 工资分配不合理，对员工的工作绩效没有合理的评价，造成收入与绩效脱节，干多干少一个样，干好干坏一个样；

(4) 员工士气低落，缺乏工作积极性，不少优秀的年轻人人心浮动，时刻准备一有好机会就跳槽，甚至一些人上班时间上网发求职信；

(5) 近两年来，公司已很难再如从前那样招聘到本市一流学府的优秀大学毕业生；

(6) 公司平均主义的福利制度一方面造成沉重的成本压力，一方面却不能对员工形成正面的激励；

(7) 年轻员工对公司的培训机会太少深感不满；

林文夕向经理办公会提交了分析结果后，立刻又提交了一份报告，报告中详细分析了公司的员工队伍状况。报告认为，公司员工总体上年龄结构比较年轻、文化素质也比较高，绩效不佳主要是在于公司没有一套行之有效的激励机制。为了进一步证实报告的可信度，在1999年8月召开的经理办公会议扩大会议上，经过激烈的讨论，最终多数与会成员达成了一致的看法，建立激励机制是公司人力资源管理的首要问题，必须改革现有的绩效评价体系、薪酬福利体系、用人机制和培训体系。经理办公会决议上把这一重大课题交由人力资源部负责，要求人力资源部在一个月内提出初步方案。

1999年9月的第二次经理办公会议扩大会议上，林文夕提出了建立激励机制的总体设想，其基础是制定一套新的绩效评价制度。他提出，竞争环境和战略目标的变化都使得公司有必要重新考虑绩效评价的方式。绩效评价系统的改革是推进员工行为改变的最有效的工具之一，绩效评价系统中一个看似很小的变化可能在公司文化中产生巨大的影响，而且绩效评价过程本身也可以成为一种有效的激励手段。他的想法得到了尹智愚的赞同。

### 三、新绩效评价系统的设计

公司原有的工作业绩考核制度是在1993年制定的，后来经过几次小的修改，沿用至今。考核于每年年底进行一次，由员工的直接上级作为唯一的考核者，考核按照级别分为中层干部与科级以下员工两种。林文夕认为以往的考核流于形式，考核内容一成不变，不能真正反应员工的工作绩效，也不能促进工作绩效的改进。缺乏明确的考核标准和清晰的工作目标，只是按照级别区分不同的量表，没有考虑岗位的特点和工作要求。实施中也未能保证公平与公正，比如以员工的直接上级为唯一考核者，使考核结果常常受人际关系和情感因素的影响，失去客观衡量尺度，严重影响了评价结果的公平性。在旧的系统中，没有建立结果反馈系统，被考核者无申辩说明机会，使许多员工不了解自己的考核情况，也不知道公司对他们的期望是什么，失去了解自身表现与组织期望之间吻合程度的机会。在结果使用方面，对业绩优秀与不佳的员工并未采取不同的措施，使员工对考核不感兴趣，敷衍了事。凡此种种加重了员工对考核的不信任感，许多经理和员工都视之为一个既无必要又无结果，令人讨厌的过程。

1999年9月，公司成立了绩效评价项目组，林文夕任组长。此外，项目组还有人力资源部的2名员工、企业管理部的经理、财务部的副经理。项目组成员经过近两个月的艰苦工作，于11月初提出了新的绩效评价方案，全面修订了绩效评价制度，重新编制了绩效评价表。经理办公会立刻讨论了新方案，经过修改，新方案于12月1日正式生效，要求公司副总经理以下的员工于12月31日前，全部按照公司的统一程序和表格进行绩效评价。在林文夕看来，一套行之有效的绩效评价系统的建立，有赖于其技术准备。合理选取评价要素和设计评价标准，是决定评价系统质量的关键。绩效评价项目组把公司所有的岗位划分为五个大类，即销售、客户服务、操作、管理和后勤，针对五类岗位的工作性质、特点和对任职者要求的不同，选取岗位最应具备的特质，作为相应的评价要素和标准，这样就在一定程度上克服了以往考核存在的绩效标准不清晰的缺点。比如，同样是"工作能力"的考核，"沟通能力"对于操作人员来讲就不像对管理人员和销售人员、客户服务人员那样重要。因此在设计操作人员的能力评价要素时，就没有涉及"沟通能力"，而把重点放在解决问题、动手能力等方面。所以，针对不同的目的、不同的岗位和管理层次，评价要素及标准的设计都有所不同。

工作标准越明确，评价才越有可能准确。因此，在设计新的评价要素的同时，新绩效评价表还针对每项要素，细化了评价标准。

新绩效评价表的特点还表现在以下方面：

（1）对评价等级作出了解释，这样就可以为评价者提供评价的参考，在一定程度上控制以往存在的评价者对等级随意解释的现象，有助于提高绩效评价的准确性。

（2）每项评价标准都留有评语栏，可以供评价者针对该项标准提出关键事件来佐证。这样可以把图尺度评价法与关键事件法结合起来，同样有助于提高绩效评价的准确性、客观性和可信度。

（3）新绩效评价表纳入了面谈与反馈的内容，增加了绩效改进计划，为发挥绩效评价作为一种有效激励手段的作用，提供了可能性。

（4）表的最后一部分既有评价者的签字，又有审核者的签字，一定程度上改变了以往考核中考核结果容易被考核者一个人的主观因素左右的缺点，增加了控制的力度，有利于形成相对准确的绩效评价结果。

新方案确定评价期限为半年，即每年的6月下旬和12月下旬各进行一次绩效评价。目的是通过与薪酬管理系统的相互作用（绩效评价结果与绩效工资挂钩），为员工提供公平的绩效评价和薪酬，同时以评价结果作为晋升、调配与解聘的依据，从而全面建立起以业绩为导向的激励机制。

评价者由员工的直接上级和更高一级上级担任，其中直接上级负责评价，更高一级的上级作为审核者，负责确保评价结果的客观和准确。对于公司的一些关键岗位，如销售人员、客服人员、人力资源部和财会部等重要职能管理部门，还引入了全方位度评价，即这些岗位的员工不仅要接受直接上级的评价，同时还要从外部客户、公司内部相关部门中选择参与评价的人员，最终评价结果将根据设定的权数进行加权平均，以便全面掌握工作业绩的情况。同时，新方案还建立了反馈面谈与员工申诉制度，目的是加强与员工的沟通，一方面可以更好地发挥绩效评价的激励作用；另一方面帮助员工找到存在的问题与改进的方法，而且申诉制度在一定程度上也可以纠正评价过程中可能产生的一些偏差，使管理者能够更好地了解员工。

为了改变以往考核中存在的严重的平均主义倾向和人情第一的做法，新方案采用了强制分布法，要求部门总经理必须按照规定的比例，确定各个绩效等级在本部门员工中的分布。具体的比例为：杰出，5%；很好，15%；好，70%；需要改进，5%；不满意，5%。但是，在一些员工人数较少的部门如何实行强制分布法，新方案中并没有明确的规定。

### 四、新绩效评价体系的实施

接下来，人力资源部为所有的中层干部进行了一次的绩效评价培训，向中层干部详细解释了新体系的实施方法和绩效评价表格的内容。尹智愚也带领领导班子成员参加了培训。培训结束后，尹智愚对全体中层干部做了评价动员。他要求大家认真对待这次绩效评价，把这项工作看作是和自己的业务同等重要的大事来抓。

12月中旬，绩效评价在全公司范围内开始。虽然林文夕认为自己已经考到了实施的各方面问题，并已提前做了充分准备，但是自评价开始，他的电话就整天响个不停，其中大多是经理们咨询，也有一些员工忐忑不安地询问情况。这一切使林文夕筋疲力尽，但他也隐约感到了这一次的评价工作在公司所产生的轰动效应。

### 五、绩效评价的效果

评价工作按期结束以后，林文夕把统计好的评价结果放在了尹智愚面前。16名员工的评价等级为"杰出"，17人的评价等级为"不满意"，其中中层以下的员工14人，中层干部3人。

林文夕还向尹智愚汇报了下一阶段的工作设想，即将推出新的薪酬制度，改变以往单一的岗位工资制度，将工资总额的30%设立为绩效工资，与这次绩效评价的结果相联系，重点奖励被评为"杰出"的员工；绩效等级为"需要改进"和"不满意"的员工将不能获得绩效工资。

评价结果最终落实后，公司召开了全体员工大会。大会上尹智愚做了总结发言，肯定了这次新评价体系的积极作用，对于员工普遍反映的一些问题做了一些解释与说服工作。尹智愚表示，公司接下来会立即着手进行薪酬体制的改革，并抓紧制定培训方案，重点培养那些绩效水平好的员工。他承诺一定兑现，绝不失言。

员工大会后，有两名被评为"杰出"的年轻员工找尹智愚谈话，表示他们本来已决定辞职，但绩效评价的结果和尹智愚的一番讲话使他们重新看到了公司的希望，感到很受鼓舞，决定继续留在公司。同时，他们表示希望公司的改革能够深入下去，尹总的许诺能够成为现实。他们还向尹智愚提出了不少改进公司的业务与管理的建议。

对评价活动的意见也不断传来，主要集中在以下几个方面：

（1）销售部、操作部等几个部门反映，绩效评价要素和标准不能很好地反应岗位的要求，有些标准流于形式，不能完全作为评价员工绩效的参照；

（2）一些部门经理认为，这次评价虽然形式上和内容上较以往都有突破，但是缺乏明确的工作目标，因此他们在与员工面谈、制定绩效改进计划的时候没有标准，面谈的效果不好；

（3）不少员工反映评价中存在的不公平行为，认为对一些人的评价结果实际上不能真实说明其工作业绩水平，经理们在面谈的过程中有走过场的情况，令员工感到失望；

（4）"强制分布"在几个员工人数少的部门没有实现，这几个部门中没有被评为"不满意"的员工，这引起了其他部门的不满；

（5）经理们普遍反映，采用"强制分布"的方法对员工并不公平，部门经理的压力也太大，特别是考虑到评价结果还将与绩效工资挂钩，更加重了他们的不安。

尹智愚责成林文夕对于上一阶段的工作加以总结，对于大家给评价制度提出的意见，他建议林文夕再次向大学教授咨询，争取在下一次绩效评价时有所改进。

新千年的元旦快到了，坐在宽大的办公室里，尹智愚陷入了沉思，他力主实施的绩效评价是否真的有助于建立公司的激励机制？新千年就要来了，竞争将愈演愈烈，他决心与他的团队一起背水一战。

**思考题：**

1. 华通公司绩效评价制度存在的主要问题有哪些？
2. 讨论物流绩效评价与企业激励机制的关系。

## 参考文献

毕新华. 企业信息系统建设与管理变革. 长春：吉林大学出版社，2002
蔡淑琴. 物流信息系统. 北京：中国物资出版社，2002
陈福军. 如何做物流管理. 大连：大连理工出版社，2000
陈福生. 现代工业企业物资管理. 北京：经济管理出版社，1997
崔介何. 电子商务与物流. 北京：中国物资出版社，2002
崔介何. 企业物流. 北京：中国物资出版社，2002
丁俊发. 中国物流. 北京：中国物资出版社，2002
丁立言，张铎. 物流系统工程. 北京：清华大学出版社，2000
龚益鸣. 质量管理学. 上海：复旦大学出版社，2000
李京文，林涛. 物流学及其应用. 北京：经济科学出版社，1987
刘丽文. 生产与运作管理. 北京：清华大学出版社，1998
马士华，林勇等. 供应链管理. 北京：机械工业出版社，2000
(美) 大卫·辛奇-利维等. 供应链设计与管理：概念、战略与案例研究. 季建华，邵晓峰，王丰等译. 北京：中国财政经济出版社，2004
(美) 唐纳德·J. 鲍尔索克斯，戴维·J. 克劳斯. 物流管理：供应链管理一体化. 林国龙，宋柏，沙梅译. 北京：机械工业出版社，1999
齐二石. 物流工程. 天津：天津大学出版社，2001
(日) 中田信哉. 物流配送. 陶庭义译. 深圳：海天出版社，2001
宋华. 现代物流与供应链管理案例. 北京：经济管理出版社，2001
宋华，胡左浩. 现代物流与供应链管理. 北京：经济管理出版社，2000
宋伟刚. 物流工程及其应用. 北京：机械工业出版社，2003
王槐林. 采购管理与库存控制. 北京：中国物资出版社，2004
王明智. 物流管理案例与实训. 北京：机械工业出版社，2003
王文信. 多种少量生产方式之生产计划管理实务. 厦门：厦门大学出版社，2002
吴清一等. 物流基础. 北京：清华大学出版社，2000
现代物流管理课题组. 物流成本管理. 广州：广东经济出版社，2002
薛华成. 管理信息系统. 北京：清华大学出版社，1999
张毅. 现代物流管理案例、习题. 上海：上海人民出版社，2001
朱道立等. 物流和供应链管理. 上海：复旦大学出版社，2002